고려 지방제도 성립사

고려 지방제도 성립사

초판 1쇄 발행 2022년 12월 30일

지은이 윤경진

펴낸곳 서울대학교출판문화원
주소 08826 서울 관악구 관악로 1
도서주문 02-889-4424, 02-880-7995
홈페이지 www.snupress.com
페이스북 @snupress1947
인스타그램 @snupress
이메일 snubook@snu.ac.kr
출판등록 제15-3호

ISBN 978-89-521-2964-2 93910

고려 지방제도 성립사

윤경진 지음

서울대학교출판문화원

머리말

돌이켜 보면 필자가 사학과에 진학하고 대학원에서 고려 지방제도를 주 전공으로 삼게 된 데에는 몇 가지 계기가 있었던 듯하다. 초등학교 시절 서울 이곳저곳을 다니며 시내버스 노선을 모두 찾아 외운 적이 있었다. 지금은 서울의 버스 번호체계가 모두 바뀌어 무용지물이 되었지만, 어린 시절에 확보한 정보는 한동안 요긴하게 활용되었다. 이때부터 공간에 대한 인식을 가지게 된 것으로 생각된다.

고등학교 때 지리 선생님의 학위 논문 집필을 도와드린 일이 있었다. 특정한 지명 어미의 지역적 분포를 분석한 것이었다. 필자는 지명 사전과 세부 지형도를 펼쳐 놓고 마을 이름을 찾아 카드로 정리하는 일을 하였다. 지방제도 연구의 바탕이 되는 지명 원리에 대한 이해의 기반이 이때 마련되었다. 특히 선생님은 역사학의 중요성을 자주 언급하셨는데, 필자가 사학과를 택하는 데 많은 영향을 받았다.

대학원에 진학하여 학문의 길로 들어와 고려시대를 전공으로 선택한 것은 우리 역사의 허리에 해당하고 전통이 형성된 시기로 생각했기 때문이다. 그리고 지방제도가 고려시대의 특성을 가장 잘 반영하고 있다고 생각하여 이를 학위 논문 주제로 선택하였다. 더하여 지난 시절의 경험 덕에 이 주제에 보다 친숙하게 접근할 수 있었던 측면도 있었다.

그 뒤 2000년에 "고려 군현제의 구조와 운영"으로 박사학위를 취득

하였다. 지방제도의 상하 구조와 고려 일대에 걸친 통사적 고찰을 한꺼번에 할 수 없었기에 우선 지방제도의 근간으로서 기초 단위와 중간 단위의 편성에 국한하여 통사적으로 살펴보았다. 이후 필자의 학문은 이때 다루지 못한 나머지 부분들을 차례로 연구하는 것이 줄기를 이루었다. 계수관과 도, 양계, 경기를 차례로 연구하고, 한편으로 지방제도 각 부문의 운영체계에 대한 탐구와 고려 중기 이후에 나타나는 제반 변화 양상에 대해 검토하였다.

2012년 한국연구재단의 지원을 받아 고려 지방제도 연구의 기초 자료인 『고려사』 지리지에 대한 분석과 보정을 진행하여 책으로 출간하였다. 그리고 이듬해부터는 관심 분야가 역사계승의식으로 넘어가게 되었다. 간간이 연구 논문을 발표했지만, 주된 연구 분야가 고대사로 옮겨 가면서 고려 지방제도에 대한 연구는 이전보다 줄게 되었다.

그 사이 학계에서는 새로운 형태의 연구가 많이 진행되어 필자로서도 저간의 성과를 정리하는 작업이 필요하다고 느끼게 되었다. 처음에는 지방제도 전체 구조를 포괄하면서 통사적 이해를 확보한 후 연구서를 차례로 출간하려 하였지만, 시간도 많이 흘렀기에 우선 가능한 부분부터 부족한 부분을 채워 가며 하나씩 정리하기로 생각을 바꾸었다. 본서는 그 첫 단계로서 고려 지방제도의 성립 과정을 정리한 것이다.

필자는 본서에서 고려 지방제도의 구조를 운영의 측면에서 기초 단위, 중간 단위, 광역 단위로 나누고 각각의 성립 과정을 다루었다. 기초 단위로서 군현이 어떻게 획정되었는지, 중간 단위로서 주현-속현 편성이 어떤 과정을 거쳐 형성되었는지, 광역 단위로서 계수관과 도, 경기의 연원과 성립 과정은 어떻게 다른지 등을 탐구하였다. 그리고 신라 지방제도를 염두에 두고 연속과 개편의 두 측면에서 고려 지방제도의 역사성을 찾고자 하였다.

필자는 지방제도를 구조, 운영, 변화라는 세 요소를 통해 접근한다. 본서는 이 중 구조를 다룬 것으로서 지방제도의 형태적 편성에 초점을 두었다. 여기에는 실제 제도를 운영하기 위한 인적 체계와 기능이 적용된다. 그리고 시간의 흐름 속에 변화가 불가피하다. 이 주제들은 연구가 보충되는 대로 각각 연구서로 정리해 나갈 예정이다. 그리고 5도 지역과 다른 편성과 운영원리를 가진 양계는 통사적 관점에서 따로 정리하고자 한다.

필자가 박사학위를 받고 본서를 내기까지 많은 시간이 흘렀다. 그동안 많은 분들의 가르침과 도움이 있었다. 가장 먼저 지도교수로서 필자의 학문적 기반을 만들어 주신 노명호 선생님께 감사를 드린다. 그리고 학문과정에 함께했던 선생님들과 동학들에게도 고마움이 크다. 본서는 마무리가 아니라 새로운 시작임을 스스로 확인하며, 관련 분야의 연구가 활성화되는 데 작은 보탬이 되기를 기대한다. 아울러 번잡한 책을 꼼꼼히 교정하고 깔끔하게 만들어 주신 서울대학교출판문화원에도 감사를 전한다.

2022년 가을 진주에서

윤경진

차례

표차례

일러두기

본서의 바탕이 된 기발표 논문은 다음과 같다.

부/장/절	기발표 논문	비고
1부 1장	2001, 「나말려초 성주의 존재양태와 고려의 대성주정책」, 『역사와현실』 40	수정 보완
1부 2장	2000, 「高麗 郡縣制의 構造와 運營」, 서울대학교 박사학위논문, 1장 1절 일부 및 2절 일부	전면 개고
2부 1장	「高麗 郡縣制의 構造와 運營」, 1장 2절 일부	전면 개고
2부 2장	2002, 「고려 성종 11년의 읍호개정에 대한 연구 : 고려초기 군현제의 구성과 관련하여」, 『역사와현실』 45	수정 보완
2부 3장	2001, 「高麗 성종 14년의 郡縣制 改編에 대한 연구」, 『韓國文化』 27	수정 보완
3부 1장	2001, 「高麗 郡縣制의 운영원리와 主縣-屬縣 領屬關係의 성격」, 『한국중세사연구』 10	수정 보완
3부 2장	「高麗 郡縣制의 構造와 運營」, 2장 2절 일부	전면 개고
4부 1장	2005, 「고려 界首官의 제도적 연원과 성립과정: 9州·12牧과의 연결성을 중심으로」, 『韓國文化』 36	수정 보완
4부 2장	2003, 「고려전기 界首官의 설정원리와 구성 변화: 『고려사』 지리지 계수관 연혁의 補正을 겸하여」, 『震檀學報』 96	수정 보완
5부 1장	2006, 「고려초기 10道制의 시행과 운영체계」, 『震檀學報』 101	대폭 수정
5부 2장	2006, 「고려전기 道의 다원적 편성과 5道의 성립」, 『東方學志』 135	수정 보완
5부 3장	2009, 「고려전기 京畿의 편성과 운영」, 『역사문화연구』 33	수정 보완

들어가며

1. 고려 지방제도와 고려 사회의 이해

지방제도는 국가권력이 지방사회를 일정한 단위로 편성하고 인적·물적 수취를 실현하는 한편 사회적 재생산을 유지시키는 제도적 장치를 종합적으로 지칭한다. 여기에는 중앙권력의 상황과 지향, 지방권력과의 관계, 지방사회의 지리적 조건과 생산력 수준 등 다양한 변수가 작용한다. 이에 지방제도는 해당 사회의 구조적 특징을 조망할 수 있는 지표로 여겨졌고, 그에 상응하여 연구자의 지속적인 관심 대상이 되었다. 이러한 특징은 고려의 지방제도에서 특히 두드러졌다.

우리나라는 영역국가가 형성된 이래 기본적으로 중국의 군현제(郡縣制)를 받아들여 지방제도를 시행하였다. 군현제는 진(秦)에서 수립된 이후 중국 지방제도의 근간이 되었는데, 지방의 기초 운영단위를 현(縣)으로 삼고 몇 개의 현을 묶어 상급 단위로서 군(郡)을 설치하는 방식으로 편성되었다. 현이 사회적 생산을 기반으로 운영단위를 설정한 것이라면, 군은 군사와 역역 같은 인적 지배를 실현하는 데 본령이 있었다. 곧 군은 국가권력이 지방사회를 통제하는 핵심적인 장치였던 것이다. 군과 현에는 각각 수(守)와 령(令)을 파견했는데, 이들은 일정한 임기 동안 재직하면서 중앙정부의 명령을 수행하였다. 수령(守令), 곧 외관(外官)의 파견은 세습 제후가 통치하던 기존의 봉건제(封建制)와 다른 군현제의 핵심적인 특징이었다.[1]

그런데 고려는 전통적인 중국 군현제의 원리를 채용하면서도 외관을 파견하지 않은 기초 행정단위, 곧 군현이 많았다는 점에서 예외적이다. 이 점은 신라와 조선의 지방제도가 기본적으로 모든 군현에 외관을 파견했던 것과 대비된다. 고려의 지방제도가 왜 이러한 특징을 가지게 되었는지 많은 연구자가 관심을 가졌는데, 대개 고려국가의 성립 과정이 가지는 특수성 내지 역사성에서 비롯된 것으로 보고 있다.

고려는 우리 역사에서 처음으로 기존 국가의 분열과 통합이라는 과정을 통해 수립되었다. 신라의 체제가 무너지면서 지방 각지에서 독립적인 세력이 대두했는데, 후삼국 통일전쟁은 이들을 통합하는 과정이었다. 고려는 지방세력을 적극 회유하면서 통일전쟁의 승자가 되었다. 고려의 지방제도는 이 과정이 가지는 역사성을 반영하는 것으로 간주되었다.

통일 후 수십 년이 지난 시점에 이르러 비로소 외관이 파견된 것, 그리고 그마저도 모든 단위에 파견하지 못한 것은 결국 중앙권력의 한계, 그리고 그에 상응하는 지방세력의 강고함을 유추하게 했다. 이것은 고려전기 국가체제의 미숙성을 제시하는 바탕이 되었고, 한편으로 지방사회의 혈연적 구성이라는 관점과 맞물려 고려전기를 고대사회로 보는 입론으로 이어지기도 했다.

이에 대한 반론은 국가권력의 능동성을 강조하는 방향에서 이루어졌

1 李成珪, 1989,「秦의 地方行政組織과 그 性格」,『東洋史學研究』31.

다. 한계는 있지만 정부 주도로 지방제도를 편성해 나갔고, 이 과정에서 국가체제의 특징적인 양상이 만들어졌다는 것이다. 이는 나말려초의 사회적 전환을 강조하면서 고려를 중세사회로 보는 인식을 바탕에 깔고 있다.

이처럼 지방제도가 고려 사회를 이해하는 관건이 되고 나아가 시대구분의 문제로까지 연결되면서 많은 연구 성과를 축적하게 되었다. 그러나 지금까지의 연구로 고려 지방제도의 역사성이 충분히 해명되었다고 볼 수는 없다. 여전히 연구 내용과 방법에서 문제를 드러내고 있거니와 근래에는 연구 성과마저도 급감한 실정이다. 본서는 이러한 한계를 극복하기 위한 작업의 일환이다.

이를 위해 본서는 다음과 같은 문제의식을 설정하고 있다.

첫째, 지방제도의 성립 과정을 권력관계의 측면에서만 보는 데서 벗어나 제도의 구성과 운영의 실체적 모습을 찾는다. 고려의 건국과 통일전쟁이라는 과정에 비추어 중앙권력이 처음부터 충분한 집권력을 확보했다고 보기는 어렵다. 그렇다고 지방제도의 내용이 그러한 권력관계에 의해서만 규정된다고 볼 수는 없다. 모든 국가는 자신이 놓인 조건에 상응하여 제도를 구성하므로 그 내용의 구체성을 확보하는 것이 중요하다.

고려의 지방제도는 명백히 '외관 부재'라는 상황을 주요 특징으로 한다. 중요한 것은 그러한 조건에 맞추어 지방제도를 어떻게 편성했는가, 혹은 어떤 방식으로 운영하고자 했는가 하는 것이다. 성립 과정에 대한 이해 또한 그러한 요소를 감안하여 모색해야 할 것이다. 이 과정에 대해 '한계'나 '노력'을 말하는 것은 별 의미가 없다. 구체적으로 '어떻게' 했는가를 탐구해야 한다.

둘째, 고려 지방제도 연구의 기초 자료로서 『고려사』 지리지에 대한 새로운 이해를 접목한다. 지금까지 연구는 『고려사』 지리지에 절대적으로 의존하였다. 그러나 『고려사』 지리지의 자료적 성격이나 연혁 기사의 정리 방식, 그리고 모든 자료에 내포된 '오류'의 문제 등에 대해 제대로 검증하지 못하였다. 이로 인해 지방제도의 성립 과정을 논하면서 지리지의 연혁 기사를 다분히 '자의적'으로 해석하는 부분이 없지 않았다.

이에 대해 근래『고려사』지리지에 대한 분석과 보정(補正) 작업이 진행되었다.[2] 이것은 연혁 기사를 이용한 기존의 연구방법에 대한 재고를 요구하는 것이었다. 지리지에 정리된 연혁 기사는 특정 시점의 개별 조치를 담은 것도 있지만, 대체로 일괄 자료의 대비를 통해 유도된 것이다. 이는 특히 지방제도의 성립과 관련된 연혁에서 두드러진다. 이를테면 '고려초(高麗初)'의 '내속(來屬)' 기사는 신라와 고려의 영속관계 대비를 통해 그 변화를 파악한 것이다. 이러한 연혁에는 해당 내용을 추출하는 근거 자료의 성격과 이를 토대로 기사를 정리한 찬자의 관점과 방식이 작용한다. 이러한 자료적 성격을 충분히 숙지해야 이로부터 연혁의 실제 내용을 온전히 추출할 수 있다.

셋째, 그동안 '외관 부재'를 설명하는 기본 틀, 곧 주현-속현의 편성 문제에 집중된 연구경향에서 벗어나 이를 포함한 지방제도 전체에 대한 구조적 이해를 도모한다. 고려의 지방제도는 외관이 주재하는 군현, 곧 주현(主縣)이 외관이 없는 다수의 군현, 곧 속현(屬縣)을 통섭하는 방식을 근간으로 편성되었는데, 그동안 대부분의 논의가 여기에 집중되었다. 그러나 주현-속현 관계는 지방제도에서 중간 단위를 편성하는 방식일 뿐이다.

고려의 지방제도에서 양계(兩界)를 제외한 5도(道) 지역을 전체적으로 조망하면, 대략 기초 단위(군현), 중간 단위(주현-속현체계), 광역 단위(계수관·도·경기)라는 세 단계로 구성되어 있다. 지방제도의 온전한 이해

2 윤경진, 2012,『高麗史 地理志의 分析과 補正』, 여유당.

를 위해서는 이들의 유기적 관계를 이해하는 것이 중요하다. 이것은 성립 과정에 대한 접근에서도 다르지 않거니와 각 단위에 조응하는 운영체계의 탐구에 기반을 제공한다.

2. 고려 지방제도 연구 동향

1) 고려 지방제도의 성립기반

고려 지방제도에 대한 연구는 일본 학계가 제시한 이른바 '신분적 편성론'을 통해 본격화되었다.[3] 이것은 고려에서 외관이 파견되지 않은 속현의 존재가 나말려초 대호족과 중소호족의 지배-복속관계를 반영한다는 입론이다. '호족(豪族)'[4]은 혈연적 동성촌락(同姓村落)의 수장이며, 외관이 설치된 주현은 대호족의 근거지, 그렇지 않은 속현은 중소 호족의 근거지라고 설명하였다. 그리고 지방제도의 기초 단위로서 군현은 다수의 족단(族團)이 결집된 것이며, 그 위에 수립된 주현-속현체계 또한 족단의 누

---

3 旗田巍, 1960, 「高麗王朝成立期の'府'と豪族」, 『法制史研究』 10; 1972, 『朝鮮中世社会史の研究』, 法政大学出版局.
武田幸男, 1962, 「淨兜寺五層石塔造成形止記の研究(1): 高麗顯宗朝における若木郡の構造」, 『朝鮮學報』 25.
濱中昇, 1984, 「高麗朝の歷史的位置について」, 『朝鮮史研究會論文集』 21; 1986, 『朝鮮古代の経済と社会』, 法政大学出版局.

4 필자는 나말려초에 새롭게 등장한 지방세력을 '豪族'이라는 범주로 규정하는 것에 부정적이다. 무엇보다 자료에 등장하는 세력가를 통해 그 기반으로서 지역의 혈연적 '族團'을 설정할 수 없다고 보기 때문이다('호족' 용어에 대한 연구사적 검토는 李純根, 1987, 「羅末麗初 '豪族' 용어에 대한 연구사적 검토」, 『聖心女大論文集』 19 및 李純根, 1989, 「羅末麗初 地方勢力의 構成形態에 관한 一研究」, 『韓國史研究』 67 참조). 이에 이들을 범주적으로 지칭할 때에는 '지방세력'으로 칭하며, 자료에 등장하는 특정 지역의 세력가를 말할 때에는 '城主'로 칭한다('성주' 용어에 대한 입론은 尹京鎭, 2001①, 「나말려초 성주(城主)의 존재양태와 고려의 대성주정책」, 『역사와현실』 40 참조).

층적 편성이라 하였다. 이러한 혈연적 촌락공동체는 고대적 속성을 온존한 것이며, 그에 바탕을 둔 고려전기 사회는 고대사회라는 입론으로 이어졌다.

그러나 일본 학계의 연구는 고려전기를 고대사회로 보는 시각과 연결되어 지방제도의 고대적 성격을 규정하는 데 치중함으로써 실증적 측면에서 상당한 약점을 드러냈다. 조선초기 지리지에 언급된 토성(土姓)을 고려초기에 분정(分定)된 것으로 보고[5] 이러한 토성이 촌락의 혈연적 성격을 반영한다고 이해하였다. 그러나 고려의 양측적(兩側的) 친속조직에 대한 연구를 통해 혈연적 동성촌락을 상정하기 어렵다는 것이 확인되었다.[6] 또한 고려초기의 성씨가 대개 개인적 칭성(稱姓)에 따라 형성된 것이고 성씨의 확산 또한 부계(父系) 혈연의식보다는 정치적 동인이 작용한 결과라는 연구는 성씨가 혈연집단의 준거가 될 수 없음을 보여 준다.[7]

한국 학계의 고려 지방제도 연구도 '호족'에 대한 관심을 기반으로 하고 있지만, 이해 내용에서는 일본 학계와 차이가 있다. 후삼국을 통일한 고려의 성립을 한국사가 고대에서 중세로 전환하는 기점으로 파악하고, '호족'이 고대적 신분제인 골품제(骨品制)를 부정하면서 등장한 새로운 사회세력이라고 보았다.[8] 그 결과 고려의 지방제도는 시대의 전환을 설명하는 중요한 지표로 간주되었는데, '호족'을 기반으로 신라와 다른 집단구성

5 李樹健, 1984, 『韓國中世社會史硏究』, 一潮閣.
6 盧明鎬, 1988, 「高麗時代 鄕村社會의 親族關係網과 家族」, 『韓國史論(서울대 국사학과)』 19.
盧明鎬, 1988, 「羅末麗初 親族組織의 變動」, 『金龍德停年紀念論叢』, 知識産業社.
7 李鍾書, 1997, 「羅末麗初 姓氏사용의 擴大와 그 背景」, 『韓國史論(서울대 국사학과)』 37.
이종서, 2018, 「고려시대 성씨 확산의 동인과 성씨의 기능」, 『역사와현실』 108.
8 金哲俊, 1975, 『韓國古代社會硏究』, 知識産業社(1990, 서울大學校出版部).

방식을 채용했다는 점과[9] 향리층이 주도하는 향도(香徒)를 중심으로 한 공동체적 질서가 존재한다는 점[10] 등에서 그 논거를 찾기도 했다.

그리고 청주와 명주·나주·평주·충주 등 비중 있는 세력이 확인되는 지역을 중심으로 '호족'의 구체적인 양태를 검출하는 연구가 다수 축적되었다.[11] 근래에는 지역단위의 세력 전반을 다루는 데서 한 걸음 더 나아가 특정 인물과 그의 근거지를 연계하여 설명하는 경향이 두드러진다.[12] 아울러 특정 지역의 역사를 종합적으로 다루는 기획 연구의 일환으로 나말려초 지방제도 내지 지방세력을 다루는 경우도 늘고 있다.[13] 이를 통해

9 盧明鎬, 1995, 「羅末麗初의 사회변동과 古代·中世의 전환」, 『韓國史의 時代區分에 관한 硏究』, 韓國精神文化硏究院.

10 李泰鎭, 1995, 「社會史的으로 본 韓國中世의 시작」, 『고대와 중세 韓國史의 時代區分』, 신서원.

11 金光洙, 1977, 「高麗建國期의 浿西豪族과 對女眞關係」, 『史叢』 21·22합.
金甲童, 1985, 「高麗建國期의 淸州勢力과 王建」, 『韓國史硏究』 48; 1990, 『羅末麗初의 豪族과 社會變動硏究』, 高麗大學校 民族文化硏究所.
文秀鎭, 1987, 「高麗建國期의 羅州勢力」, 『成大史林』 4.
鄭淸柱, 1988, 「新羅末·高麗初 豪族의 形成과 變化에 대한 一考察」, 『歷史學報』 118.
金壽泰, 1988, 「高麗初 忠州地方의 豪族」, 『忠淸文化硏究』 1.
金周成, 1988, 「高麗初 淸州地方의 豪族」, 『韓國史硏究』 61·62합.
金甲童, 1990, 「溟州勢力」, 『羅末麗初의 豪族과 社會變動硏究』, 高麗大學校 民族文化硏究所.
鄭淸柱, 1991, 「新羅末·高麗初의 羅州豪族」, 『全南史學』 14.
安永根, 1992, 「羅末麗初 淸州勢力의 動向」, 『朴永錫華甲記念論叢』, 간행위원회.
金甲童, 2001, 「高麗時代 羅州의 地方勢力과 그 動向」, 『한국중세사연구』 11.

12 具山祐, 1992, 「羅末麗初의 蔚山地域과 朴允雄」, 『韓國文化硏究(부산대)』 5.
金甲童, 2001, 「羅末麗初의 沔州와 卜智謙」, 『韓國中世社會의 諸問題(金潤坤停年紀念論叢)』, 韓國中世史學會.
윤용혁, 2007, 「나말여초 洪州의 등장과 運州城主 兢俊」, 『한국중세사연구』 22.
申虎澈, 2010, 「신라말 고려초의 江陵豪族 王順式」, 『忠北史學』 25.
변동명, 2016, 「新羅末·高麗初의 順天 豪族 朴英規」, 『歷史學硏究』 62.
이종봉, 2003, 「羅末麗初 梁州의 動向과 金忍訓」, 『지역과역사』 13.

13 이정신, 2011, 「고려성립기 공주 지방세력의 동향」, 『한국중세사연구』 30.
김아네스, 2017, 「고려시대 지방제의 운영과 천안부」, 『한국중세사연구』 48.

나말려초 지방사회의 구체적인 모습을 이해하는 기반이 더욱 다져졌다.

그 결과 고려의 지방제도를 '호족' 중심으로 형성된 사회질서의 산물로 이해하면서도 신분적 편성이나 족단의 편제라는 논리는 부정하였다. 다만 '호족'이 '어떤' 존재인가에 대해서는 다양한 설명이 있었지만, '누구'를 '호족'으로 설정하는가 하는 점에 대해서는 여전히 뚜렷한 설명이 이루어지지 못하였다.

대체로 사료에 보이는 성주(城主)·장군(將軍)을 '호족'으로 지칭하는 데서 출발하여[14] 그와 유사한 속성을 가진 각지의 지배세력을 나타내는 범주로 사용하고 있다. 일차적으로 개인으로부터 추출되지만 그 모집단으로서 재지 지배세력과의 상관성도 함께 상정되는 것이다. 그리고 이 집단과 신라 진골귀족 사이의 차별성을 통해 나말려초 사회변동의 의미를 설명하고 있다. '호족' 범주의 설정은 나말려초 사회변동의 거시적 이해라는 목적을 띠고 있는 것이다.

그러나 '호족'의 성격이나 역사적 의미에 대한 설명은 실제 집단 자체에 대한 검토와 분석을 통해 얻어진 것이 아니다. 당시 사회의 성격을 설명하기 위한 집단적 범주를 설정해 놓고, 이를 개인 사례를 통해 설명한다는 점에서 방법론적으로 문제가 있다. 개인과 집단 사이의 관계가 가설적으로 설정되어 있으며, 사료에 나타나는 모습을 쉽게 집단성의 표현으로 환원시키는 경향도 없지 않다.

일각에서는 새로운 범주 설정을 통해 이들의 역사성을 설명하려는 시도도 있었다. 나말려초에 '호부층(豪富層)'의 주도 아래 재편된 공동체

구산우, 2018, 「고려시기 김해의 지방행정구조」, 『한국중세사연구』 54.

14 尹熙勉, 1982, 「新羅下代의 城主·將軍」, 『韓國史硏究』 39.
濱中昇, 1990, 「신라말기·고려초기의 城主·將軍에 대하여」, 『李佑成停年紀念論叢』, 간행위원회.

의 계서적(階序的) 질서에서 고려 지방제도의 기원을 찾고, 이를 바탕으로 지방지배의 특질을 설명하기도 했다.[15] 그리고 성주·장군을 그들의 세력 기반인 성(城)과 연계하여 구체적인 면모를 이해하려는 연구도 이루어졌다.[16]

한편 1980년대 이후로는 고려 지방제도에 대한 연구가 지나치게 '호족' 중심의 정치사회적 시각에서 진행되는 것을 비판하기 시작하였다. 이에 지방제도의 성립 과정에서 고려 정부의 능동적 편제와 제도의 기능적 측면을 강조했고, 주현-속현의 영속관계 역시 그러한 편제의 산물로 보았다.

우선 지방제도의 척도는 상주 외관의 유무가 아니라 수취를 위시한 국가 통치력의 시행 방식에서 찾아야 한다고 지적하고, 고려의 지방제도를 '대읍(大邑) 중심의 군현제'로 설명한 연구가 있다.[17] 지리적 조건의 제약과 외관을 극소화하려는 정책의 산물로 이해하는 견해도 같은 맥락을 띠고 있다.[18]

또한 태조대부터 읍호개정과 영속관계의 편제를 포함한 지방제도의 개편이 시작되어 현종 9년에 완성되는 것으로 보는 입론도 여러 학자에 의해 제시되었다. 이 연구들은 세부적인 내용에서는 편차가 있으나 제도의 수립에서 정부의 능동성을 강조한 점에서 공통성을 가진다.[19] 이 외에

---

15 蔡雄錫, 2000, 『高麗時代의 國家와 地方社會』, 서울大學校出版部.

16 윤경진, 2001①, 앞의 논문.
崔鍾奭, 2004, 「羅末麗初 城主·將軍의 정치적 위상과 城」, 『韓國史論(서울대 국사학과)』 50.

17 金潤坤, 1983, 「高麗郡縣制度의 硏究」, 경북대학교 박사학위논문.
金潤坤, 1988, 「羅·麗 郡縣民 收取體系와 結負制度」, 『民族文化論叢』 8.

18 李羲權, 1986, 「高麗의 郡縣制度와 地方統治政策」, 『高麗史의 諸問題』, 三英社.

19 朴宗基, 1987, 「『高麗史』 地理志의 「高麗初」 年紀實證」, 『李丙燾九旬紀念論叢』, 간행위원회; 2002, 『지배와 자율의 공간, 고려의 지방사회』, 푸른역사.

본관(本貫)이라는 향촌 공동체를 고려국가의 제도권으로 흡수하면서 지방제도가 성립했다고 보는 견해도 있다.[20]

이러한 연구들은 종래의 연구가 '호족'의 담론에 맞추어 이루어진 것을 비판했다는 점에서 의미가 있다. 하지만 '호족' 내지 지방세력과 국가권력 사이의 관계성에 대해 여전히 문제점을 드러내고 있다.

통설적으로는 고려 국가체제의 성립에 대한 지방세력의 규정력이 강조되어 왔다. 신라말 국가체제가 붕괴하면서 지방세력들이 역사의 전면에 나선 만큼, 그 위에서 수립된 고려의 국가체제가 내용적으로 이들과 무관할 수는 없다. 하지만 곧바로 제반 체제가 이들로 인해 피동적으로 규정되었다고 볼 수는 없다. 근래 연구들은 국가권력의 능동성을 강조하지만, 결론적으로는 그것이 제한적이었다는 설명으로 귀착됨으로써 국가권력의 한계를 반증하는 결과를 초래하였다.

고려초기 국가는 다른 시기와 마찬가지로 제도 구성에서 일정한 논리와 운영체계를 지향했고, 이는 관련 사료에 투영되었다. 따라서 제도를 만드는 국가의 논리를 배제하고 당시 사회를 조망하는 것은 원론적으로

金甲童, 1988, 「高麗 太祖代 郡·縣의 來屬關係 形成」, 『國學報報』 52; 1990, 앞의 책.
朴宗基, 1988, 「고려 태조 23년의 郡縣改編에 관한 연구」, 『韓國史論(서울대 국사학과)』 19; 2002, 앞의 책.
황인규, 1991, 「『高麗史』 地理志 '高麗初' '高麗'의 時期 比定試考」, 『東國歷史教育』 3.
金日宇, 1996, 「高麗 太祖代 地方支配秩序의 形成과 國家支配」, 『史學研究』 52; 1998, 『고려초기 국가의 地方支配體系 연구』, 一志社.
김아네스, 1996, 「高麗 太祖代의 地方支配體制」, 『高麗太祖의 國家經營』, 신서원.
崔圭成, 1997, 「高麗初期 郡縣制 改編」, 『祥明史學』 5.
具山祐, 1998, 「高麗 太祖代의 地方制度 개편 양상」, 『釜大史學』 22; 2003, 『高麗前期 鄕村支配體制研究』, 혜안.
權眞澈, 2000, 「高麗 太祖代의 州와 來屬制에 관한 再考」, 『江原史學』 15·16合.
김기섭, 2006, 「高麗 太祖代 군현 개편의 과정과 그 의미」, 『한국중세사연구』 21.

20 朴恩卿, 1993, 「高麗時代의 郡縣制와 鄕村支配單位」, 『仁荷史學』 1; 1996 『高麗時代 鄕村社會研究』, 一潮閣.

불가능하다. 중요한 것은 국가권력과 지방세력 중 어느 쪽이 더 규정적이었느냐를 따지는 것이 아니라 고려국가가 지방세력의 요소를 수용하면서 구체적으로 어떤 체제를 지향하고 편성했는가를 찾아내는 일이다.

이렇게 볼 때 고려의 지방제도를 온전히 나말려초 변동기의 산물로만 보는 것은 한계가 있다. 사회의 해체와 재구성이라는 역동성이 인정되지만, 그 재구성의 방향이 모두 새로운 것은 아니기 때문이다. 단기간에 이루어진 사회의 재편은 최대한 이전의 경험을 활용하기 마련이다. 지방제도의 편성에서 신라와의 비교가 중요한 이유가 여기에 있다. '지속'의 바탕에서 '변화'의 내용을 이해해야 한다는 것이다. 이러한 관점에서 고려의 지방제도가 기본적으로 신라의 것을 대부분 계승한 것이라는 지적은 새로운 연구의 단서를 제공하였다.[21] 군현 획정은 물론 중간 단위의 편성까지도 신라의 것을 차용하고 있었다는 지적은 지방제도를 매개로 성급하게 역사상을 수립하기에 앞서 구체적인 내용의 이해가 중요함을 말하고 있다.

2) 고려초기의 지방제도 개편

태조 즉위 이후 몇 차례 지방제도 개편을 거친 뒤 현종 9년의 개편을 통해 고려의 지방제도가 완성되었다. 이에 고려 지방제도의 실체를 이해하기 위해 선행한 제도 개편에 대한 연구가 다각적으로 이루어졌다. 그간 고려 지방제도 연구의 다수가 여기에 집중되었다.

초기에는 고려 지방제도의 성립 과정을 개괄적으로 다루는 경우가 많았으나 점차 제도의 내용과 정치·사회적 의미에 대한 탐구로 이어졌다. 이 시기는 지방제도의 핵심적인 운영장치로서 외관제(外官制)가 본격

21 윤경진, 1996, 「고려 태조대 군현제 개편의 성격: 신라 군현제와의 상관성을 중심으로」, 『역사와현실』 22.

시행되기 전이기 때문에 당시 지방제도 운영이 사실상 '호족'들에게 위임된 상태였다고 보는 것이 일반적이었다.[22] 그러나 정식 외관의 부재에도 불구하고 주부군현(州府郡縣)의 개편이나 향직(鄕職)에 대한 통제 등을 통해 지방지배가 구현되었다고 보기도 하였다.[23] 한편 지방군 편성과 연계하여 지방제도의 성립을 조망하거나[24] 송(宋)의 지방제도와 비교한 연구도 있었다.[25]

1980년대 후반부터는 『고려사』 지리지의 연혁 기사를 집중 분석하여 태조대부터 이미 구체적인 개편이 진행되었거나 이를 지향했다는 점을 강조하는 연구가 다수 이루어졌다.[26] 곧 주현-속현 영속관계는 국초부터 지역적으로 시행되기 시작하여 현종 9년에 완성되었다는 맥락으로, 고려 국가의 능동적 개편을 강조한 것이다. 그동안 소홀히 취급되었던 태조대의 지방편제에 주목했다는 점에서 의미가 있지만, 『고려사』 지리지의 연혁 기사에 대한 실증 과정에서 문제점을 드러냈다.

실상 『고려사』 지리지에 정리된 영속관계를 현종 9년 이전에 확인할 수 있는 명확한 사례는 없다. 그럼에도 태조대부터 영속관계의 편성이 있었다고 본 것은 『고려사』 지리지의 기사를 분석한 결과이다. 이를테면 "고려초(高麗初) 경금명(更今名) 내속(來屬)" 기사에서 해당 읍호의 용례

---

22 閔丙河, 1963, 「高麗時代의 地方制度와 土豪勢力」, 『成均館大論文集』 8.
河炫綱, 1977, 「高麗初期의 地方統治」, 『高麗地方制度의 研究』, 韓國研究院; 1988, 『韓國中世史研究』, 一潮閣.

23 邊太燮, 1987, 「高麗初期의 地方制度」, 『韓國史研究』 57.
黃善榮, 1999, 「高麗初期 地方統治의 再檢討」, 『한국중세사연구』 7.

24 李基白, 1965, 「高麗 地方制度의 整備와 州縣軍의 成立」, 『趙明基華甲記念論叢』, 간행위원회; 1968, 『高麗兵制史研究』, 一潮閣.

25 周藤吉之, 1974, 「高麗初期の地方制度: 特に宋の地方制度との関連において」, 『東洋大学大学院紀要』 12; 1980, 『高麗朝官僚制の研究』, 法政大学出版局.

26 주 19)의 논문들은 대부분 이러한 입론에 서 있다.

를 찾아 '경금명'의 시점을 비정하고, 이를 통해 '내속'의 시점까지 동일하게 파악하는 식이다. 그러나 이 기사는 별개의 연혁인 '경금명'과 '내속'의 시점을 모두 모르는 상황에서 '고려초'라는 하나의 시점으로 합쳐 정리한 것이기 때문에 '경금명'을 통해 '내속'의 시점을 파악할 수 없다.[27]

근래에는 『고려사』 지리지에 대한 전면적인 분석이 진행되었다. '고려초'의 시점은 기본적으로 신라 경덕왕대의 자료와 고려의 자료를 비교하여 읍호 또는 영속관계의 변화 여부를 나타낸 것이기 때문에 그 자체로 특정 시점을 설명할 수 없다는 것이다.[28]

한편 고려초기 지방제도가 신라의 지방제도와 무관할 수 없다는 점에서 양자의 관계를 지적한 연구도 있었고,[29] 『삼국사기』 지리지의 연혁미상 군현을 중심으로 신라의 군현이 고려에서 변동하는 양상을 검토하기도 하였다.[30] 하지만 전반적인 연구 경향은 새로운 질서의 수립에 비중을 두고 있다. 이에 대해 고려 태조대의 지방제도 개편이 신라 지방제도와 같은 운영원리를 지향했다고 본 견해는 이에 대한 새로운 시각을 제공하였다.[31]

한편 나말려초에 새롭게 등장한 부(府)와 그 수가 급증한 주(州)에 대

---

27 尹京鎭, 1999, 「『高麗史』 地理志의 연혁정리 방식에 대한 비판적 검토: '高麗初'의 연기비정과 관련하여」, 『奎章閣』 22.
김아네스도 태조대 主屬邑 형성에 대해 비판하면서 '고려초'를 태조대로 단정할 수 없고 읍호개정과 속읍 설정을 같은 시기로 볼 수 없다고 지적하였다(김아네스, 2008, 「고려 태조대 지방의 主·屬邑 형성론에 관한 검토」, 『동북아문화연구』 14).

28 윤경진, 2012①, 「『高麗史』 地理志 고려초기 改號 기사의 자료적 기반과 정리 방식」, 『震檀學報』 115; 2012, 앞의 책.
윤경진, 2012②, 「『高麗史』 地理志 고려초기 외관 설치 및 영속관계 편성 기사의 분석」, 『한국문화』 59; 위의 책.

29 邊太燮, 1989, 「高麗時代 地方制度의 構造」, 『國史館論叢』 1.

30 金甲童, 1994, 「新羅·高麗의 王朝交替와 郡縣制의 變化」, 『韓國古代史研究』 7.

31 윤경진, 1996, 앞의 논문.

한 이해는 고려 지방제도의 성격을 이해하는 하나의 준거로 인식되어 다양한 접근이 있었다. 부는 고려초기에 강대한 '호족'의 근거지에 설치되었다는 것이 통설이었다. 이에 대해 신라가 수도 방비의 강화를 위해 설치했다는 견해가 제시되었다.[32] 그리고 고울부(高鬱府)·흥례부(興禮府)·보성부(甫城府)·경산부(京山府)·의성부(義城府)가 신라에 의해 설치되었고, 안동부(安東府)·안북부(安北府)·천안부(天安府)가 고려에 의해 설치되었다는 것이다.[33] 나아가 고울부 등은 신라가 5경 지역을 상실하면서 이를 대신하여 설치되었고, 안동부 등은 고려가 군사적 거점으로서 수립한 것이라는 지적도 있었다.[34] 그리고 부가 대개 주변 지역을 통합하여 설치되었다는 점에 주목하여 지방행정에 적극 개입하는 장치였음을 강조하기도 하였다.[35]

주(州)의 경우에는 주요 '호족'의 귀부·협조에 따라 그들의 지위를 올려주는 방안으로 채용되었다고 보거나,[36] 고려의 변경 지역에 거점으로 설치되어 영역 확대와 함께 전진 배치되어 나갔다는 점을 지적하기도 했다.[37] 한편 주와 부를 교통로와 연결하여 이해하거나,[38] 도호부(都護府)와 도독부(都督府)를 집중적으로 고찰하기도 했다.[39] 최근에는 개별 부의 연

---

32 배종도, 1989, 「新羅下代의 地方制度 개편에 대한 고찰」, 『學林』 11.

33 黃善榮, 1994, 「新羅下代의 府」, 『韓國中世史硏究』 1.

34 윤경진, 1996, 앞의 논문.

35 류영철, 2001, 「後三國 鼎立期 高麗의 지방경영과 府의 성립」, 『韓國中世社會의 諸問題(金潤坤定年紀念論叢)』, 韓國中世史學會.

36 金甲童, 1986, 「'高麗初'의 州에 대한 고찰」, 『高麗史의 諸問題』, 三英社.

37 윤경진, 1996, 앞의 논문.

38 정요근, 2008, 「後三國時期 高麗의 남방진출로 분석」, 『한국문화』 44.
정요근, 2009, 「후삼국시기 고려의 '주(州)·부(府)' 분포와 그 설치 의미」, 『역사와현실』 73.

39 김아네스, 2002, 「고려초기의 都護府와 都督府」, 『歷史學報』 173.

혁 특징에 대한 심층적 분석도 이루어졌다.[40]

후삼국 시기를 포함하여 태조대의 지방제도 개편에 대한 연구가 활발히 진행된 것과 달리 성종대 이후 지방제도 개편에 대한 연구는 소략한 편이다. 대개 개설적인 연구에서 부분적으로 언급되는 정도이다. 성종대 지방제도를 전론으로 다룬 경우도 제도 자체에 대한 새로운 분석이 이루어진 것은 아니며, 수취기반의 확보나 통제를 위한 정치적 과정에 초점을 두었다.[41] 이는 대부분의 연구가 태조대와 현종 9년의 개편을 직접 연결하여 이해함으로써 도중에 있었던 성종대의 개편을 간과한 결과이다.

성종 2년의 12목 설치는 고려 외관제의 실질적인 출발이 된다. 이 때문에 이 조치가 고려 지방제도의 중요한 전기가 되었다는 점은 공통적으로 지적되고 있다. 근래에는 이를 유교적 정치이념과 결부하여 파악하기도 하였다.[42]

성종 11년의 읍호개정은 개편 내용을 알려주는 자료가 거의 없기 때문에 제대로 연구되지 못하였다. 당시 읍호개정은 성종 10년의 별호(別號) 제정과 밀접히 연관된 것으로 이해되는데, 이와 관련하여 고려시기 지명 별호의 사례를 종합적으로 살펴보면서 성종 10년의 별호 제정을 검토한 연구와[43] 조운수경가(漕運輸京價) 기사를 통해 성종 11년 읍호개정의

40 윤경진, 2018①,「신라말 고려초 義城府·甫城府 연혁에 대한 재검토」,『新羅文化』53.
윤경진, 2018②,「신라말 고려초 京山府 연혁과 碧珍郡」,『역사문화연구』66.
윤경진, 2020,「신라말 고려초 高鬱府·興禮府의 운영과 州 개편」,『역사문화연구』74.

41 具山佑, 1993,「高麗 成宗代의 鄉村支配體制의 강화와 그 정치·사회적 갈등」,『韓國文化硏究』6; 2003, 앞의 책.
김봉두, 1997,「고려 성종대 政治支配勢力의 지방통치에 대한 認識과 地方統制策」,『傳統文化硏究(조선대)』5.

42 김아네스, 1997,「高麗初期 地方支配體制 硏究」, 서강대학교 박사학위논문.
김아네스, 2002,「고려 성종대 유교 정치사상의 채택과 12州牧」,『震檀學報』93.

43 禹太連, 1987·1988·1989,「高麗初 地名別號의 制定과 그 運用(上·中·下)」,『慶北史

내용을 설명한 연구가 있다.[44] 이를 통해 지금까지 그 실체가 드러나지 않았던 성종 11년 읍호개정에 대한 새로운 접근이 가능해졌다. 이후 당시 개편이 고려 태조대 이래 적용되던 군-영현체계의 바탕에서 고려 건국기에 다양화된 읍호를 재정비하는 것이었다는 견해도 나왔다.[45]

성종 14년의 지방제도 개편은 외관의 증치(增置) 내지 제도적 정비의 측면에서 보는 것이 일반적이나 개편의 지향에 대해서는 충분히 설명되지 못하였다. 이 점에서 성종 14년의 개편을 주(州)가 현(縣)의 상위영역으로 설정된 당제(唐制)를 도입한 것이라고 보고, 이를 당시 인물의 출신지 표기 등을 통해 확인한 연구는 주목을 요한다.[46] 다만 고려의 지방제도가 촌락 및 수장의 계층적·신분적 편성이라는 시각에 따라 당시 개편을 의식적으로 '호족'의 지배질서와 결부시킴으로써 개편의 의미를 온전히 드러내지 못하였다. 이에 주-현 편성의 원리에 대한 설명을 수용하면서 당시 개편이 기존의 군-영현체계의 영속관계를 전면 개편하기 위한 것이라고 평가하기도 하였다.[47]

현종 9년의 지방제도 개편은 고려 지방제도의 완성으로 평가하는 데 이견이 없다. 성종 14년 절도사(節度使)와 단련사(團練使) 등의 설치에 이어 목종 8년 단련사 등의 폐지, 현종 3년 절도사 폐지와 안무사(安撫使) 설치, 그리고 현종 9년 개편에 이르는 과정을 종합적으로 고찰하며 그 의

學』 10·11·12.

44 北村秀人, 1978, 「高麗初期の漕運についての一考察」, 『古代東アジア史論集(上)』, 吉川弘文館.

45 윤경진, 2002①, 「고려 성종 11년의 읍호개정에 대한 연구: 고려초기 군현제의 구성과 관련하여」, 『역사와현실』 45.

46 濱中昇, 1977, 「十世紀末における高麗州縣制の施行」, 『朝鮮學報』 144.

47 尹京鎭, 2001②, 「高麗 성종 14년의 郡縣制 改編에 대한 연구」, 『韓國文化(한국문화)』 27.

미를 평가하였다.[48] 이 외에 현종 9년의 지방제도 개편을 향촌지배의 측면에 무게를 두고 조망하기도 했다.[49]

대체로 제도 자체의 내용을 분석하기보다는 외관 설치를 중심으로 한 개혁의 추이를 개괄하고 해당 시기의 정치적 배경이나 사회경제적 맥락을 추출하는 방향에서 연구가 이루어졌다. 이로 인해 현종 9년 개편의 실질적인 내용이나 운영원리 등은 제대로 드러나지 못하였다. 이 경우 외관 설치 지역이 소수에 불과하다는 점으로 인하여 그 결론이 제도적 미숙성이나 중앙권력의 한계를 지적하는 것으로 귀결될 우려가 상존한다.

이에 대해 지방제도 개편 과정을 영속관계의 재편이라는 맥락에서 이해하면서 현종 9년 개편이 중간 단위의 규모 확대와 다양화를 통해 재지 지배질서를 재편하려는 것이었다고 평가한 의견도 있다.[50] 근래 현종 9년의 개편이 성종 14년의 개편을 보완한 것이라는 견해도 이와 맥을 같이 한다.[51]

한편 지방제도 개편과 다소 다른 방향에서 속현 문제에 접근한 시도도 있었다. '속현' 개념의 역사성을 탐구한 연구는 속현이 외관의 유무가 아니라 운영체계상의 위치에 의해 부여되는 개념임을 확인함으로써 주현-속현 영속관계를 운영원리의 측면에서 접근하는 토대를 제공하였다.[52]

---

48 金甲童, 1995, 「高麗 顯宗代의 地方制度 改革」, 『韓國學報』 80.

49 具山祐, 1994, 「高麗 顯宗代 鄕村支配體制 개편의 배경과 성격」, 『한국중세사연구』 1; 2003, 앞의 책.
이 견해는 거란과의 전쟁 이후 華風을 중시하던 세력이 쇠퇴하고 土風을 중시하는 세력이 대두하면서 화풍에 따른 성종 14년의 지방제도 개편이 좌절될 수밖에 없었다고 보았다.

50 尹京鎭, 2000, 「高麗 郡縣制의 構造와 運營」, 서울대학교 박사학위논문.

51 박종진, 2015, 「고려 초 지방제도 개편과 '主縣屬縣制度'의 성립」, 『한국문화』 72; 2016, 『고려시기 지방제도 연구』, 서울대학교출판문화원.

52 尹京鎭, 2001③, 「高麗 郡縣制의 운영원리와 主縣-屬縣 領屬關係의 성격」, 『한국중

3) 계수관과 도, 경기

(1) 계수관

광역 운영체계로서 계수관(界首官)과 도(道) 역시 고려 지방제도의 특성을 보여 주는 지표로 인식되면서 그동안 꾸준히 연구가 이루어졌다. 다만 그 수가 많지 않고 지방제도의 근간으로서 주현-속현체계와 유기적인 관련 속에 연구가 진행되지는 못하였다.

계수관은 통상 경(京)·목(牧)·도호(都護)로 구성되며,[53] 상표진하(上表陳賀)와 향공선상(鄕貢選上), 외옥수(外獄囚)의 추검(推檢) 등에서 중간 기구로서 제한적인 기능을 수행했다고 이해되고 있다.[54] 특히 외관이 파견되지 않은 군현이 많았다는 점과 관련하여 이를 보완하는 제도적 장치로서 주목되었다. '대읍 중심의 군현제'라는 입론 또한 계수관의 역할에 주목한 것이다.[55]

그런데 1980년대 중반부터 계수관의 설정 대상에 대해 새로운 견해가 제기되었다. 곧 계수관은 경·목·도호에 국한되지 않고 일반 외관까지 포함하는 것이었다고 보고, 이를 고려 지방제도의 기본 특징으로 제시한 것이다.[56] 그런데 이 견해는 계수관에 관련된 사료를 기존과 다르게 해석하는 데 근거하고 있어 그에 대한 반론이 제기되었다.[57] 그리고 두 견해는

세사연구』 10.

53 尹武炳, 1962,「高麗時代 州府郡縣의 領屬關係와 界首官」,『歷史學報』 17·18합.

54 邊太燮(변태섭), 1968,「高麗前期의 外官制」,『韓國史硏究』 2; 1977,『高麗政治制度史硏究』, 一潮閣.

55 김윤곤, 1983, 앞의 논문.

56 朴宗基, 1986,「高麗의 郡縣體系와 界首官制」,『韓國學論叢(국민대)』 8; 2002, 앞의 책.

57 金東洙, 1994,「고려시대의 界首官 小論: 계수관의 범위문제 검토」,『李基白古稀紀念論叢』, 간행위원회.

이후에도 또 한 차례씩 각각의 논지를 보강하며 논란을 이어 갔다.[58] 이외에 계수관의 기능을 이전보다 확대하여 설명한 연구도 있고,[59] 계수관의 기능을 군사와 사법 등 광역의 운영, 곧 외관의 상급 체계로서의 기능과 상표진하를 비롯한 영역대표 기능으로 나누어 이해한 연구도 있다.[60]

그런데 계수관의 구성이나 기능에 비해 성립 과정에 대한 연구는 드문 편이다. 거점으로서 광역 단위의 운영을 담당하는 원리는 신라의 9주 및 성종 2년의 12목에서도 발견된다. 또한 『고려사』 지리지에서 신라의 군-영현체계와 주현-속현체계가 같은 원리로 인식되고 있다는 점에 근거하여 신라의 9주와 고려의 계수관을 같은 층위에서 이해한 견해도 있다.[61]

계수관의 구성은 통상 3경, 4도호, 8목으로 일컬어지지만, 실제 그 수와 구체적인 구성 내역은 시기에 따라 차이가 있었다.[62] 이는 특히 도호에서 두드러지게 나타난다. 본래 군사적 성격이 강한 도호는 설치 지역이 자주 바뀌었다. 이것은 고려 건국 과정의 특성과도 연결되는 것으로 이해

---

58 朴宗基, 1999, 「高麗時代 界首官의 범위와 성격」, 『韓國學論叢(국민대)』 21; 2002, 앞의 책.
김동수, 2002, 「고려시대 界首官의 범위에 대한 재론」, 『全南史學』 19.
박종기의 위 논문에서는 "主縣이 모두 계수관이었다"는 종래의 견해에서 "주현도 포함될 수 있다"라고 수정했으나 계수관이 경·목·도호에 국한되었다는 통설에는 여전히 반대하였다. 한편 김동수는 경·목·도호 중에서 소정의 관부가 계수관이 되었다고 보았다. 현재 연구자 대다수는 계수관의 범위에 대해 전통적인 견해를 따르고 있다.

59 구산우, 2002, 「고려시기 계수관(界首官)의 지방행정 기능과 위상」, 『역사와현실』 43.

60 윤경진, 2004, 「고려전기 界首官의 운영체계와 기능」, 『東方學志』 126.
박종진, 2005, 「고려시기 계수관의 기능과 위상」, 『역사와현실』 56; 2016, 앞의 책.
필자가 지방제도의 구조적 측면에서 주현-속현체계와의 상관성 문제에 초점을 둔 반면, 박종진은 '중심지'로서 계수관의 기능과 위상에 초점을 두었다.

61 윤경진, 2005, 「고려 界首官의 제도적 연원과 성립과정: 9州·12牧과의 연결성을 중심으로」, 『韓國文化』 36.

62 윤경진, 2003, 「고려전기 界首官의 설정원리와 구성 변화: 『고려사』 지리지 계수관 연혁의 補正을 겸하여」, 『震檀學報』 96.

되고 있다.[63]

(2) 도

고려 지방제도에서 도(道)는 양계(兩界)와 함께 광역의 운영단위로서 조선 8도의 전신이 되었다. '8도'가 조선의 지방제도를 대표하는 표현이 된 것처럼, '5도 양계'는 고려의 지방제도를 가리키는 대명사로 사용되고 있다. 그런 만큼 도제(道制)는 일찍부터 연구자들이 관심을 가진 주제였다.

그러나 조선의 8도가 초기부터 그 형태를 갖추고 운영체계 또한 관찰사(觀察使) 중심으로 고정된 것과 달리 고려의 도는 논란의 여지가 많다. 5도의 윤곽이 고려중기 이후에 비로소 드러나며, 운영체계 또한 복합적인 모습을 보이기 때문이다. 도의 성립 문제는 크게 성종 14년 10도와 이후 5도로 나누어진다.

성종 14년의 지방제도 개편은 주 단위에 절도사·단련사 등의 외관을 설치하고 광역 단위로 10도제를 시행하는 것으로 정리된다. 이 중 10도는 주로 제도적 연원과 기능적 한계, 운영 담당자 문제 등을 중심으로 논의가 이루어졌다.[64] 그 결과 당제를 도입한 것이라는 점, 당시 함께 시행된 외관제를 보완하는 장치였다는 점, 그리고 행정기구로서 기능하지 못했다는 점 등이 지적되었다. 10도의 장관은 전운사(轉運使)로 보는 경우

63 김아네스, 2002, 앞의 논문.
윤경진, 2007, 「고려 태조대 都護府 설치의 추이와 운영」, 『軍史』 64.
윤경진, 2009①, 「고려초기 지방제도 개편과 都護府: 安東·安南의 置廢와 移動」, 『한국중세사연구』 27.

64 河炫綱, 1962, 「高麗 地方制度의 一硏究: 道制를 中心으로(上·下)」, 『史學硏究』 12·13; 1988, 앞의 책.
변태섭, 1968, 앞의 논문.
김갑동, 1990, 「成宗代의 地方制度 改革」, 앞의 책.

가 많으나 이를 비판하고 실질적인 운영의 중심은 12주절도사에 있었다고 보기도 한다.[65]

그러나 도를 편성하는 원리나 그것이 지향한 운영방식 등 제도적 내용에 대한 분석은 제대로 이루어지지 못하였다. 이는 성종 14년의 지방제도 개편을 '과도적' 성격으로 인식하는 경향으로 말미암은 것이다. 이에 10도가 시행된 배경 및 그것이 지향한 운영원리를 당시 주-현체계와 관련하여 이해한 연구도 있다.[66] 이와 함께 10도가 실질적으로 신라 9주를 토대로 하였다는 사실도 지적되었다.[67]

한편 5도에 대한 논의는 광역의 행정구역으로서 그 성격을 어떻게 평가할 것인가 하는 문제와 그 성립 시기를 어떻게 잡을 것인가 하는 문제를 중심으로 전개되었다. 이는 5도의 운영 담당자인 안찰사(按察使)에 대한 이해와 밀접히 연결되어 있다.

5도의 성립과 성격에 대해서는 우선 도 개념의 다양성을 지적하면서 5도의 명칭이 예종대부터 태동하여 고려말에 비로소 그 윤곽이 잡히며, 안찰사도 지위나 임기에서 도의 장관으로 볼 수 없다는 견해가 있다. 이에 따르면 5도는 고려 일대에 사실상 행정구역으로 확립되지 못했다고 보게 된다.[68] 이 견해는 도제 운영의 다양성을 지적하고 있다는 점에서 주목을 요하지만, 그 다양성 속에서 5도 문제를 추출해 내고 구체적인 모습을 분석하는 데에는 이르지 못하였다.

---

65 崔貞煥, 1996, 「高麗 地方制度의 整備와 道制」, 『慶北史學』 19; 2002, 『高麗 政治制度와 祿俸制 硏究』, 신서원.

66 윤경진, 2006①, 「고려초기 10道制의 시행과 운영체계」, 『震檀學報』 101.

67 洪淵津, 1993, 「高麗前期 道制의 成立과 그 性格」, 『釜大史學』 17.
윤경진, 위의 논문.

68 河炫綱, 1977, 「後期道制에의 轉成過程」, 『高麗地方制度의 硏究』, 韓國硏究院; 1988 앞의 책.

다음에 5도가 예종대에 형성되었으며, 그 장관으로서 안찰사의 기능을 논하여 중간 행정기구로서 의미를 일정하게 인정하는 견해가 있다.[69] 이것은 고려 지방행정체계의 모습을 구체화시키는 성과가 있으나 도의 문제를 안찰사 위주로 바라봄으로써 도의 다원적인 양상을 간과한 한계가 있다. 고려의 도는 안찰사 외에도 다양한 사신과 연계되어 있었다.

한편 5도의 성립을 선행한 안무사(安撫使)와 연계하여 이해한 견해가 있다. 이 견해는 8목과 4도호를 중심으로 몇 개의 주를 하나의 행정단위로 묶어 제도화시킴으로써 5도가 성립했다고 보았고, 그 시점은 현종 9년에서 예종대에 걸친 단계적 과정으로 이해하였다.[70] 여기서 안찰사 등 운영체계의 문제와 별도로 '영역 편성'이라는 관점에서 5도의 성립을 논하였다는 점과 5도의 성립을 단계적 과정으로 본 점은 방법론적으로 주목할 부분이다. 그러나 확정된 범주로서 5도를 성립기에 그대로 투영한 것은 재고의 여지가 있다.

근래 연구에서는 도의 편성이 사신 파견에 의해 다원적으로 이루어진 점[71]과 몇 개의 계수관을 매개로 '주도(州道)'를 편성하던 양상을 지적하고, 이러한 주도가 정례적인 안찰사 파견과 대상 지역의 고정에 따라 5도로 정착했다고 설명하였다. 그리고 예종-의종대에 걸쳐 각 도가 시차를 두고 성립한 것으로 파악하였다.[72]

---

69 邊太燮, 1968, 「高麗按察使考」, 『歷史學報』 40; 1977, 앞의 책.

70 崔貞煥, 1998, 「高麗時代 5道 兩界의 成立」, 『慶北史學』 金燁停年紀念特輯號; 2002, 앞의 책.

71 道 개념의 다양성에 대해서는 일찍이 河炫綱이 지적한 바 있다(하현강, 1962, 앞의 논문).

72 윤경진, 2006②, 「고려전기 道의 다원적 편성과 5道의 성립」, 『東方學志』 135.
최근 『고려사』 지리지 연혁 기사를 수용하여 전라도가 현종 9년에 성립했다는 의견도 나왔으나(하태규, 2016, 「고려시대 全羅道의 운영구조와 성격」, 『歷史學研究』 63), 해당 기사를 그대로 인정할 수 없다는 점에서 문제가 지적된다.

(3) 경기

경기(京畿)는 자체적인 생산 기반이 취약한 왕경(王京)을 둘러싸고 인적·물적 자원을 공급하는 영역이다. 고려는 개경(開京)과 함께 또 하나의 도읍으로서 서경(西京)을 두었기 때문에 개경 주변의 경기 외에 서경기(西京畿)가 편성되어 있었다.[73]

고려의 지방제도에서 경기는 5도, 양계와 구분되는 또 하나의 광역 단위로 이해되고 있다. 내부적으로 두 개의 주현-속현 단위가 편성되어 있었기 때문이다. 다만 중앙정부에 직속되어 있다는 점에서 예외적이다. 이는 조선의 지방제도에서 경기가 8도의 하나로서 다른 도와 동일한 운영체계가 적용되었던 것과 다른 양상이다. 이 때문에 경기에 대한 연구도 꾸준히 이루어졌다.

경기 연구는 담당 관부인 개성부(開城府)에 대한 연구와 병행하여 이루어졌다. 개성부에 대한 초기 연구와 성종 14년에 시행된 적현(赤縣)·기현(畿縣)에 대한 검토는 경기 연구의 토대가 되었으며,[74] 뒤이어 경기의 통치체제를 정리한 성과도 있다.[75] 이어 고려전기 경기의 성립과 운영 전반에 대한 구체적인 연구도 이루어졌다.[76]

근래에는 이른바 '대경기(大京畿)'의 존재를 긍정하는 새로운 연구와[77]

---

73 숙종 때 南京이 설치된 후 '남경기'의 용례가 보여 남경에도 경기가 편성되었음을 추정할 수 있으나(『高麗史』 권14, 睿宗 12년 8월 丁卯, "王至南京 契丹投化人散居南京圻內者 奏契丹歌舞雜戲以迎駕 王駐蹕觀之"), 그 실체는 확인되지 않는다.

74 末松保和, 1938, 「高麗開城府考」, 『稻葉博士還曆記念滿鮮史論叢』, 稻葉博士還曆記念會.
尹武炳, 1956, 「所謂 '赤縣'에 대하여」, 『李丙燾華甲紀念論叢』, 一潮閣.

75 邊太燮, 1971, 「高麗時代 京畿의 統治制」, 『高麗政治制度史研究』, 一潮閣.

76 정학수, 2007, 「高麗前期 京畿制 研究」, 건국대학교 박사학위논문.

77 박종기, 2003, 「고려시대 남경지역의 개발과 京畿制」, 『서울역사박물관연구논문집』 1.
신안식, 2003, 「고려시대 '京畿'의 위상과 역할」, 『人文科學研究論叢(명지대)』 25.

이를 전면 반박하는 연구도 있다.[78] 아울러 개경에 대한 관심이 높아지면서 그 외곽 지역인 경기에 대한 설명이 수반되었다.[79] 최근에는 문종 16년 지개성부사(知開城府事) 설치와 이에 수반된 영속관계의 개편에 무게를 둔 연구도 이루어졌다.[80]

이는 『고려사』 지리지에서 경기 소속 군현들을 문종 16년에 개성부에 '내속'하는 것으로 정리한 데 영향을 받은 것이다. 그러나 장단현령(長湍縣令)이 폐지되지 않았음을 입증하면서 영속관계의 근본적인 개편이 없었음이 확인되었다.[81] 한편 개성부의 변천을 지리적 범위와 연계하여 살펴보거나,[82] 재정 또는 군사적 필요에 의해 개편이 이루어졌다고 보기도 하였다.[83]

한편 서경에 대한 다양한 연구가 축적된 것에 비하면,[84] 서경기에 대

정은정, 2004, 「고려전기 경기의 형성과 대경기제」, 『한국중세사연구』 17; 2018, 『고려 開京·京畿 연구』, 혜안.
정은정, 2005, 「고려중기 경기지역의 공한지 개발」, 『지역과역사』 16: 위의 책.

78 윤경진, 2008, 「『고려사』 지리지 '대경기' 기사의 비판적 검토: 공민왕 18년 경기 탁전(度田)으로의 재해석」, 『역사와현실』 69.

79 朴龍雲, 1996, 『고려시대 開京 연구』, 일지사.
한국역사연구회, 2002, 『고려의 황도 개경』, 창작과비평사.
김창현, 2002, 『고려 개경의 구조와 그 이념』, 신서원.
한국역사연구회, 2006, 『개경의 생활사』, 휴머니스트.

80 최은규, 2017, 「고려 문종 16년 京畿 개편의 성격과 開城府의 위상」, 『한국중세사연구』 51.

81 윤경진, 2009②, 「고려전기 京畿의 편성과 운영」, 『역사문화연구』 33.

82 박종진, 2012, 「고려전기 開城府의 변천과 지리적 범위」, 『東方學志』 157; 2016, 앞의 책.

83 신은제, 2018, 「고려전기 경기의 설치와 그 의미」, 『한국중세고고학』 4.

84 河炫綱, 1970, 「高麗 西京의 行政構造」, 『韓國史研究』 5; 1988, 앞의 책.
李根花, 1987, 「高麗 成宗代의 西京經營과 統治組織」, 『韓國史研究』 58.
姜玉葉, 2000, 「高麗時代의 西京制度」, 『國史館論叢』 92.
김창현, 2001, 「고려 서경의 성곽과 궁궐」, 『역사와현실』 41.
김창현, 2006, 「고려 서경의 사원과 불교신앙」, 『韓國史學報』 20.
김창현, 2007, 「고려 서경의 행정체계와 도시구조」, 『韓國史研究』 137.

한 연구는 극히 드물다. 관련 사료가 희소하여 서경의 행정체계나 공간구조와 관련하여 간단히 언급되고 있을 뿐이다.[85] 이에 대해 근래 『고려사』 지리지 연혁 기사의 비판적 검토를 통해 서경기의 성립과 개편 과정을 종합적으로 고찰한 연구가 이루어졌다.[86]

3. 본서의 연구방법과 구성

1) 연구방법

(1) 연구 시각과 연구 범위

연구 동향에서도 언급했듯이 그동안 고려 지방제도 연구는 정치사회사적인 시각이 강하였다. 지방제도의 형식과 내용이 기본적으로 중앙권력과 지방권력의 관계에 의해 규정된다고 본 것이다. 권력관계가 지방제도의 내용을 규정하는 한 요소임은 분명하다. 그러나 이것에만 국한하여 다룰 경우 지방제도는 정치사적 맥락을 설명하기 위한 보조 지표에 머물고, 나아가 정치사적 맥락에 끼워 맞춘 해석을 낳을 우려가 커진다. 이 문제를 해소하려면 연구 시각의 전환이 필요하다.

지방제도는 국가권력이 지방사회를 통제하고 수취를 실현하는 매개

85 일례로 김창현, 위의 논문에서는 서경의 도시구조를 설명하면서 서경기 4도와 6현에 대해 서술했지만, 자료에 기재된 선에서 설명이 이루어졌다. 한편 윤무병은 北界의 地理에 대한 개괄적 고찰에서 목차에 서경기를 포함했으나 본문에서는 다루지 못하였다(尹武炳, 1952·1953, 「高麗北界地理考(上·下)」, 『歷史學報』 4·5).

86 윤경진, 2009③, 「고려시대 西京畿의 형성과 재편: 『고려사』 지리지 연혁의 補正을 중심으로」, 『東方學志』 148.

이다. 따라서 여기에는 지방사회의 여러 조건이 반영된다. 지리적 조건, 인구 분포나 생산력 수준 등 경제적 요소, 방어와 관련된 요소 등이 그 예이다. 다만 이러한 요소들은 현재 남아 있는 자료의 취약성으로 인해 구체적이고 의미 있는 이해를 끌어내기 어렵다. 실상 제도의 내용이 온전히 해명되지 않은 상태에서 이를 규정하는 요소를 다루는 것은 그 필요성과 타당성에도 불구하고 비약이나 무리한 해석을 낳을 우려가 크다.

이러한 한계를 넘어서기 위해서는 무엇보다 제도 내용에 대한 실체적 접근이 요구된다. 곧 제도에 대한 충실한 이해가 선행되어야 한다는 것이다. 이를 위한 방법론으로서 '구조'와 '운영'이라는 두 가지 틀을 제시할 수 있다.

'구조'는 지방제도가 어떤 세부 장치들로 구성되어 있으며 상호 간에 어떤 관계를 맺고 있는지에 대한 형태적 접근을 말한다. 신라와 고려, 조선은 모두 군현제를 채용하여 지방제도를 수립했으나 그 구성 방식은 차이가 있었다. 당초 군현제에서는 기초 단위를 현으로 삼고 몇 개의 현을 묶어 군이라는 중간 단위를 두었다. 현이 기존의 운영단위인 국(國)을 대체하여[滅國爲縣] 수취 단위로 설정되었다면, 군은 군사를 비롯한 인적 지배에 초점을 두고 인위적으로 편성된 단위였다.

결국 군현제의 원리는 지속성을 가진 기초 단위를 토대로 중앙권력의 의도에 맞게 중간 단위를 편성함으로써 효과적인 지방통치를 도모하는 것으로 정리된다. 이 원리를 통해 신라와 고려, 조선으로 이어지는 지방제도의 구조를 해명하고, 그 차이와 변화 과정을 입체적으로 이해할 수 있다.

신라는 군이 몇 개의 현을 관할하는 형태로 중간 단위를 편성하였다. 군이 다수의 현으로 구성된 상위 영역이 아니라는 점에서 본래의 군현제와 차이가 있다. 하지만 몇 개의 기초 단위가 모여 중간 단위를 구성한다는 점에서는 상통한다. 이에 그 중심 단위에 군이라는 명칭을 부여한 것이다. 이때 군에 소속된 현을 통상 '영현(領縣)'으로 부르고 있으므로 이러한 구성은 그에 조응하는 운영체계까지 포함하여 '군-영현체계'로 부를 수 있다.

고려에서는 외관이 설치된 군현, 곧 주현(主縣)이 외관이 설치되지 않은 다수의 군현, 곧 속현(屬縣)을 관할하는 형태로 중간 단위를 편성하였다. 전형적인 군현제처럼 읍격(邑格)을 통해 제도상의 위치가 드러나지 않고 중간 단위의 편성 규모에 편차가 컸지만, 군현제의 일반 원리를 충실히 반영하고 있다. 이것을 '주현-속현체계'로 부를 수 있다. 이에 반해 조선에서는 기초 단위와 중간 단위를 통합하여 단일화했다는 점에서 군현제의 일반적 원리에서 벗어나 있다.

이러한 기초 및 중간 단위와 더불어 광역 단위가 추가로 설정된다. 군현제에서 광역 단위는 한대(漢代)의 주(州)에서 비롯되었다. 주는 자사(刺史)가 파견된 감찰 단위였지만, 이념적으로는 삼대(三代)의 9주 및 12주로 연결된다. 9주는 천하를 상징하는 범주로서 12주로 확대되었다. 신라의 9주는 이러한 이념적 기반에서 설정된 것이었고, 고려에서 12목으로 확대되었다. 계수관은 바로 여기서 연원한 것이다.

한편 중국은 남북조를 거치면서 주와 군이 통합되고 대신 도(道), 혹은 로(路)가 광역 단위로 설정되었다. 고려의 도는 이를 채용한 것으로서 시기에 따라 변동이 컸다. 대체로 감찰관인 안찰사가 파견된 지역이 5도로 정착되었고, 국방 기능이 강화된 양계, 그리고 왕경을 뒷받침하는 경기가 함께 운영되었다. 이것이 조선에서 8도로 정리되었다.

결국 별도의 운영체계가 적용된 양계를 논외로 한다면 고려의 광역 단위는 계수관과 도라는 이원적 구조를 기축으로 하며 여기에 경기가 부수된 형태로 이해할 수 있다. 신라의 광역 단위는 9주로 단일하였고, 조선에서는 도의 기능이 대폭 강화되면서 계수관의 주요 기능이 도로 이관되었다. 이로 인해 계수관의 기능은 극히 제한되었다. 결국 광역 단위의 이원적 구조는 주현-속현체계와 함께 고려 지방제도의 구조적 특성으로 설정할 수 있다.

이러한 구조에는 그에 조응하는 운영 방식이 존재한다. 기초 단위인 개별 군현의 운영, 중간 단위인 주현-속현 단위의 운영, 광역 단위로서 계수관과 도의 운영이 유기적으로 결합되어 지방제도 전체의 운영체계를 구성한다. 기초 단위의 운영은 향리(鄕吏) 내지 그들의 조직인 읍사(邑司)가 담당하였고, 주현-속현 단위의 운영은 외관이 담당하면서 상하 행정체계를 구성하였다. 이것은 문서를 통한 명령-보고의 체계를 통해 구현되었다.[87] 그리고 다시 이를 토대로 계수관 관원과 도의 안찰사가 감행(監行)이나 순찰 등의 방식으로 광역의 기능을 수행하였다.

이러한 구조와 운영체계는 시기에 따라 그 모습을 달리한다. 고려의 경우 전형적인 주현-속현체계의 운영을 준거로 그에 선행하는 성립기, 해당 운영체계가 작동하는 전형기, 그리고 이것이 바뀌어 나가는 변동기로 나누어진다.

필자는 박사학위논문에서 이러한 분석 틀을 적용하였다. 다만 당시에는 기초 단위인 군현과 중간 단위인 주현-속현체계에 초점을 두고 이를 고려 일대에 적용하여 분석하였다. 이를 통해 기초 단위와 중간 단위의 구성이 조선에서 통합되어 단일한 체계로 변화하는 과정을 확인하여 고려 지방제도의 구조와 역사성을 가늠할 수 있었다.

그러나 광역 단위를 다루지 않음으로써 당시 지방제도의 구조를 온

87 尹京鎭, 2000,「古文書 자료를 통해 본 高麗의 地方行政體系」,『韓國文化』25.

전히 그려내지는 못하였다. 따라서 앞선 학위논문의 성과를 토대로 고려 지방제도의 온전한 구조를 그려내고 운영체계의 내용과 변화과정을 전체적으로 조망하는 작업이 필요하였다. 본서는 그 첫 단계로서 고려 지방제도의 성립기를 집중적으로 다루려는 것이다.

통상 제도사 연구에서 성립기는 전형기의 제도를 전제로 삼기 때문에 성립 과정을 '과도기'라는 맥락에서 이해하는 경향이 있다. 주현-속현체계에 대해서도 이러한 경향이 있다. 현종 9년의 개편에서 모든 군현에 외관이 설치되지 않은 것을 들어 제도가 미숙했다고 보거나 태조 때부터 해당 체계가 만들어져 나갔다고 보는 것은 그 예이다.

그러나 지방통치에서 각 시기의 제도 개편은 각기 그것이 지향하는 구조와 운영체계가 있다. 따라서 제도의 내용을 '미숙성'이나 '과도성'이 아니라 그 자체의 '완결성'이라는 관점에서 접근할 필요가 있다. 이 점에서 '구조'와 '운영'이라는 틀은 전형기 뿐만 아니라 성립기에 대한 이해에서도 유효하다.

다만 고려 지방제도는 다층적이고 지역적으로 다양한 체계를 보이고 있어 이를 하나의 연구로 일괄하는 것은 무리가 있다. 이에 먼저 주현-속현체계가 적용된 5도 지역을 대상으로 삼는다. 양계는 등주(登州) 이남의 동계(東界)를 제외하면 거의 대부분이 신개척지이고 주현-속현체계가 적용되지 않았다. 5도 지역과 다른 구조와 운영체계가 존재하므로 그에 대한 접근 역시 다른 구도와 맥락에서 이루어져야 할 것이다. 나아가 '양계'로 일괄되지만 북계와 동계는 그 역사성에서 많은 차이가 있어 이에 대한 고려도 필요하다. 이에 본서에서는 주현-속현체계가 적용된 등주 이남의 동계 지역만 다루며, 양계 전반에 대한 이해는 별도의 연구 과제로 삼는다.

고려 지방제도는 통상적인 군현의 운영체계만 있는 것이 아니라 향

(鄕)·부곡(部曲), 소(所)·장(莊)·처(處), 진(津)·역(驛)과 같은 특수한 운영단위가 광범하게 존재하였다. 일각에서는 이를 '부곡제(部曲制)'라는 이름으로 범주화하여 '군현제'와 대비하고, 이러한 이원적 구성을 고려 지방제도의 중요 특성으로 지목하기도 한다.[88]

이들이 고려 지방제도의 특성을 보여 주는 것임은 분명하다. 그러나 그 존재 양태나 운영 방식에서 내적인 차이가 크다는 점에서 '부곡제'라는 이름으로 일괄하는 것은 무리가 있다. 자칫 각각이 가지는 고유성과 역사성을 사상시킬 위험성이 크다. 또한 군현제와의 관계에서도 편차가 있다. 따라서 양자를 대비적으로 범주화하는 것도 실체적 이해를 저해할 우려가 있다.[89] 필자는 군현제의 운영체계와의 연관성을 통해 그 성격을 가늠하는 것이 중요하다고 보는데, 차후 전형기의 운영체계를 다룰 때 이 특수 운영단위의 연원이나 성립 과정 등도 자료적으로 가능한 범위에서 함께 다루기로 하고 본서에서는 논외로 한다.

(2) 연구 자료

본서는 고려시대 지방제도를 다루는 만큼 『고려사』와 『고려사절요』 등 연대기를 기본 자료로 한다. 여기에 『삼국사기』나 『삼국유사』에 들어 있는 고려시대 관련 내용도 요긴하며, 조선초기 실록에서도 유용한 자료를 찾을 수 있다. 금석문과 고문서 자료는 당대의 실제 사례를 확인할 수 있다는 점에서 그 중요성은 두말할 나위가 없다.[90] 그러나 지방제도 연구에

88 朴宗基, 1990, 『高麗時代 部曲制硏究』, 서울大學校出版部.

89 鄕과 部曲이 邑司와 長吏가 존재하는 별도의 행정단위인 반면, 所는 군현 내의 촌락에 설정된 것으로 파악된다(尹京鎭, 2002②, 「고려시기 所의 존재양태에 대한 試論: 군현제와 생산방식의 측면을 중심으로」, 『한국중세사연구』 13).

90 주지하듯이 나말려초 시기에는 다수의 高僧碑가 건립되었다. 비문에 정리된 승려의

서 가장 중요한 자료는 역시 각종 지리지이다.

지리지는 행정 단위 편성과 각 단위의 연혁을 정리하고 있어 지방제도 이해의 기본 틀을 제공한다. 기전체(紀傳體) 사서에서 지(志)의 한 편목으로 정리되기도 하고, 별도로 편찬되기도 한다. 그러나 연혁 자료의 상태와 지리지 구성 방식에 따라 많은 변형과 오류를 내포하기 때문에 섬세한 비판과 보정이 요구된다.

고려 지방제도에 채용되는 지리지로는 『고려사』 지리지를 위시하여 『삼국사기』 지리지, 『세종실록』 지리지, 『경상도지리지(慶尙道地理志)』, 『신증동국여지승람(新增東國輿地勝覽)』 등이 있다. 『삼국사기』 지리지는 고려 중기에, 나머지는 모두 조선전기에 편찬된 것들이다.[91]

고려 지방제도의 성립 과정을 연구하는 데 『고려사』 지리지는 절대적인 비중을 차지한다. 하지만 그 자료적 성격에 대한 이해는 크게 미흡하다. 기본적인 비판과 검증이 제대로 이루어지지 않은 상태에서 활용되고 있다. 이것은 성립사 이해에서 특히 두드러진다. 고려 지방제도가 현종 9년의 체제를 근간으로 한다는 것은 누구나 동의하는 바이지만, 그것이 어떤 과정을 통해 성립했는가에 대한 이해는 크게 엇갈린다. 이는 『고려사』 지리지의 고려초기 연혁에 대한 이해의 차이에서 비롯되었다.

『고려사』 지리지에는 읍호나 영속관계 수립의 시점을 '고려초(高麗初)', '고려(高麗)', '지고려(至高麗)' 등으로 처리한 것이 많다(이하 구분할 필

활동 내용 중에는 신라말 이래 지방사회의 상황을 엿볼 수 있는 것들이 있다. 또한 비문 陰記에 기록된 檀越 명단에는 중앙 관인 외에 지방 유력자들도 다수 보인다. 특히 인명과 함께 지명, 직함 등이 기재되어 있어 나말려초 지방사회의 운영 양상을 파악하는 데 유용하다. 고문서의 경우 고려초기의 사례가 희소하지만 현종 22년에 작성된 「淨兜寺五層石塔造成形止記」 같은 것은 자료적 가치가 높다.

91 조선초기 지리지의 편찬에 대해서는 鄭杜熙, 1976, 「朝鮮初期 地理志의 編纂(1·2)」, 『歷史學報』 69·70 참조.

요가 없을 때에는 '고려초'로 일괄함). 이것의 실제 시점이 언제인가 하는 점은 주현-속현체계의 성립을 가늠하는 준거로 간주되어 다각적인 탐구가 이루어졌다. 그 결과 다수의 연구자가 태조대부터 주현-속현체계가 수립되었다고 보았다. 그러나 연구 동향에서 지적한 것처럼 여기에는 방법론적인 결함이 있다.

근래 『고려사』 지리지 연혁 기사에 대한 전면적인 분석과 보정 작업이 있었다.[92] 이에 따르면 고려초기 연혁은 대부분 특정 시점에 정리된 일괄 자료의 대비를 통해 정리된 것이다. 여기에는 대체로 경덕왕대를 기준으로 한 『삼국사기』 지리지와 태조 23년의 읍호개정 결과를 반영한 것으로 보이는 시점 불명의 자료, 현종 9년의 영속관계 편성을 담은 자료, 그리고 명종초에 정리된 기준 자료 등이 바탕을 이루었다. 그리고 성종 14년 개편을 담은 자료와 인종 21년 개편을 담은 자료 등이 추가되었다.

'고려초'의 '경금명'이나 '내속'과 같은 연혁은 이러한 자료들의 대비를 통해 변화 내용을 제시한 것이다. 곧 신라 자료와 고려초기 읍호 자료를 비교했을 때, 읍호가 달라졌고 이 읍호가 기준 자료의 것과 같으면 "고려초 경금명"이 된다. 기준 자료에서 다시 달라졌으면 '고려초'에는 해당 읍호가 기재된다. 또한 신라 자료와 현종 9년 자료의 영속관계가 동일하면 '잉속(仍屬)', 달라졌으면 '내속'이 된다. 이 역시 기준 자료에서 다시 달라졌으면 '내속'은 기준 시점의 연혁이 되고, 현종 9년 기사에는 해당 영속관계가 들어간다.

그런데 이 자료들의 상태는 지역별로 차이가 있었다. 전라도 지역의 경우 현종 9년 연혁이 거의 나타나지 않는데, 이는 해당 자료에서 전라도

92 윤경진, 2012, 앞의 책.

부분이 누락되었기 때문이다. 따라서 영속관계 연혁은 신라 때의 것과 기준 시점의 것이 직접 비교되었다. 연혁에 기재된 '고려'나 '고려초'는 말 그대로 고려에 들어와 해당 상황이 나타난 사실을 나타낼 뿐이므로 별도의 분석 없이 이를 고려초기의 특정 시점으로 지정할 수 없다.

반면 계수관 상주목(尙州牧) 관내는 기준 시점의 자료가 부실하였다. 이로 인해 읍호는 기준 시점의 것이지만 영속관계는 현종 9년 기준으로 삼는 이중적 양상을 보인다.[93] 다시 말해 표제 읍호와 영속관계 정리가 서로 다른 시점을 반영하는 것이다.

이처럼 『고려사』 지리지는 근거 자료의 상태에 따라 연혁의 구성방식이 다른 데다가 간지(干支)의 오독 및 왕기(王紀) 비정 오류, 칭원법(稱元法) 조정에 따른 오차 등이 빈번하게 발생하고 있다. 따라서 『고려사』 지리지의 연혁 내용을 완전한 것으로 보고 이로부터 곧바로 제도적 내용과 변화를 도출하는 것은 위험하다. 충분한 비판과 보정이 수반되어야 한다. 지방제도를 구조적 관점에서 접근하는 것은 연혁 오류를 보정하는 방안인 동시에 이로부터 제도의 내용을 보강하는 상호적인 효과를 가진다.

『삼국사기』 지리지는 연혁 내용 대부분이 『고려사』 지리지에 그대로 수용되었다. 그런데 각 군현은 『삼국사기』가 편찬된 고려 인종대의 읍호를 '금(今)' 이라는 시점으로 제시하였다. 이 읍호가 경덕왕대 읍호와 고유명 부분이 동일하면 '인지(因之)'로 처리하지만, 달라진 경우에는 읍격을 포함한 읍호 전체를 제시하였다. 이는 고려초기 읍격의 변동을 유추할 수 있는 근거가 된다. 『삼국사기』 지리지의 '금' 읍호는 당시 상황을 정확히 반영한다는 점에서 후대에 정리된 『고려사』 지리지보다 높은 신뢰성을

93 尹京鎭, 2000, 「『高麗史』 地理志 정리의 기준시점」, 『韓國史研究』 110; 위의 책.

가진다.[94]

『세종실록』 지리지는 세종 14년에 편찬된 『팔도지리지(八道地理誌)』[95]에 새로 개척한 4군 6진의 연혁을 첨부하여 『세종실록』에 부록으로 실은 것이다. 연혁 외에 호구와 군액(軍額), 토지 결수(結數), 성씨, 산물 등 조선 세종대의 현황을 종합적으로 수록하고 있다. 『팔도지리지』의 편찬은 『고려사』 지리지보다 선행하지만, 조선초기 기준으로 구성되어 있기 때문에 고려 때의 내용을 이해하는 데 어려움이 있다. 이 때문에 관련 연구에서는 통상 『고려사』 지리지를 주 자료로 채용하고 있다.

그러나 이 과정에서 양자의 자료적 관계에 대한 이해가 부족한 경우가 많다. 『고려사』 지리지의 기준 자료는 『세종실록』 지리지의 저본도 되었을 것이다. 그런데 두 지리지의 연혁 내용에 차이를 보이는 사례가 자주 발견된다. 일례로 성종 14년 개편은 『세종실록』 지리지의 전라도 지역에서는 성종 15년 연혁으로 나온다. 경기 지역의 문종 16년 연혁은 『세종실록』 지리지에 문종 17년으로 기재된 경우가 여럿 있다. 실제 시점의 차이를 반영할 수도 있고, 칭원법 조정에 따른 오류가 포함된 것일 수도 있다. 대체로 『세종실록』 지리지가 원 자료의 내용을 보정하지 않고 전재한 경우가 많다면, 『고려사』 지리지는 전체적으로 일관성을 갖기 위해 손질한 것으로 파악된다. 더불어 『세종실록』 지리지가 참고하지 않은 자료가 추가되고 있다. 이 점에서 『세종실록』 지리지는 『고려사』 지리지의 내용을 검증하거나 역으로 오류의 연원을 추적하는 데 비교 자료로서 의미를 가진다.

---

94 일례로 武州의 '今' 읍호가 光州로 되어 있어 『고려사』 지리지의 표제읍호인 海陽縣이 『삼국사기』 편찬 이후 현령 설치에 따라 바뀐 것임을 입증한다.

95 北村秀人, 1988, 「『新撰八道地理志』雜考」, 『朝鮮學報』 129.

『경상도지리지』는 『팔도지리지』를 편찬하기 위해 도별로 정리한 초본으로 파악되는데, 그 내용은 실제 『세종실록』 지리지의 것과 큰 차이가 있다. 이는 『경상도지리지』가 주로 지역의 전승 자료에 근거한 결과로서 내용의 신뢰도가 크게 떨어진다. 다만 일부는 『고려사』 지리지에도 채용되고 있어 비교 자료로서 활용될 수 있다.

『신증동국여지승람』은 조선 성종대 편찬한 『동국여지승람』을 중종대에 증보한 것이다.[96] 연혁 기사 대부분은 『고려사』 지리지의 것을 채용하고 있지만, 일부 차이가 나는 것이 있어 비교 자료가 된다. 다만 별도의 새 자료가 추가된 것이 아니라면 찬자의 판단이 개재한 것이기 때문에 비판적 접근이 필요하다.

또한 지역 관련 인물에 대한 서술 중에는 나말려초 사적을 담은 것들이 있으나 전승 자료의 요소를 가지고 있어 역시 활용에 유의해야 한다. 그밖에 여기에 인용된 『주관육익(周官六翼)』 기사는 단편적이고 후대의 인식이 투영된 것도 있지만, 고려초기의 사정을 이해하는 데 중요한 단서를 제공하기도 한다.[97] 『신증동국여지승람』에서 특히 중요한 부분은 향·부곡 등 특수 운영단위에 대한 풍부한 내용을 담고 있다는 것인데, 이 부분은 이번 연구 주제에서 벗어나므로 따로 언급하지 않는다.

2) 구성

본서는 고려 지방제도의 구조에 맞추어 기초 단위(군현), 중간 단위(주현-속현체계), 광역 단위(계수관·도·경기)로 나누어 논의를 진행한다. 각각에서

96 徐仁源, 2002, 『朝鮮初期 地理誌 硏究: 『東國輿地勝覽』을 중심으로』, 혜안.

97 許興植, 1981, 「金祉의 選粹集·周官六翼과 그 價値」, 『奎章閣』 4.
김인호, 2001, 「金祉의 『周官六翼』 편찬과 그 성격」, 『역사와현실』 40.

다룰 내용 내지 연구 방향을 간략히 제시하면 다음과 같다.

1부에서는 지방사회 운영의 기초 단위가 되는 군현의 획정 과정에 대해 살펴볼 것이다. 신라말 군현의 외연을 규정하던 공권력이 붕괴하면서 군현은 다수의 성읍(城邑)으로 해체되었다. 각 성읍에는 해당 지역을 세력 기반으로 하는 성주(城主)가 대두하였다. 후삼국 전쟁기 고려의 지방통치는 성주들을 효과적으로 통제하는 데 초점이 있었다. 이에 그들의 자율성을 일정하게 인정하면서 다양한 장치를 통해 고려의 틀 안에 묶어두고자 했고, 한편으로 주요 지역에 거점을 설정하여 통제 효과를 도모하였다. 나말려초에 특징적으로 등장하는 주(州)·부(府)는 이러한 맥락에서 이해할 수 있다.

고려는 후삼국 통일 후 지방제도를 전면적으로 정비하였다. 태조 23년의 읍호개정은 이름만 고치는 것이 아니라 통치 단위로서 군현을 획정하는 작업이었다. 그 준거는 신라의 군현이었다. 일부 군현의 폐지와 신설이 있었지만, 대부분은 신라로 연혁이 연결되고 있다. 이것은 고려 지방제도가 기본적으로 신라 지방제도를 토대로 계승과 변용의 과정을 통해 수립되는 것임을 시사한다. 이는 중간 단위 및 광역 단위에도 적용된다.

2부와 3부에서는 주현-속현체계의 성립 과정에 대해 살펴볼 것이다. 주현-속현체계는 태조 때부터 적용되어 확대된 것이 아니라 여러 단계의 지방제도 개편을 거친 뒤 비로소 수립되었다. 고려 정부는 군현 획정과 함께 이를 효율적으로 운영하기 위한 중간 단위를 수립하고자 했다. 이것은 신라의 군-영현체계를 채용하는 것에서 출발하였다. 성종 14년에는 당(唐)의 제도를 토대로 주-현체계를 도입하여 중간 단위의 전면적인 개편을 시도하였다. 이것이 실패한 뒤 현종 9년 새로운 형태의 운영체계로 도입된 것이 바로 주현-속현체계이다.

2부에서는 현종 9년 이전 중간 단위의 개편 과정을 살펴볼 것이다.

태조대에는 신라의 군현을 토대로 군현을 획정하면서 중간 단위 또한 신라의 군-영현체계를 차용하였다. 이것은 『고려사』 지리지를 통해 직접 확인되지 않으나 『삼국사기』 지리지의 '금(今)' 읍호를 통해 추출되는 읍격 변동과 고려초기 금석문 자료의 용례를 통해 확인이 가능하다.

성종 11년의 읍호개정은 성종 10년 '성묘소정(成廟所定)' 별호(別號)의 제정과 같은 내용으로 이해된다. '성묘소정' 별호가 대부분 주호(州號)를 가진 경우에 나타난다는 점과 성종 11년 조선수경가(漕船輸京價)기사에 나오는 읍호가 군 또는 현뿐이라는 점을 통해 당시 개편이 군-영현체계와 관련됨을 판단할 수 있다. 이것은 태조 때의 사례와 함께 고려초기 지방제도 운영체계가 군-영현체계였음을 보여 준다.

성종 14년의 개편은 군현을 주와 현으로 정리하고 주에 절도사와 단련사 등을 설치하는 것으로 집약된다. 종래에는 외관 설치에 초점을 두었으나 근래에는 지방제도 편성의 관점에서 이해하고 있다. 그런데 당시 현의 수가 이전 시기 군현수와 비슷하다는 점과 『고려사』 열전의 출신지 표기에서 주와 현이 동일 군현으로 파악되는 사례가 여럿 보이는 점을 통해 주가 다수의 현으로 구성된 상위 영역이었음을 확인할 수 있다. 그리고 중간 단위를 구성하는 현의 내역이 앞서 군-영현 단위를 구성한 것과 크게 달라지는 사례가 검출된다. 이는 당시 개편이 중간 단위의 재편에 주안점을 두고 있었음을 반영한다.

3부에서는 고려 지방제도의 완성으로 평가되는 현종 9년의 개편에 대해 살펴볼 것이다. 현종 9년의 지방제도 개편은 그 중요성에도 불구하고 정작 개편의 내용과 목적에 대해 충분히 분석되지는 못하였다. 여기에는 '주현'과 '속현'의 개념이 가지는 오해도 작용하였다. 주(主)-속(屬)의 개념은 행정 외적인 관계를 상정하게 하였고, 이는 여말선초의 사례를 통해 뒷받침되었다. 그러나 외관의 유무에 따라 주현과 속현으로 지칭하는 것은 연구의 편의를 위한 것일 뿐이다. 여말선초의 사례는 속현이 감소하고 군현의 하부 영역으로 굳어지는 과정에 따른 것으로 고려초기에 소급할 수 없다.

현종 9년 개편의 의미와 관련해서는 통상 외관 설치에 주목하고 있으나 선행한 군-영현체계 및 주-현체계의 내용과 그 과정에서 드러나는 영속관계 변동을 고려하면, 그 본령은 역시 중간 단위의 재편에 있다. 이 개편이 이전과 다른 특징은 중간 단위의 광역화와 다원화이다. 그런데 『고려사』 지리지는 명종초의 자료를 준거로 하고 있기 때문에 현종 9년의 상황을 그대로 반영하지 않는다. 이에 현종 9년의 편성 내역을 복원하고 이를 통해 그 의미를 추출할 것이다.

4부는 광역 단위 중 계수관(界首官)에 대해 살펴볼 것이다. 계수관은 '계(界)'로 설정되는 범위의 '수관(首官)'이라는 의미로서 통상 경·목·도호로 구성된다. 이들은 주현으로서 다수의 속현을 관할하는 동시에 '계'에 속하는 다수의 주현을 관할하는 기능을 수행하였다. 계수관의 다원적 구성은 그 연원과 관련된다.

다수의 중간 단위를 포괄하는 광역 단위의 설정은 신라의 9주로 거슬러 올라간다. 성종 2년에 설치된 12목(牧)은 삼대(三代)의 천하로서 9주가 12주로 확대된 이념을 반영한다. '주목(州牧)'이라는 명칭과 더불어 계수관 중 다수가 9주 및 12목과 일치하고 있다는 점은 고려의 계수관이 9주와 12목을 거쳐 성립했음을 보여 준다. 12목의 내역은 통상 12주절도사를 준거로 추출되었지만, 직접적인 근거가 없다는 점에서 재고가 요구된다.

계수관은 그 수와 세부 구성에서 여러 차례 변화가 있었다. 경은 양경(兩京)에서 3경(三京)으로 범주가 바뀌었고, 그 구성도 사례에 따라 다르다. 도호 또한 시기에 따라 그 수와 설치 지역이 여러 차례 바뀌었다.

통상 현종 9년에 4호와 8목이 '정치(定置)'된 것으로 되어 있는데, 개별 연혁에서 확인되는 내용은 이와 일치하지 않는다. 이 역시 새롭게 검토되어야 할 부분이다.

5부에서는 도(道)와 경기(京畿)에 대해 살펴볼 것이다.[98] 도는 당초 특별한 직임을 띠고 파견된 별명사신(別命使臣)의 담당 구역으로 설정된 것이었다. 고려의 도제는 성종 14년 10도제의 시행을 그 모태로 한다. 당제를 채용한 10도는 사실상 신라의 9주를 토대로 하되 신개척지가 추가되고 왕경이 경주에서 개경으로 바뀐 데 따라 일부 도의 영역이 조정되는 정도였다. 10도의 책임자는 전운사(轉運使)로 추정되는데, 전운사 폐지 후에도 10도는 일정 기간 영역 관념으로서 유지되었다.

이후 고려의 도제는 안찰사(按察使) 파견을 통해 정착하였다. 고려전기의 도는 사신 파견 때마다 필요에 맞추어 다양하게 설정되고 일시적으로 운영되었기 때문에 그 영역이 고정되지 않았다. 이 도는 몇 개의 계수관을 묶어 설정되는 '주도(州道)'의 형태를 띠었다. 그런데 감찰을 담당한 안찰사의 기능이 전국화·상례화되면서 도(道) 역시 점차 뚜렷해졌다. 이 과정은 지역에 따라 차이가 있었는데, 서해도가 먼저 등장하고 양광도·경상도·전라도 등이 성립한 뒤 동계로부터 교주도가 분리되면서 5도의 형태를 갖추게 되었다.

경기는 독자적인 생산기반이 없는 왕경을 지원하기 위해 그 주변에 설정한 단위였다. 경기는 성종 14년에 설치되 적현(赤縣)·기현(畿縣)을 토대로 하며, 현종 9년에 개성현령과 장단현령의 관할 구역으로 설정되어 상서도성(尙書都省)에 직속되었다. 지리지에는 문종 16년 지개성부사(知開

---

98 운영체계로 보면 고려의 경기는 道보다는 界首官과 관련이 깊다. 다만 경기가 조선에서 道로 정착하여 8도를 구성하게 되는 점을 고려하여 道와 묶어 정리하였다.

城府事) 관할로 재편되는 것으로 나타나는데, 실제로는 장단현령이 존속하고 있어 운영체계상 달라진 것은 없었다. 따라서 자료상 지개성부사 체제로 재편된 것처럼 정리된 이유에 대해서도 짚어 볼 필요가 있다.[99]

99 경기의 일반적 원리에 비추어 보면 서경에 설치된 西京畿에 대해서도 살펴볼 필요가 있다. 그러나 서경기는 北界에 속하고 인종대 이전까지는 군현이 편성되지 않아 개경의 경기와 차이를 보인다. 이에 본서에서는 제외하고 차후 北界 연구의 일환으로 다루기로 한다.

제1부

기초 운영단위의 편성

1

통일전쟁기 성읍의 분립과 운영

1. 성읍의 분립과 성주의 대두

1) 군현의 해체와 성읍

당과 연합하여 백제와 고구려를 공멸하고 백제의 영역을 통합한 신라는 정제된 형식의 군현제를 통해 지방사회를 편제하였다. 중고기 지방사회를 편제하고 파악하는 단위였던 성(城)·촌(村)을 '군현'으로 통합 정리하였다.[1] 그러나 신라말에 국가체제가 이완되면서 군현제 역시 해체되는 양상을 보였다. 이에 대해서는 다음 자료가 주목된다.

가) 이때 신라 동쪽의 연해주군(沿海州郡)의 부락이 모두 내항(來降)했는

1 신라에서는 기초 행정단위를 縣으로 편성하고 몇 개의 현으로 구성된 중간 단위를 설정하면서 그 중심 단위를 郡으로 칭하였다. 또한 전국을 9개의 광역 단위로 편성하고 이를 州라 하였으며, 그 중심 단위 또한 같은 州 명칭을 사용하였다. 그 결과 신라의 군현은 행정체계상의 위치에 따라 州·郡·縣의 명칭으로 구분되었으나, 기초 행정단위로서의 성격은 동일하였다. 신라 지방제도의 구조에 대해서는 姜鳳龍, 1999, 「統一新羅 州郡縣制의 構造」, 『白山學報』 52 참조.

데, 명주에서 흥례부에 이르기까지 총 110여 성이었다.[2]

위의 기록에서는 명주(溟州: 강릉)에서 흥례부(興禮府: 울산)까지 110여 '성(城)'이 고려에 내항했다고 되어 있다. 그런데 신라 경덕왕대 군현제를 기준으로 볼 때, 이 지역의 군현수는 이에 크게 못 미친다. 명주와 양주(良州) 관내의 일부 군현이 이에 해당하는데, 정확한 수는 단정할 수 없지만 '연해'라는 점에 근거하여 추산하면 30-40여 개를 넘지 않는다. 따라서 이 '성'은 군현 대신에 사용한 용어가 아니라 실제 지방사회가 성으로 분립했음을 보여 주는 것이다. 수치상으로 볼 때 1개 군현이 대략 3-4개의 성으로 나뉜 셈이다.

다수의 성이 고려에 내항했다는 것은 곧 당시에 성이 각기 독립된 정치적·공간적 단위였음을 시사한다. 따라서 종래의 행정단위로서 군현은 형식적인 명칭이 유지되었다고 하더라도 정치적·공간적 단위로서의 의미는 크게 약화될 수밖에 없었다. 이처럼 신라말에 군현에서 분립하여 대두한 성에 대해 종래의 '군현'에 대신하여 지방사회의 영역단위로 기능했다는 의미에서 '성읍(城邑)'으로 지칭하기로 한다.[3]

---

2 『高麗史』 권1, 太祖 13년 2월 乙未, "是時 新羅以東沿海州郡部落 皆來降 自溟州至興禮府 摠百十餘城".

3 본서에서 '城邑'은 신라말에 군현보다 세분된 영역단위로 등장한 城들을 총칭하는 개념으로 사용한다. '성읍'이라는 용어를 사용하는 이유는 신라말에 정치적으로 분립하는 영역단위를 드러내는 한편, 방어시설로서 '성'과의 혼동을 피하기 위한 것이다. 그런데 삼국이 정립하기 전의 소국 단계의 국가형태를 나타내는 용어로 '城邑國家'가 사용된 바 있고(李基白·李基東, 1982, 『韓國史講座(古代篇)』, 一潮閣), 삼국시기 지방통치제도를 '성읍제'로 표현하는 연구도 있어(림건상, 1963, 『조선의 부곡제에 관한 연구』, 과학원출판사) 개념적으로 혼동할 여지가 있다. 나말려초 시기의 성읍은 대개 신라 중고기에서 연원한다고 생각되지만, 동일한 용어를 사용한다고 해서 두 시기의 성읍을 동일한 성격으로 간주하거나 어떤 특정한 시대상을 전제하는 것은 아니다. 본서에서는 나말려초기 지방사회의 양태를 이해하기 위한 방편으로서만

나말려초 시기에 분립한 성읍 중에는 그 연원이 신라의 '통합'[4] 이전으로 올라가는 것들도 있다. 여기서 다음 자료들을 살펴보자.

나) ① 『주관육익』에서 "수성은 옛날에 세 개의 성(城)이 있었는데, 수대군은 양성이라고도 하며 그 성씨는 빈(賓)이다. 구구성은 그 성씨가 나(羅)이고, 잉조이성은 그 성씨가 조(曹)와 혜(嵇)이다"라고 하였다.[5]

② 『주관육익』에 또 이르기를, "성화성은 모(牟)이고, 무가성은 신(申)이며, 불좌성은 백(白)과 하(河)이고, 명성은 정(丁)이다"라고 하였다.[6]

위의 기사들은 모두 『신증동국여지승람』에 인용된 『주관육익(周官六

신라 중고기 성읍에 대해 언급할 것이다.

4 필자는 최근 신라의 三韓一統意識에 대한 일련의 연구를 진행하면서 신라가 삼국을 '통일'한 것이 아니라 백제만을 '통합'한 것이라는 판단을 얻었다. 이는 671년 「答薛仁貴書」에 신라가 영토 영유권의 근거로 내세운 "平壤已南 百濟土地"가 "평양 이남이 곧 백제 토지"라는 의미이며, 이에 의거해 신라는 온전히 백제 영토만을 병합한 것이라는 이해에 따른 것이다(윤경진, 2016, 「671년 「答薛仁貴書」의 '平壤已南 百濟土地'에 대한 재해석: 백제의 영토의식과 浿河의 새로운 이해」, 『역사문화연구』 60). 이에 7세기 전쟁의 결과는 '삼국통일'이 아니라 '백제병합'으로 규정하며, 이후의 신라를 구분할 때에는 기존의 '통일신라' 대신 '통합신라'로 칭하기로 한다(윤경진, 2019, 「신라의 영토의식과 삼한일통의식」, 『역사비평』 126). 물론 사료에 보이는 '통합'도 대개 고려의 후삼국 통일을 가리키기 때문에(주 14 참조) '통합신라' 또한 적확한 개념이라고 보기 어려운 면이 있다. 하지만 '통일'이 가지는 현대적 함의와 구분하는 차원에서 잠정적으로 '백제병합'을 나타내는 용어로서 '통합'을 사용한다. 차후 학계의 논의를 통해 보다 적합한 용어가 수립될 것을 기대한다.

5 『新增東國輿地勝覽』 권26, 大丘都護府 屬縣 壽城縣, "周官六翼 壽城 古有三城 壽大郡 一名壤城 其姓賓 勾具城 其姓羅 仍助伊城 其姓曹嵇".

6 『新增東國輿地勝覽』 권26, 大丘都護府 屬縣 解顔縣, "六翼亦云 省火城 牟 無價城 申 佛坐城 白河 鳴城 丁".

翼)』의 기록으로서 각각 수성현(壽城縣)과 해안현(解顔縣) 토성(土姓)의 지역적 연원을 밝힌 것이다.[7] 이를 통해 수성현과 해안현이 각기 3-4개의 성읍으로 구성되었다는 것을 알 수 있는데, 이는 앞서 인용한 "연해주군부락"에서 도출되는 비율과 비슷하다.

여기서 특히 주목되는 것이 해안현의 성화성(省火城)이다. 성화성은 해안현의 옛 읍호인 치성화현(雉省火縣)과 일치한다. 이는 해당 성읍이 신라 중고기부터 내려온 것임을 보여 준다. 실제 『삼국사기』 지리지에 수록된 경덕왕대 이전의 '본(本)' 읍호 중에는 신라 중고기 기록에 '성'으로 나오는 경우가 여럿 발견된다.

다) ① 달벌성을 쌓았다.[8]

② 삼년산성을 쌓았다.[9]

③ 일모성·사시성·광석성·답달성·구례성·좌라성 등을 쌓았다.[10]

위의 기사들은 『삼국사기』 신라본기의 중고기 기록에 나오는 성의 사례 일부를 예시한 것이다. ①의 달벌성(達伐城)은 대구현(大丘縣)의 '본' 읍호인 달구화현(達句火縣)에 상응한다. ②의 삼년산성(三年山城)은 삼년산군(三年山郡: 保齡郡)에 해당하며, ③의 일모성(一牟城)은 일모산군(一牟山郡: 燕山郡), 답달성(沓達城)은 답달비군(答達匕郡: 化寧郡)에 각각 해당한다.

이들이 뒤에 군현 명칭으로 사용되는 것은 해당 군현의 중심 성읍이었기 때문이다. 신라 중고기 지방사회의 기본 단위는 성·촌이었다. 신라

7 자료에 인용된 姓氏들은 모두 『世宗實錄』 地理志에 土姓으로 수록되어 있다.
8 『三國史記』 권2, 新羅本紀2 沾解尼師今 15년 2월.
9 『三國史記』 권3, 新羅本紀3 慈悲麻立干 13년.
10 『三國史記』 권3, 新羅本紀3 慈悲麻立干 17년.

는 통합 후 현을 새로 설정하면서 지방사회를 군현 형식으로 재편했는데, 이 과정에서 성·촌의 통폐합이 이루어졌다. 이때 새로 구획되는 군현은 대개 치소를 둔 중심 성읍의 명칭을 읍호로 채용하였다. 그 결과 달벌성·삼년산성·일모성·답달성 등은 군현에 통합된 하나의 성읍을 나타내는 동시에 군현 전체를 나타내었다.

성화성도 신라 중고기에 성립한 성읍으로서 신라가 통합 후 지방사회를 군현으로 편제할 때 소속 군현의 중심 성읍이 됨으로써 그 명칭이 읍호로 사용된 것이다. 수성현(壽城縣: 壽昌郡)의 경우에는 양성(壤城)이 중심 성읍으로 파악된다. 이는 수성현의 옛 이름으로 여겨지는 수대군(壽大郡)의 '일명(一名)'으로 적혀 있는 점과 양성의 '양(壤)'이 수성의 '수(壽)'를 오독한 데서 발생한 이표기일 가능성이 있다는 점에서 짐작된다.[11] 수성현 역시 양성을 중심으로 몇 개의 성읍을 통합하여 성립한 것이다.

이러한 성읍들은 신라말에 국가체제가 이완되면서 다시 분립하는 양상을 보였는데, 경산현(慶山縣: 獐山郡)과 흥해군(興海郡: 義昌郡)은 이를 잘 보여 주는 사례이다.

라) ① 고포성·금성·울곡성[『주관육익』에서는 "신라 때 세 성을 합하여 압량군을 삼았으며, 통합 후에 세 성으로 개정하였다"라고 하였다.][12]

② 미질부성. 『주관육익』에서는 "고려 태조 13년에 북미질부성주 훤

11 『慶尙道地理志』에 따르면 '壽城'의 古名인 '壽昌'의 이표기로 '嘉昌'이 있다. '壽'와 '嘉'는 글자 형태가 비슷하여 혼용한 것으로 추정되는데, '壤'의 경우도 그러한 이표기일 가능성이 있다.

12 『新增東國輿地勝覽』 권27, 慶山縣 古蹟, "古浦城 金城 亐谷城[周官六翼 新羅時 合三城 爲押梁郡 統合後 改爲三城]".
이하 인용 자료 중 [ ]는 원전에서 細註로 정리된 부분이다.

달이 남미질부성주와 함께 내항하니 두 미질부성을 합하여 흥해군을 삼았다"라고 하였다.[13]

①은 경산현(慶山縣)의 구성을 설명한 것으로서 원래 고포성(古浦城)·금성(金城)·울곡성(亐谷城) 등 세 성으로 구성되어 있었음을 알 수 있다. 그런데 이 기사에 나타난 세 성의 연혁은 그 실체가 분명하지 않다. 압량군(押梁郡)은 압량소국(押梁小國)의 정복을 통해 설치되었지만, 성읍을 합쳐 영역단위로서 군현이 성립하는 것은 백제병합 이후이다. 따라서 "신라 때"에 세 성을 합하여 압량군으로 삼았다는 것은 압량소국의 정복을 나타내는 것이 아니라 중대 이후 행정 및 영역단위로서 압량군을 설치한 것으로 보는 것이 타당하다. 그렇다면 세 성으로 고친 시점으로서 "통합 후"는 앞의 "신라 때"와 대비하여 고려의 후삼국 통일을 가리킨다.[14] 이 경우 "세 성으로 개정하였다"는 것은 나말려초에 세 성의 명칭이 다시 등장하는 것을 나타낸 것으로 이해된다.

②는 흥해군(興海郡)의 사례이다. 흥해군은 남·북의 두 미질부성(彌秩夫城)을 합하여 성립한 것으로 되어 있다. 그런데 흥해군은 신라시기의 의창군(義昌郡)으로서 고려에 와서 신설된 군현이 아니다. 따라서 두 성 역

---

13 『新增東國輿地勝覽』 권22, 興海郡 古蹟, "彌秩夫城 周官六翼 高麗太祖十三年 北彌秩夫城主萱達 與南彌秩夫城主 來降 二彌秩夫城 合爲興海郡".

14 '統合後'를 신라의 백제병합 후로 보는 경우가 있는데, 『大東地誌』에서 文武王代로 해석한 것이 이에 해당한다. 그런데 신라는 백제병합 후 縣을 설치하면서 군현제의 형식을 갖추었다는 점에 비추어 '新羅時'와 내용적으로 겹치게 된다. 이에 '統合後'를 고려의 후삼국 통일로 볼 수 있는데, 실제 사료에 언급된 '統合'은 대개 고려의 후삼국 통일을 가리킨다. 다음은 그러한 예이다.
『高麗史』 권7, 文宗 9년 10월 丙申, "且聖祖創寺者 一以酬統合之志願 一以厭山川之違背耳"; 『高麗史』 권33, 忠宣王 2차 즉위년 11월 辛未, "肇自祖王統合三韓 臣服述職者 尙矣".

시 의창군 지역에 통합되어 있던 성읍이라고 보는 것이 적절할 것이다.[15]

[표 1-1] 나말려초 성(城)의 사례

城	三國時 邑號	新羅時 邑號	高麗時 邑號	비고
猪足城	猪足縣	狶蹄縣	麟蹄縣	『삼국사기』 신라본기에는 郡縣
狌川城	藪狌川縣	藪川縣	和川縣	위와 같음
夫若城	夫如郡	富平郡	金化郡	위와 같음
鐵圓城	鐵圓郡	鐵城郡	東州	위와 같음
勃禦塹城	없음	없음	없음	신축
孔巖城	齊次巴衣縣	孔巖縣	孔巖縣	
黔浦城	黔浦縣	金浦縣	金浦縣	
穴口城	穴口郡	海口郡	江華縣	
國原城	國原城	中原京	忠州	
非腦城	없음	없음	없음	
大耶城	大良州郡	江陽郡	陜州	大良城으로도 나옴
皐夷島城	없음	없음	없음	
鵠巖城	冬音忽	海皐郡	鹽州	一云鼓音城
沙弗城	沙伐國(州)	尙州	尙州	
進禮城	없음	없음	없음	『고려사』 지리지의 進禮縣과는 별개
烏山城	烏山縣	孤山縣	禮山縣	실제는 龍岡縣 i)
下枝城	下枝縣	永安縣	豊山縣	『고려사』에는 下枝縣
眞寶城	柒巴火縣	眞寶縣	甫城府	실제는 義城府 관내 성읍 ii)
牙善城	미상	미상	咸從縣	신설 군현
命旨城	馬忽郡	堅城郡	抱州	一云命旨 iii)
聞韶城	召文國	聞韶郡	義城縣	실제는 甘文(開寧) iv)
曹物城	없음	없음	없음	『고려사』에는 曹物郡
買曹城	없음	없음	없음	
近品城	近品縣	嘉猷縣	山陽縣	近巖城으로도 나옴 v)
高思曷伊城	冠文縣	冠山縣	聞慶郡	一云高思曷伊城

15 北彌秩夫城과 南彌秩夫城은 『고려사』 세가에 보이지만 지리지에는 나타나지 않는다. 다만 『신증동국여지승람』에 인용된 『주관육익』에서 이를 홍해군에 비정하였다. 그런데 홍해는 경주에 바로 인접해 있고 『삼국사기』에는 홍해에 비정하기 곤란한 彌秩夫 사례도 있어 면밀한 검토가 필요하다. 다만 위치 문제가 성읍의 분립이라는 논지에 직접 영향을 미치지는 않는다.

[표 1-1] (계속)

城	三國時 邑號	新羅時 邑號	高麗時 邑號	비고
草八城	草八兮縣	八磎縣	草溪縣	
馬利城	馬利縣	利安縣	利安縣	『삼국유사』에서는 伊山郡으로 비정
任存城	任存城	任城郡	大興郡	
三年山城	三年山郡	三年郡	報令郡	
武谷城	없음	없음	없음	『삼국사기』 열전에는 缶谷城, 『고려사』에는 烏於谷城
大木城	大木縣	谿子縣	若木縣	
載巖城	미상	미상	甫城府	一云載巖城
北彌秩夫城	없음	없음	없음	『周官六翼』에서는 興海郡에 비정
南彌秩夫城	없음	없음	없음	위와 같음
一牟山城	一牟山郡	燕山郡	燕山郡	『고려사』에는 郡
槥山城	槥郡	槥城郡	槥城郡	
金官高城	金官小國	金官京	金州	
犬城	없음	없음	없음	
昧谷城	未谷縣	昧谷縣	懷仁縣	

i) 『고려사』 세가에는 태조 2년에 烏山城을 禮山縣으로 고친 기사가 있으며, 지리지에서는 이를 天安府 관할 禮山縣의 연혁으로 정리하였다. 그러나 이 지역은 태조 2년 당시 고려의 지배에 들어오지 않았고, 군현제의 일반 원리에 비추어 이곳만 현으로 개정할 이유도 없다. 이 기사의 실제 내용은 서경 인근의 烏山城(龍岡縣)에 禮山鎭을 설치한 것을 나타낸다. 태조 17년 詔書를 반포한 예산진도 이곳이다.[16]

ii) 眞寶城을 眞寶縣과 동일시하는 경우가 많으나 眞寶城主 洪術이 義城府를 수비하는 것에서 의성부 관내의 성읍으로 판단된다.[17]

iii) 命旨城은 抱州 연혁에 "一云命旨"라고 나오지만, 포주(포천)는 한강 이북으로서 이미 고려의 판도에 들어온 지역이라 성주의 귀순을 상정하기 어렵다. 이것은 지명을 혼동하여 잘못 넣은 것으로 보인다. 당시 전쟁이 경상북도 서남부 방면에서 전개된 점을 고려할 때, 명지성 역시 이 근방에 있었을 것으로 짐작된다.

iv) 태조 7년 후백제가 曹物城을 공격하면서 大耶(합천)와 聞韶(의성) 두 城의 병졸을 징발한 기사에 의거한 것인데, 당시 문소군은 후백제 지배에 들어간 상태가 아니었다. 이는 開寧郡(김천)의 '본' 읍호인 甘文을 聞韶郡의 '본' 읍호인 召文으로 오인하여 생성된 내용으로 추정된다.[18]

---

16 윤경진, 2010, 「고려 태조대 鎭 설치에 대한 재검토: 禮山鎭·神光鎭을 중심으로」, 『韓國史學報』 40, 10-19쪽.

17 윤경진, 2018①, 「신라말 고려초 義城府·甫城府 연혁에 대한 재검토」, 『新羅文化』 53, 229-234쪽.

v) 태조 10년 運州(홍성)를 공격한 후 4일 만에 近品城을 공격한 것에 비추어 이곳은 山陽縣(문경) 지역이 될 수 없다.

이처럼 신라는 백제병합과 함께 기존 지방사회의 기초 단위였던 성·촌을 묶어 군현으로 획정하였다. 그런데 신라말에 이르면 기록에서 성의 용례가 집중적으로 등장하는 것을 볼 수 있다. 이는 군현에 통합되어 있던 성읍들이 다시 분립하는 것을 보여 준다.[19] [표 1-1]은 당시 『고려사』와 『삼국사기』에서 '성'으로 지칭되는 용례를 정리한 것이다.[20] 신라 및 고려의 읍호는 일단 지리지의 것을 기재했으며, 일부 다른 곳으로 파악되는 사례는 해당 내용을 주기하였다.

위의 사례들을 군현과의 관련성에 따라 다음 네 부류로 나눌 수 있다. 전체적인 양상을 파악하기 위한 것이므로 일단 위의 보정을 반영하지 않고 분류하되 해당 사례는 괄호[ ]로 표시하였다.

a. 성의 명칭이 경덕왕대 이전의 읍호를 사용한 경우: 저족성, 성천성, 부약성, 철원성, 검포성, 혈구성, 국원성, 대야성, 사불성, 하지성, 초팔성, 마

18 윤경진, 위의 논문, 233-234쪽.

19 신라 중고기에서 연원하는 성읍들이 신라말에 이르러 다시 등장하는 것은 신라의 군현제가 정제된 형식에도 불구하고 내부적으로 성읍들을 하나의 영역으로 융합시키는 데는 이르지 못했음을 의미한다. 그리고 여기에는 성읍들이 그만큼 오랜 연원을 가지고 강한 단위성을 유지했던 측면도 작용했다. 해안현과 수성현의 사례에서 각 성읍이 고려에 들어와 사용된 성씨와 연결되는 것도 그러한 단위성을 반영한다.

20 여기서 각 용례는 구체적으로 '某城'·'某城主'로 지칭되거나 '某某等城'으로 열거된 경우에 국한했으며, 중복되는 경우에는 처음 나오는 것만을 수록하였다. 그리고 단순히 성곽을 의미하는 경우, 城이 雅化된 읍호에 포함되어 그 실체를 분명히 파악하기 어려운 경우(金城 등), 城主로 지칭되더라도 郡·縣의 읍호를 띤 경우(古昌郡城主 등)는 성읍의 실체를 직접 반영하지 않으므로 논외로 하였다.

리성, 임존성, 삼년산성, 대목성, 일모산성, 혜산성, [근품성], [오산성]

b. 성의 명칭이 경덕왕대 개정된 읍호를 사용한 경우: 공암성, 금관고성, 매곡성, [문소성], [진보성]

c. 성의 명칭이 기존의 읍호를 사용하지는 않지만 자료를 통해 연결이 가능한 경우: 명지성, 고사갈이성, 재암성, 아선성, 북미질부성, 남미질부성, 진례성

d. 성의 명칭이 지리지 연혁에 나타나지 않아 확인할 수 없는 경우: 골암성, 비뇌성, 발어참성, 고이도성, 조물성, 매조성, 무곡성, 견성

위에서 우선 주목할 부분은 경덕왕대 이전의 읍호를 사용하는 경우가 절대적으로 많다는 점이다(a). 이들은 앞서 살펴본 해안현의 성화성과 마찬가지로 해당 군현의 중심 성읍 명칭을 읍호로 채용한 경우이다.[21] 이와 함께 군현에 통합되어 있던 여타 성읍들도 구래의 명칭을 띠고 분립하게 되는데, b와 c의 사례가 여기에 해당한다.[22]

한편 분립한 성읍에는 '성주'를 칭하는 재지세력이 웅거하고 있었다. 성주는 나말려초 시기에 대두하는 지방 유력자를 가리키는 보편적인 칭호였는데, 이는 바로 성읍의 지배자라는 의미를 띠고 있다.[23]

양길이나 궁예·견훤 같은 강대 세력들은 모두 주요 성읍의 성주들을

21 b의 경우는 경덕왕대 읍호를 사용하고 있지만, 그 실체는 해당 군현의 중심 성읍을 나타낸 것으로서 a와 동일한 의미를 띠고 있다. 그리고 보정 사항까지 반영하면 그 사례는 더 줄어든다.

22 김일우는 나말려초의 지방사회 운영이 城을 중심으로 이루어졌다고 보았으나 城과 郡縣의 영역적 관계에 대해 자세히 논하지는 않았다(金日宇, 1989, 「高麗初期 郡縣의 主屬關係 形成과 地方統治」, 『民族文化』 12; 1998, 『고려초기 국가의 地方支配體系 연구』, 一志社, 825-891쪽).

23 '城主'의 개념적 적합성에 대해서는 뒤에서 자세히 언급할 것이다.

복속시키거나 연합을 통해 지배력을 확보하였다. 양길의 경우를 예로 들어 보자.

마) ① 당시 양길은 여전히 북원에 있으면서 국원 등 30여 성을 취하여 가졌다. 선종(=궁예)의 땅이 넓고 백성이 많다는 것을 듣고 크게 노하여 30여 성의 정예병으로 습격하였다.[24]

② 북원의 도적 괴수 양길은 궁예가 배반한 것을 꺼려 국원 등 10여 성의 성주와 함께 공격할 것을 도모하여 비뇌성 아래로 진군하였다.[25]

위의 두 기사를 종합해 보면, 양길은 30여 성을 차지하고 각 성의 병사를 동원할 수 있었지만 각 성읍에는 성주들이 웅거하고 있었다는 것을 알 수 있다. 양길은 성주들에 대해 일방적으로 명령을 내리기보다는 이들의 협력을 통해 권력을 행사하는 쪽에 가까워 보인다.

이는 궁예나 견훤도 다르지 않았다. 이들 역시 성읍의 공취(攻取)를 통해 판도를 확장하면서도[26] 주요 성주들의 협조를 기반으로 세력을 유지하였다. 왕건의 아버지인 세조가 궁예에 투항한 후 송악에 성을 쌓고 자신의 큰아들을 성주로 삼도록 한 것은 그러한 관계를 잘 보여 준다.[27] 왕건이 운주를 원정하여 승리한 후 후백제의 세력권에 있던 웅진 이북의 30여

24 『三國史記』 권50, 列傳10 弓裔, "時 良吉猶在北原 取國原等三十餘城有之 聞善宗地廣民衆大怒 欲以三十餘城勁兵襲之".

25 『三國史記』 권12, 新羅本紀12 孝恭王 3년 7월, "北原賊帥梁吉 忌弓裔貳己 與國原等十餘城主 謀攻之 進軍於非腦城下".

26 『三國史記』 권12, 新羅本紀12 孝恭王 2년 7월, "弓裔取浿西道及漢山州管內三十餘城".

27 『高麗史』 권1, 太祖 즉위전, "世祖說之曰 大王欲王朝鮮肅愼卞韓之地 莫如先城松嶽 以吾長子爲其主 裔從之 使太祖築勃禦塹城 仍爲城主".

성이 스스로 항복한 것도[28] 성주들의 독자적인 정치적 선택을 반영한다.

이처럼 신라말의 지방사회는 군현의 규정력이 약화되고 여러 개의 성읍으로 분립하고 있었다. 각 성읍에는 독자적인 세력으로서 성주가 대두하였고, 신라말의 주요 세력들은 성읍의 확보와 성주의 협조를 통해 판도를 구축할 수 있었다.

2) 성주의 존재양태와 상호 관계

신라말 군현이 성읍으로 분립하면서 대두한 성주들은 저마다 성읍을 근거지로 삼아 정치적 독립성을 보이고 있었다. 이들은 종래 '호족(豪族)'으로 통칭되었지만, 그 부적합성은 '들어가며'에서 지적한 바이다. 자료상 이들은 대개 '성주(城主)' 혹은 '장군(將軍)'을 칭하고 있었기 때문에 기존 연구에서도 이들을 병칭하는 경우가 많다. 하지만 하나의 범주에 두 개의 용어를 병칭하는 것은 부자연스럽다. 서로 함의가 다를 수 있으므로 하나의 용어로 정리하는 것이 필요하다.[29]

이들의 형태적 외연을 규정하는 측면에서는 '성주'가 적합하다고 본다. 우선 앞서 언급한 것처럼 당시 지방사회가 성읍을 단위로 분립하고 있었다. 따라서 그 지배자를 '성주'로 칭하는 것이 당시 사회상과 부합한다. 또한 고려에서 내항하는 지방 유력자들을 성주로 범칭하는 사례도 보인다.

---

28 『高麗史』 권1, 太祖 17년 9월, "自將征運州 與甄萱戰 大敗之 熊津以北三十餘城 聞風自降".

29 城主와 將軍이 개념적으로 차이가 있음은 이미 지적된 바 있지만(尹熙勉, 1982, 「新羅下代의 城主·將軍」, 『韓國史硏究』 39, 59쪽), 이를 '호족'으로 통칭하면서 개념 차이에 대해 따로 문제를 제기하지는 않았다.

바) 개국공신 및 향의귀순성주들에게 훈전을 주었는데, 50결에서 20결까지 차등이 있었다.[30]

위의 기사는 경종 2년 훈전(勳田) 지급 사실을 담은 것으로서 그 대상에 '향의귀순성주(向義歸順城主)'가 보인다. 이는 고려에 귀순한 지방 유력자들을 가리키는 말로서 『고려사』 등의 기록에 보이는 성주나 장군들이 여기에 포함될 것이다. 이를 통해 고려 정부가 지방 각지의 유력자를 '성주'로 일반화시켜 파악했음을 알 수 있다.

이것은 비단 고려에 국한된 것은 아니며, 신라 역시 지방의 유력자를 성주로 칭하는 사례가 보인다.

사) 궁예가 병사를 몰아 우리 변경 고을을 침탈하며 죽령 동북쪽에 이르렀다. 왕이 강역이 날로 줄어든다는 소식을 듣고 매우 근심했으나 막아낼 힘이 없었다. 여러 성주에게 명하여 조심하여 나가 싸우지 말고 튼튼히 지키도록 하였다.[31]

위의 기록에 보이는 성주는 신라의 강역에 속해 있고 신라왕의 명령을 받고 있다는 점에서 신라에서 파견된 지방관으로 짐작된다. 그러나 태수·현령이라는 직함이 있음에도 성주로 통칭하는 것은 이들을 '지방관'이라는 범주로 묶기 어렵게 한다.

실제 이 시기에 이르면 지방관으로 부임한 존재라 하더라도 신라의

---

30 『高麗史』 권78, 食貨1 功蔭田柴 景宗 2년 3월, "賜開國功臣及向義歸順城主等勳田 自五十結 至二十結 有差".

31 『三國史記』 권12, 新羅本紀12 孝恭王 9년 8월, "弓裔行兵 侵奪我邊邑 以至竹嶺東北 王聞疆場日削 甚患 然力不能禦 命諸城主 愼勿出戰 堅壁固守".

통제력이 붕괴하면서 사실상 현지의 유력자로 정착하고 있었다.[32] 곧 위의 기사는 당시 지방사회가 성읍으로 분립하고 이곳의 정치적 결정권자를 성주로 인식하는 사정을 보여 준다. 이는 앞서 본 바와 같이 고려가 귀순한 유력자들을 '성주'로 통칭한 기사와 상통한다.

이러한 사정을 고려할 때 나말려초 시기에 대두하는 지방의 유력자 개인을 나타내는 용어로는 '성주'가 가장 적합할 것이다. 이에 성주의 개념은 '나말려초 지방에서 분립한 성읍을 기반으로 대두한 유력자 개인'으로 규정할 수 있다. 다만 다음 두 가지 경우에 대해 추가적인 설명이 필요하다.

하나는 성주라는 용어 자체가 통시대적이기 때문에 역사적 용어로는 한계가 지적될 수 있다는 점이다. 사실 성주란 성의 책임자 또는 지배자를 뜻하는 말로서 전근대 사회에 보편적으로 나타나기는 하지만, 시대에 따라 성주의 함의가 달라지는 것을 볼 수 있다.

이를테면 신라 중고기의 성주는 지방의 행정단위였던 성에 파견된 군단장 내지 지방관을 나타낸다. 그리고 조선시대에는 지방민이 해당 군현의 수령을 존숭하는 표현으로 사용되었다. 이에 대해 나말려초 시기의 성주는 재지세력, 혹은 재지세력화한 존재로서 기본적으로 독립적인 권력을 가지고 있었다는 점에서 중앙에 권력기반을 두고 있던 신라 중고기나 조선시대의 성주와는 차이가 있다. 따라서 나말려초 시기에 적용되는 '성주'에 대해 그 나름의 역사성을 부여할 수 있다. 이 점에서 나말려초

---

32 후술할 壽昌郡의 護國義營都將 異才는 신라에 우호적인 태도를 보였다. 그는 신라왕의 명령을 받는 성주의 한 예가 되는데, 그에 대해서는 지방관 출신으로 파악하는 견해가 있다(윤희면, 1982, 앞의 논문, 61쪽). 『고려사』 열전에 "新羅의 載巖城將軍이 되었다"고 기록된 善弼도 이재와 유사한 사례이다.

성주는 '재지성주'로 구체화하여 부를 수 있다.[33]

다른 하나는 사료에 보이는 성주와 장군의 관계이다. 종래 성주·장군으로 병칭하던 지방 유력자들을 성주로 단일화할 때 장군 사례를 성주로 포섭하는 논리적·실증적 근거를 제시할 필요가 있다.

이에 대해 먼저 지적할 점은 장군 용어가 개념적 혼동의 여지가 크다는 사실이다. 장군은 지방에서 대두한 유력자뿐만 아니라 중앙정부에서 파견된 관인을 가리키는 경우도 있다. 또한 지방 유력자가 장군을 자칭하기도 하지만, 특정 유력자를 정부가 장군으로 임용하는 사례도 보인다. 곧 장군은 나말려초 사료에 나타나는 용례상의 의미가 여러 가지이며, 군단의 지휘관이라는 일반적 의미로 귀착된다. 이 점에서 장군은 '지방에서 대두한 유력자'라는 형태적 규정에는 부합하지 않는다.[34]

한편 '지방에서 대두한 유력자'를 나타내는 장군의 사례는 내용상 성주의 범주에 포함될 수 있다. 개념적으로 볼 때 성주는 해당 인물을 형태적으로 규정한 것이라면 장군은 직능에 따라 규정한 것이다. 따라서 양자는 엄밀히 개념적으로 다른 층위에서 적용되며, 경우에 따라서는 두 개념이 공존할 수 있다.

이를 뒷받침하는 것이 동일인에 대해 성주·장군 칭호가 한꺼번에 사용되거나 동일인이 기록에 따라 성주 또는 장군으로 다르게 나오는 경우이다. 다음 사례들을 살펴보자.

---

33 尹京鎭, 2001, 「나말려초 성주(城主)의 존재양태와 고려의 대성주정책」, 『역사와현실』 40, 98쪽 주 15).

34 이와 관련하여 '지역명+장군'은 재지성주가 일차적으로 자칭한 것이며, 귀부한 이들을 중앙의 장군직에 준하여 받아들였다고 본 견해도 있다(강문석, 2016, 「나말려초 재지성주의 장군칭호의 의미」, 『新羅史學報』 37). 그러나 후술하듯이 '지역명+장군' 중에도 중앙관인으로 판단되는 경우가 있어 일반화하기 어렵다.

아) ① 신라 말엽에 충지 잡간이라는 자가 금관고성을 공취하고 성주장군이 되었다.[35]

② 견훤이 군사 5천 명으로 의성부를 침범하니 성주장군 홍술이 전사하였다.[36]

③ a. 경종의 누이는 매곡성주 공직의 부인이다.[37]

b. 공직은 연산 매곡 사람으로서 어려서부터 용기와 지략이 있었다. 신라말에 본읍장군이 되었다.[38]

①과 ②는 특정인이 '성주장군(城主將軍)'으로 칭해진 경우이다. 이것은 성주가 장군직을 보유하고 있음을 보여 준다. 홍술(洪術)은 『삼국사기』에는 '진보성장군(眞寶成將軍)', 『고려사』에는 '진보성주(眞寶城主)'로 나온다. 그는 의성부 관내에 있는 진보성의 성주로서 고려에 귀순한 후 의성부의 책임자가 되면서 '성주장군'이라는 복합적 칭호를 가지게 된 것이다.[39] 충지(忠至) 잡간(匝干)이 성주장군이 되었다는 기사도 비슷한 맥락이다. ③에서 공직(龔直)은 매곡성주(昧谷城主)와 본읍장군(本邑將軍)의 두 가지 명칭으로 나오는데, 이것을 하나로 통합한다면 '성주장군'이 될 것이다.

이러한 관계성에서 볼 때 특정 지역명과 함께 장군을 칭하는 부류로서 중앙관인이 아닌 개인들은 존재형태상 성주에 해당한다. 앞서 지적한 '향의귀순성주(向儀歸順城主)' 중에는 실제 기록에서 장군 칭호만을 사용한 부류들도 포함된다. 따라서 사료에 등장하는 유력자 개인은 '성주'로

35 『三國遺事』 권2, 駕洛國記, "新羅季末有忠至匝干者 攻取金官高城 而爲城主將軍".
36 『高麗史』 권1, 太祖 12년 7월 辛巳, "甄萱以甲卒五千 侵義城府 城主將軍洪術戰死".
37 『高麗史』 권127, 列傳40 桓宣吉, "景琮姊 乃昧谷城主龔直妻也".
38 『高麗史』 권92, 列傳5 龔直, "燕山昧谷人 自幼有勇略 新羅末 爲本邑將軍".
39 윤경진, 2018①, 앞의 논문, 229-234쪽.

통칭하는 것이 적절할 것이다. 이때 성주 사례는 일차적으로 개인적인 차원에서 접근해야 하며, 지배집단에 대한 검토는 이와는 다른 층위에서 이루어져야 한다.

이처럼 나말려초에 분립한 성읍을 기반으로 대두한 성주들은 기본적으로 개별적·분산적 성격을 띠고 있었다. 그런데 『고려사』 등에는 지방사회가 성읍 단위로만 파악되는 것은 아니며, 여전히 군현제의 관점에서 설명되는 경우도 많다. 이때 동일 군현에서 복수의 성주가 등장하는 사례들이 종종 발견되는데, 이들의 상호관계에 대한 이해는 당시 지방사회의 상황과 통치 방식을 파악하는 데 중요하다.

이들은 통상 다음 세 가지 유형으로 이해되고 있다. 첫째는 동일인으로 파악되는 경우이다. 유사한 명칭을 가진 인물이 서로 다른 성격의 자료에 나타난다면 동일인일 여지가 크다. 대표적인 사례가 『고려사』에 보이는 고울부장군(高鬱府將軍) 능문(能文)과 『경상도지리지』에 보이는 금강성장군(金剛城將軍) 황보능장(皇甫能長)이다.[40]

다음에 성주 간에 연합을 이루는 경우가 있다. 같은 기록에서 여러 성주가 함께 나온다면 이는 연합을 형성한 경우로 보는 데에 무리가 없다. 다음이 대표적인 사례이다.

자) ① 고창군성주 김선평을 대광으로 삼고 권행과 장길을 대상으로 삼았다. 이에 영안·하곡·직명·송생 등 30여 군현이 차례로 내항하였다.[41]

---

40 旗田巍, 1960, 「高麗王朝成立期の'府'と豪族」, 『法制史研究』 10; 1972, 『朝鮮中世社会史の研究』, 法政大学出版局, 7-11쪽.
'長'은 '丈'과 음이 같고, '丈'과 '文'은 글자가 유사하다.

41 『高麗史』 권1, 太祖 13년 1월 庚寅, "以古昌郡城主金宣平爲大匡 權行張吉爲大相 於

② 북미질부성주 훤달이 남미질부성주와 함께 내항하였다.[42]

①에서 3인의 성주는 '고창군성주(古昌郡城主)'로 통칭되고 있다. 이들 중 대광(大匡)을 수여받은 김선평(金宣平)이 주도적인 위치에 있었을 것이지만, 권행(權行)과 장길(張吉)도 대상(大相)에 임명된 만큼 김선평의 휘하에 있었다고 보기는 어렵다. 이로 미루어 3인의 성주는 고창군 내에서도 각기 지역적 기반을 달리한 채 연합하고 있었다고 판단된다.

②의 두 미질부성은 남·북 칭호를 사용하는 것에서 당초 같은 군현에 속한 단위였음을 알 수 있다. 훤달(萱達) 등은 분립된 성읍의 성주이면서 정치적 향배를 같이하는 연합세력이었던 것이다. 그 밖에 격의 차이는 있지만 명주의 장군 순식(順式)과 소장(小將) 관경(官景)도 이 유형에 포함시킬 수 있다.[43]

이들이 연합을 이루는 데에는 같은 군현에서 대두했다는 점이 중요하게 작용했을 것이다. 이들은 군현 내의 서로 다른 성읍에 기반을 두었지만, 장기간 하나의 군현으로 유지되었던 만큼 다른 군현의 성읍에 비해 높은 친연성을 가질 수 있었다.[44]

하지만 이러한 친연성이 군현 단위의 강한 규정력을 의미하는 것은

是 永安河曲直明松生等三十餘郡縣 相次來降".

42 『高麗史』 권1, 太祖 13년 2월, "北彌秩夫城主萱達 與南彌秩夫城主 來降".

43 官景은 小將으로 칭해지고 있지만 태조의 妃父가 되는 것을 보면 단순히 순식의 부하였다고 보기는 어렵다. 그 역시 별도의 세력 기반을 가진 성주였을 것이다. 그가 小將으로 지칭된 것은 명주 성주들의 세력 정도에 대한 고려 정부의 이해에 따른 것이다. 세 명의 古昌郡城主에게 서로 다른 관위가 수여되는 것과 같은 맥락이다.

44 濱中昇은 당시 성주 사이에 지배-복속관계의 사례를 찾아보기 힘들다는 것을 지적했는데, 동일 군현에서 복수의 성주가 대두하는 양상에 대해 성읍의 분립보다는 성주 연합에 기반한 邑으로서의 통합성을 강조하였다(濱中昇, 1990, 「신라말기·고려초기의 城主·將軍에 대하여」, 『李佑成停年紀念論叢』, 간행위원회, 154-162쪽).

아니다. 당시 성주들은 기본적으로 성읍 단위의 개별성·분산성을 근간으로 하고 있었다. 김해부(金海府)의 김인광(金仁匡)과 김율희(金律熙)가 모두 진례성(進禮城)을 직함에 사용한 것이나 수창군(壽昌郡)의 이재(異才)가 호국성(護國城)을 직함에 사용한 것은 군현 내에서도 특정 성읍을 기반으로 삼고 있었던 사정을 반영한다.[45]

따라서 고창군성주 등의 사례는 각기 다른 성읍을 기반으로 일정한 독자성을 가지면서도 종래의 군현을 매개로 연합하는 모습으로 이해하는 것이 적절할 것이다. 이러한 연합은 당시 성읍의 분립이 군현의 범위를 넘어 새로운 질서를 형성하는 단계로 나아가지는 못했음을 보여 준다. 후술하듯이 태조 23년의 군현 획정이 기본적으로 신라 이래의 군현을 기준으로 한 것도 이러한 사정과 무관하지 않다.[46]

세 번째로 여러 성주가 서로 대체되는 것으로 파악되는 경우이다. 동일 자료, 혹은 같은 성격의 자료에서 시점을 달리하여 나타나는 경우는 대체 관계일 가능성이 있다. 기존 연구에서 가장 일반적으로 설명하는 방식인데, 실제 내용을 따져보면 다른 맥락으로 해석해야 하는 경우가 많다. 주요 사례들을 하나하나 짚어 보자.

「봉림사진경대사비(鳳林寺眞鏡大師碑)」에는 김율희(金律熙: 소율희)와 그보다 앞섰던 김인광이 모두 '진례성제군사(進禮城諸軍事)'라는 직함을 띠고 있다.[47] 이에 김인광이 소율희 등에 의해 대체되었다고 이해하는 것이

45 能文과 皇甫能長을 동일인으로 본다면 그는 高鬱府 지역에서 특히 金剛城을 근거지로 하고 있었다고 이해할 수 있으며, 이는 金海府와 進禮城의 관계와 유사하다. 洪術의 義城府와 眞寶城도 같은 맥락에서 이해할 수 있다.

46 본서 2부 1장 참조.

47 『譯註韓國古代金石文』 鳳林寺眞鏡大師碑.

일반적이었다.[48] 그러나 소율희는 형 소충자(蘇忠子)를 계승한 것이고, 소충자와 김인광은 활동 내용과 시기에서 차이가 없다. 이것은 소충자가 김인광으로 개명한 것임을 짐작케 한다.[49] 소충자와 소율희는 혈연에 의한 계승관계를 보여 주는데, 이러한 유형으로 파악되는 사례들이 더 보인다.

가장 주목할 사례는 명주의 왕순식과 왕예(王乂)이다. 왕순식은 태조 5년에 처음 고려에 귀순했으며, 뒤에 왕씨 성을 받았다. 왕예는 태조의 비부(妃父)로서 태조 23년에 건립된 「지장선원낭원대사비(地藏禪院朗圓大師碑)」 음기에 '당주도령(當州都領)'이라는 직함과 좌승(佐丞)의 관위를 띠고 나온다.

이에 종래에는 왕순식이 재경세력화하고 왕예는 재지세력으로 남아 있었다고 보면서 양자를 대립적인 관계로 이해하였다.[50] 그러나 관련 자료를 검토하면 다른 해석이 나온다. 우선 다음 자료를 보자.

차) 명주대광 왕순식과 대상 긍준·왕렴·왕예, 원보 인일 등은 마군 2만을 거느렸다.[51]

위의 기록은 태조 19년 후백제 신검과의 전투를 위한 부대 편성 내역의 일부이다. 여기서 왕순식은 '명주대광(溟州大匡)'으로 되어 있어 당시까

---

48 崔柄憲, 1978, 「新羅末 金海地方의 豪族勢力과 禪宗」, 『韓國史論(서울대 국사학과)』 4, 403-408쪽.

49 윤경진, 2018①, 앞의 논문, 235쪽.

50 金甲童, 1990, 「溟州勢力」, 『羅末麗初의 豪族과 社會變動 硏究』, 高麗大學校 民族文化硏究所, 72-78쪽.
신호철도 王順式系, 王乂系를 나누어 보면서 왕순식계가 도태되고 왕예가 부상한 것으로 이해하였다(申虎澈, 2010, 「신라말 고려초의 江陵豪族 王順式」, 『忠北史學』 25).

51 『高麗史』 권2, 太祖 19년 9월 甲午.

지 명주에 기반을 잡고 있었음을 보여 준다. 반면 왕예는 지명이 병기되지 않았다. 명주가 이들에게 모두 적용된다고 볼 수도 있으나 긍준(兢俊)은 원래 운주의 성주였던 인물로서 명주와는 무관하다. 그렇다면 지명을 병기하지 않은 나머지 인물들은 중앙 정계에 정착한 것으로 보아야 한다. 결국 왕순식은 명주에 남아 있던 인물인 반면 왕예는 이미 중앙에 정착해 있었던 것이다.

그런데 의문이 드는 것은 왕순식이 태조 5년에서 19년 당시까지 명주의 최고 세력으로 군림하고 있는 상황에서 왕예가 어떤 과정을 거쳐 중앙에 정착하고 태조의 비부가 될 수 있었는가 하는 점이다. 여기서 왕순식의 귀순 과정에 대한 『고려사』 열전의 기록을 음미할 필요가 있다.

> 카) 순식이 큰아들 수원을 보내어 귀순하니 (수원에게) 왕씨 성을 내리고 이어서 땅과 집을 내려주었다. 또 아들 장명을 보내어 부하 600인을 데리고 숙위케 하였다. 뒤에 자제와 함께 무리를 거느리고 내조하니 왕씨 성을 내리고 대광에 임명하였다. 장명에게는 이름을 '렴(廉)'으로 내려주고 원보로 삼았다. 소장 관경에게도 왕씨 성을 내려주고 대승을 수여하였다.[52]

위에서 왕순식의 귀순 과정은 세 단계로 나뉜다.[53] 먼저 장자 수원(守

52 『高麗史』 권92, 列傳5 王順式, "順式遂遣長子守元歸款 賜姓王 仍賜田宅. 又遣子長命以卒六百入宿衛 後與子弟率其衆來朝 賜姓王 拜大匡 長命 賜名廉 拜元甫 小將官景亦賜姓王 授大丞".

53 신호철은 당시 호족(성주)의 귀순 의사 전달, 아들이나 친척의 상경, 호족 자신의 入朝라는 단계를 밟았다는 점을 지적하였다(申虎澈, 1995, 「新羅말 高麗初 歸附豪族의 政治的 性格」, 『忠北史學』 8).

元)을 보내어 귀순하였고, 이어서 아들 장명(長命)을 보내어 왕경에서 숙위케 하였으며, 뒤에 그 자신이 올라와 포상을 받았다. 이때 아들 장명과 소장 관경도 왕씨 성을 받았다.

주목할 점은 장명이 왕씨 성을 받으면서 이름을 함께 고쳐 '왕렴(王廉)'이라 하였다는 사실이다. 앞서 수원도 왕씨 성을 받았으므로 그 역시 이름을 고쳤을 가능성이 높다. 물론 왕경은 기존 이름에서 한 글자만 사용한 것이어서 차이가 있다. 하지만 수원과 장명은 형제이고, 장명의 개명에는 먼저 상경한 형 수원의 전례를 적용하였을 여지가 크다.

또한 위에 인용한 자료 차)를 보면 왕순식과 왕렴·왕예는 하나의 부대를 구성하였다. 왕순식과 왕렴이 부자 관계임을 볼 때 함께 열거된 왕예도 왕순식과 깊은 관계가 있었을 것이다. 이 두 가지 사실을 연결하면 왕순식의 장자인 수원이 바로 왕예라는 판단을 얻을 수 있다.

물론 명시적인 자료가 없기 때문에 왕예가 수원이라고 단정하기에는 한계가 있다. 하지만 왕순식과 왕예를 서로 다른 기반을 가진 인물로 볼 경우, 앞서 지적한 제반 사실들을 이해하기 어렵다. 그보다는 왕예가 수원이라고 이해하는 편이 더 합리적이다. 「지장선원낭원대사비」의 본문에는 대사를 지원한 왕순식이 언급되고 음기에서는 왕예가 '당주도령'으로 나오는 것도 양자의 긴밀한 관계를 암시한다.[54]

다음에 강주(康州: 진주)에는 장군 윤웅(閏雄: 920)과 지강주사(知康州

54 종래에는 當州都領을 재지세력의 직함으로 이해하는 경우가 많았다. 그러나 후술하듯이 고위 관위 보유자는 원칙적으로 재경관인으로 보아야 한다는 점에서 佐丞 王乂를 명주의 재지세력으로 보기는 어렵다. 여기에 보이는 都領은 재경관인이 연고지의 일에 관여하는 형식을 띠고 있고, 그 휘하에 중급 재지관반인 執事郎中 이하만 나타난다는 점 등에서 고려초기 事審官, 또는 그 모태가 되는 제도 운영의 한 형태로 이해할 수 있다.

事) 왕봉규(王逢規: 924), 장군 유문(有文: 928) 등이 보인다. 윤웅은 고려에 귀부한 성주이고 유문은 그 실체가 분명치 않으나 후술하듯이 원보(元甫) 진경(珍景)과 함께 나오고 있어 재지성주일 가능성이 높아 보인다. 여기서 이들의 관계가 문제가 되는데, 세력 교체로 보는 경우가 많다.

그런데 최근 연구에서는 왕봉규가 고려 태조 왕건과 동일인이며 지강주사는 중국에서 받은 직함이라는 사실이 지적되었다.[55] 이에 따라 왕봉규를 제외하고 보면, 윤웅과 유문의 관계가 남는다. 통상적인 이해대로 대체 관계일 수도 있지만, 그보다는 소충자-소율희나 왕순식-왕예처럼 혈연관계에 의해 성주의 지위를 계승한 것일 가능성이 높다.[56]

한편 새로운 각도에서 설명되는 사례로 경산부장군 (京山府將軍) 양문(良文)과 벽진군장군(碧珍郡將軍) 이총언(李悤言)이 있다. 『고려사』 지리지에는 벽진군이 경산부 연혁의 일부로 나온다. 이에 근거하여 양자를 동일인으로 보기도 한다.[57] 하지만 양자가 다른 사람일 가능성도 배제할 수 없다. 여기서 두 사람에 대한 기록을 대비해 보자.

타) ① 벽진군장군 양문이 그 생질 규환을 보내어 내항하니 규환을 원윤으로 임명하였다.[58]

② 신라말에 벽진군을 보위하였다. 당시 도적 무리가 가득하니 총언

55 王逢規는 『삼국사기』 및 그 원전인 중국 사서에만 보이며 『고려사』에는 나타나지 않는다. 927년 그는 後唐에 林彦을 파견했는데, 『고려사』에도 같은 해 林彦을 파견한 기사가 보여 왕봉규가 왕건임을 확인할 수 있다. 이에 대한 자세한 논의는 윤경진, 2018②, 「知康州事 王逢規와 高麗 太祖 王建」, 『歷史와實學』 65 참조.

56 이에 대해서는 뒤에서 다시 언급할 것이다.

57 旗田巍, 1972, 앞의 책, 24-28쪽.
良文은 『삼국사기』에서는 京山府將軍으로 되어 있는데(『三國史記』 권12, 景明王 7년 7월), 이것이 양문과 이총언을 동일인으로 보는 논거가 되었다.

58 『高麗史』 권1, 太祖 6년 8월 壬申, "碧珍郡將軍良文 遣其甥圭奐來降 拜圭奐元尹".

> 이 성을 굳게 지켜 백성이 그에 힘입어 편안하였다. 태조가 사람을 보내어 함께 힘을 다해 난리를 평정할 것을 유시하였다. 총언이 글을 받고 매우 기뻐하여 그 아들 영(永)을 보내어 병사를 이끌고 태조의 정토를 따르게 하였다. (중략) 총언을 본읍장군으로 삼았다.[59]

양문은 생질 규환(圭奐)을 보내어 내항한 반면, 이총언은 태조가 사람을 보내어 유시하자 이에 응하였다. 그리고 귀순을 표하기 위해 보낸 사람의 이름도 다르다. 곧 두 사람은 귀순의 형태와 내용에서 차이가 있었던 것이므로 서로 다른 사람으로 보는 것이 타당하다.[60]

또한 양문이 내항한 것이 태조 6년이고 이총언은 신라말부터 세력을 형성하고 있었다는 점을 대비하면, 양자가 대체 관계였다고 보기도 어렵다. 그렇다면 양자는 각기 지역 기반을 달리하면서 공존하고 있었을 가능성이 높다.[61]

한편 『경상도지리지』에는 경산부장군 이능일(李能一)이 보인다. 경산부 지역에 또 한 명의 성주가 있었던 셈이다. 그의 실체는 분명치 않으나

---

59 『高麗史』 권92, 列傳5 王順式 附 李悤言, "新羅季 保碧珍郡時 群盜充斥 悤言堅城固守 民賴以安. 太祖遣人 諭以共戮力定禍亂 悤言奉書甚喜 遣其子永 率兵從太祖征討".

60 김아네스, 1997, 「高麗初期 地方支配體制 硏究」, 서강대학교 박사학위논문, 22쪽.

61 이 경우 京山府와 碧珍郡의 관계가 문제이다. 이는 두 가지 가능성이 있는데, 하나는 벽진군이 경산부에서 분립한 성읍일 가능성이다. 그러나 이를 뒷받침할 만한 방증이 없다. 다른 하나는 경산부가 실제는 몇 개의 군현을 통합하여 성립했다는 이해에 입각해 볼 때, 벽진군이 경산부에 통합된 다른 군현일 가능성이다. 최근 연구에서는 경산부가 당초 星山郡(加利縣)을 중심으로 형성되었다가 중심이 新安縣 소재 碧珍城으로 이동했으며, 양문은 본래의 경산부(가리현)의 성주, 이총언은 벽진성의 성주라고 이해하였다(윤경진, 2018③, 「신라말 고려초 京山府 연혁과 碧珍郡」, 『역사문화연구』 66).

최근 연구에서는 이총언의 아들인 이영(李永)으로 비정하기도 한다. 성주의 귀순과 아들의 숙위, 그리고 개명 등의 과정은 왕순식-왕예의 사례와 맥이 닿는다.[62]

이처럼 동일 군현을 매개로 복수의 성주가 대두하는 사례는 대체로 동일인, 연합관계, 대체·대립관계 등으로 설명되는데, 혈연에 의한 계승관계라는 또 하나의 형태가 확인된다. 특히 그동안 편의적으로 대체 관계로 처리되었던 사례 중 다수가 계승관계로 해석된다. 명주의 왕순식과 왕예, 벽진군의 이총언과 이능일은 부자관계로 파악된다. 그밖에 동일인으로 보았던 양문과 이총언은 각기 지역 기반이 다른 별개의 인물로 파악된다.

성주 연합의 경우 구래의 군현을 매개로 하고 있지만 그것이 당시에 군현 단위의 규정력을 보여 주는 것은 아니다. 성주들은 기본적으로 성읍 단위로 독자성을 가지면서 군현 단위의 친연성을 매개로 연합관계를 맺기도 한 것이다. 따라서 나말려초 성주에 대한 이해는 성주 간의 어떤 질서체계를 보편적으로 상정하기에 앞서 성주와 국가의 관계를 구체적으로 파악하는 것이 중요할 것이다.

2. 고려의 대성주정책

1) 관위 수여의 의미와 원칙

신라말에 대두한 성주들은 후삼국의 성립과 함께 국가권력과의 관계를

62 윤경진, 위의 논문, 49-52쪽.

새로 정립해야 했다. 고려나 후백제 또한 국가체제를 수립했다고 해도 지방사회에 대해 일방적인 지배력을 가진 것은 아니었다. 이에 가능하면 무력 정복보다는 성주들의 귀순을 유도하고, 이를 매개로 지방통치를 실현하는 방안을 모색하였다.

고려는 성주의 귀순을 적극적으로 유도하면서 귀순성주와의 정치적 결합을 위한 제반 조치를 시행하였다. 그리고 이들을 매개로 지방사회에 대해 지배력을 확보하고 지방민을 통일전쟁에 활용하고자 하였다. 이러한 정책에 대한 이해는 고려 국가체제의 성립 과정과 성격을 해명하는 데에 중요한 기반이 되는데, 이는 지방제도 부분에서도 다르지 않다. 이에 먼저 귀순성주를 고려의 체제 안으로 흡수하기 위한 대표적인 정책으로서 관위(官位)[63] 수여에 대해 살펴보기로 한다.

귀순성주에게 고려의 관위를 수여하는 것은 해당 인물을 지배층의 일원으로 수용하여 그 정치적 지위를 보장하는 것이었다. 기존에는 성주의 귀순에 따른 일반적 조치의 하나로서 다루어졌지만,[64] 그 운영에 대해 면밀한 분석을 더하지는 않았다. 그러나 성주에 대한 관위 수여의 사례들을 이들의 귀순 방식과 대비하여 살펴보면 그 의미에 대해 좀 더 구체적인 설명이 요구된다.

먼저 성주의 귀순과 관련하여 관위가 수여된 사례를 정리해 보면 [표

---

63 관인의 정치적 지위를 나타내는 체계는 통상 '官等'이나 '官階'라고 하는데, 여기서는 '官位'로 칭한다. 이는 나말려초 시기에 관직에서 비롯된 다양한 사례까지 포괄하는 한편, 그 안에서 이들의 연원을 구분하기 위한 것이다.

64 고려초기 官位(官階)에 대해서는 다음 논고를 참고할 수 있다.
武田幸男, 1964, 「高麗時代の鄕職」, 『東洋學報』 47-2.
武田幸男, 1966, 「高麗初期の官階」, 『朝鮮學報』 41.
金甲童, 1988, 「高麗初期 官階의 成立과 그 意義」, 『歷史學報』 117; 1990, 앞의 책.
朴龍雲, 1997, 『高麗時代 官階·官職 硏究』, 高麗大學校出版部.

[표 1-2] 귀순성주에 대한 관위 수여 사례

귀순성주	수여대상	관위	귀순성주	수여대상	관위
康州將軍 閏雄	子 一康	阿粲	溟州將軍 王順式	본인	大匡
下枝城將軍 元奉	본인	元尹	溟州將軍 王順式	子 長命	元甫
碧珍郡將軍 良文	甥姪 圭奐	元尹	溟州將軍 王順式	小將 官景	大丞
眞寶城主 洪述	子 王立	元尹	昧谷城主 龔直	본인	大相
古昌郡城主 金宣平	본인	大匡	昧谷城主 龔直	子 咸舒	佐尹
古昌郡城主 權幸	본인	大相	昇州 朴英規	본인	佐丞
古昌郡城主 張吉	본인	大相			

1-2]와 같다. 여기서 우선 귀순성주의 사례에 비해 관위 수여 사례가 그리 많지 않다는 것을 알 수 있다. 물론 자료상의 미비 때문이라고 보고 기록에 나타나지 않은 관위 수여를 상정할 수도 있다. 하지만 관위 수여가 기록에 등장하는 성주에게서 보편적으로 나타나는 것이 아니라는 점을 볼 때, 그것이 그렇게 일반적인 일은 아니었음이 분명하다. 다시 말해 단순한 귀순 이상의 어떤 조건이 요구되었다는 것이다. 이에 대해서는 뒤에서 자세히 살펴보기로 한다.

다음에 기존 연구에서도 지적되는 것으로서 수여된 관위가 원윤(元尹) 이상이라는 점도 중요한 의미가 있다. '원윤 이상'이라는 것은 최고 지배층을 의미하였다. 광종 때 제정된 백관공복(百官公服) 규정에서 최상층인 자삼층(紫衫層)이 '원윤 이상'으로 규정되었다.[65] 또한 성종 2년에 문무(文武) 원윤(元尹) 이상에게 말을 1필씩 하사한 것도 이러한 층위를 반

65 『高麗史』 권72, 志26 輿服1 冠服 公服, "光宗十一年三月 定百官公服 元尹以上 紫衫 中壇卿以上 丹衫 都航卿以上 緋衫 小主簿以上 綠衫".

영한다.[66]

그런데 강주장군 윤웅이 보낸 일강(一康)은 아찬(阿粲)이라는 신라 관위를 받고 있어 차이를 보이는데, 이는 시기적인 조건에 따른 것이다. 『고려사』 세가를 기준으로 살펴보면, 고려의 중앙정계에서 원윤·대광 등 고려 관위가 사용되는 사례는 태조 5년의 원윤 왕유(王儒)가 가장 빠르며, 이전 시기의 관위는 모두 신라의 것을 사용하고 있다. 따라서 윤웅이 귀순한 태조 3년에 신라 관위가 주어지는 것은 문제가 없다. 대체로 태조 5년을 전후하여 신라 관위 대신 고려 관위가 사용된 것으로 이해된다.[67]

다음에 귀순의 주체와 실제 관위를 받은 사람이 다른 경우가 많다는 점도 눈에 띈다. 이 경우 관위를 받은 사람은 대개 해당 성주가 중앙에 인질로 보낸 사람이다. 이것은 관위 수여에서 상경(上京), 또는 그에 준하는 행위가 요구되었음을 시사한다.

성주가 직접 관위를 받는 경우에도 같은 조건이 확인된다. 위에서 관위를 받은 성주는 하지현장군 원봉과 3인의 고창군성주, 명주장군 순식, 매곡성주 공직, 승주의 박영규 등이다. 이 중에서 순식의 사례는 성주의 귀순과 관위 수여 사이의 관계를 잘 보여 준다.

순식이 장자 수원을 보내어 처음 귀순했을 때 태조는 수원에게 왕씨성을 내려주었을 뿐, 순식에게는 아무런 조치도 취하지 않았다. 순식 본인이 관위를 받는 것은 직접 내조(來朝)했을 때이다. 수원을 보내어 귀순한 것이 태조 5년이고,[68] 순식이 상경한 것은 태조 11년으로서 6년의 시차가 있다.[69] 여기서 관위 수여는 상경을 전제로 했다는 것을 알 수 있다.

---

66 『高麗史』 권3, 成宗 2년 3월 癸未, "御詳政殿 賜文武元尹以上 馬人一匹".

67 김갑동, 1990, 앞의 책, 181쪽.

68 『高麗史』 권1, 太祖 5년 7월 戊戌.

69 『高麗史』 권1, 太祖 11년 정월 壬申.

하지현장군 원봉도 사정이 비슷하다. 원봉이 처음 귀순한 것은 태조 5년의 일이며,[70] 원윤을 받는 것은 태조 6년의 일로서 1년의 시차가 있다.[71] 원봉도 귀순과 함께 곧바로 관위를 받지는 않은 것이다. 그렇다면 원봉 역시 먼저 질자나 사절을 통해 귀순한 후 이듬해에 직접 내조하여 관위를 받았을 가능성이 높다. 공직도 자신이 직접 올라와 관위를 받았다.

고창군성주와 박영규는 성주가 중앙에 직접 올라오지 않고 관위를 받은 것으로 파악된다. 기록상 이들은 상경이나 내조 사실이 확인되지 않는다. 하지만 이들은 태조와 직접 대면했다는 점에서 상경과 같은 과정을 거쳤다.

고창군성주 3인이 관위를 받는 것은 태조 13년 고창군전투에서 후백제를 격파한 데 대한 포상의 성격을 띠고 있었다. 그런데 앞서 태조 12년 12월에 견훤이 고창군을 포위하자 태조가 직접 이를 구하러 원정에 나섰다.[72] 이는 이전에 고창군이 고려의 편에 섰음을 반영한다. 자료에는 나타나지 않지만 고창군성주는 이전에 이미 귀순 의사를 밝혔을 것이다. 승전 후 태조는 공을 세운 성주들을 직접 접견했을 것인데, 이는 상경·내조와 같은 의미를 가진다.

박영규 역시 태조 19년 2월에 사람을 보내어 태조에게 귀순하였다. 그런데 그가 관위를 받는 것은 9월에 태조가 신검을 격파하고 나서 그를 직접 만났을 때이다.[73] 고창군성주가 관위를 받는 것과 같은 맥락이다.

벽진군장군 이총언도 관위 수여와 상경·내조 사이의 상관성을 잘 보

70 『高麗史』 권1, 太祖 5년 6월 丁巳.

71 『高麗史』 권1, 太祖 6년 3월 甲申.

72 『高麗史』 권1, 太祖 12년 12월, "甄萱圍古昌郡 王自將救之".

73 『高麗史』 권92, 列傳5 朴英規, "太祖十九年二月 英規遂遣人歸款 (중략) 九月 太祖討神劒滅百濟 (중략) 授以佐丞".

여 주는 사례이다. 이총언은 태조에게 귀순 의사를 밝힌 후 많은 경제적 포상을 받았지만 관위 수여는 확인되지 않는다. 상경이나 태조와의 대면도 나타나지 않고 단지 태조가 편지를 보낸 사실만 나온다.

이총언은 태조 21년에 사망했을 때 직함이 벽진군장군으로 되어 있다. 만약 그가 관위를 보유하고 있었다면 응당 졸기(卒記)에 해당 관위가 기록되었을 것이다. 이는 이듬해 사망한 공직의 졸기에 '좌승'이라는 관위가 기재된 것과 대비된다.[74] 곧 이총언은 고려 관위를 보유하지 않았던 것이다.

그런데 이총언은 태조가 직접 사신을 보내어 함께 난리를 평정할 것을 당부하고 귀순에 대한 대가로 주변 고을의 정호(丁戶)를 내릴 정도로 각별한 관심을 보인 인물이었다. 그럼에도 관위가 없는 것은 그가 상경하지 않았다는 사실에서 찾을 수밖에 없다. 공직은 자신이 왕경에 올라와 관위를 받았다는 점에서 이총언과 대비된다.

이처럼 귀순성주에 대한 고려 관위의 수여는 상경·내조, 또는 그에 준하는 형식을 조건으로 이루어졌다. 원윤 이상이라는 고위 관위를 수여하는 것은 그에 대한 반대급부로서 지배층으로의 편입을 보장하는 조치였다. 이를 통해 고려 정부는 귀순성주에게 일정한 정치적 지위를 부여하는 한편, 해당 지역에 대한 영향력을 확보할 수 있었다.

이러한 맥락에서 보면 고려 관위 보유자는 원칙적으로 왕경에 올라와 중앙 관인으로 편입되었을 것이다. 이는 순식의 사례를 통해 판단할 수 있다. 앞서 인용한 자료 차)를 보면, 순식은 '대광'이라는 관위 앞에 '명주'라는 지역을 병기했는데, 이는 해당 기사에서 유일한 사례이다. 이것

74 『高麗史』 권2, 太祖 22년 3월 戊辰.

은 단순히 출신지 표기가 아니라 그가 실제 명주에 거주하고 있어 이를 나타내기 위한 것이다. 이는 그의 다음에 기재된 긍준이 운주의 성주였지만 이를 기재하지 않은 것에서 확인된다. 순식에게 굳이 지명을 병기한 것은 그의 명주 거주가 예외였다는 것, 다시 말해 관위 보유자는 왕경에 거주하는 것이 원칙이었음을 반증한다.[75]

원봉 이후로 성주 본인에게 수여된 관위는 대광(2품상), 대승(3품상), 좌승(3품하) 등 최고위였다. 태조 19년 신검과의 일전을 위해 부대를 편성한 기록을 보면, 태조의 측근이었던 홍유(洪儒)와 박수경(朴守卿), 유검필(庾黔弼) 등의 관위가 모두 대상(4품상)이었다. 이에 비하면 귀순성주의 관위가 매우 파격적이었다는 것을 알 수 있다. 이러한 고위 관위를 부여하면서 해당 인물을 근거지에 그대로 남겨둔다는 것은 생각하기 어렵다.

이러한 제반 조건을 고려할 때 고려 관위를 보유한 성주는 원칙적으로 왕경에 거주했다고 보는 것이 타당하다.[76] 이것은 성주가 직접 상경하거나 태조를 만났을 때 관위를 수여했던 원칙과 상통한다. 성주가 관위를 보유한다는 것은 중앙에 기반을 두게 됨을 의미하며, 예외적으로 관위를

75 물론 순식 이외에도 고위 관위를 가지고 현지에 머무는 경우가 있었을 것이다. 고창군성주 3인은 그 가능성이 농후하다. 하지만 이것은 보편적 상황이 아니라 필요에 따른 예외적 현상으로 생각되는데, 순식이 그대로 명주에 거주하는 배경은 뒤에서 언급할 것이다. 여기서 왕경 거주의 '원칙성'을 강조하는 것은 고위 관위 보유자의 정치적 지위가 중앙관인의 일원으로서 규정되기 때문에 그가 현지에 머무르고 있다 하더라도 지방사회의 실무를 담당하는 在地官班과는 구별해야 한다는 점을 지적하기 위한 것이다.

76 「龍頭寺幢竿記」에 보이는 堂大等 金希一이 正朝의 관위를 보유한 것을 보면, 고려 관위 보유자가 지방에 거주했다고 볼 여지도 있다. 그러나 「용두사당간기」가 건립된 것은 광종 13년으로서 고려의 체제정비가 일차적으로 진행된 뒤였다. 그리고 그가 받은 정조는 7품상으로서 통일전쟁기에 수여된 관위와는 현격한 차이가 있다. 따라서 이 사례는 나말려초 관위 수여와 동일선상에서 이해할 수 없다. 그보다는 중앙권력의 정리와 함께 지방의 행정책임자에게 하위 관위를 개방하여 관료체계의 말단에 편입시킨 조치였다고 보는 것이 적절할 것이다.

보유한 채 지방에 거주한다 하더라도 그의 정치적 기반은 중앙과 연결될 수밖에 없다. 따라서 고려 관위를 보유한 인물의 성격은 원칙적으로 중앙 관인으로 보아야 할 것이다.

2) 군사직 임용의 양태와 지향

고려가 이른바 '중폐비사(重幣卑辭)'를 내세우며 성주의 귀순을 적극 유도한 것은 무엇보다 후백제와의 쟁패 과정에서 성주들의 군사력과 경제력이 필요했기 때문이다. 성주의 귀순은 해당 지역의 역량을 전쟁에 투입할 수 있는 것을 의미하였다. 이것은 벽진군장군 이총언이 귀순과 함께 군사와 양곡의 지원을 약속한 것에서 잘 나타난다.[77] 이 점에서 귀순성주에 대한 조치는 그 자체가 지방통치의 속성을 가진다.

그런데 귀순성주의 힘을 이용하기 위해서는 당연히 정부에서 그에게 과도적으로라도 해당 지역에 대한 지배권, 특히 군사권을 공인해 주는 조치가 필요하였다. 그 산물로 이해되는 것이 바로 '장군'의 직책이다.

장군은 원래 군부대의 지휘관을 나타내는 일반적인 직함으로서 군사력의 보유를 반영한다. 당시 성주들은 대개 해당 지역을 토대로 군대를 구성하고 스스로 장군으로 칭하기도 했다.[78] 실제 나말려초 사료에 보이는 장군의 다수는 성주가 자칭한 것으로 생각된다.[79]

하지만 장군직이 신라 제도에서 연원한 것이고, 고려나 후백제에서

---

77 『高麗史』 권92, 列傳5 王順式 附 李悤言, "團結軍丁 儲峙資糧 以孤城介於羅濟必爭之地 屹然爲東南聲援".

78 『三國史記』 권11, 新羅本紀11 眞聖王 8년 10월, "弓裔自北原 入河瑟羅 衆至六百餘人 自稱將軍".

79 아울러 기록을 정리한 고려의 시각에서 '장군'으로 인식하고 지칭한 경우도 생각할 수 있다.

도 장군직이 운용되고 있었기 때문에 사료에 보이는 지방의 장군을 모두 성주가 자칭한 것으로 규정할 수는 없다. 이 중에는 지방의 성주를 장군으로 임용, 또는 공인하여 그의 군사력을 이용하는 방식도 상정할 수 있고, 나아가 중앙에서 파견된 존재도 있었을 것이다. 당시 고려의 대성주 정책을 이해하기 위해서는 이러한 다양성에 대한 고려가 필요하다.[80]

다음 기록은 성주를 장군으로 임용, 또는 공인하여 이용하는 모습을 보여 준다.

> 파) 천우 5년 무진(908) 겨울 10월에 호국의영도장 중알찬 이재가 팔각등루를 남령(南嶺)에 세우니 나라의 경사를 기원하고 전쟁으로 생긴 죄를 없애기 위한 것이다.[81]

위의 기사는 최치원이 지은 「신라수창군호국성팔각등루기(新羅壽昌郡護國城八角燈樓記)」의 일부이다. 여기서 효공왕 12년 당시 수창군 지역에 '호국의영도장(護國義營都將)'이라는 직함을 가진 이재(異才)라는 인물이 있었음을 알 수 있다. 주목되는 것은 그의 직함이다. '호국'은 그가 기반하고 있던 호국성을 가리킨다. '의영(義營)'은 '의(義)'의 개념으로 볼 때 국가의 정규군이 아니라 개인이 규합한 군대를 국가에서 인정한 것으로 파악된다. 그리고 '도장(都將)'은 군대의 총지휘관을 의미하는 것으로서 장군 직함과 상통한다.

---

80 종래에는 성주가 무력을 보유하고 신라에서 진골이 독점하던 장군직을 자칭했다는 점을 강조하였다. 이것은 신라 국가체제의 해체를 보여 주는 데에는 중요한 의미가 있지만, 자칭만을 강조하는 것은 성주들을 수용하면서 성립한 고려의 국가체제를 조망하는 데에는 장애가 된다.

81 『孤雲集』 권1, 新羅壽昌郡護國城八角燈樓記.

곧 이재는 호국성의 성주로서 일정한 군사력을 보유하고 있었으며, 신라는 이를 인정하고 그에게 '의영도장'이라는 직함을 부여, 혹은 공인함으로써 그를 신라의 우호 세력으로 삼으려 한 것이다. 본문 중에 그를 '봉국충신(奉國忠臣)'으로 칭송한 것은 이러한 관계를 시사한다. 이로 보아 나말려초의 장군 중에는 이재처럼 신라로부터 군사직을 공인받은 존재들이 다수 있었을 것이다.

성주에게 군사직을 부여하여 그의 군사력을 끌어들이는 조치는 고려에서도 동일하게 활용되었다. 그러한 단서를 보여 주는 것이 이총언의 사례이다. 그는 고려로부터 '본읍장군(本邑將軍)'에 임명되었다. 이때 그의 근거지가 벽진군이므로 그의 직함은 '벽진군장군'이 될 것인데,[82] 실제 그는 태조 21년 졸기에 벽진군장군으로 나온다. 사례별로 정확히 판별되지는 않지만 나말려초의 성주로서 장군을 칭한 사례 중에는 고려에서 공인 또는 임용된 존재도 있었을 것이다.[83]

그런데 성주를 장군으로 임용하는 것과는 별도로 성주가 관할하던 성읍에 중앙 관인이 장군으로 주둔하는 경우도 확인되는데, 왕충(王忠)의 사례가 대표적이다. 왕충은 『삼국사기』에 태조 11년 당시 명지성장군(命旨城將軍)으로 나오고 있어서 명지성의 성주로 볼 여지가 있다.[84] 그러나 그는 같은 사실을 전하는 『고려사』 기록에는 명지성원보(命旨城元甫)로

82 本邑將軍이란 앞서 해당 지명이 나왔기 때문에 이를 '본읍'으로 대체 표현한 것이다. 본읍장군 혹은 本州將軍이라는 용례는 모두 『고려사』 열전에 나오며, 해당 항목의 서두에는 출신지가 표기되어 있다. 열전에 '本州領軍將軍'으로 되어 있는 堅金이 세가에는 '淸州領軍將軍'으로 나오는 것에서 이러한 관계를 확인할 수 있다.

83 이것은 후백제도 마찬가지로서 百濟將軍으로 지칭된 昧谷城主 龔直이 그 예이다.

84 『三國史記』 권12, 新羅本紀12 敬順王 2년 8월, "甄萱命將軍官昕 築城於陽山 太祖命命旨城將軍王忠 率兵擊走之".

나오고 있어 재지성주가 아니라 중앙관인임을 판단할 수 있다.[85] 실제 그는 태조 7년에는 조물군(曹物郡)을 구원하러 간 장군으로 나오며,[86] 당시 관위는 원윤으로서 중군(中軍)을 담당하였다.[87] 이로 보아 왕충은 명지성에 파견된 고려의 장군으로 보아야 할 것이다.[88]

비슷한 사례로 견훤이 오어곡성(烏於谷城)을 함락했을 때 항복한 장군 양지(楊志)가 있다. 태조는 그가 견훤에게 항복한 데 대한 처벌로 군대를 구정(毬庭)에 모아 놓고 처자를 처형하였다.[89] 가족이 왕경에 거주한 점과 더불어 재지성주에 대해 이렇게 강력한 처벌을 가하기는 어렵다는 점을 고려하면, 양지는 중앙에서 오어곡성에 파견한 장수로 보는 것이 타당할 것이다.

그런데 흥미로운 사실은 왕충이 주둔한 명지성에는 원래 성주 성달(城達)이 있었다는 점이다. 그는 태조 6년에 고려에 귀순했는데, 그 이후의 행적은 알 수 없다. 이로부터 4년 뒤에 왕충이 이곳에 주둔했는데, 성달이 중앙으로 올라왔다면 이곳의 지휘권을 왕충이 장악한 셈이 된다. 혹 그가 현지에 남아 있었다면 재지성주와 중앙관인이 병존한 것이 된다. 현재로서는 어느 쪽도 단정하기 어렵지만 중앙관인이 주둔한 이상 주도권은 재지성주보다 중앙관인에게 있었을 것이다.[90]

실제 같은 지역에 재지성주와 중앙관인이 병존한 경우로 강주(康州)

---

85 『高麗史』 권1, 太祖 11년 8월, "甄萱使將軍官昕 城陽山 王遣命旨城元甫王忠 率兵擊走之".

86 『高麗史』 권1, 太祖 7년 7월, "甄萱遣子須彌康良劍等 來攻曹物郡 命將軍哀宣王忠救之".

87 『高麗史』 권92, 列傳5 朴守卿.

88 왕씨를 칭한 점에서 재지성주가 질자로 보내 중앙에 정착한 인물일 여지도 있다.

89 『高麗史』 권1, 太祖 11년 11월, "甄萱 選勁卒 攻拔烏於谷城 殺戍卒一千 將軍楊志明式等六人出降 王命集諸軍于毬庭 以六人妻子 徇諸軍棄市".

90 왕충은 성달이 보낸 자제가 개명한 것일 가능성도 있다. 다만 이 경우도 중앙 관인으로 전환된 것이므로 지배권의 초점은 중앙에 있었다고 보인다.

의 사례를 찾을 수 있다.

> 하) 강주원보 진경 등이 고자군으로 양곡을 운반하였다. 견훤이 몰래 강주를 습격하니 진경 등이 돌아와 싸웠으나 패하여 죽은 자가 300여 인이었다. 장군 유문은 견훤에게 항복하였다.[91]

위의 기사에 따르면 태조 11년 당시 강주에는 원보(元甫) 진경(珍景)과 장군 유문(有文)이 있었다. 원보 진경은 왕충의 사례에 비추어 보거나 고자군(古子郡: 고성)으로 양곡을 운반하는 담당자였음을 고려하면 중앙에서 파견된 관인으로 파악된다. 반면 유문은 관위를 표시하지 않고 있어 강주의 성주로 짐작된다.[92] 곧 당시 강주에는 재지성주와 중앙관인이 공존하고 있었던 것이다. 이 경우 성주가 장군직을 보유하고 있다 하더라도 그의 활동은 현지에 파견된 중앙관인에 의해 제약되었을 것이다.[93]

이처럼 고려는 재지성주들을 장군으로 임용하여 그 군사력을 이용하는 한편, 경우에 따라서는 중앙의 장군을 현지에 파견하여 군사적 임무를 수행하도록 했다. 이것은 재지성주들을 기반으로 하면서도 여건에 따라 중앙에서 군사적 주도권을 장악해 가는 추세를 반영한다.

장군과 함께 나말려초 지방사회에 대한 고려의 군사적 운영체계를 보여 주는 것으로 지주제군사(知州諸軍事)가 있다. 기존 연구에서 지주제

---

91 『高麗史』 권1, 太祖 11년 5월 庚申.

92 윤웅이 아들 일강을 보내어 귀부했을 때 태조는 郎中 春讓을 보내어 위로했고, 이후 강주는 고려의 전략 거점이 되었다. 이에 비추어 그 사이 강주에서 세력 교체가 있었을 여지는 별로 없다. 그렇다면 유문은 상경한 일강 외에 다른 아들로서 현지에 남아 윤웅의 지배권을 이어받은 것으로 추정할 수 있다.

93 보는 시각에 따라 진경도 왕충의 경우처럼 '강주장군'으로 지칭되었을 수도 있다.

[표 1-3] 나말려초 지주제군사의 사례

직함	인명	출전
知金海府進禮城諸軍事 明義將軍	金仁匡	鳳臨寺眞鏡大師碑
金海府 知軍府事	蘇律熙	廣照寺眞澈大師碑
知基州諸軍事 上國	康公萱	菩提寺大卿大師碑
東南道招討使 知牙州諸軍事	金行濤	『高麗史』 권1, 太祖 원년 8월
知當州軍州事 大匡 (溟州)	王荀式	地藏禪院朗圓大師碑

군사는 당말(唐末)의 지주군주사(知州軍州事)를 모델로 신라말에 종래의 도독(都督)을 계승하여 성립했으며, 신라 멸망과 함께 종식된 제도로 이해하였다.[94] 그러나 이 역시 고려에서도 운용된 것으로 파악된다.

먼저 지주제군사의 사례를 정리하면 [표 1-3]과 같다.[95]

위의 사례 중에 김인광(金仁匡)과 소율희(蘇律熙)는 기존의 지적대로 신라에서 임용되었을 가능성이 높다. 그런데 김행도(金行濤)와 강공훤(康公萱), 왕순식(王荀式·王順式)은 고려에서 임용된 것으로 보인다. 특히 김행도와 강공훤은 현지의 성주가 아니라 중앙에서 파견된 관인이라는 점에서 명백한 차이가 있다. 먼저 김행도의 경우를 살펴보자.

94 全基雄, 1987, 「羅末麗初의 地方社會와 知州諸軍事」, 『慶南史學』 4, 15-17쪽.

95 논자에 따라서는 武州의 知州 王池本, 金海府의 知府 蘇忠子, 權知康州事 王逢規, 知大耶郡事 金億廉까지 포함시키기도 한다. 그런데 蘇忠子는 金仁匡과 동일인으로 파악되므로(주 49 참조), 그가 칭한 知府를 知州諸軍事로 이해할 수 있다. 王池本은 武州의 城主 池萱이 고려에 투항한 후 받은 이름으로 이해되므로(윤경진, 2018②, 앞의 논문, 177-179쪽) 그의 직함은 왕순식과 같은 형태로 판단할 수 있다. 왕봉규는 왕건이 개명하기 전의 이름으로서 그의 직함은 중국에서 받은 것이므로 다른 사례와 차이가 있다(윤경진, 위의 논문). 김억렴의 직함은 郡에 대한 것이고 후대에 설정한 것일 수도 있어 검토가 필요하다. 여기서는 직함의 형태가 명확한 경우만 다루었다.

거) 웅주·운주 등 10여 주현이 반기를 들어 백제에 붙자 시중 김행도를 동남도초토사 지아주제군사로 삼았다.[96]

위의 기사에서 일단 지아주제군사(知牙州諸軍事)가 고려에서 설치한 것이라는 사실은 명백하다. 김행도는 태조의 비부인 김행파(金行波)와 동일인으로 파악되는데, 그는 동주(洞州: 서흥) 출신이므로 아주(牙州: 아산)와는 직접 관련이 없다. 또한 지아주제군사 임용 시점이 태조 원년이고 김행도의 직임이 시중(侍中)임을 고려하면 그는 중앙관인임에 틀림없다.

이때 주목되는 것이 아주의 지정학적 위치이다.[97] 신라말에 새로 등장하는 주(州)는 대개 고려의 경략과정과 맞물려 요충이 되는 지역에 설치되었다. 그리고 경략의 확대와 함께 주 역시 전진 배치되는 양상을 보였다.[98] 아주는 태조 원년 당시 고려의 판도에서 최전선이었다. 김행도의 임명은 웅주·운주 지역의 주현이 후백제에 투항하자 이에 대처하기 위한 것이었다. 여기서 고려의 지주제군사가 최전방의 경략을 위해 파견한 군사직이라는 것을 알 수 있다.

고려의 강역이 확대되면서 지주제군사도 전진 배치될 것인데, 이것은 지기주제군사(知基州諸軍事)의 성격을 이해하는 데 중요한 단서가 된다. 현재까지 다수의 연구에서 지기주제군사 강공훤을 기주(基州: 풍기)의

---

96 『高麗史』 권1, 太祖 원년 8월 癸亥.

97 『고려사』 지리지 牙州 연혁을 보면, '高麗初'에 仁州로 개호되었고 나중에 아주로 바뀌고 있어 태조 원년의 지아주제군사 임명과 어긋난다. 해당 직함을 후대의 지명에 맞추어 바꾼 것이 아니라면, 인주와 아주가 다른 곳일 가능성도 있다. 다만 이것이 지주제군사 직함에 직접 영향을 미치지는 않으므로 차후의 연구 과제로 삼고 여기서는 상론하지 않는다.

98 윤경진, 1996, 「고려 태조대 군현제 개편의 성격: 신라 군현제와의 상관성을 중심으로」, 『역사와현실』 22, 142-146쪽.

성주로 이해하였다. 그 근거 기록은 다음과 같다.

> 너) 미봉(彌峯)을 바라보며 은거하다가 소백산에 들어가 지냈는데, 이때 지기주제군사 상국 강공훤이 보수(寶樹)에 가르침을 흠모하며 선림(禪林)에 도를 사모하였다.[99]

위의 기록은 「보리사대경대사비(菩提寺大鏡大師碑)」의 일부로서 대경대사 여엄(麗嚴)이 소백산 지역에 갔을 때 지기주제군사 강공훤을 만난 사실을 전하고 있다. 나말려초 선사 비문에서 선사를 맞이하는 인물 대부분이 지방세력임을 고려하여 강공훤 역시 기주에 기반을 둔 성주로 이해한 것이다.

그러나 그의 관련 자료를 면밀히 검토하면 그는 기주의 성주가 아니라 중앙관인으로서 기주에 파견된 것으로 판단된다. 우선 지적되는 것은 그가 '강(康)'이라는 성씨를 사용하고 있다는 점이다. 『세종실록』 지리지에서 '강'이 토성으로 나오는 곳은 지금의 경기도 및 황해도 지역에 집중되어 있다. 『고려사』에는 초기부터 강씨 성을 가진 인물들이 다수 등장하는데, 궁예의 휘하에 있던 강훤힐(康萱詰)이나 태조 즉위 후 광평낭중에 임용되는 강윤형(康允珩), 태조의 비부가 되는 신주(信州: 신천)의 강기주(康起珠) 등을 찾아볼 수 있다. 이들은 활동 시점이나 지위 등으로 보아 황해도 지역 출신으로 파악된다. 강공훤 또한 황해도 지역 출신으로 보는 것이 합리적이다.

다음에 강공훤이 지기주제군사로 나오는 시점이 문제가 된다. 「보리

---

99 『譯註羅末麗初金石文』 菩提寺大鏡大師碑, "望彌峯而隱霧 投小伯以栖霞 爰有知基州諸軍事上國康公萱 寶樹欽風 禪林慕道".

사대경대사비」의 내용에 따르면 여엄이 중국에서 돌아온 시점이 909년이며 강공훤은 이어지는 기사에 나온다. 이 때문에 여엄이 강공훤을 만나는 시점을 909년 정도로 볼 여지도 있다. 그러나 여엄은 중국에서 돌아온 후 월악산을 거쳐 내령군(奈靈郡: 영주) 등지를 돌아다니다가 소백산에 들어와 지내던 중 강공훤을 만났다. 따라서 강공훤을 만나는 것은 909년보다 상당한 시간이 지난 뒤의 일이 된다. 특히 바로 뒤에 '금상(今上)'이라는 표현이 나오고 있어서 강공훤을 만난 것이 태조가 즉위한 918년 이후라는 것을 유추할 수 있다.

이때 강공훤이 기주에 등장하는 것과 관련하여 다음 기사가 주목된다.

> 더) 견훤이 근품성을 공격하여 불태우고 나아가 신라 고울부를 습격하고 근교까지 압박하였다. 신라왕이 연식을 보내어 위급함을 고하니 왕이 시중 공훤, 대상 손행, 정조 연주 등에게 이르기를, "신라가 우리와 우호를 맺은 지 오래되었는데 지금 위급하니 구해 주어야 할 것이다"라고 하고, 공훤 등을 보내어 군사 1만으로 구하러 가게 하였다.[100]

위 기사에 따르면 강공훤은 태조 10년 시중(侍中)으로 재임하던 중 신라를 구원하기 위해 파견되었다. 이것은 태조 원년 김행도가 지아주제군사로 파견될 때의 정황과 비슷하다. 우선 파견 당시의 직책이 모두 시중이다. 또한 김행도는 임용 당시 동남도초토사(東南道招討使)라는 직임을 겸하였다. 이것은 원정군을 지휘한다는 것을 의미하는데, 강공훤이 1만의 군사를 이끌고 갔다는 부분과 합치한다.

100 『高麗史』 권1, 太祖 10년 9월.

비문에 보이는 '상국(上國)' 칭호도 참고된다. 상국은 통상 수상을 뜻하는데,[101] 당시 고려의 관제에 따르면 시중에 해당한다. 또한 태조 10년은 여엄이 강공훤을 만난 시점으로도 무리가 없다. 이러한 사실을 통해 태조 10년 강공훤이 지기주제군사로 파견되었음을 판단할 수 있다.

지기주제군사의 파견은 후백제의 공격으로 신라가 위기에 처하고 이로 인해 경북 내륙 방면의 지배력이 동요하는 것을 막기 위한 것으로 해석된다. 고려는 태조 5년 하지현장군 원봉이 귀순한 이후 소백산맥 남쪽 지역으로 진출하였다. 죽령 이남에 기주를 비롯하여 보주(甫州: 예천)·흥주(興州: 순흥)·순주(順州: 풍산)·강주(剛州: 영주) 등 다수의 주가 밀집되어 나타나는 것은 이 지역이 고려의 최전선이었음을 보여 준다. 경북 내륙 지역에서 세력권이 죽령 남쪽 일원에 머물러 있던 고려는 신라와의 우호적 관계를 통해 아직 신라의 영향력이 남아 있던 경상도 일원에서 세력을 확대하고자 했다. 귀순한 고울부장군 능문을 왕경 근처라는 이유로 위로하여 돌려보낸 것이나[102] 재암성장군 선필을 통해 신라와 통호(通好)하고자 한 것 등은 이러한 여건을 반영한다.

따라서 신라 왕경의 위기는 고려의 세력을 확장하고 공고히 하는 데 장애를 초래하는 것이었다. 이 점에서 강공훤의 파견은 단순히 신라를 구원한다는 의미뿐만 아니라 이 지역에서 고려의 영향력이 줄어드는 것을 막기 위한 조치로 이해할 수 있다.

결국 고려의 지주제군사는 아주나 기주처럼 특정 군현에 주차하는 형식을 띠고 있다 하더라도 그 기능은 주변 지역 전반에 걸친 것이었다. 이 점에서 고려의 지주제군사는 성주들을 장군으로 임용하거나 정부에

101 『譯註羅末麗初金石文』에서는 上柱國에서 '柱'가 빠진 것으로 추측하였다.

102 『高麗史』 권1, 太祖 8년 10월 己巳.

서 장군을 파견하는 것에 조응하여 이들을 관리하는 상급 운영체계로 평가할 수 있다.

한편 지역 여건에 따라 관인을 파견하지 않고 현지의 성주를 지주제군사로 임용하기도 했다. 왕순식이 이에 해당하는 사례이다. 그는 「지장선원낭원대사비」에 '지당주군주사(知當州軍州事)'라는 직함과 '대광'이라는 관위를 띠고 나온다. 여기서 '당주'는 그의 근거지인 명주를 가리키는 것으로서 왕순식의 본래 직함은 '지명주군주사'가 된다. 그가 왕씨 성과 대광을 칭한 것을 볼 때 지명주군주사의 직임도 고려에서 내린 것으로 판단된다.

이렇게 재지성주를 지주제군사에 임용한 데에는 명주의 지정학적 특성이 반영되어 있다. 앞서 태조가 순식이 오래도록 귀순하지 않은 것을 근심했다는 것에서 드러나듯이 명주는 후삼국의 직접적인 영향에서 벗어나 있었다. 어렵게 순식의 귀순을 얻어 낸 고려로서는 이 지역에 대해 직접적인 통제를 가하기 어려웠다. 이에 상경한 순식을 지주제군사로 임용하여 파견하는 형식을 취함으로써 그의 현지 거주와 세력권을 용인하는 한편, 이를 매개로 현 강원도 동부 지역을 총괄하는 책임을 부여한 것이다. 순식이 예외적으로 대광의 관위를 가지고 현지에 거주하였던 것이나 태조 19년의 전투에 군사를 이끌고 오는 것은 지명주군주사로서의 공적인 위상을 반영한다.[103]

---

103 金仁匡(蘇忠子)과 蘇律熙(金律熙)의 知金海府進禮城諸軍事 직함은 신라로부터 공인받은 것인데, 순식의 사례는 고려에서 그 원리를 채용한 것을 보여 준다. 성주로서 의성부를 수비하던 홍술 역시 같은 맥락에서 이해할 수 있다. 그가 진보성주로서 의성부를 관할했다는 점은 진례성을 근거지로 김해부를 관할하던 김인광 등과 같은 구도이다. 이 점에서 그의 직함을 '知義城府眞寶城諸軍事'로 추정해 볼 수 있다(윤경진, 2018①, 앞의 논문, 234쪽).

이상에서는 나말려초 시기에 등장하는 군사직으로서 장군과 지주제군사에 대해 살펴보았다. 장군은 성주가 독립적인 군사력을 가지고 자칭하는 경우도 있었으나 신라나 고려에서 성주에게 장군직을 수여하기도 했다. 때로는 성주가 귀순한 지역에 장군을 파견한 경우도 있었다. 지주제군사도 신라에서 처음 채용한 제도였는데, 고려에서는 후백제와 대치하는 지역에 고위 관인을 지주제군사로 파견하여 전선을 통괄하도록 했으며, 여건에 따라 현지 성주를 임용하기도 했다.

2

읍호개정과 군현 획정

1. 통일전쟁기 주·부 설치와 운영원리

1) 주의 설치와 운영원리

신라말 지방사회는 성읍으로 분립했고 각 성읍에는 독자적인 세력으로서 성주들이 자리하고 있었다. 고려는 관위 수여를 통해 성주, 또는 그 일족을 중앙 지배층으로 흡수하거나 장군직을 수여 또는 공인하여 그들의 군사력을 끌어들임으로써 세력을 확대해 나갔다. 그러나 성주에 대한 조치는 이들의 자율성을 전제로 한 것이고 개별적·분산적인 성격을 띠고 있었다. 따라서 이것만으로 지방에 대한 지배력을 확보하는 데에는 한계가 있었다. 무엇보다 지방의 성읍들을 중앙정부와 연결하는 제도적 장치가 요구되었다.

종래 중앙과 지방의 연결은 군현제를 통해 이루어졌다. 통일전쟁기에도 신라 이래의 군현제가 그 관념을 유지하고 있었다. 하지만 독자적인 성주세력이 포진한 지역에서 군현제는 지방사회를 편제하고 운영하는 제도로서 규정력을 가질 수 없었다. 또한 성주들의 귀순을 통해 새로 지배력을 확보해 나갔기 때문에 정제된 군현제를 통해 편제하기 어려웠다.

이에 당시의 지방사회 편제는 성주의 자율성을 인정하는 위에서 이들을 일정한 체계로 중앙정부와 연결하는 방식으로 모색되었다. 이 시기에 새로 등장하는 주(州)·부(府)는 그 산물로 파악되는데, 여기서는 먼저 주에 대해 살펴보기로 한다.

그동안 고려초기의 주는 주요 '호족'의 귀부·협조에 따라 그들의 지위를 올려주기 위해 그의 근거지에 설치되었다고 보거나, 연합적 세력권을 이루었던 지방사회의 중심 군현에 설정되었다고 보았다.[1] 성주 원봉(元奉)의 귀순에 대한 포상으로 하지현(下枝縣)에서 승격된 순주(順州)가 대표적인 사례로 꼽힌다.

그러나 유력 성주의 귀순을 이유로 근거지를 주로 승격시키는 구체적인 사례는 순주뿐이다. 당시 성주의 사례 중에는 유력자로 파악됨에도 불구하고 귀순의 대가로 주가 설치되지 않은 경우도 많다. 성주 공직(龔直)의 근거지인 매곡성(昧谷城)이 대표적이다. 또한 하지현이 순주로 승격하는 것은 원봉이 귀순한 이듬해인 태조 6년이다. 순주로 개정되는 것에 다른 요건이 고려되었을 가능성이 있는 것이다. 따라서 순주 사례만으로 주 설치의 일반적인 의미를 설명하기 어렵다.[2]

물론 나말려초의 정치적 상황에서 지방사회 운영은 성주들의 귀순과 협조를 통해 이루어졌으므로 당시 주의 설치도 이와 무관하지 않을 것이다. 하지만 주가 지방제도의 일환으로 시행된 것인 만큼, 통일전쟁기의 주에 대해서도 먼저 제도적 의미를 이해할 필요가 있다.

---

1 金甲童, 1986, 「'高麗初'의 州에 대한 고찰」, 『高麗史의 諸問題』, 三英社; 1990, 『羅末麗初의 豪族과 社會變動 硏究』, 高麗大學校 民族文化硏究所.

2 류영철은 고려초 읍격 상승에서 성주의 귀순보다 고려에 대한 협조가 중요한 요소였다고 보았다(류영철, 2001, 「後三國 鼎立期 高麗의 지방경영과 府의 성립」, 『韓國中世社會의 諸問題』, 韓國中世史學會, 95-110쪽).

여기에는 중국사에서 나타나는 주와 아울러 신라 이래 주의 기능과 성격을 참고할 수 있다. 군현제의 일환으로서 주는 한 무제 때 자사(刺史)의 파견에서 기원한다. 이 주는 자사가 감찰하는 광역권을 나타내며 행정적 기능은 미약하였다. 후한에 이르러 자사의 행정 기능이 강화되면서 주 역시 행정단위로 정착하였다. 남북조시대로 접어들면서 주의 수가 급증하고 주와 군 사이의 상하체계도 이완되었다. 당시 주 단위에는 하나의 자립적인 지방세력이 형성되었는데, 이후 남조와 북조의 두 정권으로 결집되면서 주는 분산된 호족집단의 역량을 통합 제도화하는 단위가 되었다.[3] 당에서는 지방을 주와 현의 이원 체계로 정리함으로써 결과적으로 주는 종래 군과 동일한 의미를 가지게 되었다. 이 체계는 오대를 거쳐 요와 송에 이르기까지 큰 변화 없이 유지되었다.

한편 우리나라에서 주가 채용된 것은 신라 중고기이다. 기록을 통해 파악되는 당시의 주는 상주(上州)·하주(下州)·신주(新州)와 같이 광역권을 나타내는 경우와 사벌주(沙伐州) 등과 같이 개별 행정단위를 나타내는 경우가 있다.[4] 신라 중대 이후 주는 전국을 구획하는 단위였으며, 도독(都督)이 주차하는 중심 군이 동일한 주호(州號)[5]를 사용하였다. 곧 신라의 주는 광역권을 나타내거나 그 중심 군을 나타낸 것이다.

다음에는 주의 사례를 분석하고 그 내용을 제도사적 의미와 대비해 보기로 한다. [표 1-4]는 나말려초 주의 사례를 정리한 것이다.[6]

---

3 李成珪, 1996, 「中國의 分列體制模式과 東아시아 諸國」, 『韓國古代史論叢』 8, 279-281쪽.

4 신라시기 州의 두 유형에 대해서는 姜鳳龍, 1994, 「新羅 地方統治體制 硏究」, 서울대학교 박사학위논문 참조.

5 여기서는 혼동을 피하기 위해 고유명칭 부분과 州의 읍격을 포함한 읍호 전체를 가리킬 때에는 '州號', 州라는 읍격만을 지칭할 때에는 '州格', 고유명 부분을 말할 때는 '州名'이라고 구분하기로 한다. 郡·縣의 경우도 마찬가지이다.

[표 1-4] 나말려초 주(州)의 사례

① 경기, 양광도 지역

州號	新羅時 읍호	개정 시점	州號	新羅時 읍호	개정 시점
開州	松嶽郡	태조 2년	果州	栗津郡	고려초
貞州	없음	불명	忠州	中原京	태조 23년
楊州	漢陽郡	고려초	槐州	槐壤郡	고려초
見州	來蘇郡	고려초	原州	北原京	태조 23년
抱州	堅城郡	고려초	淸州	西原京	태조 23년
幸州	遇王縣	고려초	木州	大麓郡	고려초
樹州	長堤郡	고려초	降州(鎭州)	黑壤郡	고려초
衿州	曲陽縣	고려초	公州	熊州	태조 23년
水州	水城郡	태조대	運州(洪州)	없음	태조대
廣州	漢州	태조 23년	仁州(牙州)	陰峯縣	고려초
竹州	介山郡	고려초			

② 경상도 지역

州號	新羅時 읍호	개정 시점	州號	新羅時 읍호	개정 시점
慶州	新羅 國都	태조 18년	善州	嵩善郡	(고려초)
永州	臨皐郡 외	(고려초)	順州	永安縣	태조 6년. 13년 복구
蔚州	河曲縣	고려초			
禮州	有隣郡	고려초	基州	미상	고려초
梁州	良州	태조 23년	興州	岌山郡	고려초
康州(晉州)	康州-菁州	고려초	剛州	奈靈郡	(고려초)
尙州	尙州-沙伐州	태조 23년	甫州	醴泉郡	고려초

영주(永州)는 신라말 임고군(臨皐郡)과 2개 현을 합쳐 고울부(高鬱府)가 설치되었다. 또한 『고려사』 지리지 연혁에는 성종 14년에 처음 영주를

6 여기서 정리한 사례들은 『고려사』 지리지에서 연혁상 고려초기에 설치된 것으로 파악되는 것들이다. 성종 14년 개편에서 처음 제정된 것은 제외하였다.

칭한 것으로 나오지만, 실제로는 '고려초'에 영주로 개정되었다.[7]

선주(善州)와 강주(剛州) 역시 성종 14년 연혁에 처음 나오지만 실제로는 '고려초'에 제정된 것이다. 『세종실록』 지리지에는 성종 14년 연혁 기사가 없고 해당 읍호가 '고려초'에 개정된 것으로 나온다.[8]

③ 전라도 지역

州號	新羅時 읍호	개정 시점	州號	新羅時 읍호	개정 시점
全州	全州	태조 23년	光州	武州	혜종대
羅州	錦山郡	궁예대	昇州	昇平郡	(고려초)

고부군(古阜郡)은 태조 19년에 영주관찰사(瀛州觀察使)가 되는 것으로 되어 있지만, 이것은 성종 14년 연혁이 잘못 들어간 것이다.[9] 무주(武州)는 고려에서 그대로 유지되었으나 혜종 즉위 후 그의 이름인 '무(武)'를 피휘(避諱)하면서 광주(光州)로 개정되었다.[10] 승주(昇州)는 성종 14년 연혁에서 처음 나오지만 박영규의 출신지 표기가 '승주'로 되어 있어 이전에 승주 읍호가 제정되었을 가능성이 있다. 다만 이후 다시 승평군(昇平郡)으로 되는 것은 고려초기 주호가 대부분 그대로 유지된 것과 차이를 보인다. 이는 승주가 당초 후백제에서 설치한 것이고, 고려가 이를 공인하지 않은 결과가 아닌가 한다.[11]

---

7 윤경진, 2012, 『高麗史 地理志의 分析과 補正』, 여유당, 323쪽.

8 윤경진, 위의 책, 322쪽.

9 윤경진, 2003, 「고려전기 界首官의 설정원리와 구성 변화: 『고려사』 지리지 계수관 연혁의 補正을 겸하여」, 『震檀學報』 96, 20쪽.

10 윤경진, 2018①, 「신라말 고려초 京山府 연혁과 碧珍郡」, 『역사문화연구』 66, 57-59쪽. 『고려사』 지리지에서 태조 23년에 光州로 하였다는 내용도 역시 소급된 것이다. 이에 대해 혜종이 태자일 때 개정되었다고 본 견해도 있다(서금석, 2018, 「고려 초 '光州'지명의 출현 시기와 정치적 배경」, 『歷史學硏究』 69).

11 윤경진, 2012, 앞의 책, 345쪽.

④ 교주도 지역

州號	新羅時 읍호	개정 시점	州號	新羅時 읍호	개정 시점
交州	連城郡	(고려초)	東州	鐵圓郡	태조 즉위
春州	朔州	미상	漳州(獐州)	功城縣	고려초

교주(交州)는 '고려초'에 이물성(伊勿城)이었고 성종 14년에 비로소 교주 읍호가 등장하는 것으로 되어 있다. 이에 통일전쟁기 주의 사례에서 제외하기도 하지만, 실제 교주는 '고려초' 이래의 칭호였다. 이물성은 문주(文州) 연혁이 잘못 들어간 것이다.[12]

⑤ 서해도 지역

州號	新羅時 읍호	개정 시점	州號	新羅時 읍호	개정 시점
海州	瀑池郡	태조대	黃州	取城郡	고려초
鹽州	海皐郡	고려초	鳳州	栖巖郡	고려초
白州	雊澤縣	고려초	信州	없음	고려초
安州	重盤郡	고려초	平州	永豊郡	고려초
豊州	없음	고려초	洞州	五關郡	고려초
儒州	없음	고려초	谷州	鎭瑞縣	고려초

⑥ 동계 지역

州號	新羅時 읍호	개정 시점	州號	新羅時 읍호	개정 시점
登州	朔庭郡	고려초	湧州(宜州)	井泉郡	고려초
溟州	溟州	태조 23년			

12 윤경진, 2011, 「고려전기 東界 북부 지역 州鎭의 설치 과정」, 『한국중세사연구』 31, 238-241쪽.

이상 표의 내용을 토대로 나말려초 시기 주의 성격을 파악해 보자. 우선 지적할 것은 개정 시점이다. 위의 사례 중 광주(廣州)·충주·원주·공주·청주·양주(良州)·상주·전주·광주(光州)·명주 등은 개정 시점이 태조 23년으로 명기되어 있다. 이 중 충주와 원주·청주는 원래 신라의 5경에 속했고 나머지는 9주였다는 공통성을 보인다. 일부 주는 태조 23년 이전에 사용된 사례가 확인된다. 충주는 태조 11년 기록에 보이며,[13] 청주는 고려초기 기록에 흔하게 발견된다.

이 사례들은 문헌 기록에 나오는 것이므로 후대의 칭호가 소급되었을 가능성도 있다. 그런데 청주(靑州)가 신라시기의 읍호인 계천(季川: 長澤縣)이나 매곡(昧谷: 懷仁縣)과 동일한 기사에 나오는 사례를 고려할 때,[14] 통일전쟁기에 실제 주호가 사용되었음은 분명하다.

또한 『고려사』 지리지에서 주호의 제정 시기가 '고려초'로 되어 있는 경우도 대개 통일전쟁기에 이미 사용되었던 것으로 보인다. 실제 '고려초'에 성립하는 주[15] 중에는 기주(基州)처럼 통일전쟁기 용례가 명확히 확인되는 경우도 있다.[16] 해당 주호가 성종 14년에 처음 사용되는 것으로 나

13 『高麗史』 권1, 太祖 11년 8월, "幸忠州".

14 『高麗史』 권127, 列傳40 桓宣吉, "又徇軍吏林春吉者 靑州人 與州人裴恩規 季川人康吉阿次 昧谷人景琮 謀反 欲逃歸靑州".

15 『고려사』 지리지에서 '고려초'의 읍호개정은 고려초기 자료에 담긴 읍호가 이전(대개 신라 경덕왕대)의 자료에 나타난 읍호와 달라졌을 때 적용된다. 고려초기 읍호 자료의 기준 시점을 알 수 없기 때문에 '고려초'로 처리한 것이다. 이 경우 읍호개정이 이루어진 '고려초'는 태조 23년을 가리키는데, 이는 실제 태조 23년에 개정되었다는 의미가 아니라 태조 23년 읍호개정 결과를 담은 자료에서 해당 읍호가 확인되었다는 의미이다(윤경진, 2012①, 「『高麗史』 地理志 고려초기 改號 기사의 자료적 기반과 정리 방식」, 『震檀學報』 115: 2012, 앞의 책). 이러한 사례를 볼 때 태조 23년의 개정은 이전에 이미 개정된 읍호를 공인하는 의미를 가진다. 이에 대해서는 뒤에서 다시 언급할 것이다.

16 『譯註羅末麗初金石文』 菩提寺大鏡大師碑, "爰有知基州諸軍事 上國康公萱 寶樹欽風 禪林慕道".

타나는 강주(剛州)·영주·선주·교주도 앞서 언급한 것처럼 실제로는 '고려초'에 제정된 것이다.[17]

예를 들어 강주는 태조 12년의 용례가 확인된다.[18] 또한 이들 주는 대개 '성묘소정(成廟所定)' 별호를 가지고 있다. 이 별호는 대부분 주에 대한 것으로서[19] 성종 10년에 제정된 것으로 되어 있다.[20] 따라서 '성묘소정' 별호를 가진 주는 별호 제정 이전에 이미 주로 성립해 있었다고 판단할 수 있다. 또한 태조 23년에서 성종 14년 사이에 새로운 주의 출현은 확인되지 않는다. 따라서 이들 주호 역시 통일전쟁기에 제정되었을 가능성이 높다.

결국 나말려초 시기에 등장하는 주는 대부분 통일 이전에 설치된 것으로 보아도 무방하다. 이는 주가 통일전쟁기 고려의 강역 확대에 수반하여 설치되었다는 것을 시사하는데,[21] 실제 주의 분포를 통해 이를 확인할 수 있다. 통일 당시 고려의 강역에 속해 있던 현 황해도 및 경기도 북부 지역에는 주가 밀집된 반면, 후백제 지역에는 원래 신라의 주였던 공주·

『高麗史』 권1, 太祖 12년 7월 己卯, "幸基州 歷巡州鎭".

17 여기서 다루는 성종 14년의 州는 현종 9년 이후에도 읍호로 계속 사용되는 경우에 한한다. 성종 14년의 州에 대해서는 본서 2부 3장에서 자세히 다룰 것이다.

18 『高麗史』 권1, 太祖 12년 9월 乙亥, "幸剛州".

19 草溪縣과 定安縣(長興府)을 제외하면 나머지 사례는 모두 州이다.

20 『世宗實錄』 地理志 廣州牧, "成宗十年辛卯 定州郡別號".

21 후백제가 설치한 州의 존재도 상정된다. 태조 10년 태조는 후백제의 龍州를 공격한 바 있다(『高麗史』 권1, 太祖 10년 1월 乙卯). 『고려사』 지리지에서 龍州는 龍宮郡의 성종 14년 명칭으로 나온다. 이에 대해서는 양자를 동일한 곳으로 보고 통일전쟁기에 고려가 설치한 州의 하나로 보기도 한다(정요근, 2009, 「후삼국시기 고려의 '주(州)'·'부(府)' 분포와 그 설치 의미」, 『역사와현실』 73, 177쪽). 그런데 성종 14년 개편에서 河陽縣-河州처럼 龍州가 龍宮郡의 머리글자를 따서 새로 만든 것이고 이후 읍호로 사용되지 않았다. 따라서 통일전쟁기의 용주를 용궁군으로 보기 어려우며, 후백제에서 설치한 것으로 보는 것이 타당할 것이다. 이러한 맥락에서 昇州도 후백제에서 설치했을 가능성이 있다.

전주·무주(광주)를 제외하면 경계 지역인 아주·운주·목주·진주(鎭州)·나주 정도에 불과하다(후백제에서 설치한 것으로 보이는 승주 제외). 반면 후백제 판도에 들어 있던 내륙지역에는 신설 주가 하나도 없다.[22] 신라 방면에서도 주는 대개 소백산맥 인근에 집중적으로 분포하며, 신라 왕경에 인접한 영주와 울주, 일리천 전투가 벌어지는 선주 정도가 있을 뿐이다.[23]

이를 더욱 분명하게 뒷받침하는 것이 신라 5경 지역의 읍호 변화이다. 신라 5경은 신라말에 부(府)로 전환되었다. 그런데 태조 23년을 기준으로 보면 서원경·중원경·북원경은 모두 주로 되지만, 남원경과 김해경은 부로 남았다. 이 차이는 바로 통일전쟁기에 고려의 지배권에 들어왔는가에 따른 것이다. 곧 서원경(청주), 북원경(원주), 중원경(충주)은 모두 통일 전에 고려의 강역이 되었지만, 남원경은 후백제의 강역이었고 김해경은 통일 때까지 고려의 세력이 직접 미치지 못하였다. 이에 따라 태조 23년의 읍호개정에서 서원경 등은 앞서 개정된 주호가 반영된 반면, 남원경 등은 신라말에 수립된 부호(府號)가 그대로 유지되었다.

이상에서 고려초기의 주(州)는 대부분 통일전쟁기에 고려의 강역에 설치된 것임을 알 수 있다.[24] 이러한 주의 설치가 당시의 지방지배 방식

---

22 김갑동 역시 '고려초'의 州가 대개 궁예·태조대의 세력 근거지에 해당한다는 점을 지적하였다. 전라도 지역에 州가 거의 보이지 않는 것에 대해서는 이 지역이 무력으로 저항하다가 복속되었기 때문이라고 보았다(김갑동, 1990, 앞의 책, 107-109쪽).

23 신라 왕경 근처의 州 설치에 대해서는 윤경진, 2020, 「신라말 고려초 高鬱府·興禮府의 운영과 州 개편」, 『역사문화연구』 74 참조.

24 정요근은 木州의 改號 시점이 '高麗初'가 아니라 '高麗'로 되어 있고 태조 13년 大木郡 용례가 나온다는 것을 들어 후삼국 통일 이전에 州로 개정된 것이 아니라고 보았다(정요근, 2009, 앞의 논문, 174쪽). 그러나 지리지 연혁에서 '고려초'와 '고려'가 근거 자료의 채용 방식에서 차이가 있을 여지는 있지만 그 내용에서 시점의 차이를 담고 있다고 볼 근거는 없다. 또한 속현이 되는 목주가 통일 이후에 州로 개정될 이유도 찾기 어렵다. 태조는 동왕 13년 대목군 행차에 이어 天安府를 설치했는데, 이에 연동하여 대목군을 목주로 개편한 것이라 생각된다.

과 무관하지 않을 것인데, 이는 두 가지 측면에서 파악할 수 있다. 하나는 신라 9주의 연장선에서 일정 지역을 관할하는 중심지로서 주를 두는 것이다. 다른 하나는 남북조시대 급증하는 주처럼 자립성을 띠고 대두한 지방세력을 국가체제에 편입시키는 매개로 기능하는 측면이다.

전자의 면모는 나주와 운주에서 찾아볼 수 있다. 나주와 운주는 모두 후백제와의 쟁패과정에서 무력으로 확보된 지역에 설치되었다는 공통점을 가지고 있다. 궁예는 후백제의 서남부 지역이 견훤에 반기를 들자 군대를 보내어 장악하고 금성군(錦城郡)을 나주로 승격시켜 거점으로 삼았다.[25] 고려에서도 나주는 후백제의 남부지역을 경략하는 거점으로 기능하였다.

당시 지방지배와 관련된 나주의 지정학적 위치는 다음 기록을 통해 엿볼 수 있다.

가) ① 처음에 나주 관내의 제군(諸郡)이 우리와 떨어져 있는데 적병이 길을 차단하여 서로 응원하지 못하였다.[26]

② 나주계의 40여 군은 우리의 울타리가 되어 오래 교화에 복속하였다.[27]

위의 기록에서 "나주 관내의 제군", 또는 "나주계(羅州界)의 40여 군"

25 『高麗史』 권57, 地理2 羅州牧, "羅季 甄萱稱後百濟王 盡有其地 未幾 郡人附于後高麗王弓裔 弓裔命太祖 爲精騎大監 率舟師攻取 改爲羅州".
나주로 개정되는 시점은 『삼국사기』 궁예 열전에는 乾化 元年(911), 『고려사』 세가에는 天復 3년(903)으로 차이가 있다.

26 『高麗史』 권1, 太祖 즉위전, "初 羅州管內諸郡 與我阻隔 敵兵遮絶 莫相應援".

27 『高麗史』 권92, 列傳5 庾黔弼, "羅州界四十餘郡 爲我藩籬 久服風化".

이란 나주를 중심으로 주변 지역이 광역권으로 편제된 양상을 표현한 것으로서 나주는 신라의 주와 유사한 의미를 띠고 있었다.

원래 이 지역은 무주(광주)의 관할이었다. 후삼국 분열 뒤에도 '광주계'[28]나 '광주 염해현',[29] '광주 진도군'[30] 같은 기재 형식이 보인다. 그런데 나주 설치와 함께 이 지역의 파악 방식이 나주 중심으로 바뀌었다. 이는 다음 사례들을 통해 유추할 수 있다.

나) ① 천우 2년 6월에 무주의 회진으로 물러나 정착하였다.[31]
② 천우 5년 7월에 무주의 회진에 도달하였다.[32]
③ 천우 8년에 배를 타고 큰 바다를 건너 나주의 회진에 도달하였다.[33]

위의 기사는 모두 신라말의 회진현(會津縣)에 대한 것이다. 회진현은 중국으로 통하는 항구였기 때문에[34] 나말려초 고승 비문에서 중국에 유학한 승려가 귀국하는 기록 중에 자주 등장한다. 그런데 회진현은 천우(天祐) 2년(905)과 천우 5년(908)에는 모두 무주 관할로 되어 있지만, 천우 8년(911)[35] 기록에는 나주 관할로 바뀌어 있다. 나주가 설치되는 것이 천

28 『高麗史』 권1, 太祖 즉위전, "抵光州界 攻錦城郡拔之 擊取十餘郡縣 仍改錦城爲羅州分軍戍之而還".

29 『高麗史』 권1, 太祖 즉위전, "以舟師 次于光州鹽海縣".

30 『高麗史』 권1, 太祖 즉위전, "往擊光州珍島郡 拔之".

31 『譯註羅末麗初金石文』 無爲寺先覺大師碑, "迺於天祐二年六月 □退定武州之會津".

32 『譯註羅末麗初金石文』 五龍寺法鏡大師碑, "迺於天祐五年七月 達于武州之會津".

33 『譯註羅末麗初金石文』 廣照寺眞澈大師碑, "迺於天祐八年 乘查巨寖 達于羅州之會津".

34 文秀鎭, 1987, 「高麗建國期의 羅州勢力」, 『成大史林』 4, 19-20쪽.

35 後唐의 연호인 天祐는 4년까지만 사용되었다. 천우 5년은 後梁 開平 2년이며, 천우 8년은 乾化 원년이다.

복(天復) 3년(903)인데, 이후 수년 사이에 회진현은 고려의 수중으로 들어왔고, 그에 따라 나주 관할로 표기가 바뀐 것이다. 이를 통해 나주가 후백제 남부 지역을 지배·운영하는 중심지로 설정되었음을 확인할 수 있다. 이때 나주는 기능상 후백제 강역에 있던 무주를 대신하는 의미를 가진다.[36]

한편 운주도 나주와 유사한 운영 양태를 보이고 있었다.

다) 운주계의 30여 군현이 태조에게 항복하였다.[37]

위의 기록에서 "운주계(運州界)의 30여 군현"[38]이란 위에서 인용한 "나주계의 40여 군"과 상통하는 내용이다.[39] 운주는 원래 후백제 지배하에 있었으나 태조 10년에 성주 긍준을 패퇴시키면서 처음 고려의 강역으

36 김아네스는 고려초기 지방사회 운영의 거점 지역을 '界首邑'으로 표현하고 運州·羅州·康州·光州·尙州·廣州·全州 등을 들었다(김아네스, 2008, 「신라의 州와 고려 초 界首邑」, 『新羅史學報』 12). 그런데 나주와 光州(武州)는 서로 인접하고 나주가 무주의 기능을 대체하는 것에서 볼 때, 光州가 고려의 계수읍으로 기능했다고 보기는 어렵다.

37 『三國史記』 권12, 新羅本紀12 敬順王 8년 9월, "運州界三十餘郡縣 降於太祖".

38 『삼국유사』나 『고려사』 세가 및 열전, 『삼국사기』 열전에는 모두 30여 '城'으로 되어 있다. 이로 미루어 '郡縣'이 아니라 '城'이 맞을 듯하다. 『삼국사기』 신라본기에서 30여 군현이라고 한 것은 신라 군현제의 관점에서 정리한 결과로 짐작된다. 당시 지방사회는 성읍으로 분립했지만, 국가의 관점에서 여전히 군현제를 통해 인식될 수 있다. 曹物城-曹物郡, 進禮城-進禮郡, 大木城-大木郡처럼 동일 지명이 城과 郡 두 가지로 나오는 경우를 여럿 찾을 수 있다. 물론 역으로 군현으로 파악된 것을 城으로 치환하여 이해한 것일 수도 있다.

39 나주와 운주 사례에 보이는 '界'의 표현에 주목하여 당시 지방편제 방식을 '界首邑體制'로 설명하는 견해도 있다(김아네스, 1997, 「高麗初期 地方支配體制 硏究」, 서강대학교 박사학위논문, 94-103쪽). 하지만 당시에 나주와 운주 권역의 편성 방식이 고려의 강역에 보편적으로 적용되었다고 보기는 어렵다.

로 들어왔는데,[40] 태조 17년의 전투를 계기로 주변 지역까지 장악하게 되었다. 여기서 운주가 고려에서 이 지역의 경략 중심지로 기능했음을 확인할 수 있다.[41] 나주와 무주의 관계에 비추어 운주는 기존 9주의 하나인 웅주(공주)를 대신하거나 그 권역을 분할하는 의미를 가지고 있었을 것이다.

이처럼 나주와 운주는 태봉 및 고려가 후백제의 강역을 공취한 뒤에 주변 지역을 관할하는 중심지로 삼은 곳이었다. 그런데 통일전쟁기의 주를 모두 이러한 시각에서 설명하기는 어렵다. 당시 대부분의 주는 서해도와 양광도 지역, 그리고 소백산맥 인근에 집중 분포하고 있었기 때문이다. 이들 지역은 고려, 또는 그 전신으로서 태봉이 무력 정복보다는 성주들의 협조와 귀순을 통해 확보된 지역이다.

밀집 분포한 주는 아무래도 나주나 운주처럼 광역권을 관할하는 중심지로서 적극적인 의미를 가지기 어렵다. 이때 참고되는 것이 바로 남북조시대에 급증하는 주이다. 지방세력이 역사의 전면에 대두하고 장군이나 지주제군사의 직제가 출현하는 신라말의 상황은 남북조시대와 유사한 측면이 있다.[42] 이로 보아 나말려초 주가 성읍으로 분립한 지방사회를 제어하는 기능을 담당했다고 이해할 수 있다. 곧 중심지로서 주를 설치하

---

40 『高麗史』 권1, 太祖 10년 3월 辛酉, “王入運州 敗其城主兢俊於城下”.
兢俊은 태조 19년 고려의 부대 편성 기사에 보여 고려에 투항한 것을 알 수 있다. 긍준에 대해서는 윤용혁, 2007, 「나말여초 洪州의 등장과 運州城主 兢俊」, 『한국중세사연구』 22 참조.

41 運州 읍호가 후백제에서 칭해진 것인지 아니면 태조가 부여한 것인지는 분명치 않다. 고려가 처음 경략하는 기사부터 운주로 나오는 것을 보면, 龍州나 昇州처럼 후백제가 설치한 것을 고려가 접수하여 거점으로 운영하면서 주호가 유지된 것일 가능성도 있다.

42 金翰奎, 1985, 「南北朝時代의 中國的 世界秩序와 古代韓國의 幕府制」, 『韓國의 古代의 國家와 社會』, 一潮閣.
全基雄, 1987, 「羅末麗初의 地方社會와 知州諸軍事」, 『慶南史學』 4.

되 그 밀도를 높임으로써 주변 지역에 대한 통합과 견제의 효과를 거둘 수 있었을 것이다.

이를 엿볼 수 있는 것이 청주(淸州·靑州)와 진주(鎭州: 진천)의 사례이다. 다음은 두 주의 지정학적 관계를 반영하고 있다.

라) 태조가 청주의 배신을 염려하니 홍유와 유검필이 병사 1,500명을 이끌고 진주에 주둔하여 대비하였다. 이 때문에 청주가 끝내 반역하지 못하였다.[43]

고려는 건국 초기에 환선길 등 청주 출신 세력의 반란을 겪었고, 이후로도 청주는 고려와 후백제 사이에서 정치적 향배가 불분명한 상태였다. 고려는 청주가 후백제로 기울 조짐을 보이자 군대를 진주에 주둔시켜 이를 무력으로 제어하였다. 이를 통해 진주가 강력한 세력을 가진 청주를 견제하기 위해 설치한 것임을 짐작할 수 있다. 진주는 중앙정부와 연결된 거점으로 자리하며 청주의 세력권을 분할하는 의미를 가진다. 충주 인근의 괴주(槐州: 괴산)와 원주 인근의 제주(堤州: 제천)도 이러한 관점에서 이해할 수 있다.

강주(영주)·흥주(순흥)·보주(예천)·순주(풍산) 등 소백산맥 남쪽에 설치된 주 역시 같은 맥락에서 접근할 수 있다. 이 지역은 주로 성주의 귀순과 협조를 통해 확보되었다. 성주가 귀순할 경우 무력 동원 없이 손쉽게 해당 지역을 장악할 수 있지만, 반대로 성주의 정치적 향배에 따라 여건이 급변하는 위험성이 있었다. 이러한 경우에는 성주들을 통합하는 거점

43 『高麗史』 권92, 列傳5 洪儒, "太祖慮靑州反側 儒與庾黔弼 率兵千五百 鎭鎭州 以備之 由是 靑州不克叛".

으로서 주를 여러 곳에 두어 세력권을 분할하는 한편, 상호 견제의 효과를 거두는 방안이 효과적일 수 있다. 주의 집중 분포는 그 결과물인 것이다.[44]

결국 통일전쟁기 고려가 설치한 주는 정치적·군사적 측면에서 지역 중심지를 마련하기 위한 것이었다. 다만 지정학적 조건의 차이에 따라 무력으로 확보한 후백제 지역은 고려가 중심지를 확보하여 주변 지역을 광역권으로 편제하였던 반면, 성주들의 귀순과 협조를 통해 확보된 지역에는 주를 집중적으로 설치하여 통합과 견제의 효과를 도모하였다.[45]

2) 부의 설치와 운영원리

나말려초 시기에 나타나는 지방제도상의 변화로서 주(州)의 증설과 함께 주목되는 것은 부(府)의 등장이다. 부는 신라 경덕왕대에 시행된 군현제에서는 없던 것이다. 부에 대해서는 고려초기에 강대한 '호족'의 근거지

44 한강 하류 지역과 서해도 지역도 비슷한 분포를 보인다. 이에 대해 한강 하류 지역에는 고려의 남방진출 배후거점이자 개경을 남방에서 보위하는 역할을 담당하기 위해 다수의 州가 설치되었던 반면, 개경 서쪽 및 서북쪽 지역의 주는 해상 방면 및 북방으로의 진출을 위한 거점이자 개경을 서북방에서 보위하는 역할을 수행하기 위해 설치되었다고 보기도 한다(정요근, 2009, 앞의 논문, 167-183쪽). 그런데 이들은 정요근도 언급했듯이 태봉 때부터 이미 설치되었고, 처음 후백제와의 경쟁에 들어갈 때 이들은 이후 충청도 방면이나 소백산맥 남쪽처럼 전선 지역으로서 의미를 지니고 있었다. 따라서 나말려초 州의 설치는 제도적 관점에서 하나의 맥락으로 이해할 수 있으며, 이 경우 州의 집중 설치는 거점 확보와 더불어 분산과 견제의 의미를 부여할 수 있다.

45 물론 나주와 운주도 성주를 통합하는 기능이 배제된 것은 아니다. 다만 지정학적으로 볼 때 무력으로 경략한 후백제 지역을 지배하기 위한 중심지라는 쪽에 무게가 실린다. 또한 밀집 분포된 경우라 하더라도 牙州나 基州처럼 최전방에 위치한 경우, 일시적으로라도 나주나 운주와 같은 의미를 가질 수 있다. 여기서는 통일전쟁기의 州가 가지는 두 측면을 설명하는 것일 뿐, 당시의 州 각각을 어느 한편으로 분류하는 것은 아니다.

에 설치되었다는 것이 통설이었다.[46] 이는 안동부(安東府)와 경산부(京山府)가 뒤에 많은 수의 속현을 관할하게 되는 것에서 유추된 결론인데, 부 중에는 의성부(義城府)와 보성부(甫城府)처럼 속현으로 편성되는 경우도 있어서 일반화할 수 없다. 근래 대다수의 부는 신라가 수도 방비의 강화를 위해 설치했다는 견해가 제기되었다.[47] 이는 나말려초 부의 실체를 이해하는 데 중요한 기반을 제공하지만, 부의 제도사적 의미에 대한 설명은 부족하다.

이에 여기에서는 나말려초 부의 제도사적 의미를 보다 구체적으로 분석해 보기로 한다. 먼저 중국 군현제의 부에 대해 살펴보자. 부가 처음 대두하는 것은 남북조시대이다. 당시 부는 총관(總管)이 주차하는 주에 개설한 관부를 지칭하는 것으로서 총관은 몇 개 주의 군사적 운영을 담당하였다. 이후 부는 해당 주를 지칭하는 행정단위로 정착했지만, 부 자체가 주에 대한 상위 행정구역을 나타내는 것은 아니었다. 총관은 당 초기에 도독(都督)으로 개정되고 그의 군사적 권한도 중앙정부로 흡수되었다. 그 결과 도독부는 중앙에서 전달되는 법령과 문서를 관할 주로 전하는 중간 단계의 기능만을 담당했고, 결과적으로 주와 동급의 행정단위가 되었다.[48]

한편 당에서는 도독부와 별도로 수도를 비롯하여 대도회지의 주가 부로 개편되었는데, 이것이 유수부(留守府)이다. 곧 당대의 부는 도독부와

---

46 旗田巍, 1960, 「高麗王朝成立期の'府'と豪族」, 『法制史研究』 10; 1972, 『朝鮮中世社会史の研究』, 法政大学出版局.

47 배종도, 1989, 「新羅下代의 地方制度 개편에 대한 고찰」, 『學林』 11.
邊太燮, 1989, 「高麗時代 地方制度의 構造」, 『國史館論叢』 1.
黃善榮, 1994, 「新羅下代의 府」, 『한국중세사연구』 1.

48 柳元迪, 1986, 「唐前半期 都督府·州의 總數와 그 關係」, 『邊太燮華甲記念論叢』, 三英社.
柳元迪, 1986, 「唐前半期 都督府와 州의 統屬關係」, 『東洋史學研究』 22.

유수부 두 가지가 있었던 것이다. 이들은 주와 동급의 행정단위였지만 주에 비해 중심지적 성격이 더 강하였다.

부의 제도적 연원이 두 가지라면 나말려초의 부에 대해서도 두 가지 경우를 고려해야 할 것이다. 먼저 나말려초 시기에 확인되는 부의 사례를 유형별로 정리하면 [표 1-5]와 같다.[49]

[표 1-5] 나말려초 부(府)의 사례

① 신라의 5경에서 전환된 부

府	新羅時 읍호	현종 9년 읍호	전거	비고
中原府	中原京	忠州	태조 22년 大鏡大師碑 혜종초 法鏡大師碑	『고려사』 지리지에는 태조 23년에 忠州로 개정 大鏡大師碑에는 仲原府
金海府	金官京	金州	태조 20년 眞澈大師碑 광종 5년 朗空大師碑	신라말의 사정을 나타냄 『고려사』 지리지에는 태조 23년 개정
西原府	西原京	清州	경문왕 10년 寶林寺北塔誌	西原部少尹 金遂宗
南原府	南原京	南原府		『고려사』 지리지에는 태조 23년 개정

② 신라 금석문에 보이는 연혁 미상의 부

府	新羅時 읍호	현종 9년 읍호	전거	비고
定邊府	불명	불명	헌강왕 10년 普照禪師碑	
通化府	불명	불명	진성왕 4년 圓朗禪師碑	
口江府	불명	불명	진성왕 4년 圓朗禪師碑	

49 이 밖에 武府(武州)나 羅府(羅州)처럼 州에 대해 별칭 또는 부가적으로 府가 사용되는 경우도 있으나 이는 정식 명칭이 아니므로 논외로 한다. 또한 『경상도지리지』에는 梁山郡 연혁에 中興府가 보인다. 논자에 따라서는 이를 나말려초 府의 한 사례로 이해하기도 하지만, 『경상도지리지』의 성격상 검증이 필요해 보여 역시 논외로 한다.

③ 통일전쟁기에 새로 출현하는 부

府	新羅時 읍호	현종 9년 읍호	전거	비고
高鬱府	불명	永州	『고려사』 세가 태조 8년	高鬱府將軍 能文 내투
興麗府	河曲縣	蔚州	『고려사』 세가 태조 13년	『고려사』 지리지에는 太祖時 朴允雄의 귀순 후 설치
甫城府	眞寶縣 鎭安縣	甫城府	『고려사』 지리지	高麗初 合二縣 置府
京山府	新安縣	京山府	『삼국사기』 신라본기 경명왕 7년	京山府將軍 良文 내투 『고려사』 세가에는 碧珍郡將軍 良文 『고려사』 지리지에는 태조 23년 개명
義城府	聞韶郡	義城府	『고려사』 세가 태조 12년	城主將軍 洪術 전사

④ 고려의 설치가 확인되는 부[50]

府	新羅時 읍호	현종 9년 읍호	전거	비고
安東府	古昌郡	安東府*	『고려사절요』 태조 13년	승격
安北府		安北大都護府	『고려사』 지리지 태조 14년	신설 『고려사』 兵志에는 태조 11년 축성
天安府		天安府	『고려사』 세가 태조 13년	신설 合東西兜率

우선 ①의 사례들은 신라의 5경(京)에서 기원하는 부이다.[51] 이들은 공통적으로 지리지 연혁에는 보이지 않는다. 하지만 김해부와 서원부[52]는

50 지리지 연혁에서 안동부는 현종 9년에 吉州로 나오지만, 이는 성종 14년에 채용된 주호로서 현종 9년에 안동부로 환원된 것으로 보인다(본서 3부 2장 참조).

51 이들 외에 연혁상 고려의 통일 후에 설치된 것으로 나오는 東原京이 있다. 동원경은 뒤에 河西府로 개정되어 역시 京과 府의 연계성을 보여 준다. 다만 동원경이 고려에서 설치되었을 가능성은 없다고 판단되어 논외로 한다.

52 西原部는 西原府와 같은 의미로 해석된다.

신라 때 작성된 비문에서 확인된다.

김해부는 태조 23년에 개정된 것으로 되어 있지만, 신라말에 이미 용례가 확인된다. 그렇다면 태조 23년에 개정된 것으로 나오는 남원부 역시 태조 23년 이전에 사용되었을 가능성이 높다. 중원부는 충주로 공식 개정되는 태조 23년 이후의 금석문에도 여러 번 용례가 보이는데, 이는 앞선 시기에 중원부라는 이름이 사용되었던 데 따르는 현상이다. 그렇다면 북원경의 경우도 부로 개정된 것으로 보는 데 무리는 없다.

이로 보아 신라의 5경이 신라말에 부로 전환된 것은 분명하다(이하 '5부'로 칭함). 하지만 개편 이유는 분명하지 않다. 일반적으로 군사적 기능의 강화라는 점이 지적되고 있지만,[53] 제도적 연원으로 볼 때 군사적 의미를 전면화하기는 어렵다. 이들 부를 중국의 경우와 대비해 볼 때 도독부보다는 유수부와 연결되기 때문이다.

『신당서』 지리지에 의하면 경조부(京兆府)·봉상부(鳳翔府)·하남부(河南府)·하중부(河中府)·태원부(太原府)·강릉부(江陵府)·흥원부(興元府)·성도부(成都府)가 있었다. 이 중 경조부는 상도(上都), 봉상부는 서도(西都), 하남부는 동도(東都), 하중부는 중도(中都), 태원부는 북도(北都), 강릉부는 남도(南都)가 있던 곳이다. 도(都)는 원래 경(京)이었다가 개정된 것이고, 도 또는 경을 두면서 부로 삼는 것이 일반적이다.[54]

신라에서 5경이 부로 개정되는 것은 바로 당의 유수부를 도입한 것으로 이해된다. 이는 신라 5경 내지 5부에 설치되는 관직을 통해 확인할 수

53 황선영, 1994, 앞의 논문, 32-35쪽.

54 예를 들어 봉상부는 至德 2년(757)에 "號西京 爲府", 하중부는 開元 8년(720)에 "置中都 爲府", 강릉부는 上元 원년(674)에 "號南都 爲府", 성도부는 至德 2년에 "曰南京 爲府"라는 연혁을 보인다. 이 사례들은 府가 일반적으로 京 또는 都에 설치되는 것임을 보여 준다.

있다. 당제에서 각 부에는 장관과 차관으로 윤(尹)과 소윤(少尹)이 배치되었다.[55] 그런데 『삼국사기』 직관지에는 5경의 차관인 사대사(使大舍)에 대해 "소윤이라고도 한다[一云少尹]"라는 주기가 있다. 사대사가 신라 고유의 직명인 반면, 소윤은 중국식 직명이다. 따라서 처음부터 소윤이 사대사의 별칭으로 사용된 것이 아니라 사대사가 뒤에 소윤으로 개정되었다고 보는 것이 합리적이다.

이에 대응하여 경의 장관인 사신(仕臣)도 중국식 명칭으로 개정되었을 것이다. 『삼국사기』 직관지에는 나타나지 않지만 흥덕왕 3년 중원대윤(中原大尹)의 사례가 있다.[56] 사대사-소윤의 관계에 비추어 사신이 대윤으로 개정되었음을 판단할 수 있다.[57] 그리고 대윤·소윤이 중국 제도의 도입이라는 점을 고려할 때, 이 개편은 5경이 부로 개편되는 데 따른 조치로 파악된다.[58]

이처럼 신라 5부는 당제의 유수부를 도입한 것이므로 군사적 도독부와는 성격이 다르다. 종래의 5경이 대개 소백산맥을 넘어 신라 왕경으로 가는 요충지였으므로[59] 5부도 군사적 의미가 없지는 않았을 것이다. 하지만 이는 5경 때부터 이미 내재한 것이고, 유수부의 제도가 군사적 기능 강화와 직접 연관되는 것은 아니므로 부 개편에 대해 군사적 의미를 강조하기는 어렵다.

55 尹과 少尹은 시기에 따라 留守·副留守로 개정되기도 했다.

56 『三國史記』 권44, 列傳4 金陽, "太化二年 興德王三年 爲固城郡太守 尋拜中原大尹 俄轉武州都督".

57 배종도, 1989, 앞의 논문, 38쪽.

58 헌덕왕 14년 金憲昌의 난 당시까지도 5경의 장관은 仕臣으로 나온다. 이로 미루어 5경이 부로 개정되는 것은 헌덕왕 14년에서 흥덕왕 3년 사이의 일로 추정할 수 있다.

59 북원경은 죽령, 중원경은 조령 또는 계립령, 서원경은 추풍령, 남원경은 팔량치 등 모두 소백산맥을 넘는 요충에 자리하고 있다.

한편 신라말에는 5경 외에 새로운 부가 확인된다. ②의 사례들은 지리지 자료에는 나오지 않지만, 신라시기의 금석문에서 용례가 보여 신라에서 설치한 것을 짐작할 수 있다. 하지만 현재로서는 이들이 구체적으로 어디인지 확인할 수 없으며 그 성격도 불확실하다.[60]

③의 부는 통일전쟁기에 나타난 것으로서 설치 주체와 성격이 분명하지 않다. 종래에는 '호족' 내지 성주와 연관성이 깊은 것으로 설명되었다. 고울부장군 능문(能文)과 경산부장군 양문(良文)의 경우가 대표적이다. 하지만 이것만으로 성주가 부를 자칭했다거나 신라가 유력 성주를 이용하기 위해 부를 설치한 것이라고 단정하기 어렵다. 기존 부에서 성주가 출현한 것일 수도 있기 때문이다.

그런데 이 5개 부(이하 '신5부'로 칭함)의 분포를 보면, 범위가 좁혀져 있기는 하지만 종래의 5부와 마찬가지로 경주를 둘러싸는 형태로 배치되어 있다. 이는 신5부가 기존 5부를 계승하는 것임을 시사한다.

진성왕대에 들어 지방사회에서 반란이 발생하면서 신라는 점차 지방에 대한 통제력을 상실하였다. 진성왕 4년에는 북원의 양길이,[61] 효공왕 4년에는 국원의 청길이 확인된다.[62] 이 시기에 소백산맥 이북은 신라의 지배에서 사실상 벗어나 있었다. 신라의 5경은 동남쪽에 치우친 수도의 지정학적 약점을 보완하기 위한 것이었던 만큼, 5경을 상실하면서 이를 보완할 조치가 시급했을 것이다. 신5부는 이러한 배경에서 설치된 것으로

---

60 □江府는 月巖山(월악산) 내지 月光寺의 소재지로서 중원경과 관련된다(황선영, 1994, 앞의 논문, 27-28쪽).

61 『三國史記』 권11, 新羅本紀11 眞聖王 4년 10월, "北原賊帥梁吉 遣其佐弓裔 令百餘騎 襲北原部落及溟州管內酒泉等十餘州縣".

62 『三國史記』 권12, 新羅本紀12 孝恭王 4년 10월, "國原菁州槐陽賊帥淸吉莘萱等 擧城投於弓裔".

생각된다.[63]

이와 관련하여 주목되는 특징은 이들이 대개 기존 군현을 통폐합하면서 설치되었다는 점이다. 의성부는 문소군과 고구현을,[64] 보성부는 진보현과 진안현을, 흥례부(울주)는 하곡현과 동진현·우풍현을, 고울부(영주)는 임고군과 도동현·임천현을 병합하여 설치되었다. 경산부는 당초 성산군(가리현)과 신안현, 그리고 연혁 미상으로 나오는 도산현을 합쳐 설치했으나 뒤에 성산군이 다시 분리된 것으로 파악된다.[65]

일부 사례는 『고려사』 지리지에 병합 시기가 '고려초'로 나오며, 이에 의거하여 통일전쟁기에 고려에 의해 개편이 이루어진 것으로 보기도 한다.[66] 하지만 『고려사』 지리지의 읍호개정 시점으로서 '고려초'는 경덕왕대와 대비하여 고려의 자료에서 읍호의 변동이 확인되는 것을 나타내는 것일 뿐, 그 자체가 개별 연혁의 발생 시점을 반영하지는 않는다. 또한 신5부는 해당 지역 성주의 귀순과 함께 기록에 나오거니와 이들이 확인되는 태조 6년에서 10년경에 고려는 경상도 일원에 막 진출하기 시작한 상황이었다. 군현을 병합할 만한 지배력을 확보했다고 보기 어려운 것이다. 군현 병합은 곧 해당 지역의 읍세를 강화하는 의미를 가지는데, 이는 기존 5경이 대읍이라는 점과 부합하는 양상이다. 이 점에서 신5부는 고려가 경상도 지역으로 진출하기 전에 신라에서 설치했을 가능성이 높다.[67]

---

63 정요근은 『고려사』 지리지에 고울부를 제외하고 나머지 4부는 모두 '高麗初'나 태조대에 설치되는 것으로 기록되어 있다는 점과 해당 지역에서 유력자가 확인되는 점을 근거로 고려에서 설치했다고 보았다(정요근, 2009, 앞의 논문, 184쪽).

64 『고려사』 지리지에는 언급되지 않았으나 『삼국사기』 지리지에 따르면 聞韶郡 영현이던 高丘縣에 대해 "今合屬義城府"라고 하여 의성부에 병합된 것을 알 수 있다.

65 윤경진, 2018①, 앞의 논문.

66 朴宗基, 1988, 「고려 태조 23년의 郡縣改編에 관한 연구」, 『韓國史論(서울대 국사학과)』 19; 2002, 『지배와 자율의 공간, 고려의 지방사회』, 푸른역사.

67 신5부는 종래의 5부를 계승하는 것이지만 전란기에 대응하는 조치인 만큼 군사적

한편 ④의 부는 모두 고려에서 설치한 것이 확인되는 사례이다. 이들 부는 '안(安)'이라는 명칭을 사용하는 것에서 군사적인 성격을 띤 도호부 내지 도독부로 판단할 수 있다. 안동(安東)·안북(安北)은 당에서 모두 도호부의 명칭으로 사용되었으며, 변방의 경략을 위해 설치되었다. 이 때문에 필요에 따라 설치 지역이 바뀌기도 했는데,[68] 고려의 경우도 '안동'을 칭하는 지역이 시기에 따라 달라지는 것을 볼 수 있다.[69] 여기서 고려초기 안동부 역시 도호부 내지 도독부의 성격을 띠고 있었음을 알 수 있다. 천안부는 태조 13년에 설치되면서 도독을 둔 것에서, 안북부는 그 명칭과 뒤에 안북대도호부로 개정되는 것에서 그 성격을 쉽게 판단할 수 있다.

다음에는 고려의 부 설치 과정을 구체적으로 검토해 보자. 다음은 안북부의 설치에 관한 기사이다.

마) ① (태조 11년) 대상 염경과 능강 등을 보내어 안북부에 성을 쌓았다. 원윤 박권을 진두로 삼고 개정군 700인을 거느리고 지키게 하였다.[70]

② (태조 14년) 이해에 안북부와 강덕진을 쌓고 원윤 평환을 진두로

의미도 컸을 것이며, 이것이 강력한 성주의 대두를 뒷받침했을 것이다. 물론 신라가 유력 성주를 포섭하기 위해 府를 설치했거나 성주가 府를 자칭했을 가능성도 배제할 수는 없다. 하지만 군현 통합이라는 조치를 고려한다면 신라에서 능동적으로 설치했다고 보는 것이 합리적이다.

68 唐의 安東都護府는 고구려 멸망 후 平壤城에 설치되었다가 遼東城·新城 등으로 이동했으며, 중간에 都督府로 개편되기도 했다(『舊唐書』 권39, 地理3 安東都護府).

69 고려초기 도호부의 이동에 대해서는 윤경진, 2007, 「고려 태조대 都護府 설치의 추이와 운영」, 『軍史』 64 및 윤경진, 2009, 「고려초기 지방제도 개편과 都護府: 安東·安南의 置廢와 移動」, 『한국중세사연구』 27 참조.

70 『高麗史』 권82, 兵2 鎭戍 太祖 11년 2월, "遣大相 廉卿 能康等 城安北府 以元尹朴權爲鎭頭 領開定軍七百人 戍之".

삼았다.[71]

안북부 설치는 고려의 북방 경략과 연결되어 있다. 고려는 태조 원년에 평양을 복구하고 대도호부로 삼았다가 곧이어 서경(西京)으로 고쳤다. 이어 태조 11년에 안북부 지역까지 진출하여 축성하였다. 당시 진두(鎭頭)를 둔 것으로 보아 처음에는 진(鎭)이 설치되었으며, 태조 14년에 비로소 안북부가 되는 것으로 이해된다.[72] 고려는 북방으로 진출하면서 영토의 북상에 맞추어 전진기지로서 도호부를 둔 것이다.

안동부와 천안부도 남부 지역의 영토 확장과 함께 설치되었다. 다음은 안동부 설치 기사이다.

바) 고창군성주 김선평을 대광으로 삼고 권행과 장길을 대상으로 삼았다. 그 군을 승격하여 안동부로 하였다. 이에 영안·하곡·직명·송생 등 30여 군현이 차례로 내항하였다.[73]

고려는 후백제와의 전투에서 승리한 후 고창군(古昌郡)을 안동부로 삼았다. 이는 경상도 북부 내륙 지역에 대한 본격적인 경략을 의미하였다. 당시 고려는 원봉의 귀순을 계기로 이 지역으로 진출하고 각지의 성주들과 제휴를 모색했지만, 전세는 후백제가 우세한 상황이었다. 고려는

---

71 『高麗史節要』 권1, 太祖 14년, "是歲 置安北府及剛德鎭 以元尹平喚 爲鎭頭".

72 『고려사』 지리지에서도 태조 14년에 安北府가 설치되는 것으로 나와 있다.

73 『高麗史節要』 권1, 太祖 13년 정월, "以古昌郡城主金宣平 爲大匡 權行張吉 爲大相 陞其郡爲安東府 於是 永安河曲直明松生等三十餘郡縣 相次來降".
『고려사』 세가 기사에는 安東府 승격이 빠져 있다. 이 부분은 지리지 기사로 나뉘어 들어갔다.

태조 12년 후백제의 공격으로 순주가 함락되고 의성부를 지키던 홍술이 전사하는 위기에 몰렸으나 고창군 병산 전투에서 승리함으로써 전세를 뒤집을 수 있었다. 안동부 설치는 이러한 상황에 맞추어 경략을 강화할 군사적 거점을 마련하는 의미를 띠고 있었다.[74]

안동부 설치와 같은 해에 후백제와 접경한 현 충청도 북부 지역에 천안부가 설치되었다.

사) ① 태조 13년에 동·서 도솔을 합하여 천안부를 삼고 도독을 두었다.[75]
② 대승 제궁을 천안도독부사로 삼고 원보 엄식을 부사로 삼았다.[76]

『고려사』 지리지에 부기된 언전(諺傳)에 따르면 천안부의 설치는 전략적 의도가 강했는데,[77] 명칭에서도 '천하의 안정'이라는 의미를 담고 있다. 천안부 설치를 기반으로 고려는 태조 15년에 후백제 편에 서 있던 매곡성주 공직의 귀순을 얻어냈고, 태조 17년에는 운주 전투에서 승리함으로써 이 지역에서 유리한 고지를 점하게 되었다.[78]

이처럼 고려는 태조 13-14년 사이에 북방 신개척지와 남부의 후백제 접경 지역에 각기 도호부·도독부의 성격을 띤 부를 설치하여 군사 거점으로 삼았다. 이 외에 고려는 주요 요충에 진(鎭)을 설치했는데, 부는 진

---

74 기록에서는 고창군성주에 대한 포상의 의미로 승격한 것으로 서술되어 있다. 府의 설치는 지역 위상을 높이는 것이므로 포상의 의미를 가질 수 있다. 하지만 지방지배에서 본질적인 의미는 군사적 거점의 확보에 있다.

75 『高麗史』 권56, 地理 1 天安府, "太祖十三年 合東西兜率 爲天安府 置都督".

76 『高麗史』 권1, 太祖 13년 8월 己亥, "以大丞弟弓爲天安都督府使 元甫嚴式爲副使".

77 『高麗史』 권56, 地理1 天安府, "諺傳 術師藝方 啓太祖云 三國中心五龍爭珠之勢 若置大官 則百濟自降 太祖乃登山周覽 始置府".

78 천안부는 태조 19년의 一利川 전투에 나아가는 고려군의 중간 집결지가 되었는데(『高麗史』 권2, 太祖 19년 9월), 여기서도 천안부의 전략적 의미가 확인된다.

에 비해 보다 중심지적 위상이 강한 지역이라 평가할 수 있다.[79]

끝으로 검토할 사항은 고려가 설치한 주와 부의 관계이다. 주와 부는 모두 경략 과정에서 중심지로 기능했다는 점에서는 상통한다. 그런데 부는 원래 주 중에서 특히 정치적·군사적 중심지에 설치되었다는 점에서 볼 때, 고려의 부 역시 주를 기반으로 군사적 운영의 중심을 마련하는 의미가 있었던 것으로 이해할 수 있다. 또한 주의 설치가 태봉부터 태조 초기에 집중되는 반면, 고려의 부는 태조 13년 이후에 등장한다. 이 점에서 부의 설치는 주에 비해 고려의 적극적인 경략이라는 측면이 강화된 것으로 해석할 수 있다.

따라서 기존 주 중에서도 부와 같은 위상을 갖추는 경우도 생각할 수 있다. 예를 들어 나주는 안동부나 천안부처럼 후백제와 쟁패 과정에서 군사적 중심지로 기능하였다. 정식 명칭은 아니지만 기록상 '나부(羅府)'라는 표현이 나오는 것은 그 산물로 이해된다.[80]

이상에서는 나말려초에 등장하는 부의 제도적 의미에 대해 살펴보았다. 본래 부는 주 중에서 특히 중심이 되는 지역에 설치되는 것으로서 대도회지에 설치되는 유수부와 주로 변경에 설치되는 도호부·도독부가 있었다. 신라는 흥덕왕대 전후에 기존의 5경을 유수부 성격의 부로 개정했으며, 5경 지역을 상실한 뒤에 다시 경주 인근에 고울부를 비롯한 몇 개의 부를 설치하였다. 이에 대해 안동부·안북부·천안부는 고려에서 설치한 것으로서 군사적 중심지로서 기능했으며, 고려의 직접적인 경략의 강

79 당시 府가 인근 鎭들을 관할하는 체계가 수립되었을 가능성도 있지만, 중요도의 차이에 따라 府와 鎭을 나눈 것일 수도 있다.

80 『三國史記』 권50, 列傳 甄萱, "康州則自南而來 羅府則自西移屬".
이는 武州가 武府로도 나오는 데 조응한다(『譯註羅末麗初金石文』, 興寧寺澄曉大師碑 및 無爲寺先覺大師碑).

화를 뒷받침하였다.

하지만 이들은 통일 후 체제 정비 과정에서 각각의 정치적·지리적 중요성이 달라지면서 각기 다른 연혁을 밟게 되었다. 안북부는 이후에도 계속된 북방 개척의 거점으로서 위상을 유지함으로써 계수관(界首官)이 되었다. 반면 남방은 그러한 전략적 의미가 해소되면서 도호부 성격의 부는 소멸하였다. 중심지로서의 의미가 유지된 안동부와 천안부, 경산부 등은 외관이 설치되었지만, 의성부와 보성부는 그러한 의미를 잃으면서 속현이 되었다.

2. 고려초기 읍호개정과 군현 획정

1) 태조 23년의 읍호개정과 광종대의 '치읍'

신라말의 지방사회는 군현의 틀이 해소되어 성읍의 형태로 분립했고, 고려는 통일전쟁기에 성읍들을 바탕으로 지방사회를 편제 운영하였다. 하지만 성읍은 국가체제의 이완에 따른 산물로서 그 자체가 항구적인 지방 지배의 매개가 될 수는 없는 만큼, 국가체제의 회복에 따라 성읍들을 다시 군현으로 획정하는 조치가 요구되었다.

군현은 지방사회를 영역적으로 구획하여 운영하는 제도적 단위인 동시에 그 주민을 대상으로 수취를 실현하는 매개이다. 따라서 군현을 획정하는 것에는 형태적 차원에서 해당 단위를 규정하는 작업과 해당 영역의 사회경제적 조건에 대한 파악을 통해 수취액을 책정하는 작업이 포함된다.

지방사회의 분해와 통일전쟁을 거친 고려로서는 이러한 작업들을 일시에 실행하기는 어려웠다. 이에 군현의 획정은 일정한 단계를 밟아 이루어졌다. 우선 지방사회를 다시 군현이라는 제도적 형식으로 구획하는 작업이 진행되고, 이어서 사회경제적 실태에 대한 조사가 이어졌다.

태조 23년의 읍호개정은 성읍으로 분립된 지방사회를 다시 군현으로 구획하는 작업에 해당한다.[81] 읍호(邑號)는 해당 명칭을 부여받는 영역단위의 존재를 전제하기 때문이다. 물론 태봉이나 후백제에서도 이러한 작업이 일정하게 진행되었을 것이지만,[82] 태조 23년의 읍호개정은 통일된 영토를 전면적이고 일원적으로 획정하는 공식 조치로서 의미를 가진다.

다만 이 개편의 내용은 『고려사』 지리지에 온전히 반영되지 못하였다. 고려에서 수립된 읍호는 신라 이래의 것을 그대로 사용한 경우와 새 읍호를 채용한 경우로 나뉜다. 『고려사』 지리지는 『삼국사기』 지리지에 수록된 신라(대개는 경덕왕대) 읍호와 고려초기 개호(改號) 내용을 담은 자료를 대비하여 읍호의 유지와 개정을 판단하였다. 읍호가 유지되는 경우에는 신라 연혁에서 읍호의 수립 기사가 들어가고 고려초기의 읍호 기사는 따로 나타나지 않는다. 고려에서 읍호가 바뀌었으면 이를 나타내는 '경금명(更今名)' 기사가 들어간다.

그런데 이 연혁에는 여러 자료가 참고되었고, 자료 상태도 완전치 않아 개호 기사는 여러 형태로 나타나게 되었다. 개호 시점이 '고려초'로 된 경우는 대부분 고려초기 개호 자료에 의거한 것이다. 이 자료는 기본적으로 태조 23년에 있었던 읍호개정을 반영하고 있다. 다만 자료상으로 그

---

81 박은경은 태조 23년의 읍호개정이 신라말 형성된 자율적 향촌공동체로서 本貫을 제도권으로 흡수하면서 이루어진 군현제 성립 조치로 이해하였다(朴恩卿, 1993, 「高麗時代의 郡縣制와 鄕村支配單位」, 『仁荷史學』 1; 1996, 『高麗時代鄕村社會研究』, 一潮閣, 66-71쪽).

82 태봉에서 浿西 13鎭을 새로 分定한 것은 그 예이다. 이것은 신라에서 군현이 설치되지 않았던 현 황해도 서부 지역에 새로 군현을 획정하는 것을 근간으로 하였다(윤경진, 2012②, 「泰封의 지방제도 개편: 군현 신설과 읍호개정」, 『東方學志』 158; 2012, 앞의 책).

연기가 나타나지 않기 때문에 신라 연혁과 대비하여 '고려초'로 처리한 것이다.

한편 이 자료에서 누락되었거나 파악되지 않는 경우는 현종 9년의 영속관계 자료나 명종초의 기준 자료 등을 통해 읍호의 수립을 추출하였다. 여기에 별도의 자료를 통해 특정 시점의 개호 내용을 확인한 경우에는 이것이 '고려초'를 대체하여 들어갔다.

예를 들어 신라 9주 5경의 다수에서는 태조 23년 개호 기사가 나타나는데, 이는 해당 사례를 포함한 연혁 자료가 따로 생성되었고 이것이 채용된 결과이다. 또한 연대기나 언전(諺傳) 등을 통해 특정 읍호의 수립과 관련된 사적이 확인되면 이것이 삽입되었다.

그러나 이러한 양상은 자료의 정리 방식에 따른 문제로서 해당 읍호의 공식적 의미는 태조 23년의 개편에 의해 확립되었다. 기존에 사용된 읍호라 하더라도 개정을 위한 심사를 거쳤을 것이기 때문이다. 결국 『고려사』 지리지에서 고려초기 읍호의 성립은 자료적 문제로 여러 형태로 나타나지만, 기본적으로 태조 23년의 읍호개정을 거친 결과물이다.[83]

이러한 읍호개정이 기존에 성읍으로 해체되어 있던 지방사회를 다시 군현 단위로 획정하는 작업이었음은 흥해군(興海郡)의 사례를 통해 유추할 수 있다.

> 아) 『주관육익』에서는 "고려 태조 13년에 북미질부성주 훤달이 남미질부성주와 함께 내항하니 두 미질부성을 합하여 흥해군을 삼았다"라고 하였다.[84]

83 尹京鎭, 1999, 「『高麗史』 地理志의 연혁정리 방식에 대한 비판적 검토: '高麗初'의 연기비정과 관련하여」, 『奎章閣』 22.

위의 기사는 『신증동국여지승람』 홍해군 고적조에서 『주관육익(周官六翼)』의 기록을 인용한 부분이다. 본문의 연혁에서는 읍호개정 시점을 '고려초'라고만 기록하고 있는데, 이는 『고려사』 지리지의 연혁을 채용한 것이다. 이에 홍해군 연혁의 '고려초'를 태조 13년으로 비정할 수도 있어 보인다.

그러나 태조 13년은 남·북미질부성의 성주가 고려에 내투한 시점이며, 이는 연대기에도 나온다.[85] 그리고 『주관육익』은 해당 지역이 홍해군이라고 판단하면서 두 성주의 내투와 홍해군의 성립을 연결하였다.[86] 이는 내항 사실에 홍해군 설치를 이어 정리한 것일 뿐이며, 두 사적을 하나의 시점으로 파악할 근거가 되지 않는다.

다만 해당 자료에서 두 성을 합쳐 홍해군을 두었다고 인식한 사실에 유의할 필요가 있다. 이를 통해 고려초기의 읍호개정을 통한 군현 성립이 기존의 성읍들을 통합하는 과정이었음을 유추할 수 있다. 그리고 이것이 확정되는 시점은 태조 23년에 홍해군 읍호가 성립할 때이다.

고려가 고창군 전투에서 승리한 후 연해주군의 부락 110여 성이 고려에 내투하였다.[87] 그런데 실제 '연해주군'에 포함될 수 있는 지역의 군현수는 30-40개 정도이다.[88] 따라서 차후 110여 성의 군현 귀속이 결정되어야 했다. 이 지역의 읍호개정은 이들의 귀속을 결정함으로써 군현의 공간적 범위를 확정하는 의미를 가진다.

---

84 『新增東國輿地勝覽』 권22, 興海郡 古蹟, "彌秩夫城 周官六翼 高麗太祖十三年 北彌秩夫城主萱達 與南彌秩夫城主 來降 二彌秩夫城 合爲興海郡".

85 『高麗史』 권1, 太祖 13년 2월, "北彌秩夫城主萱達 與南彌秩夫城主 來降".

86 미질부성이 홍해군인지는 단정하기 어려우며 다른 곳일 가능성도 있다. 여기서는 성읍의 통합을 통해 군현이 획정되는 원리를 보여 준다는 차원에서만 이해하기로 한다.

87 『高麗史』 권1, 太祖 13년 2월 乙未.

88 『高麗史』 권1, 太祖 13년 1월 庚寅.

이처럼 태조 23년의 읍호개정을 통해 고려의 지방사회는 군현 단위로 획정되었지만, 이는 공간적 범위의 형식적 규정이라는 차원을 넘기 어려웠다. 군현은 수취의 실현을 위한 운영단위이므로 영역적 구획만으로 '획정'의 의미가 완결되지는 않는다. 응당 해당 영역단위의 부담능력에 대한 조사와 이에 근거한 내용적 정비가 이루어져야 했다.

이 작업은 광종대에 진행되었는데, 이와 관련하여 다음 기록이 주목된다.

> 자) 상서호부가 주청하기를, "양주 계내(界內)의 견주는 치읍(置邑)한 지 105년이 되어 고을 백성의 토지가 여러 번 수재와 한재를 겪으면서 비척(肥瘠)이 고르지 않으니 사신을 보내어 고르게 정하십시오"라고 하니 허락하였다.[89]

위의 기사는 문종 13년(1059)의 것으로서 이로부터 105년 전인 광종 6년(955)에 견주(見州)의 '치읍'이 이루어졌음을 전하고 있다. 여기서 '치읍'이란 말 그대로 해석하면 '고을을 둔다'는 의미이다. 하지만 견주로 지칭되는 군현은 이미 신라 때부터 있던 것이므로 이것이 군현을 처음 설치했다는 의미는 아니다. 또한 견주 읍호는 태조 23년의 개호를 통해 확정되었다. 따라서 광종 연간의 치읍은 군현이라는 영역단위가 가지는 다른 속성을 통해 설명되어야 한다.

이때 주목되는 것은 치읍과 관련하여 비옥함과 척박함을 고르게 정하는 것, 곧 양전(量田)이 언급되고 있다는 점이다. 양전은 수취의 기반으

89 『高麗史』 권78, 食貨1 經理 文宗 13년 2월, "尙書戶部奏 楊州界內見州 置邑已百五年 州民田畝 累經水旱 膏脊不同 請遣使均定 制可".

로서 전결(田結)의 수와 경계, 소유, 전품(田品) 등을 파악하는 작업이므로 양전을 통해 이루어지는 치읍이란 결국 수취단위로서 군현을 획정하는 의미를 가진다.[90]

광종은 즉위 후 각 군현의 세공(歲貢) 액수를 자세히 정하라는 지시를 내렸다.[91] 앞선 시기에 지방의 세공이 없었던 것은 아니므로 위의 조치는 실제 읍세에 기반한 세공액의 책정을 의미한다. 이를 위해서는 당연히 호구와 전결수를 파악해야 하므로 곧이어 호구조사와 양전이 진행되었을 것이다.[92]

한편 현종 22년에 작성된 「정도사오층석탑조성형지기(淨兜寺五層石塔造成形止記)」에는 광종 6년에서 7년까지 경산부의 속현인 약목군(若木郡)에서 양전이 이루어진 사실이 나온다. 지역적으로 동떨어진 견주(양주)와 약목군(칠곡)의 양전 시점이 일치하는 것을 볼 때 당시에 전국적인 양전이 이루어졌음을 알 수 있다. 아울러 양전 결과에 기반한 치읍도 폭넓게 시행되었을 것이다.[93]

---

90 濱中昇과 蔡雄錫은 '치읍'을 재편된 지역공동체를 고려국가의 지배질서 속으로 편입시키는 조치로 해석하고, 이때 지역사회의 영역적 확정이 이루어진 것으로 보았다.
濱中昇, 1983, 「高麗時期の量田制について」, 『朝鮮學報』 109; 1986, 『朝鮮古代の経済と社会』, 法政大学出版局, 16-17쪽.
蔡雄錫, 2000, 『高麗時代의 國家와 地方社會』, 서울대학교출판부, 69-70쪽.

91 『高麗史節要』 권2, 光宗 즉위년 8월.

92 고려초기 量田의 시행과 그 정치·경제적 의미에 대해서는 安秉佑, 2002, 『高麗前期의 財政構造』, 서울대학교출판부, 66-74쪽 참조.

93 고려초기에 전국적인 양전 시기가 파악되는 것과 달리 호구조사가 이루어진 시점은 분명하지 않다. 성종 5년에 內外戶口를 施行했다는 『東都歷世諸子記』 舊序의 기록이나 같은 해 州府人戶의 多少와 倉穀의 數目을 檢點하여 보고하도록 한 『高麗史』 食貨志 常平義倉조의 기록에 의거하면, 성종 5년에 호구조사가 이루어졌을 가능성이 있다. 하지만 『동도역세제자기』의 기록은 자료적 신뢰도에 문제가 있고, 식화지 기록은 전국적 조치의 충분한 근거가 되지 못한다. 특히 상당한 시간과 비용이 드는 양전에 비해 호구조사는 비교적 용이하게 이루진다는 점에서 고려초기의 호구조사

양전과 치읍의 상관성을 살펴볼 수 있는 단서를 향(鄕)에서 찾을 수 있다. 『신증동국여지승람』의 여주목 고적조의 등신장(登神莊) 항목에는 신라에서 전정(田丁)과 호구가 현(縣)이 되기에 부족한 경우 향과 부곡을 두었다는 설명이 보인다.[94] 향·부곡이 과연 규모에 의해 설치된 것인가 하는 점은 논란의 여지가 있지만, 향의 경우에는 제도사적 의미로 보아 그 가능성이 인정된다.[95]

우선 신라에서 부곡의 존재 여부가 불분명한 것과는 달리 향은 행정단위로 존재했음이 확인된다.[96] 『삼국사기』 지리지의 삼국유명미상지분(三國有名未詳地分)조에는 다수의 향이 수록되어 있고, 공주 판적향(板積鄕)[97]과 건공향령(建功鄕令)[98]의 사례를 찾을 수 있다.

향은 원래 한의 군현제에서 현을 구성하는 하급 단위였다. 신라는 영역적 상하관계였던 군과 현을 병렬적인 행정단위로 채용하였다. 이 때 군은 현보다 중심적인 위치에 있었고, 규모상으로도 현보다 큰 경우가 많았을 것이다. 그렇다면 원래 현의 하급 행정단위였던 향이 신라에서 군이나 현보다 소규모 단위였을 것임도 쉽게 유추할 수 있다. 등신장조에서 향을

가 양전보다 늦게 이루어졌다고 보기 어렵다. 광종초의 세공액 分定에 호구도 반영된다고 보면, 量田과 置邑 과정에서 호구조사도 함께 이루어졌을 것으로 짐작된다.

94 『新增東國輿地勝覽』 권3, 驪州牧 古蹟 登神莊, "今按 新羅建置州郡時 其田丁戶口未堪爲縣者 或置鄕 或置部曲 屬于所在之邑".

95 部曲은 원래 남북조시대 私賤民을 가리키는 것이었다. 따라서 고려의 부곡이 신분적인 문제와 무관할 수는 없어 보인다. 하지만 鄕은 제도적 연원에서 신분 문제와 직접 관련이 없어 규모와 관련되었을 가능성이 높다. 등신장조에서 향·부곡을 병기한 것은 고려시기 이래 향과 부곡이 유사한 성격을 띠고 있었던 데 따르는 결과로 생각된다.

96 신라의 鄕에 대한 논의는 전덕재, 2014, 「통일신라의 향(鄕)에 대한 고찰」, 『역사와 현실』 94 참조.

97 『三國史記』 권48, 列傳8 向德, "熊川州板積鄕人也".

98 『譯註韓國古代金石文』 鳳巖寺智證大師碑.

두는 설치 기준을 "현이 될 수 없는 것[未堪爲縣者]"으로 적시한 것은 이러한 제도사적 배경과 합치한다. 따라서 향이 현을 기준으로 그보다 작은 영역에 설치한 행정단위였다는 해석은 충분히 인정할 수 있다.

신라의 향은 규모가 작은 만큼 나말려초 전란기를 거치면서 군현에 비해 변동이 컸고, 그 결과로 다수의 향이 소멸한 것으로 보인다. 『삼국사기』 지리지에 열거된 향들은 인종대에 이미 확인되지 않는 것이어서 고려에 들어오면서 폐지된 것으로 판단된다.

그런데 이와 반대로 새로운 향이 출현하거나 향에서 군현으로 올라가는 경우도 있었다. 군악향(軍岳鄕)이 대표적인 사례이다. 다음 두 기록을 비교해 보자.

차) ① 군악향에서 소가 송아지를 낳았는데 한 몸에 머리가 두 개였다.[99]
② 평양부, 개주와 (중략) 해주 등의 주, 우봉과 (중략) 군악 등의 현[100]

①은 태조 20년의 기록이고 ②는 성종 5년의 기록인데, ①에서는 군악향(軍岳鄕)으로, ②에서는 군악현(軍岳縣)으로 나온다. 또한 『고려사』 지리지에서 군악은 용강현(龍岡縣)의 이칭으로 되어 있다. 태조 20년은 고려의 후삼국 통일 직후이므로 군악향은 이전부터 향이었으며, 태조 20년과 성종 5년 사이에 현으로 개편된 것으로 판단할 수 있다. 그 시점은 치읍이 진행되는 광종대일 것이다.

다만 군악향과 용강현이 직접적인 선후 관계는 아니었을 것으로 생각된다. 용강현의 전신은 오산성(烏山城)-예산진(禮山鎭)으로 파악되기 때

---

99 『高麗史』 권55, 五行3 太祖 20년 11월, "軍岳鄕 牛生犢 一身兩頭".
100 『高麗史』 권3, 成宗 9년 10월 甲子, "平壤府 開(중략)海等州 牛峯(중략)軍岳等縣".

문이다.[101] 추정컨대 신라말 혹은 태봉대 평양 방면의 개척이 이루어지면서 군악향과 예산진 등이 설치되었고, 통일 후 이 방면의 군현 획정 과정에서 군사 거점이던 예산진이 용강현으로 편성되면서 군악향을 흡수한 것이 아닐까 한다. 곧 군악향이 처음부터 통합된 것이 아니라 일정 기간 따로 존재하다가 용강현에 폐합되었다는 것이다.

고려초기에 향에서 군현으로 편제되는 또 하나의 사례는 심악현(深嶽縣)이다. 『고려사』 지리지에서 심악현은 원래 보신향(寶薪鄕)이었다가 현종 9년에 "칭금명(稱今名) 내속(來屬)"한 것으로 되어 있다.[102] 이는 현종 9년에 군현이 설치되었다는 의미는 아니다. 현종 9년에 '칭금명'했다는 것은 이전 연혁을 알 수 없는 상황에서 현종 9년 자료에서 처음 명칭이 확인된다는 의미이다.[103] 따라서 실제 보신향이 군현으로 개정되는 것은 현종 9년 이전으로 보아야 한다. 또한 태조 23년에 군현으로 획정되었다면 '고려초 경금명'과 같은 식으로 기재하여 현종 9년의 '내속'과 구분했을 것이다.[104] 그렇다면 심악현은 태조 23년에는 군현으로 획정되지 않은 지역으로서 현종 9년 이전에 군현으로 개편되었음이 분명하다.[105]

---

101 윤경진, 2010, 「고려 태조대 鎭 설치에 대한 재검토: 禮山鎭·神光鎭을 중심으로」, 『韓國史學報』 40, 10-19쪽.

102 『高麗史』 권56, 地理1 深嶽縣, "古寶薪鄕 顯宗九年 稱今名 來屬".

103 윤경진, 2012③, 「『高麗史』 地理志 고려초기 외관 설치 및 영속관계 편성 기사의 분석」, 『韓國文化』 59; 2012, 앞의 책.

104 功城縣이 이러한 사례에 속한다(『高麗史』 권57, 地理2 功城縣, "本新羅 大幷部曲 高麗初 改今名 顯宗九年 來屬").

105 『고려사』 지리지에서 연혁이 "顯宗九年 稱今名 來屬"으로 기재된 군현들은 심악현과 같은 유형으로 파악할 수 있는데, 載陽縣·貞松縣·長延縣·興陽縣·安昌縣 등이 이에 해당한다. 또한 고려초기 연혁이 없이 "顯宗九年 來屬"으로만 기재된 경우에도 신라의 군현과 연결될 여지가 없고 이전 시기 용례가 보이지 않는다면, 역시 광종대 置邑 과정에서 성립했을 가능성이 높다. 長豊縣·永新縣·雙阜縣이 이에 해당한다. 이 외에 "高麗 稱今名 來屬"이라고 기재한 경우 '高麗'의 시점을 단정할 수 없지만 같은 맥락에서 이해할 수 있다. 淸川縣·平澤縣·靑塘縣이 이에 해당한다.

또한 신라에서 향이 규모에 따라 설치되었으므로 고려초기에 향을 현으로 조정하는 것도 규모와 무관하지 않을 것이다. 따라서 현으로의 개편에는 응당 해당 지역에 대한 양전이 전제된다. 그렇다면 보신향이나 군악향이 현으로 개정되는 시점은 양전이 진행되는 광종대로 볼 수 있다.

이처럼 양전의 결과에 따라 향이 현으로 개편되는 것은 수취의 기본단위로서 군현의 수립을 의미하며, 그 기준은 기존 군현에 대해서도 동일하게 적용된다. 종래의 읍호를 그대로 유지하는 경우라 하더라도 태조 23년의 개편에서 공식 읍호로 확정되었다. 마찬가지로 영역단위로서 이미 성립해 있던 군현 역시 양전을 통해 수취단위로서 내용이 확정되는 것이다. 이 점에서 광종대 치읍의 보편성을 인정할 수 있다. 결국 태조 23년의 읍호개정이 군현의 '형식적' 측면에 대한 확정이라면 광종대의 치읍은 '내용적' 측면에 대한 확정이라고 평가할 수 있다.[106]

고려초기의 치읍은 광종말에는 완결되는 것으로 생각된다. 광종 24년에는 처음으로 진전(陳田) 개간에 따라 사전(私田)과 공전(公田)의 수조율(收租率)을 정하였다.[107] 진전 개간에 대한 법제를 규정하기 위해서는 기존 토지의 경작 상황과 소유에 대한 파악이 요구되므로 적어도 광종말

신라 연혁이 나타나지 않는 군현 연혁에 대한 검토는 윤경진, 2012④, 「『高麗史』 地理志 '신설' 군현의 연원: 『三國史記』 地理志와의 비교를 중심으로」, 『新羅文化』 40; 2012, 앞의 책 참조.

106 置邑은 군현의 규모에 기초한 내용적 확정이므로 기존 군현이 폐지되는 경우도 있었을 것이다. 신설 군현의 사례가 별로 보이지 않는 朔州와 溟州 관내의 未詳 군현은 대개 치읍 과정에서 폐지된 것으로 생각된다. 또한 「興寧寺澄曉大師碑」에 보이는 冷水縣·別斤縣처럼 전후 연혁을 알 수 없는 군현들 역시 기존 군현의 별칭이 아니라면 고려초기에 군현으로 대두했다가 치읍 과정에서 폐지된 것으로 생각해 볼 수 있다.

107 『高麗史』 권78, 食貨1 租稅 光宗 24년 12월, "判 陳田墾耕人 私田則初年所收全給 二年始與田主分半 公田限三年全給 四年始依法收租".

에는 양전이 일단락되었다고 이해할 수 있다.[108] 이와 함께 치읍 역시 마무리되었을 것이다.

이상에서는 고려초기에 진행된 군현 획정에 대해 살펴보았다. 태조 23년의 읍호개정은 성읍으로 분립한 지방사회를 다시 군현으로 획정하는 작업이었다. 하지만 이 작업은 제도적인 구획에 머문 것으로서 형식적 측면에서의 획정이라 할 수 있다. 뒤이어 광종대에는 양전 등 읍세 조사에 기반해 치읍, 곧 내용적 측면에서의 획정이 진행되었다. 이 과정에서 일부 향이 군현으로 설정되었고, 반대로 일부 군현이 폐지되기도 하였을 것으로 추정된다.

2) 군현 획정의 방향

통일전쟁을 겪고 각지의 성주들을 통합하며 성립한 고려는 여건상 지방사회의 자율적인 질서에 대해 적극적인 재편을 도모하기 어려웠다. 전국적인 규모로 삼한공신(三韓功臣)을 책봉한 것이나[109] 건국초기부터 적극적으로 외관을 파견하지 못한 것은 그러한 한계의 반영이다. 이러한 여건에서 군현의 획정 역시 새로운 기준에 의한 전면적인 개편이 되지는 못하

---

108 金海府의 경우 『三國遺事』 駕洛國記의 "淳化二年 金海府量田使中大夫趙文善申省狀稱 首露陵王廟屬田結數多也 宜以十五結仍舊貫 其餘分折於府之役丁"이라는 기록에 의거하면, 성종 10년에 비로소 양전이 이루어진 것으로 볼 수도 있다. 하지만 '舊貫'이 언급된 것을 볼 때 종전 자료를 이용하는 형태로라도 이미 양전이 이루어졌다고 보는 것이 타당하다(盧明鎬, 1992, 「羅末麗初 豪族勢力의 經濟的 基盤과 田柴科體制의 成立」, 『震檀學報』 74, 32쪽). 양전은 전국적으로 시행한 뒤에도 필요에 따라 지역적·부분적으로 시행될 수 있다. 특히 경종대 전시과제도의 시행에 이어 성종 2년의 공해전 분급이 있었던 만큼, 김해부 지역의 양전이 지체되었다고 보기 어렵다. 그보다는 일차 양전이 완료된 후 현지 사정으로 보완이 이루어진 사례로 보는 것이 적절할 것이다.

109 태조대 三韓功臣의 책봉에 대해서는 金光洙, 1973, 「高麗太祖의 三韓功臣」, 『史學志』 7 참조.

였다.

이와 관련하여 백제 멸망 후 그 고토에 대해 당이 취한 편제 조치가 참고된다. 다음 두 기록을 대비해 보자.

카) ① 나라에 본래 5부 37군 200성 76만호가 있었다. 이때에 이르러 웅진·마한·동명·금련·덕안 등 5도독부를 나누어 두고 각기 주현을 통솔케 하였다. 우두머리를 발탁하여 도독·지사·현령으로 삼아 다스리게 하였다.[110]

② 5도독 37주 250현을 두고 24만호 620만구를 각각 편호로 정리하였다.[111]

①은 멸망기 백제의 지방제도를 기록한 것으로서 당시 백제의 지방사회는 5부(部) 37군(郡) 200성(城)으로 편제되어 있었다. 이에 대해 ②는 당이 백제 고토를 편제한 내용을 기록한 것으로서 본국의 제도에 맞추어 5도독(都督) 37주(州) 250현(縣)을 두었다. 개편 이전 부·군의 수와 개편 후의 도독·주의 수가 일치하는 것을 볼 때 당시 조치가 기존의 백제 지방제도를 당의 군현제 형식으로 전환시킨 것임을 알 수 있다.

또한 기초 운영단위인 200성이 250현으로 바뀐 것은 실제 재편을 가한 결과가 아니라 백제와 당의 편제 원리가 달랐던 데 기인한다. 곧 백제에서 군과 성은 각기 별개의 단위였던 데 비해 당에서 주는 현으로 구성

110 『三國史記』 권28, 百濟本紀6 義慈王 20년, "國本有五部三十七郡二百城 七十六萬戶 至是 析置熊津馬韓東明金漣德安等五都督府 各統州縣 擢渠長 爲都督刺史縣令以理之".

111 『譯註韓國古代金石文』 唐平濟碑, "凡置五都督卅七州二百五十縣 戶廿四萬 口六百廿萬 各齊編戶".

되는 상위영역이었기 때문에 현을 설정할 때 기존의 군도 포함되어 그 수치가 늘어난 것이다. 이는 5부도 마찬가지였다. 여전히 남는 약간의 차이에서 부분적인 개편을 생각할 수도 있지만, '200'성이나 '250'현이 모두 개략적인 수치 표시일 여지도 있어 전체적으로 거의 그대로 편제했다고 보는 데 무리는 없다.

이 조치는 백제 멸망 후 곧바로 취해진 것이었던 만큼, 백제 지역에 대한 상세한 파악에 기초한 것이 아니었다.[112] 우두머리를 발탁하여 도독·자사·현령으로 삼아 통치하게 했다는 것도 이를 뒷받침한다. 그럼에도 당이 영토 확보 후 곧바로 본국 제도에 입각한 군현 편제를 시행한 것은 해당 지역이 자신의 영토임을 확인하는 한편, 본국과 동일한 지배체제를 구현하려는 의도를 반영한다.

후삼국 통일 후 고려 역시 새로운 왕조의 수립에도 불구하고 지방사회 운영의 대부분을 재지세력에게 의존하는 형편이었다. 이에 군현의 획정도 중앙정부가 새로운 기준을 내세우기보다는 기존 군현제의 형식을 차용하는 방식으로 진행되었다. 이는 곧 고려의 군현 획정이 신라의 군현을 준거로 이루어진 것임을 시사한다. 태조가 즉위 후 곧바로 태봉 때 개정된 읍호를 원칙적으로 신라의 것으로 환원시킨 것은 그 반영이다.[113]

고려의 군현 획정이 신라의 군현을 토대로 진행되었다는 것은 우선 신라 군현에 대한 적극적인 통폐합이 없었다는 것에서 드러난다. 후삼국

112 백제의 76만 호는 唐에 의해 24만 호의 編戶로 바뀌었는데, 이것이 어떤 기준에 의해 이루어진 것인지는 불확실하다. 다만 당시 시점에서 전국적인 호구조사가 시행되었다고 보기는 어려운 만큼, 기존의 호적 내용을 바탕으로 새로 편제한 수준일 것으로 생각된다.

113 『高麗史』 권1, 太祖 원년 6월 戊辰, "前主 以新羅階官郡邑之號 悉皆鄙野 改爲新制 行之累年 民不習知 以至惑亂 今悉從新羅之制 其名義易知者 可從新制".

분열 이전 신라의 강역을 대상으로 신라와 고려의 군현수를 대비해 보자.[114] 『삼국사기』 지리지에 수록된 군현의 수는 438개이다. 이 중 22개가 다른 군현에 통폐합되었고,[115] 4개가 부곡(部曲)으로 되었으며, 25개 군현의 연혁이 불명이다. 따라서 고려시대에도 군현으로 유지된 것은 387개이다.

한편 고려 현종 9년을 기준으로 할 때 신라의 강역이 아니었던 중화현(中和縣) 이북의 북계와 의주(宜州) 이북의 동계를 제외하면 군현수는 440개이다. 여기서 신설 군현이 51개(패서 13진 포함)이고 신라로 연혁이 연결되는 것은 389개이다. 『삼국사기』 지리지와 2개의 차이가 나타나는 것은 『삼국사기』 지리지에서 '미상(未詳)'으로 되어 있는 목우현(目牛縣)과 선곡현(善谷縣)이 『고려사』 지리지에서는 각각 고구현(高丘縣)과 예안현(禮安縣)으로 연결되는 데 따르는 것이다. 결국 신라 군현 438개 중에서 일단 389개가 고려의 군현으로 연결되고 있다. 그 비율은 88%에 달하는데, 이 수치는 수십 년 동안 전란을 겪었다는 점을 감안하면 신라의 군현에 대한 적극적인 통폐합이 이루어지지 않았다는 것을 의미한다. 나아가 일부 미상 군현이 광종대 치읍 과정에서 비로소 폐지되었다고 보면 그 비율은 더 높아진다.

---

114 『고려사』 지리지는 명종초를 기준으로 정리된 것이다. 따라서 이를 직접 고려초기로 올려 적용하는 것은 문제가 있다. 하지만 置邑 과정에 신설 또는 폐지된 군현은 극히 소수이고, 양계의 신개척지를 제외하면 현종 9년 이후에 신설된 사례는 없다. 따라서 전체적인 양상을 이해하는 데 무리는 없다.

115 통합된 내용을 보면 慶州에 10개(停 6개 포함), 安康에 1개, 新寧에 1개, 清道郡에 3개, 義城府에 1개, 永州(高鬱府)에 2개, 蔚州(興禮府)에 2개, 甫城府에 1개, 中和縣 1개 등이다. 그런데 府의 경우에는 개편이 신라에 의해 이루어진 것이고, 慶州와 清道郡, 安康縣은 신라 王京에 대한 재편의 일환이며, 中和縣은 西京畿의 설치와 관련된다. 실질적으로 태조 23년의 군현 획정에서 군현의 통합은 거의 없었던 것이다.

[표 1-6] 고려초기 '신설' 군현의 사례

지역	읍호	本名/古名	고려초기 연혁
京畿(1)	貞州	高句麗 貞州	顯宗九年 爲開城縣屬縣
楊廣道(14)	深嶽縣	古 寶薪鄕	顯宗九年 稱今名 來屬
	載陽縣	古 安陽縣	顯宗九年 稱今名 來屬
	永新縣	없음	顯宗九年 來屬
	雙阜縣	古 六浦	顯宗九年 來屬
	貞松縣	古 松山部曲	顯宗九年 稱今名 來屬
	長延縣	高句麗 上芼縣	顯宗九年 稱今名 來屬
	長豊縣	高句麗時 稱號未詳	顯宗九年 來屬
	淸川縣	古 薩買縣	高麗 稱今名 來屬
	靑塘縣	없음	高麗初 稱今名 來屬
	運州(洪州)	없음	태조 10년 이전 설치
	興陽縣	古名 遠軍	顯宗九年 稱今名 來屬
	貞海縣	高丘縣地	太祖時 설치
	天安府	東西兜率	태조 13년 설치
	平澤縣	古 河八縣	高麗 稱今名 來屬
慶尙道(17)	慶州	신라 왕경	태조 18년 설치
	河陽縣	없음	成宗十四年 爲河州刺史
	英陽郡	本 古隱縣	後改今名 顯宗九年 來屬
	平海郡	高句麗 斤乙於	高麗 改今名 顯宗朝 來屬
	松生縣	없음	顯宗九年 來屬
	桂城縣	없음	顯宗九年 來屬
	豊角縣	上火村縣	高麗 改今名 顯宗九年 來屬
	鎭海縣	없음	顯宗九年 來屬
	昆明縣	新羅時 稱號未詳	顯宗九年 來屬
	班城縣	新羅時 稱號未詳	顯宗九年 來屬
	龍宮郡	新羅 竺山	成宗十四年 陞爲龍州刺史
	海平郡	없음	顯宗九年 來屬
	功城縣	新羅 大幷部曲	高麗初 改今名 顯宗九年 來屬
	缶溪縣	없음	顯宗九年 來屬
	仁同縣	없음(壽同縣 추정)	顯宗九年 來屬
	甘泉縣	新羅時 稱號未詳	顯宗九年 來屬
	基州縣(基州)	新羅時 稱號未詳 或曰 基木鎭	高麗初 始稱今名 顯宗九年 來屬

[표 1-6] (계속)

지역	읍호	本名/古名	고려초기 연혁
交州道(1)	基麟縣	高句麗 基知郡	高麗 改今名 來屬
西海道(13)	豊州	高句麗 仇乙縣	高麗初 改今名 成宗十四年 ...
	安岳郡	高句麗 楊岳郡	高麗初 改今名 顯宗九年 來屬
	儒州	高句麗 闕口	高麗初 改今名 顯宗九年 來屬
	殷栗縣	高句麗 栗口	高麗初 改今名 顯宗九年 來屬
	青松縣	高句麗 耕伊	高麗初 改今名 顯宗九年 來屬
	嘉禾縣	高句麗 板麻串	高麗初 改今名 顯宗九年 來屬
	永寧縣	高句麗 熊閑伊	高麗初 改今名 顯宗九年 來屬
	瓮津縣	高句麗 瓮遷	高麗初 改今名 顯宗九年 置縣令
	長淵縣	高句麗地	新羅及高麗 皆仍舊名 顯宗九年 來屬
	永康縣	高句麗 付珍伊	高麗初 改今名 顯宗九年 來屬
	白翎鎭	高句麗 鵠島	高麗改今名爲鎭 顯宗九年 置鎭將
	信州	高句麗 升山	高麗改今名 成宗十四年 ...
	新恩縣	없음	顯宗九年 來屬
東界(2)	衛山縣	高句麗時 稱號未詳	顯宗九年 來屬
	安昌縣	莫伊縣	顯宗九年 稱今名 來屬

군현의 '신설' 역시 매우 제한적으로 이루어졌다. [표 1-6]은 고려 군현 중 신라 군현으로 연결되지 않는 사례들을 정리한 것이다. 여기서는 『고려사』 지리지에 표제군현으로 정리된 경우에 국한하였다.[116]

이 표의 내용을 주요 지역별로 나누어 검토해 보자. 우선 서해도 지역은 태봉 및 고려의 중심이 된 곳으로서 신라 하대에 개척이 진행되었다. 경덕왕대에 신라 군현제가 정비된 후 헌덕왕대에 취성군(取城郡)과 토산현(土山縣)·당악현(唐岳縣)·송현현(松峴縣) 등이 새로 설치되었다. 이 지

116 細註로 정리된 군현은 기준 시점 이후에 신설된 것이거나 비공식 자료에서 그 존재만 알려진 경우이다. 寶城郡 소속 道化縣은 연혁상 선종 5년에 他州部曲에서 승격한 것으로 주기되어 있으나 『세종실록』 지리지에는 명종 27년의 일로 되어 있어 『고려사』 지리지의 것이 오류임을 알 수 있다.

역은 이후에도 계속 개척이 진행되었는데, 대표적인 것이 바로 패서 13진이다.[117]

패서 13진의 내용에 대해서는 논란이 있지만, 최근 연구에서 이곳이 서해도 서부 연안 지역의 신설 군현을 나타내는 것으로 해석되었다.[118] 이 표에 열거한 서해도 지역의 신설 군현 중 동부 내륙에 있는 신은현(新恩縣)을 제외한 12개 군현과 경기에 속한 정주(貞州)가 바로 이에 해당한다. 이들은 『삼국사기』 지리지 고구려조에서 신라 군현으로 편성된 지역과 구분하여 뒤에 따로 정리되어 있는데,[119] 이는 태봉에서 새로 군현을 설치한 것을 고구려로 귀속시켜 정리한 결과이다. 연혁에서 공통적으로 '본' 읍호에 '고구려'를 제시한 것은 이 때문이다.

양광도 지역 역시 통일전쟁기 고려의 판도에 있었다. 이 지역에는 신라 군현 중에서 연혁이 단절된 경우가 별로 없기 때문에 대부분 새로 설치된 것으로 파악된다. 그런데 서해도 지역의 연혁이 '고려초'의 읍호개정부터 시작하는 것과 달리 이 지역의 사례는 상당수가 현종 9년에 '칭금명' 하는 것으로 나오고 있다. 이들은 태조 23년의 읍호개정 자료에서 누락된 것이 아니라면 당시에는 없었다는 의미로, 광종대 치읍 과정에서 새로 설치된 것으로 이해할 수 있다.

경상도 지역은 고려에서 처음 연혁이 시작되는 군현과 함께 연혁이

---

117 「朴景仁墓誌銘」에는 그의 선조 朴赤烏가 平州로 들어가 十谷 등 13城을 설치했다는 내용이 보인다(『高麗墓誌銘集成』 朴景仁墓誌銘, "北京都尉朴赤烏 自新羅入竹州 爲察山侯 又入平州 置十谷城等十三城 歸于弓裔主"). 十谷城은 鎭瑞縣(谷州)이므로 13성이 실제 새로 설치된 것은 아니다. 신은현을 제외하면 평주 방면에서 신설된 군현은 없다. 이로 보아 박적오에 대한 서술은 그의 평주 진출을 패서 13진의 사적과 부회하여 구성한 것이 아닐까 한다.

118 윤경진, 2012, 앞의 책, 210-226쪽.

119 貞州는 '본' 읍호를 알 수 없는 경우로서 고구려조에 정리되지 않았다. 『고려사』 지리지에서 '본' 읍호를 貞州라고 한 것은 뒤의 지명을 소급해 넣은 것이다.

[표 1-7] 경상도 지역의 '신설' 군현과 '미상' 군현

지역 '신설' 군현	소속 主縣	未詳 縣	소속 郡
功城縣(경북 상주시)	尙州	化昌縣	尙州(경북 상주시)
龍宮郡(경북 예천군)	尙州	安仁縣	醴泉郡(경북 예천군)
甘泉縣(경북 예천군)	安東府	日溪縣	古昌郡(경북 안동시)
海平郡(경북 구미시)	尙州	尒同兮縣	嵩善郡(경북 구미시)
仁同縣(경북 구미시)	京山府	壽同縣	星山郡(경북 성주군)
缶溪縣(경북 군위군)	尙州	都山縣	星山郡(경북 성주군)
基州縣(경북 영주시)	安東府	鄰豊縣	岌山郡(경북 영주시)
河陽縣(경북 경산시)	慶州	新復縣	高靈郡(경북 고령군)
松生縣(경북 청송군)	禮州	密津縣	密城郡(경남 밀양시)
豊角縣(경북 청도군)	密城郡	屈村縣	康州(경남 진주시)
桂城縣(경남 창녕군)	密城郡	河邑縣	河東郡(경남 하동군)
昆明縣(경남 사천시)	晉州	蚊火良縣	固城郡(경남 고성군)
班城縣(경남 진주시)	晉州	海曲縣	蔚珍郡(경북 울진군)
鎭海縣(경남 창원시)	晉州	竹嶺縣	三陟郡(강원 삼척시)
英陽郡(경북 영양군)	禮州		
平海郡(경북 울진군)	禮州		

* 괄호 안의 지명은 현재 위치를 나타낸 것이다.

단절된 신라 군현의 비중도 높다. 두 사례를 대비하여 표로 정리하면 [표 1-7]과 같다. 이 표에서 '신설' 군현의 현재 위치와 미상 군현의 소속 군(郡)의 현재 위치를 대비해 보면 서로 근사한 경우가 여럿 발견된다. 이는 '신설' 군현 중에 자료상의 문제로 확인되지 않을 뿐, 실제로는 새로 설치된 것이 아니라 기존 군현이 개정된 경우도 있었음을 시사한다.

앞서 지적한 목우현과 선곡현은 『삼국사기』 지리지에는 연혁이 단절되어 있지만, 『고려사』 지리지에서는 고구현과 예안현으로 각각 연결되었다. 이는 연결 관계를 별도의 자료를 통해 파악했음을 의미한다. 또한 『고려사』 지리지에서는 현종 9년 이전의 연혁이 미상인 인동현(仁同縣)을 지리적 위치에 따라 연혁 미상인 수동현(壽同縣)에 비정하였다.

다른 '신설' 군현 중에도 기존의 군현과 연결될 수 있는 경우가 보인다. 예를 들어 곤명현(昆明縣)은 조선초에 금량부곡(金良部曲)과 병합되는데, 금량부곡은 신라시기에 하동군(河東郡) 영현이던 성량현(省良縣)이었다. 따라서 곤명현은 같은 하동군 영현으로 연혁 미상인 하읍현(河邑縣)일 가능성이 높다.

또한 해평군(海平郡)은 이동혜현(尒同兮縣)으로 비정할 수 있다. 원래 숭선군(嵩善郡: 一善縣)의 영현이던 군위현(軍威縣)과 효령현(孝靈縣)은 인종 21년에 일선현이 현령관이 될 때 일선현으로 이속되었는데, 이때 해평군도 함께 이속되었다. 이로 미루어 군위현·효령현과 함께 숭선군의 영현이었던 이동혜현이 해평군이 되었을 가능성이 높다.[120]

기주현(基州縣)은 위치가 흥주(興州: 순흥)와 바로 인접해 있어 급산군(岌山郡: 興州)의 영현인 인풍현(鄰豊縣)이었을 가능성이 높다. 동해안의 평해군(平海郡)은 같은 지역에 있는 해곡현(海曲縣)에 연결할 수 있다. 경상도 지역은 통일전쟁기에 독립적인 성주가 다수 대두하고 고려와 후백제 사이에 쟁패가 벌어짐으로써 다른 지역에 비해 연혁 단절이 많았던 것이다.[121]

다음에 전라도 지역은 표제군현으로 볼 때 '신설' 군현이 하나도 없다.[122] 이 지역은 후백제의 강역으로서 역시 군현의 신설이나 폐지가 있

---

120 현재 위치도 구미시 해평면에 비정되고 있다(金泰植, 1995, 「『三國史記』 地理志 新羅條의 史料的 檢討」, 『三國史記의 原典 檢討』, 韓國精神文化硏究院). '이동혜'는 고유어 표기로서 경덕왕대 개정 이전의 명칭에 해당한다. 곧 이 경우는 원전에서 경덕왕대 명칭이 누락된 것이다.

121 『고려사』 지리지에서 신라 연혁이 확인되지 않는 '신설' 군현과 『삼국사기』 지리지의 미상 군현의 구체적인 연결 내용에 대해서는 윤경진, 2012④, 앞의 논문 참조.

122 細註에는 설치 시점이 기록되지 않은 屬縣으로서 甲鄕과 狁山의 두 사례가 있다. 甲鄕은 昌平縣의 속현이었다고 되어 있으나 명칭상 군현이 아니라 鄕이었다고 판단된다. 狁山은 珍同縣의 '古屬縣'으로 되어 있으나 읍격이 제시되지 않아 鄕 또는

었을 것이다. 그럼에도 『고려사』 지리지의 연혁에서 그런 사례가 보이지 않는 것은 고려의 군현 편제에서 후백제의 편제를 인정하지 않았기 때문이다.[123] 태조가 즉위 후에 궁예가 개정한 읍호를 원칙적으로 신라의 것으로 환원시켰듯이 후백제의 군현 편제에 대해서도 역시 신라의 것으로 환원시켰을 것이다. 이 또한 고려초기의 군현 획정이 기본적으로 신라의 군현을 기준으로 이루어졌음을 뒷받침한다.[124]

이처럼 군현의 획정이 신라의 군현을 토대로 이루어졌다는 것은 신라말 이래 사회경제적인 변동을 군현 획정에 별로 반영하지 않았다는 것을 의미한다. 이를 보여 주는 것이 성종 2년의 지방 공해전 분급 규정이다.[125] 지방 공해전은 군현의 운영을 위한 기초적인 재원이었던 만큼, 이 규정에 나타난 등급은 당시 읍세의 실태를 가장 잘 반영한다.

이 규정은 일반 군현과 향·부곡, 관역(館驛)의 공수전(公須田)·지전(紙田)·장전(長田)을 지급하는 것으로서 일반 군현과 향·부곡은 정수(丁數)에 따라 등급을 나누었다. 여기서 '정'(丁)의 의미는 연구자에 따라 논란이 많아 일률적으로 말하기는 어렵지만,[126] 그것이 해당 군현의 토지를 중심으로 한 사회경제적 조건의 반영이라는 점은 분명하다. 이때 주부군현(州

部曲이었을 가능성도 있고, 연혁 내용이 전무하여 전승 자료에 의거한 것으로 판단된다. 이들이 고려초기에 신설된 군현이었을 가능성은 희박하다.

123 다만 運州(洪州)는 백제가 설치한 것을 고려가 거점으로 활용함으로써 신설 군현으로 정착했을 가능성이 높다.

124 김윤곤도 고려가 신라의 군현 단위를 계승하는 면이 컸다는 것을 지적했으나, 고려초기부터 영속관계 개편이 이루어졌다고 보았다(金潤坤, 1983, 「高麗郡縣制度의 硏究」 경북대학교 박사학위논문, 11-21쪽).

125 『高麗史』 권78, 食貨1 公廨田柴 成宗 2년 6월.
고려전기 지방 공해전의 분급과 운영에 대해서는 安秉佑, 1990, 「高麗前期 地方官衙 公廨田의 설치와 운영」, 『李載龒還曆紀念論叢』, 간행위원회 참조.

126 丁에 대한 연구사적 검토는 金琪燮, 1995, 「高麗의 田丁制에 관한 연구사 검토」, 『한국중세사연구』 2 참조.

[표 1-8] 성종-현종대 정수에 따른 군현 등급

① 성종 2년의 주부군현의 공수전 분급 규정[i)]

1,000정 이상	500정 이상	200정 이상	100정 이상	100정 이하	60정 이상	30정 이상	20정 이하
300결	150결	결락	70결	60결	40결	20결	10결

② 성종 12년의 공수시지 분급 규정

1,000정 이상	500정 이상	500정 이하	100정 이하
80결	60결	40결	20결

③ 현종 9년의 호장 정원 규정[ii)]

	1,000정 이상	500정 이상	100정 이상	100정 이하
州府郡縣	8명	7명	5명	4명
東西諸防禦使 鎭將 縣令官	6명	없음	4명	2명

i) 이 규정의 등급 편성 내용은 불완전하여 검토와 보정이 필요해 보인다. 일례로 100정 이하와 60정 이상은 내용적으로 겹치게 된다. 이 경우 100정 이상을 결락된 200정 이상 항목으로, 100정 이하는 100정 이상으로 각각 보정하여 이해해야 할 듯하다. 20정 이하도 30정 이하로 보는 것이 합리적일 듯하다. 다만 여기서는 군현의 영세성을 말하는 데 초점이 있으며 자료 보정에 크게 영향을 받지 않으므로 일단 자료의 내용을 그대로 정리하였다.

ii) 주부군현 항목은 500정 이상 다음에 300정 이상과 100정 이하로 되어 있는데, 이 경우 300정 이상은 100정 이상으로 보정하여 이해해야 할 것으로 보인다.

府郡縣)의 등급 구분과 공해전의 중심 지목인 공수전의 분급 결수(結數)를 정리하면 [표 1-8]과 같다. 아울러 등급 구분의 의미를 구체적으로 이해할 수 있도록 성종 12년의 공수시지(公須柴地) 분급 규정과 현종 9년의 호장(戶長) 정원 규정을 대비하였다.

이 표의 등급 규정에서 우선 주목되는 것은 1,000정 이상의 군현이 있는가 하면 20정 이하의 군현도 있는 등 당시 군현 규모의 편차가 매우 컸다는 사실이다. 또한 공수시지나 호장의 정원은 100정이 등급 구분의 하한으로 되어 있는 반면, 공수전은 100정 이하에서 더욱 세분되어 있다. 반면 100정 이상의 등급 구분에서는 각 규정 사이에 큰 차이가 보이지 않는데, 여기서 군현의 운영을 위한 기본 규모가 100정 내외였다는 것을 짐작할 수 있다. 이에 대해 공해전 분급 규정이 100정 이하에서 세분되는 것은 그만큼 영세한 군현이 많았다는 것을 의미한다.[127]

고려의 군현이 이처럼 편차가 크고 전반적으로 영세한 것은 신라말 이래 지방사회의 동요에도 불구하고 태조-광종대의 군현 획정이 신라의 군현을 준거로 이루어졌기 때문이다. 진성왕대에 이르러 지방 각처에서 발생한 농민의 유망과 토지의 황폐화[128]는 군현의 경제적 기반을 약화시켰으며, 한편에서 성읍들이 분립하여 자위를 위한 지역공동체를 구성함으로써 군현의 분해를 가속시켰다.[129] 이를 다시 군현으로 획정할 때 인구의 감소와 토지의 황폐화를 심하게 겪은 지역은 읍세가 크게 약화된 반면, 강력한 성주가 대두한 지역은 읍세가 안정적으로 유지되거나 오히려 커졌을 것이다.

그런데 광종대 양전을 통해 읍세가 파악되었음에도 불구하고 이를 어떤 일정한 기준에서 통합하는 조치를 취한 흔적이 보이지 않는다. 물론 일부 지역의 경우 군현의 신설과 폐지가 있었지만, 그 비율은 매우 낮았

---

127 연구자에 따라서는 丁數에 의한 편제를 고려 지방제도의 중요한 특징으로 꼽기도 한다(구산우, 2003, 『高麗前期 鄕村支配體制 硏究』, 혜안, 221-241쪽). 공수전의 분급이나 향리 정원은 그 성격상 군현의 규모에 따라 나눌 수밖에 없는 것인데, 고려에서는 州·府·郡·縣 등 邑格이 군현의 규모나 위상을 직접 반영하지 못했기 때문에 등급 구분은 군현의 규모, 곧 丁數로 직접 표현되었다. 조선에서는 邑格(官號)에 따라 등급을 나누었는데, 그 이면에는 불완전하나마 읍격과 규모를 일치시키려고 한 정부의 지향이 개재되어 있었다. 따라서 丁數에 의한 군현 편제가 고려 지방제도만의 특징이라고 보기는 어렵다. 고려 군현의 등급 구분에서 보다 주목할 점은 군소 군현의 등급이 세분되어 있다는 점이다. 이는 군현의 불균등성을 그대로 수용한 결과로서 제한적이나마 속현 이속과 통합을 통해 군현의 규모 편차를 줄여간 조선 지방제도와 다른 모습이다.

128 광종 24년의 陳田 개간에 따른 收租率 규정은 양전의 결과로서 적지 않은 진전의 존재가 확인되어 이에 대한 경작을 유도하기 위한 조치로 이해된다.

129 신라말 자위공동체의 형성에 대해서는 채웅석, 2000, 앞의 책, 33-43쪽 참조.

다. 적어도 신라 이래의 군현에 대해서는 그 존재와 규모를 가급적 그대로 인정한 상태에서 군현 운영을 도모하였다. 공해전 분급 규정에서 군현의 등급이 영세할수록 세분되는 양상을 보이는 것은 그 산물이다.

이처럼 고려초기의 군현 획정은 지방사회에 대해 전면적인 재편을 가하지 않고 다양한 편차를 지닌 개별 군현의 불균등한 상태를 그대로 흡수하는 방식으로 진행되었다.[130] 이는 각 군현이 신라 이래 하나의 영역으로 유지되어 왔던 단위성을 해체하기보다는 능동적으로 이용한다는 지향성을 반영한다. 따라서 군현 획정뿐만 아니라 운영체계의 측면에서도 기존의 질서를 상당 부분 수용해 나갈 것임은 물론이다.

---

130 이는 이후 고려 지방제도의 기본적인 전제가 되었다. 이 점에서 군현의 영세성이 속현의 수립과 무관하지 않다는 점이 지적된 바 있다(盧明鎬, 1995, 「羅末麗初의 사회변동과 古代·中世의 전환」, 『韓國史의 時代區分에 관한 硏究』, 韓國精神文化硏究院, 263-264쪽).

제2부

중간 운영단위의 편성 (1)

군-영현체계와 주-현체계

1

태조대의 지방제도 개편과 군-영현체계

1. 고려초기 군-영현체계의 사례

태조 23년의 지방제도 개편은 성읍으로 분립된 지방사회를 다시 군현으로 획정하는 것이었다. 군현의 획정이란 지방사회 운영단위를 설정하는 것이므로 그에 상응하는 운영체계도 마련되었다. 그런데 군현제는 각급 군현에 외관을 파견하여 통치하는 것이 일반적인 원칙이었다. 이 때문에 외관제가 마련되지 않은 고려 태조대에는 지방세력이 사실상 자치하는 상황에서 중앙정부가 부분적으로 통제하는 수준이었다고 이해하는 경우가 많다. 그러나 군현제에 기반하여 지방사회를 획정한 이상 지방관이 파견되지 않은 상태에서도 지방통치는 일정하게 수행될 것이고,[1] 따라서 그에 상응하는 운영체계가 존재할 것이다. 당시 사회를 이해하려면 통제력의 강약을 논하기보다는 이러한 운영체계의 실상을 분석하는 것이 중요하다.

---

1 邊太燮, 1987,「高麗初期의 地方制度」,『韓國史研究』57.
黃善榮, 1999,「高麗初期 地方統治의 再檢討」,『한국중세사연구』7.

군현의 획정이 신라의 것을 기반으로 한 만큼 운영체계의 정비 역시 신라 지방제도와 깊이 관련될 것이다. 여기서 먼저 신라의 운영체계를 살펴볼 필요가 있다. 신라 지방제도의 운영은 '군-영현체계'를 축으로 이루어졌다. 군과 현은 모두 지방관이 파견된, 별개의 영역을 가진 '단위군현'이었다. 곧 군과 현이 모두 기본적인 수취단위가 되었던 것이다. 그런데 경덕왕대 지방제도의 내용을 보면, 대다수의 군(郡: 州 포함)이 3개 내외의 현(縣)을 거느리고 있었다. 여기서 군이 관할하는 현을 '영현(領縣)'으로 칭하는데, 각 군의 영현수가 평균적으로 나타나는 것은 신라의 군-영현 편성이 인위적인 것이며, 따라서 어떤 기능을 염두에 두고 마련되었음을 의미한다.

신라에서 군-영현으로 구성된 단위의 기본적인 기능은 역역(力役)과 군사의 운영에 있었다.[2] 원성왕 14년에 작성된 「영천청제비(永川菁堤碑)」의 정원수치기(貞元修治記)에는 절화군(切火郡)과 압량군(押梁郡)으로부터 조역(助役)을 징발했다는 내용이 보인다. 또한 헌덕왕 11년에 여러 주군의 도독과 태수로 하여금 도적을 포착하도록 한 조치가 있었다.[3] 이를 통해 군-영현 단위가 인적 자원의 징발을 바탕으로 한 역역과 군사 운영의 매개가 되었음을 알 수 있다. 이는 군현제에서 군이 담당한 본원적 기능이었다.

신라 지방제도의 근간을 이루던 군-영현체계는 군현이 성읍으로 분해되면서 함께 해체되었다. 지방사회가 각 성읍을 단위로 운영되는 상황에서 군-영현 단위가 온전히 기능할 수는 없었다. 이러한 양상은 성주 공

---

2 姜鳳龍, 1994,「新羅 地方統治體制 硏究」, 서울대학교 박사학위논문, 225쪽.
3 『三國史記』 권10, 新羅本紀10 憲德王 11년 3월, "草賊遍起 命諸州郡都督太守 捕捉之".

직의 근거지였던 매곡성의 사례에서 유추할 수 있다.

가) (공직은) 연산 매곡 사람이다. (중략) 신라말에 본읍장군이 되었다. (중략) 이어 말하기를, "백제 일모산군이 우리 고을과 경계를 대고 있는데, 신이 귀화하자 늘 침략하여 백성이 안정하지 못합니다. 신은 바라건대 가서 (일모산군을) 공취하여 우리 읍의 백성들이 침구의 피해를 입지 않고 농상에 전념하여 귀화의 정성을 더욱 굳게 하고자 합니다"라고 하였다.[4]

매곡현(昧谷縣)은 본래 연산군(燕山郡)의 영현이었다. 당시 공직은 매곡성주로도 표현되고 있어서[5] 매곡현 역시 성읍으로 분립한 상태였음을 알 수 있다. 그런데 매곡성과 인접해서 침략을 행하던 일모산군(一牟山郡)은 연산군의 경덕왕대 이전 명칭이며,[6] 사료에서 일모산성으로도 나온다.[7] 연산군과 매곡현은 각기 성읍으로 분해되면서 독자적인 방어 단위체를 형성하고 정치적인 향배도 달리하였다. 이런 상황에서 양자 사이에 종래와 같은 운영체계가 작동할 수 없음은 물론이다.

이를 대신하여 고려는 통일전쟁기에 전선 지역을 중심으로 거점 지역에 주(州)를 설치하여 주변을 관할토록 했지만, 이는 성읍의 독자적인 운영을 전제로 한 제한적인 방안이었고, 지역적인 편차도 컸다. 따라서

---

4 『高麗史』 권92, 列傳5 龔直, "燕山昧谷人 (중략) 新羅末 爲本邑將軍 (중략) 因言曰 百濟一牟山郡 境接弊邑 以臣歸化 常加侵掠 民不安業 臣願往攻取 使弊邑之民 不被寇掠 專務農桑 益堅歸化之誠".

5 『高麗史』 권127, 列傳40 桓宣吉, "景琮姉 乃昧谷城主 龔直妻也 其城甚固 難以攻拔 且隣賊境 若或誅琮 龔直必反".

6 『三國史記』 권36, 地理3 燕山郡, "本百濟一牟山郡 景德王 改名 今因之".

7 『高麗史節要』 권1, 太祖 15년 7월, "是歲 復攻一牟山城 破之".

고려는 통일전쟁을 마무리한 후 보다 체계적인 지방지배를 도모하게 되었다. 그런데 앞서 살펴보았듯이 군현의 획정이 신라의 틀에서 크게 벗어나지 않은 것에 상응하여 운영체계의 정비 역시 신라의 군-영현체계를 복구하는 방향으로 이루어지게 되었다.

이는 몇 가지 논거를 통해 뒷받침된다. 우선 태조 23년의 읍호개정에서 군현의 고유명을 대대적으로 개정하면서 읍격에 대해서는 거의 조정을 가하지 않았다는 점이다. 대부분의 군·현이 신라 이래의 읍격을 유지한 것은 당시 운영체계 정비의 기조가 신라의 군-영현체계의 복구에 있었음을 시사한다.[8]

따라서 고려초기에 신설된 군현에 대해서도 군-영현체계가 적용되었을 것인데, 이는 청도군(淸道郡) 사례를 통해 추론할 수 있다. 청도군은 '고려초'에 대성군(大城郡)과 오악(烏岳)·형산(荊山)·소산(蘇山) 등 3현을 통합하여 성립하였다. 내용상 대성군을 그 전신으로 하여 3현을 합한 형태로 해석할 수 있다.

『경상도지리지』[9]를 보면 고려시기의 영현으로 풍각현(豊角縣)과 두야보부곡(豆也保部曲)이 있었다고 되어 있다. 그런데 청도군은 밀성군(密城郡)의 속현으로 내속한 뒤 예종 4년에 감무(監務)가 설치되고 충혜왕 4년

---

8 김일우는 태조대의 군현 개편에 대해 主屬關係의 형성이라는 관점에서 파악하면서 주속관계가 통일전쟁기 호족을 중심으로 형성된 지역연합에서 비롯된 것으로 보았다(金日宇, 1989, 「高麗初期 郡縣의 主屬官階 形成과 地方統治」, 『民族文化』 12; 1998, 『고려초기 국가의 地方支配體系 연구』, 一志社).

9 『경상도지리지』의 연혁은 『고려사』 지리지나 『세종실록』 지리지의 연혁과 큰 차이를 보인다. 예를 들어 현종 9년의 개편은 『경상도지리지』에 거의 나타나지 않는다. 이는 『경상도지리지』가 주로 지방의 전승이나 전래 자료를 토대로 작성되었기 때문이다. 다른 자료에 비해 『경상도지리지』에 諺傳 기사가 다수 수록된 것도 이 때문이다. 따라서 『경상도지리지』의 연혁 기사를 이용할 때에는 충분한 검토가 요구된다. 이에 여기서는 참고 수준에서 활용함을 밝혀 둔다.

에 지군사(知郡事)가 되는데, 이 과정에서 속현의 이속은 확인되지 않는다.[10] 그렇다면 청도군의 영현 관할이 실재한 것이라면 이는 밀성군에 내속하기 전의 일이 될 수밖에 없다.

이때 주목되는 것이 풍각현의 연혁이다. 『고려사』 지리지에 따르면 풍각현은 본래 상화촌현(上火村縣)으로 고려에서 명칭이 개정된 후 현종 9년에 밀성군에 내속하였다. 그런데 『경상도지리지』에서는 고려초기에 청도군에 속해 있다고 기록하였다. 그렇다면 풍각현은 고려에서 새로 획정되었으며, 이와 함께 역시 새로 획정된 청도군의 영현으로 귀속되었다가 현종 9년에 청도군과 함께 밀성군에 내속하는 것으로 추정할 수 있다.

풍각현과 비슷한 사례로 부계현(缶溪縣)이 있다. 부계현은 『고려사』 지리지에서는 이전 연혁이 없이 현종 9년에 상주에 내속한 사실만 나와 있다. 그런데 『경상도지리지』에서는 "고려 때 부계현으로 고쳐 일선 임내에 속하였다[高麗時 改缶溪縣 屬一善任內]"라고 정리하고 있으며, 같은 책 선산도호부(善山都護府: 一善縣)조에는 '고려초'의 영현으로 부계가 있다. 이로 미루어 부계현은 고려초기에 신설된 군현으로서 숭선군(嵩善郡: 一善縣)의 영현으로 편제되었던 것으로 이해할 수 있다.

이상의 사례를 통해 태조대 군현 획정과 함께 신설 군현에 대해서도 군-영현의 편성이 적용되었음을 알 수 있다. 이는 당시 지방제도 운영이 군-영현체계를 토대로 이루어진 데 따르는 것이다.

이 점에서 태조 23년의 군현 획정은 한편으로 신라 이래의 군-영현체계를 복구하는 것이었다고 할 수 있는데, 당시의 금석문에서 구체적인

10 예종대의 監務 파견이나 고려후기의 특례승격에는 대부분 속현이 移屬되지 않았다(尹京鎭, 1991, 「朝鮮初期 郡縣體制의 개편과 運營體系의 변화」, 『韓國史論(서울대 국사학과)』 25, 92-109쪽).

사례를 찾을 수 있다.

나) 輔州官班

上沙喰元吉 第二純亻品 第三英希 寺卿村主吉萱

縣官班

上沙喰宗侃 第二今岳 第三主道

村主行悟 村主能直 村主宣直[11]

위의 기록은 태조 24년에 세워진 예천의 「경청선원자적선사비(境清禪院慈寂禪師碑)」의 음기(陰記)에 있는 관반(官班) 조직에 대한 것이다. 주목되는 것은 보주관반(輔州官班)과 현관반(縣官班)의 관계이다. '현'은 비가 소재한 적아현(赤牙縣: 殷豊縣)이라는 것에 이론의 여지가 없다. 문제는 '주'가 어디인가 하는 것이다.

현재 '보주(輔州)'의 의미는 두 가지 견해가 있다. 하나는 어의대로 해석해서 '주를 보좌하는'으로 보는 것이고,[12] 다른 하나는 '보주(甫州: 禮泉郡)'와 동일한 지명으로 보는 것이다.[13] 전자로 볼 경우에도 주의 구체적인 지명은 두 가지가 가능하다. 하나는 비의 서두에 '고려국 상주 명봉산'이라고 나오는 것에 근거하여 상주로 보는 것이고,[14] 다른 하나는 역시 보주로 보는 것이다.

그런데 신라 9주의 하나였던 상주의 관반이 과연 직할 영현도 아니었던 적아현의 사업에 관여했겠는가 하는 의문이 든다. 무엇보다 신라

11 『譯註羅末麗初金石文』 境清禪院慈寂禪師碑.

12 金光洙, 1979, 「羅末麗初의 豪族과 官班」, 『韓國史硏究』 23, 126쪽.

13 北村秀人, 1984, 「高麗初期の在地支配機構管見」, 『人文硏究』 36-9, 581-582쪽.

14 구산우, 2003, 『高麗前期 鄕村支配體制 硏究』, 혜안, 414-420쪽.

의 주가 행정적으로 관내를 통할했는지가 분명하지 않다.[15] 서두의 상주는 신라 이래 광역권을 표시하는 관념일 뿐이며 실제적인 행정구역의 표시는 아니라고 생각되며, 보주관반 또한 상주의 관반일 가능성은 별로 없다. 이들은 보주의 관반으로 보는 것이 타당하다.

당시 '보(輔)'와 '보(甫)'가 통용되었다는 점은 보주(輔州)를 보주(甫州)로 볼 중요한 근거가 된다. 고려의 관위에서 원보(元甫)가 원보(元輔)로, 정보(正甫)가 정보(正輔)로 기재되는 것에서 그 연관성을 찾을 수 있다.[16] 그리고 지명의 경우도 원래 명칭은 보주(輔州)였다고 생각된다. 보주가 위치한 소백산맥 남쪽에는 다수의 주가 설치되었다. 이들의 명칭은 기주(基州)·흥주(興州)·강주(剛州)·순주(順州) 등 정치적 관념이 뚜렷하게 투영되어 있다. 보주(輔州) 또한 그러한 의미에 부합하며, 이것이 뒤에 원보나 정보처럼 보주(甫州)로 바뀐 것이다.

이와 같이 보지 않는다면 '보(輔)'는 '주'를 수식하는 의미가 된다. 그런데 '보(輔)'는 '보국(輔國)'이나 '보필(輔弼)' 같은 표현에서 알 수 있듯이 주로 국가나 왕에 대한 행위를 표상한다. 이 점에서 '보(輔)'의 대상으로 지방행정단위인 '주'가 제시되는 것은 불합리하다.

그렇다면 적아현 소재 사원의 사업에 보주의 관반이 기록된 이유는 무엇일까. 이는 보주와 적아현이 신라 당시 군-영현 관계였다는 데서 찾을 수 있다. 신라에서는 군과 영현을 묶어 역제(役制) 운영의 단위로 삼았다. 이때 군의 운영조직은 현 단위에서 행해지는 역역에 대해 일정한

---

15 기존 연구에서는 광역 州의 기능에 대해 상서물 진헌과 효행자 보고를 들고 있으나 이는 이념적인 면이 강하다. 무엇보다 행정체계의 핵심이라 할 수 있는 수취체계상의 기능이 뚜렷하지 않다.

16 일례로 태조 20년에 건립된 「廣照寺眞澈大師碑」와 혜종 원년에 건립된 「五龍寺法鏡大師碑」에는 '元甫'가 '元輔'로 기록되어 있다.

역할을 담당하였다. 이는 신라 중고기 군의 운영양태로부터 추론할 수 있다.

진평왕대에 건립된 「남산신성비(南山新城碑)」에 나타난 인력 동원 양상을 보면, 1개 성·촌 단위로 작업분단을 구성하고 그 운영조직에는 군상촌주(郡上村主), 또는 군중상인(郡中上人), 군상인(郡上人)이 공통적으로 참여하고 있다.[17] 이를 통해 군의 조직이 성·촌 단위의 역부 동원과 축성사업에 관리 책임을 맡고 있었음을 알 수 있다. 전술한 「영천청제비」에서도 같은 원리가 구현되고 있다.

한편 「자적선사비」의 본문에는 홍준(洪俊)이 예천에서 정광(正匡) 모(某)라는 지원자를 만난 사실이 기재되어 있다. 홍준의 무리가 머물던 적아현의 사찰은 이 인물의 지원으로 마련되었을 가능성이 높다.[18] 예천군의 단월이 적아현 지역에 선원을 마련해 주는 것은 군의 세력이 관할 현에 일정한 영향력을 가지고 있었던 데서 비롯된다. 여기서 뒤에 경청선원의 중수(重修)에 예천(보주)의 관반이 참여하는 상황도 자연스럽게 유도된다.[19]

---

17 신라 중고기 郡의 실체에 대해서는 여러 이론이 있으므로 여기서는 郡과 역제운영의 상관성만 지적해 둔다. 그 밖에 「南山新城碑」에 나타난 역제운영과 지방통치체제의 내용에 대해서는 姜鳳龍, 1994, 앞의 논문, 53-81쪽 참조.

18 이러한 양상은 崔承老 상서에서 승려들이 州郡 長吏에게 청탁하여 사원을 건립한다는 지적을 통해서도 짐작할 수 있다(『高麗史』 권93, 列傳6 崔承老, "又有中外僧徒 欲爲私住之所 競行營造 普勸州郡長吏 徵民役使 急於公役 民甚苦之 願嚴加禁斷 以除百姓勞役").

19 「자적선사비」의 사례는 중앙이 아니라 현지의 역역이라는 점에서 차이가 있지만, 주변의 14개 군현에서 역부[鸦]가 징발되어 투입되었으므로 이를 운영할 조직이 필요했을 것이다. 14군현의 징발은 州를 尙州로 보는 하나의 근거가 되기도 하지만, 상주 관내의 모든 역역에 상주의 관반이 투입될 수는 없다. 실제 징발 범위와 역부를 운영·관리하는 체계는 다를 수 있다. 일차적으로 역역이 벌어지는 현의 관반이 실무를 담당하고 그 관할 군의 관반이 관리하는 체계를 상정할 수 있다. 보주관반의 경우 현관반과 달리 하위 촌주가 기재되지 않은 것은 상급 직임만 참여했기 때문이다. 이는 실무보다는 관리가 주된 업무였음을 보여 준다.

이와 함께 참고되는 또 하나의 자료로서 「갈양사혜거국사비(葛陽寺惠居國師碑)」의 기록이 있다. 이 비에 따르면 혜거국사는 광종 25년에 사망했고, 비가 건립된 것은 성종 13년의 일이다. 그리고 혜거국사의 출신지는 "천녕군(川寧郡) 황려현(黃驪縣)"으로 되어 있다. 신라 경덕왕대에 천녕군은 소천군(泝川郡), 황려현은 황효현(黃驍縣)으로서 각기 '고려초'에 해당 읍호로 개정되었다. 그런데 경덕왕대에 황효현은 소천군의 영현이었다. 곧 신라 때의 영속관계가 고려에서 읍호가 개정된 뒤에도 동일하게 유지되고 있었던 것이다. 이는 고려초기 군-영현체계의 존재를 뒷받침한다.

다만 여기에는 자료적인 난점이 있다. 현재 「혜거국사비」는 실물이 남아 있지 않고 그 전사본만 전한다. 이 전사본은 혜거국사의 행적 등과 관련하여 후대의 사실이나 신빙하기 어려운 내용이 들어 있음이 지적되었다.[20] 따라서 혜거국사의 출신지 기록을 이용하는 것도 문제가 없지 않다.

하지만 「혜거국사비」의 기록은 전적으로 위조된 것이라기보다는 전승된 단편적 자료에 의해 재구성되거나 윤색되었을 가능성이 높다. 또한 그의 행적과 달리 출신지 기록은 조작의 가능성이 상대적으로 낮다. 특히 천녕군과 황려현이라는 읍호는 고려에서 개정된 것이지만, 영속관계는 신라의 것을 그대로 반영하고 있다. 이는 고려초기 군-현 영속관계의 존재를 배제한 상태에서 단순한 위조나 착오, 또는 후대의 인식으로 구성하기 어려운 내용이다. 따라서 해당 사례는 고려초기 군-영현체계의 존재를 보여 주는 근거로 채용할 수 있다.

20 최연식, 1998, 「均如 華嚴思想 研究」, 서울대학교 박사학위논문, 54쪽.

2. 태조대 읍호개정과 읍격 변동

고려 태조대 이후 고려가 신라의 군-영현체계를 적용하고 있었다면 이것은 당시의 읍격에 반영되었을 것이다. 군·현 읍격은 군-영현체계상의 위치를 그대로 반영하기 때문이다. 이것을 확인할 수 있는 자료가 바로 『삼국사기』 지리지의 '금(今)' 읍호이다.

『삼국사기』 지리지는 각 군현 연혁의 뒤에 『삼국사기』가 편찬된 인종대 읍호를 싣고 있다. 이때 읍호가 동일하면 '인지(因之)'로 적고, 달라진 경우에는 해당 읍호를 제시하였다. 그런데 고려 현종 9년 지방제도 개편 이후에는 외관이 설치되지 않은 속현의 읍격은 의미가 없었다. 외관이 파견되면 관호(官號)에 상응하여 읍격이 규정되므로 의미가 있지만, 속현에서는 그러한 요소가 개재되지 않았다. 이 때문에 자료에 따라 읍격이 다르게 나타나는 현상이 자주 발견된다. 『삼국사기』 지리지의 '금' 읍호에서 고유명이 같으면 읍격과 상관없이 '인지'로 표현한 것도 이 때문이다.

반면 고유명이 바뀔 경우 읍격까지 명시했는데, 이 중 경덕왕대 읍호와 대비하여 읍격이 달라진 것들이 있다. 이것은 국초의 지방제도에서 군과 현이 구분되었던 것에서 기인하는 것이다. 당시 개편에서 군-영현 단위를 개편함으로써 군이 현으로, 혹은 현이 군으로 바뀌는 변화가 나타났고, 이렇게 바뀐 읍격이 읍호의 일부로 유지됨으로써 『삼국사기』에 달라진 읍격이 나타나게 된 것이다.[21] 이러한 변화는 고유명이 그대로 유지된

21 『고려사』 지리지의 표제읍호 중에는 속현임에도 『삼국사기』 지리지의 '금' 읍호와 읍격이 다른 경우가 있다. 이것은 『고려사』 지리지의 표제읍호에서 읍격의 혼용이 나타난 경우로 판단된다. 마찬가지로 『삼국사기』 지리지의 '금' 읍호에서도 혼용의 여지가 있다. 하지만 『고려사』 지리지 표제읍호의 경우 기준 자료가 불완전하고 지리지를 편찬한 조선초기의 관점에서 선택된 측면이 있다. 반면 『삼국사기』 지리지의

경우에도 발생했겠지만, 자료상 변화를 판단할 수 없다.

『삼국사기』 지리지 '금' 읍호에서 고유명이 바뀌면서 읍격이 달라진 경우는 성산군(星山郡)-가리현(加利縣), 궐성군(闕城郡)-강성현(江城縣), 장구군(獐口郡)-안산현(安山縣), 양록군(楊麓郡)-양구현(楊溝縣), 부평군(富平郡)-김화현(金化縣), 벽계군(壁溪郡)-장계현(長溪縣), 황산군(黃山郡)-연산현(連山縣), 순화군(淳化郡)-순창현(淳昌縣), 현웅현(玄雄縣)-남평군(南平郡), 장새현(獐塞縣)-수안군(遂安郡) 등 모두 10개를 찾을 수 있다.[22] 이들 중 고려에 들어와 군-영현 영속관계의 변화를 유추할 수 있는 몇 사례를 구체적으로 살펴보자.[23]

성산군이 현으로 바뀌는 것은 성산군 영현이었던 신안현(新安縣)이 경산부(京山府)가 되는 것과 관련된다. 당초 경산부는 성산군을 중심으로 신안현과 도산현(都山縣) 등을 통합하여 설치되었으나 뒤에 그 중심이 이총언(李悤言)의 근거지인 신안현의 벽진성(碧珍城)으로 이동하였다. 이후 성산군은 다시 군현으로 분리되었으나 군의 지위를 가진 경산부 관할이 되면서 현이 되었다.[24] 이 점에서 성산군의 연혁 변화는 고려초기 군-영현체계를 보여 주는 중요한 사례가 된다.

'금' 읍호는 인종대의 공식 읍호를 적은 것인 만큼, 혼용으로 인해 읍격이 다르게 나타날 여지는 크지 않다.

22 牢山郡(嘉興縣)은 고려에서 縣으로 개편된 경우가 아니라 『삼국사기』 지리지에서 縣을 郡으로 잘못 정리한 것이다(윤경진, 2012①, 「고려전기 읍호변동의 제 양상」, 『高麗史 地理志의 分析과 補正』, 여유당, 360쪽). 그리고 이 중에는 성종 11년 읍호 개정이나 성종 14년 개편 과정에서 변화가 발생한 경우도 생각할 수 있지만, 이들은 대개 원상 복구되었기 때문에 군·현 읍격의 변화는 태조대에 발생한 것으로 판단할 수 있다.

23 이하 읍격 변동 사례에 대한 내용은 윤경진, 2012, 앞의 책, 353-378쪽에서 분석한 것을 토대로 재정리한 것이다.

24 경산부와 성산군의 연혁 관계에 대해서는 윤경진, 2018, 「신라말 고려초 京山府 연혁과 碧珍郡」, 『역사문화연구』 66 참조.

장구군이 현으로 바뀌는 것은 조금 성격이 다르다. 이것은 장구군 관할에 있던 당은현(唐恩縣)이 신라말 당성진(唐城鎭) 설치 후 군으로 전환되고, 인근의 장구군이 그 관할의 현으로 개편한 결과로 이해된다. 『삼국사기』 지리지에는 수성군(水城郡)에 관할 현이 없고 당은군이 차성현(車城縣)과 진위현(振威縣)을 관할한 것으로 되어 있다. 당은군은 경덕왕 16년 기준 자료에서는 수성군 관할의 현이었으나 군 개편이 추기(追記)되면서 『삼국사기』 지리지에는 군으로 정리된 것으로 보인다.[25]

고려초기에 이 방면의 군-영현체계가 어떻게 재정리되었는지는 알 수 없지만, 수성군과 당성군이 설정됨에 따라 장구군을 현으로 개편하여 관할 현과 함께 수성군 또는 당성군 관할로 개편했을 것으로 추정된다.[26] 결과적으로 장구군 사례는 경덕왕대 군현제 정비 이후에도 군·현 읍격의 변동이 있었음을 보여 주며, 같은 운영원리를 채용한 태조대에도 그러한 변화가 가능했음을 뒷받침한다.

양록군이 현으로 전환된 것은 북원경의 개편에 연동된 것으로 판단된다. 곧 북원경이 원주로 개편되고 군으로 설정됨에 따라 삭주(朔州: 春州) 영현 중 홍천현(洪川縣)과 횡천현(橫川縣)이 원주 영현으로 개편되었고, 대신 춘주 인근의 양록군을 현으로 개편하여 예하 영현과 함께 춘주 관할로 편성한 것이 아닐까 한다.

25 윤경진, 2012②, 「『三國史記』 地理志의 기준 시점과 연혁 오류」, 『韓國史硏究』 156; 2012, 앞의 책, 143-146쪽.
차성현과 진위현 또한 그대로 수성군 관할이었던 것으로 추정된다.

26 『고려사』 지리지에는 "高麗初 改爲安山郡"이라는 연혁이 있다. '安山'이라는 읍명은 태조 23년에 개정된 것이지만, 이때 郡으로 개편된 것으로 보이지는 않는다. 『삼국사기』 지리지의 '今' 읍호가 縣이고 『고려사』 지리지의 표제읍호 또한 縣으로 되어 있기 때문이다. 이는 다른 자료를 통해 郡을 확인하고 이를 연혁 기사에 반영한 결과로 보이는데(윤경진, 위의 책, 298쪽), 성종 11년 읍호개정에서 안산이 일시 郡이 된 상황으로 추정된다. 성종 11년 개편에 대해서는 본서 2부 2장 참조.

그 밖에 구체적인 정황은 알 수 없으나 궐성군과 황산군, 순화군 등이 현으로 개정된 것 또한 주변의 영속관계 변동에 수반된 것으로 보인다. 각기 인근의 거점인 강주(진주)와 웅주(공주), 남원부 중심의 운영체계를 강화하는 의미가 있었을 것으로 추정된다.

한편 현웅현이 군으로 바뀐 것은 무주 지역의 재편과 관련된다. 고려는 9주의 하나였던 무주를 대신하여 나주를 이 지역의 경략 거점으로 삼았다. 뒤에 나주가 계수관으로 수립되는 반면 무주(광주)는 속현이 되었다. 이것은 앞서 무주 지역에 대대적인 개편이 가해졌음을 짐작케 한다. 그 일환으로 무주 영현이었던 현웅현을 군으로 설정하고 무주를 그 영현으로 개편한 것이 아닐까 한다. 현웅현이 개정된 '남평(南平)'은 '남방 평정'의 의미로 해석되어 무주를 대신하는 군으로서의 의미를 유추할 수 있다.

장새현은 서경으로 가는 내륙 경로인 방원령로의 관리를 위해 군으로 설정되었다. 고려에서 개경과 서경을 연결하는 중심 교통로는 동주(洞州: 서흥)와 봉주(鳳州: 봉산), 황주(黃州)를 경유하는 절령로(자비령로)였다. 그런데 이것은 신라 헌덕왕대 취성군(取城郡: 황주) 방면이 개척되면서 부상한 것이고, 이전까지는 장새(수안)를 경유하는 길이 중심이었다. 절령로 개척으로 비중이 줄었으나 북방 경략을 위한 지름길로서 의미가 컸기에 고려는 이 경로도 적극 관리하였다. 이 방면에 신은현(新恩縣)이 새로 설치된 것은 그 산물이다.[27] 이에 수반하여 장새현을 군으로 삼아 신은현 등을 관할하도록 한 것이다.

이처럼 태조 23년의 읍호개정에서는 군현 획정 및 고유명 개정과 더불어 군·현 읍격의 변동도 있었다. 여기에는 영현이 없던 5경을 군으로

---

27 윤경진, 2010, 「고려 태조대 鎭 설치에 대한 재검토: 禮山鎭·神光鎭을 중심으로」, 『韓國史學報』 40, 25-36쪽.

설정하면서 주변 지역을 그 관할로 삼은 경우와 성산군이나 현웅현처럼 전쟁에 따른 지역 중심지의 변화를 반영한 경우가 있었다. 다만 전체적으로 개편의 폭은 크지 않았던 것으로 판단된다.

2

성종 11년의 읍호개정과 군-영현체계

1. '성묘소정' 별호의 구성 양태와 설정 원리

1) '성묘소정' 별호의 구성 양태

『고려사』에는 성종 11년에 주부군현(州府郡縣)과 관역강포(關驛江浦)의 명칭을 고쳤다는 기사가 보인다.[1] 이것은 태조 23년의 읍호개정에 이어 다시 한번 군현을 포함한 지방 운영단위 전반의 명칭을 바꾼 것이었다. 그러나 지리지에는 당시 개편 내용이 나와 있지 않아 그 내용과 의미를 알기 어렵다. 다만 당시 개편의 내용을 반영한 것으로 여겨지는 두 개의 자료가 있어 이를 통해 접근할 수 있다.

하나는 이른바 '성묘소정' 별호이다. 『고려사』 지리지의 각 군현 연혁 말미에는 해당 군현의 별호(別號)가 정리되어 있는데, 이 중에는 '성묘소정(成廟所定)'으로 주기된 것들이 있다. 이 명칭은 『세종실록』 지리지에는 '순화소정(淳化所定)'으로 나오며, 성종 10년에 제정된 것으로 설명되어 있

1 『高麗史』 권3, 成宗 11년 11월 癸巳, "改州府郡縣及關驛江浦號".

다.[2] 불과 1년 차이여서 양자가 깊이 관련되어 있음을 짐작할 수 있다.

다른 하나는 『고려사』 식화지 조운(漕運)조에 보이는 조선수경가(漕船輸京價) 기사이다. 이것은 조운선이 출발하는 각 포구에서 개경까지 세곡(稅穀)을 수송하는 운임을 정한 것이다. 이때 각 항목에는 해당 포구가 소재한 군현 명칭이 주기되어 있는데, 이 중에 성묘 별호[3]가 다수 보인다. 또한 여기에는 포구 명칭의 변경도 반영되고 있어서 이 기사가 읍호개정 이후에 제정된 것임을 판단할 수 있다. 이 점에서 조선수경가 기사는 성종 11년 읍호개정의 내용과 의미를 파악하는 긴요한 자료가 된다.

현재 성묘 별호의 제정과 성종 11년 읍호개정의 관계에 대해서는 여러 견해가 있다. 우선 성종 10년은 성종 11년의 잘못이며, 별호 제정은 실제로는 정식 읍호의 제정이라고 보는 견해가 있는가 하면,[4] 별호가 당시에 정식 읍호이며 후대에 별호로 정착된 것이라고 하면서도 성종 10년의 별호 제정을 성종 11년의 읍호개정과 상관없이 성종 14년의 개편으로 연결하는 견해도 있다.[5] 또한 두 기록이 직접 상관이 없다고 보기도 하고,[6] 성종 10년의 별호 제정을 근간으로 성종 11년에 읍호개정이 전면 시행되

2 『世宗實錄』 地理志 廣州牧, "成宗十年辛卯 定州郡別號 廣州曰淮安 卽宋太宗淳化元年也 後凡書淳化所定者 皆倣此".
辛卯年은 淳化 2년으로서 기사의 설명과 오차가 있다. 성종 10년은 순화 2년에 해당한다.

3 이하 '성묘소정' 별호는 '성묘 별호'로, '순화소정' 별호는 '순화 별호'로 약칭하며, 양자를 구분할 필요가 없을 때에는 '성묘 별호'로 통칭한다. 그리고 이들과 구분되는 여타의 별호들은 기존 연구에서처럼 '일반 별호'로 부르기로 한다.

4 北村秀人, 1978, 「高麗初期の漕運についての一考察」, 『古代東アジア史論集(上)』, 吉川弘文館.

5 濱中昇, 1977, 「十世紀末における高麗州縣制の施行」, 『朝鮮學報』 144.

6 禹太連, 1987·1988·1989, 「高麗初 地名別號의 制定과 그 運用(上·中·下)」, 『慶北史學』 10·11·12.

었다고 보기도 한다.[7]

그런데 『고려사』나 『세종실록』 지리지에는 고려 때의 즉위년칭원을 유년칭원으로 고치는 과정에서 1년의 오차가 발생하는 경우가 많다는 점을 고려하면, 양자를 다른 것으로 보기는 어렵다. 논리적으로도 개정된 읍호가 별호로 정착했다면 읍호개정이 별호 제정으로 해석될 수 있다. 이에 여기서는 성묘 별호가 성종 11년 읍호개정과 직접 관련된다는 판단하에 당시 읍호개정이 어떤 의미를 가지는지 천착해 보기로 한다.

『고려사』 지리지에 성묘 별호가 기재된 군현은 모두 53개이고, 『세종실록』 지리지의 순화 별호는 모두 47개 군현에 정리되어 있다. 양자의 명칭은 대부분 일치하지만, 일부 군현은 차이가 있다. 다음 [표 2-1]은 비교를 위해 양자를 대비하여 정리한 것이다.

표의 내용을 검토하면 성묘 별호의 내역에서 몇 가지 특징을 발견할 수 있다. 첫 번째 특징은 대부분의 사례가 주호(州號)를 가지고 있다는 점이다. 전체 55개 사례 중 48개가 주(州)이다. 그리고 초계현(草溪縣)·일선현(一善縣: 善州)·기주현(基州縣: 基州)·순안현(順安縣: 剛州)·기양현(基陽縣: 甫州)·정안현(定安縣: 長興府)·장주현(漳州縣: 獐州) 등 7개만이 현(縣)이다. 그런데 이 중 초계현과 정안현을 제외한 나머지 5개 현은 고려초기에는 주였다.[8] 여기서 성묘 별호는 대체로 주를 대상으로 한 것이라는 이해가 가능하다. 다만 당시 주 중에서 별호가 보이지 않는 경우와 현으로서 성묘 별호가 있는 초계현·정안현, 연혁상 성종 11년 당시에 주가 아니었던

7 구산우는 성종 11년의 개편이 성종 10년 州府郡縣의 改號에 이어 關驛江浦의 명칭을 고친 것으로 이해하였다(具山祐, 1993, 「高麗 成宗代의 鄕村支配體制 강화와 그 정치·사회적 갈등」, 『韓國文化硏究』 6).

8 윤경진, 2012, 「『高麗史』 地理志 고려초기 改號 기사의 자료적 기반과 정리 방식」, 『震檀學報』 115; 2012, 『高麗史 地理志의 分析과 補正』, 여유당.

[표 2-1] '성묘소정(순화소정)' 별호의 내역

번호	『고려사』 지리지의 표제읍호	『고려사』 지리지의 成廟所定 별호	『세종실록』 지리지의 淳化所定 별호	비고
1	楊州	廣陵	없음	
2	抱州	清化	清化	
3	幸州	德陽	德陽	
4	衿州	始興	없음	始興은 일반별호
5	水州	漢南	漢南	
6	廣州	淮安	淮安	
7	竹州	陰平	陰平	
8	果州	富安	富林	一作富安
9	忠州	大原	大原	
10	槐州	始安	始安	
11	原州	平涼	平涼	
12	堤州	義川	義川	
13	木州	新定	新定	
14	鎭州	常山	常山	
15	公州	懷道	懷道	
16	洪州	安平 海豊	安平 海豊	
17	牙州	寧仁	寧仁	
18	慶州	樂浪	樂浪	
19	永州	益陽	益陽	
20	蔚州	鶴城	恭化 鶴城	
21	禮州	丹陽	丹陽	
22	梁州	宜春	宜春	
23	晉州	晉康	없음	
24	草溪縣	清溪	清溪	
25	尙州	上洛	上洛	
26	一善縣(善州)	和義	和義	
27	基州縣(基州)	永定	永定	
28	興州	順政	順政	
29	順安縣(剛州)	龜城	龜城	
30	基陽縣(甫州)	清河 襄陽	襄陽	

[표 2-1] (계속)

번호	『고려사』 지리지의 표제읍호	『고려사』 지리지의 成廟所定 별호	『세종실록』 지리지의 淳化所定 별호	비고
31	全州	莞山	甄城	성종 10년의 별호로 承化·莞山이 있음
32	羅州	通義 錦城	通義 錦城	
33	長興府(定安縣)	定州	定州	
34	春州	壽春	壽春	
35	東州	昌原	없음	
36	漳州縣(獐州)	獐浦	없음	獐浦는 일반 별호
37	海州	大寧 西海	大寧 西海	
38	鹽州	五原	없음	
39	白州	銀川	銀川	
40	安州	安陵	安陵	
41	豊州	西河	西河	
42	儒州	始寧	始寧	
43	黃州	齊安	齊安 龍興	
44	鳳州	池河	池河	
45	信州	信安	信安	
46	洞州	隴西	隴西	
47	谷州	象山	象山	
48	登州	朔方	없음	
49	宜州	東牟	東牟	
50	寧州	安陵	安陵	
51	雲州	雲中	雲中	
52	博州	博陵	博陵	
53	成州(剛德鎭)	松讓	없음	松讓은 성종 2년 별호
54	見州	없음	昌化	
55	交州	없음	蓮城(連城)	

* 비고는 『세종실록』 지리지의 관련 내용을 제시한 것이다.

성주(成州) 등의 사례에 대한 추가적인 설명이 요구되는데, 이 문제는 뒤에서 다시 다룰 것이다.

두 번째 특징은 성묘 별호와 순화 별호 중 한쪽에만 수록된 경우가 다수 발견된다는 점이다. 성묘 별호는 있으나 순화 별호는 없는 경우로는 양주(楊州)·금주(衿州)·진주(晉州)·동주(東州)·장주(獐州)·염주(鹽州)·등주(登州)·성주(成州)가 있다. 이 중 금주와 장주의 성묘 별호는『세종실록』지리지에 일반 별호로 정리되어 있으며, 성주는 별호가 성종 2년에 제정된 것으로 되어 있다.

반대로 성묘 별호는 없고 순화 별호만 있는 경우로 견주(見州)와 교주(交州)가 있다. 그런데 견주의 순화 별호인 '창화(昌化)'는『고려사』지리지에 표제읍호의 이칭(異稱)으로 정리되어 있으며, 교주의 순화 별호인 '연성(蓮城)'은 신라 경덕왕대 명칭인 '연성(連城)'과 동일한 것으로 판단된다.

두 별호가 동일한 성격임에도 불구하고 위와 같은 현상이 나타나는 것은 이들이 근거한 저본 자료에 차이가 있고 여기에 누락이 발생했기 때문이다. 따라서 성묘 별호의 사례 분석에서 반드시 이 요소를 감안해야 한다.

세 번째 특징은 같은 명칭이 복수의 군현에서 나오는 경우가 보인다는 점이다. 안주(安州)와 영주(寧州: 安北大都護府)의 성묘 별호로 나오는 '안릉(安陵)'이 이에 해당한다. 그런데 정식 읍호이든 별호이든 군현을 서로 구별하는 것이므로 같은 시기에 같은 명칭이 복수 군현에 사용되는 경우는 극히 드물다. 특히 이 경우는 특정 시점에 제정된 것이므로 두 곳에 같은 명칭을 지정했을 가능성은 거의 없다.[9] 따라서 어느 하나는 잘못

9 예외적으로『고려사』지리지에는 북계와 동계 모두에 德州가 표제읍호로 보이고, 북계의 龜州가 定州牧으로 승격하면서 동계의 定州와 지명이 중복되었다. 그러나 이

들어간 것으로 보아야 한다.

이것은 이들의 연혁을 검토해 보면 쉽게 이해된다. 영주는 고려후기에 안주로 바뀌었고 원래의 안주는 현령이 설치되면서 재령(載寧)으로 개정되어 조선초기까지 이어졌다. 고려 일대에 걸쳐 보면 안주는 두 지역에 있었던 것이다. 이로 인해 조선초기 지리지 찬자들이 양자를 혼동했고, 그 결과 두 군현에 같은 별호를 넣은 것이다. 이 중에서 안릉은 당시 명칭에 의거해 볼 때 안주(재령)의 별호이며, 영주의 별호는 다른 것으로 판단되는데, 이 역시 뒤에서 다시 언급할 것이다.

네 번째 특징은 복수의 성묘 별호를 가지는 경우가 여럿 보인다는 점이다. 홍주(洪州)·나주(羅州)·해주(海州) 등 두 지리지에서 모두 복수로 나타나는 경우와 보주(甫州)·울주(蔚州)·황주(黃州) 등 한쪽 자료에서만 복수로 나오는 경우가 있다. 이 외에 전주(全州)와 과주(果州) 등 두 자료에서로 다른 별호가 나오는 경우도 있는데, 이 역시 내용적으로 보면 성묘 별호가 복수로 나오는 셈이다.

성묘 별호가 한 시점에 제정되는 것이라 할 때 동시에 두 개의 별호가 있다는 것은 납득하기 어렵다. 특히 두 자료 사이의 불일치를 포함하고 있다는 점은 자료상의 혼입 가능성을 시사한다. 여기서 실제 성묘 별호를 추출해 보자.

전주의 성묘 별호는 '완산(完山)'이고 순화 별호는 '견성(甄城)'이다. 『세종실록』 지리지에는 순화 별호와 별도로 성종 10년에 개정된 별호로 '승화(承化)'와 '완산'을 기록해 두었다. 그런데 성종 10년에 정한 별호가 곧 순화 별호이므로 양자는 동일한 것이다. 그럼에도 전주의 별호가 두

들은 동시에 제정된 것이 아니고, 뒤에 통합과 개호 등으로 구분되었다. 동계의 정주가 조선 태종 때 定平으로 개호된 것은 그 예이다.

가지로 나뉘어 기록된 것은 이들 명칭이 서로 다른 자료에 근거했으며, 성묘 별호를 수록하는 과정에서 혼선이 있었음을 의미한다.

그렇다면 전주의 성묘 별호는 무엇이었을까. 위의 세 가지 별호 중에서 가능성이 가장 높은 것은 '승화'이다. 이는 몇 가지 사실을 통해 판단할 수 있다. 우선 후술하겠지만 성종 11년 조선수경가 기사에 승화군이 나오고, 성종대에 활동한 유방헌(柳邦憲)의 출신지가 '전주 승화현'으로 되어 있다. 이에 대해 '완산'은 전주가 본래 완산주(完山州)였던 것에서 나온 것이며, '견성'은 견훤의 도읍지였다는 사적과 연결된다.

다음에 과주는 두 자료의 별호 내용이 서로 엇갈리는 모습을 보여 준다. 『고려사』 지리지에서는 '부안(富安)'이 성묘 별호이고 '부림(富林)'은 일반 별호로 되어 있다. 그런데 『세종실록』 지리지에서는 '부림'이 순화 별호이고, "부안으로도 되어 있다[一作富安]"라고 주기하였다. 이것은 다른 자료에 순화 별호가 '부안'으로 되어 있음을 밝힌 것이다. 여기서 과주의 별호를 수록한 근거 자료가 두 가지가 있었다는 점과 이 중에서 성묘 별호를 판정하는 과정에 지리지 찬자의 판단이 개입되었다는 것을 알 수 있다. 이 중 어느 것이 실제 성묘 별호인지는 알기 어렵지만, 당에서 사용된 명칭이라는 점에서 '부림'일 가능성이 높아 보인다.

다음에 나주는 성묘 별호가 '통의(通義)'와 '금성(錦城)' 두 가지가 있다. 역시 조선수경가 기사에 통의군이 보이고 있어서 나주의 성묘 별호는 '통의'로 판단된다. '금성'은 신라말에 이미 사용되었던 명칭으로,[10] 나주의 경덕왕대 명칭인 '금산(錦山)'에서 온 것이다.

울주의 성묘 별호는 '공화(恭化)'로 판단된다. 성묘 별호는 대개 아화

10 『高麗史』 권1 太祖 즉위전, "天復三年癸亥三月 率舟師 自西海 抵光州界 攻錦城郡 拔之 擊取十餘郡縣 仍改錦城爲羅州 分軍戍之而還".

된 명칭이거나 당의 군명(郡名)을 채용한 것이다. 그런데 '학성(鶴城)'은 설화와 결부된 신학성(神鶴城)에서 연원한 것으로서 성묘 별호의 일반적 양상과 어긋난다. 반면 '공화'는 『경상도지리지』에 "성종 신묘년에 공화현으로 개정되었다"는 기록이 있으며, 당의 군명에도 보인다. 이로 보아 '공화'가 당시에 제정된 명칭이며, '학성'은 별도의 자료에 의거하여 혼입된 것으로 판단할 수 있다.

보주의 경우 '청하(淸河)'와 '양양(襄陽)' 두 가지가 있는데, 두 자료에서 일치하는 '양양'일 가능성이 높다. 당시에 청하현이 따로 있으므로 '청하'가 동시에 별호로 제정되었을 가능성이 높지 않다.

황주의 경우 '제안(齊安)'과 '용흥(龍興)' 중에서 역시 양자가 일치하는 '제안'의 가능성이 높다. 해주의 경우 '대령(大寧)'과 '서해(西海)' 두 가지가 있는데, 열전에서 최충(崔冲)의 출신을 '해주 대령군인'으로 적은 것으로 보아 '대령'이 성묘 별호일 것으로 이해된다. 홍주의 경우도 조선수경가 기사에 '해풍(海豊)'이 보여 이것을 성묘 별호로 판단할 수 있다.

이상의 검토를 통해 성묘 별호는 대개 주를 대상으로 제정되었으며 여러 개의 자료에 근거하여 정리되면서 누락이나 혼입 등의 오류가 발생했다는 점을 확인할 수 있다. 이때 성묘 별호가 주를 대상으로 한 것이라는 이해가 입증되기 위해서는 성묘 별호가 보이지 않는 주와 반대로 성묘 별호가 보이는 현에 대한 추가 설명이 요구된다. 다음에는 이에 대해 분석해 보기로 한다.

2) '성묘소정' 별호의 설정 원리

성묘 별호가 보이지 않는 주의 성묘 별호를 추정하는 것은 다음 몇 가지 근거를 통해 시도할 수 있다. 앞서 원용했듯이 가장 기본적인 것은 성종 11년의 조선수경가 기사와 성종 14년 지방제도 개편에 따라 새로 채용된 현의 명칭이다. 이들 명칭에는 성묘 별호가 직접 반영되어 있으므로 이를 통해 해당 별호를 찾을 수 있다.

이와 함께 참고할 수 있는 것은 봉작명이다. 별호는 말 그대로 정식 읍호 이외의 명칭으로서 봉작이나 본관(本貫), 기타 아화된 호칭으로 활용되었다. 이는 특히 주(州)에서 두드러지게 나타난다. 당·송의 경우를 보면 군현제의 기본 구조는 주-현으로 되어 있으며, 주는 군명(郡名)을 함께 가지고 있다. 이 군명은 주의 별호에 해당하며 성씨 표현과 봉작에서 폭넓게 사용되었다. 이 점에서 당시 개편이 당대의 군망(郡望)을 모방했다고 보는 것이 일반적이다.

그런데 군·현과 달리 주호는 봉작에서 관칭(冠稱)되는 읍호에 그대로 사용되는 경우가 거의 없다. 예를 들어 부인의 봉작 등급은 국대부인(國大夫人), 군부인(郡夫人), 현부인(縣夫人)으로서 지명은 국·군·현의 명칭을 사용한다. 따라서 주가 봉작명에 사용되어야 할 경우에는 다른 명칭으로 대체할 수밖에 없는데, 별호가 이 기능을 담당한 것이다.

그런데 고려에서 해당 군현의 명칭을 변형시킨 경우를 제외하면 봉작명 등에 사용되는 별호는 성묘 별호가 절대적인 비중을 차지한다.[11] 따라서 성묘 별호가 없는 주의 경우 고려시기에 가장 널리 사용되는 별호가 성묘 별호였을 가능성이 높다.

그 밖에 일반 별호 중에 실제 성묘 별호가 포함되었을 가능성이 있다. 금주(衿州)의 성묘 별호인 '시흥(始興)'이 『세종실록』 지리지에 일반 별호로 정리된 것은 그 예이다. 성묘 별호 중에는 자료 혼입의 여지가 있는

---

11 고려시기 봉작명의 사용례에 대해서는 다음 논문을 참고할 수 있다.
우태련, 1987·1988·1989, 앞의 논문.
金基德, 1998, 『高麗時代 封爵制 研究』, 청년사.

만큼 일반 별호로 정리된 사례를 다른 자료와 대비해 봄으로써 성묘 별호를 추정할 수 있다. 여기에는 성묘 별호가 대개 당대의 군명을 채용한 것이라는 점에서 당의 군명에 있는지의 여부가 참고될 수 있다.

이러한 지표들을 통해 성묘 별호가 기록되지 않은 주의 성묘 별호를 추정해 보기로 한다. 성종 11년 당시 주였던 지역 중 『고려사』 지리지에서 성묘 별호가 없는 사례는 남도 지역의 경우 정주(貞州)·견주·수주(樹州)·청주·교주(交州)·평주(平州)·명주(溟州)·광주(光州)이고, 양계 지역의 경우 등주(登州)·의주(宜州)·영주(寧州)·박주(博州)·운주(雲州)·성주(成州)를 제외한 나머지 주이다. 견주와 교주는 『세종실록』 지리지에 순화 별호로 각기 '창화'와 '연성'이 보이므로 이들을 성묘 별호로 판단할 수 있다.[12]

명주는 후대 봉작명에 자주 쓰이는 '강릉(江陵)'이 성묘 별호였을 듯하다. 『고려사』 지리지에 따르면 명주가 강릉으로 개칭되는 것은 충렬왕 34년의 일이다. 하지만 문종 8년에 건립된 「부석사원융국사비(浮石寺圓融國師碑)」에서 국사의 모친인 방씨(房氏)가 '강릉군대부인(江陵郡大夫人)'으로 나오고 있어[13] 이미 별호로 사용되었음이 확인된다.

이는 수주의 경우도 마찬가지이다. 수주는 고종 2년에 계양도호부(桂陽都護府)가 되지만, 이에 앞서 예종 12년에 수주를 본관으로 하는 이위(李偉)가 계양백(桂陽伯)으로 봉작되었고,[14] 명종 7년에 작성된 이응장(李應章)의 묘지명에서 모친이 '계양군부인'으로 나온다.[15] 여기서 '계양'이 수주의 성묘 별호였음을 짐작할 수 있다.

---

12 '連城'은 신라 경덕왕대 읍호로 사용되었기 때문에 실제 성묘 별호가 따로 존재했을 가능성도 있다. 하지만 현재는 판단이 곤란하다.

13 『韓國金石文追補』 浮石寺圓融國師碑, "妣房氏 江陵郡大夫人 內議令 康明息女也".

14 『高麗史』 권98, 列傳11 李偉.

15 『高麗墓誌銘集成』 李應章墓誌銘.

청주의 성묘 별호는 '상당(上黨)'으로 파악된다. 곽원(郭元)의 본관이 '청주 상당현'으로 되어 있고,[16] 원증승통(圓證僧統) 덕겸(德謙)의 출신 또한 '청주 상당군인'으로 나오는 것에서[17] 이를 판단할 수 있다.

정주의 성묘 별호는 '하원(河源)'으로 추정된다. 『세종실록』 지리지에는 일반 별호로 기재되어 있지만 예종 12년에 작성된 윤언영(尹彦榮)의 처 유씨(柳氏)의 묘지명에서 본관이 하원군이며 이곳이 지금의 승천부(昇天府)라고 한 것을 찾아볼 수 있다.[18]

평주의 경우도 일반 별호인 '연덕(延德)'이 성묘 별호일 가능성이 높다. 김모(金某)의 처 한씨(韓氏)의 묘지명에서 그의 봉작명이 연덕군군(延德郡君)이며 본관이 평주라고 한 것에서[19] 이를 추정할 수 있다.

광주의 경우는 뒤에 현령이 설치되면서 채용되는 '해양(海陽)'이 당의 군명에 보이고 있는데, 명주와 수주의 사례에 비추어 이것이 성묘 별호였을 것으로 생각된다.[20]

이상에서 성묘 별호가 기재되지 않은 남도 지역의 주에 대하여 각각의 성묘 별호를 찾아 보았다. 추정이기는 하지만, 주에는 보편적으로 성묘 별호가 있었다고 보는 데 무리는 없다.

그렇다면 일부 주의 경우 성묘 별호가 있었음에도 『고려사』 지리지에 기재되지 않은 이유는 무엇일까. 자료상의 누락이 일차적인 원인이었을 것이다. 『고려사』 지리지의 연혁 중에는 누락이 적지 않게 발견되는데, 성묘 별호의 경우도 예외는 아니다. 해당 별호가 자료에 보이지 않거

16 『高麗史』 권94, 列傳7 郭元.
17 『高麗墓誌銘集成』 圓證僧統德謙墓誌銘.
18 『高麗墓誌銘集成』 尹彦榮妻柳氏墓誌銘.
19 『高麗墓誌銘集成』 金某妻韓氏墓誌銘.
20 일반 별호로 정리된 光山과 翼陽은 읍호였던 光州와 翼州에서 파생된 것이다.

나 '성묘소정' 여부를 확인할 수 없는 경우가 많았을 것이다.

일부 사례는 지리지 정리 과정에서 어떤 원칙에 따라 제외되었을 가능성도 있다. 『고려사』 지리지는 읍호 선정이나 연혁의 삽입 등에서 일정한 기준을 적용하고 있는데,[21] 성묘 별호의 선정 역시 같은 맥락에서 볼 필요가 있다.

주목되는 것은 별호가 뒤에 정식 읍호로 사용되는 경우이다. 공식 읍호가 따로 있는 상황에서 이칭은 별호로 간주되지만, 일단 연혁에 포함되면 이것은 더 이상 별호로 분류될 수 없다. 실제 성묘 별호가 연혁 중에 등장하는 경우가 없다는 것은 이를 뒷받침한다.[22] 따라서 봉작명 등에 자주 사용되는 칭호가 연혁 중에 포함되어 있는 명주(강릉)나 수주(계양)의 경우에는 누락이 아니라 정리 과정에서 제외되었을 가능성이 높다.

이러한 이해를 뒷받침하는 것이 견주의 사례이다. 견주는 '순화' 별호로 '창화'가 있는데, 『고려사』 지리지에는 이것이 "창화군이라고도 한다[一云昌化郡]"라고 하여 앞서 사용되었던 읍호의 하나로 정리되었다.[23] 따라서 별호로 처리하지 않았다. 고려초기 기록에는 '창화'가 정식 읍호로 사용된 사례도 보이는데,[24] 이에 근거하여 지리지에 이칭의 형태로 연혁에 삽입하고 대신 성묘 별호에서는 제외한 것이다.

다음에는 양계의 주에 대해 살펴보자. 주지하듯이 양계에는 방어사(防禦使)가 파견된 주가 다수 있었다. 성묘 별호가 주에 대해 설정된 것이

---

21 尹京鎭, 1999, 「『高麗史』 地理志의 연혁정리 방식에 대한 비판적 검토: '高麗初'의 연기비정과 관련하여」, 『奎章閣』 22.

22 北界의 雲州와 博州는 '本' 읍호와 성묘 별호가 일치하는데, 이는 후대 연혁에 사용되는 것과 차이가 있다. 이에 대해서는 뒤에서 자세히 다룰 것이다.

23 『高麗史』 권56, 地理1 見州, "本高句麗買省郡 一云昌化郡".

24 『高麗史』 권94, 列傳7 智蔡文, "出都 行至積城縣丹棗驛 武卒堅英 與驛人張弓矢 將犯行宮 王至昌化縣".

라면 성종 11년 당시에 존재했던 양계의 주에도 마찬가지로 성묘 별호가 제정되었을 것이다. 그런데 양계 지역에서 성묘 별호가 확인되는 것은 등주·의주·영주·운주·박주·성주등 6개이며, 이 중 영주는 안주의 것이 잘못 들어간 것이고, 성주는 연혁상 성종 11년에 주가 아니었으므로 4개만 확인되는 셈이다. 하지만 이들만 별호가 제정되었다고 볼 수는 없는 만큼, 다른 주의 경우에도 별호가 있었을 것이다.[25]

양계의 성묘 별호와 관련하여 주목되는 것은 운주와 박주이다. 두 주의 초기 연혁과 성묘 별호를 정리하면 다음과 같다.

가) ① 雲州: 本高麗雲中郡 [一云古達化鎭] 光宗時 爲威化鎭 成宗十四年 稱雲州防禦使 別號 雲中[成廟所定]

② 博州: 本高麗博陵郡 [一云古德昌] 成宗十四年 稱博州防禦使 別號 博陵[成廟所定]

위의 연혁을 보면 '본(本)' 읍호가 성묘 별호와 일치한다. 이는 앞서 연혁 중에 기재된 명칭은 성묘 별호로 정리되지 않는다고 본 것과 어긋나 보인다. 그러나 이는 성묘 별호가 후대에 읍호로 채용된 것과는 성격이 다르다.

'본' 읍호는 연혁의 출발로서 가장 앞선 사실을 나타낸다. 대개 신라 경덕왕대에 선행하는 삼국 이래의 읍호를 정리하고 있지만, 일부는 '고(古)'나 '신라시(新羅時)' 같은 식으로 막연히 처리한 경우도 있으며, 아예 '본' 읍호가 없는 경우도 있다. 이러한 경우는 선행 연혁이 불확실하거나

25 양계 지역은 고려초기 연혁이 불분명하기 때문에 성묘 별호 제정 당시에 어떤 州가 있었는지 판단하기 어렵다. 따라서 여기서는 가능한 범위에서 성묘 별호의 존재 형태에 대해서만 다루기로 한다.

자료상 고려에 들어와 연혁이 처음 확인되는 경우이다.

그런데 양계의 주진은 대부분 고려가 건국된 후 개척과 축성을 통해 설치되었기 때문에 대개 연혁이 축성 사실이나 특정 시점에서 칭해지는 외관의 명칭에서 시작한다. 양계 주진의 연혁에 '칭(稱)'으로 표현된 경우가 많은 것은 기록상 해당 시점에 명칭이 처음 확인되기 때문이다. 따라서 앞에 다시 이전 시기의 연혁이 설정되는 것은 사실상 불가능하다.

그럼에도 이들 앞에 '본' 읍호가 들어가는 것과 관련하여 두 가지 사실을 지적할 수 있다. 하나는 '본'의 시점이 삼국이 아니라 '고려'로 되어 있다는 점이다. 양계 군현 중 일부에서 '본' 읍호의 시점을 '고구려'로 기재한 경우가 있음을 고려하면,[26] '본' 읍호의 '고려'가 '고구려'를 뜻한다고 볼 수 없다. 따라서 해당 읍호는 고려에 들어와 제정된 명칭으로 보아야 한다. 다음에 지적되는 것은 해당 명칭이 아화된 형태로서 대개 중국 군명에 등장한다는 점이다. 이는 성묘 별호와 유사한 것으로, 양계의 '본' 읍호 중 상당수가 성묘 별호를 넣은 것임을 유추할 수 있다. 이러한 사례를 정리하면 [표 2-2]와 같다.

[표 2-2] '성묘소정' 별호로 추정되는 양계의 '본' 읍호

'본' 읍호	표제 읍호	'본' 읍호	표제 읍호	'본' 읍호	표제 읍호
彭原郡	寧州	博平郡	和州	樂陵郡	渭州
洪源郡	高州	安化郡	宣州	光化縣	泰州
信都郡	嘉州	密雲郡	延州	同昌郡	殷州
萬年郡	龜州	雲南郡	撫州		

26 宜州가 여기에 해당한다. 의주는 본래 신라의 井泉郡으로서 새로 개척된 州鎭과 차이가 있다.

위의 사례들을 통해 성종 11년 당시 양계의 주에 대해서도 성묘 별호가 제정되었다고 보는 데 무리는 없을 것이다.

이번에는 주가 아니면서 성묘 별호가 있는 정안현·초계현·성주에 대해 살펴보자. 이들 역시 전체적인 양상과 대비해 본다면 잘못 혼입된 것일 가능성이 높다.

정안현의 경우는 별호가 '정주(定州)'로 되어 있는데, 다른 성묘 별호가 주에 대해 두 글자의 아화된 명칭을 채용한 것과 상반된다. 따라서 실제 '정주'라는 별호가 제정되었다고 보기 어렵다. 그보다는 성종 14년에 제정된 주호가 별호로 정리되면서 성묘 별호로 오인되었을 가능성이 높다. 여기서 영암군(靈岩郡)의 경우가 참고된다. 영암군은 연혁상 성종 14년에 낭주(朗州) 안남도호부(安南都護府)가 되는데, 『세종실록』 지리지에서는 '낭주'가 다시 영암군의 일반 별호로 정리되어 있다. 이에 비추어 볼 때 정안현의 경우도 성종 14년에 정주가 채용되었다가 뒤에 폐지되었고, 이에 정주가 정안현의 별호로 처리되면서 성묘 별호로 잘못 정리된 것으로 보인다.[27]

초계현의 경우는 특별한 이유를 찾기 어려우나 일반 별호가 잘못 정리되었을 것으로 짐작된다.[28] 성주의 경우는 연혁상 태조 14년에 강덕진(剛德鎭)이 설치되고 현종 9년에 성주로 개정되므로 성묘 별호의 제정 대

27 이 외에 保安縣의 사례를 찾을 수 있다. 일반 별호로 정리된 浪州 역시 성종 14년에 州號로 채용되었다가 폐기되면서 별호로 들어간 것일 수 있다. 성종 14년의 州는 개별 군현의 명칭이 아니라 몇 개의 현으로 편성된 상위 영역인데, 새로 제정된 州號의 경우 뒤에 州治縣의 舊 읍호 또는 별호로 귀속되었다. 이에 대해서는 2부 3장에서 다룰 것이다.

28 성묘 별호가 읍호개정과 관련된다면 일반 군·현의 경우에도 성묘 별호가 있었을 가능성이 있다. 하지만 사례가 극히 드물다는 점을 감안할 때, 성묘 별호의 실체는 州와의 관계를 통해 접근하는 것이 적절하다.

상이 아니다. 성묘 별호로 나오는 '송양(松讓)'은 고구려 건국설화에 등장하는 송양국(松讓國)에서 가져온 것으로, 연혁의 서두에도 "본래 비류왕 송양의 옛 도읍이다[本沸流王松讓之故都]"라고 적고 있다. 곧 일반적인 성묘 별호와는 맥락이 다른 것이다. 다만 별호의 제정 시점이 『세종실록』 지리지에 성종 2년으로 나오는 이유는 판단하기 어렵다. '이(二)'가 '십(十)'의 오독일 가능성이 있지만 분명하지는 않다.

이처럼 성묘 별호는 주에 대하여 설정되었으며,[29] 성묘 별호가 보이지 않는 주의 경우도 제정되지 않은 것이 아니라 누락되었거나 연혁 정리 원칙에 따라 제외된 것이다. 다음에는 이러한 특징을 기초로 성종 11년 읍호개정과 성묘 별호와의 상관성을 검토하고, 이를 통해 당시 읍호개정의 의미를 파악해 보기로 한다.

2. 성종 11년 읍호개정의 내용과 의미

1) 읍호개정의 내용: 조선수경가 기사의 분석

태조 23년에 이어 성종 11년에 또 한 번의 읍호개정이 있었다. 그러나 이 개정은 지리지 연혁에 반영되지 않아 그 내용을 알 수 없다. 그런데 같은 해 제정된 조선수경가(漕船輸京價) 기사는 당시 개편 내용을 반영한 자료여서 이를 통한 접근이 가능하다.

이 기사는 개경으로 세곡을 운송하는 운임을 10개의 등급으로 나누

29 성묘 별호는 내용적으로 府에도 동일하게 적용될 수 있다. 하지만 府는 성묘 별호의 직접적인 사례가 없고, 한편으로 성묘 별호의 성격 문제와도 관련되므로 뒤에서 따로 분석하기로 한다.

[표 2-3] 성종 11년 조선수경가 등급 규정

수경가	포구	전호	소재지 및 조창
運五石 價一石	通潮浦	末潮浦	泗州 通陽倉在焉
	螺浦	骨浦	合浦縣 石頭倉在焉
運六石 價一石	波平浦	夫沙浦	樂安郡
	潮陽浦	沙飛浦	昇平郡 海龍倉在焉
	風調浦	馬西良浦	
	海安浦	麻老浦	光陽郡
	安波浦	冬烏浦	兆陽縣
	利京浦	召丁浦	麗水縣
	麗水浦	金遷浦	大原郡
	銀蟾浦	蟾口浦	平原郡
運八石 價一石	潮東浦	薪浦	靈岩郡 長興倉在焉
	南海浦	木浦	通義郡
	通津浦	置乙浦	羅州 海陵倉在焉
	德浦	德津浦	務安郡
	崐岡浦	白岩浦	陰竹縣
	黃麗浦	黃利內地	
	海葦浦	葦浦	長淵縣
運九石 價一石	利通浦	屈乃浦	合豐郡
	勵涉浦	主乙在	希安郡
	芙蓉浦	阿無浦	靈光郡 芙蓉倉在焉
	速通浦	所津浦	承化郡
	朝宗浦	鎭浦	臨陂郡 鎭城倉在焉
	濟安浦	無浦	保安郡 安興倉在焉
	古塚浦	大募浦	安山郡
	西河郡浦	豐州	
運十三石 價一石	利涉浦	葛城浦	豐山縣
	風海浦	松串浦	海豐郡
	懷海浦	居伊彌浦	新平郡
	便涉浦	打伊浦	牙州 河陽倉在焉
運十五石 價一石	媚風浦	夫支浦	漢南郡
	息浪浦	加西浦	
	白川浦	金多川浦	大川郡
運二十一石 價一石	潮海浦	省草浦	
	淸水浦	加乙斤實浦	
	廣通浦	津浦	孔岩縣

[표 2-3] (계속)

수경가	포구	전호	소재지 및 조창
運二十一石 價一石	楊柳浦	楊等浦	金浦縣
	德陽浦	所支浦	德陽郡
	靈石浦	召斤浦	
	居安浦	居乙浦	金浦縣
	慈石浦	甘岩浦	同縣
運十石 價一石	澄波浦	登承浦	
	安石浦	犯貴伊浦	
	柳條浦	柳頂浦	
	梨花浦	梨浦	
	渌花浦	花因守寺浦	
	丈嵓浦	仰嵓浦	並川寧郡
	陽原浦	荒津浦	
	花梯浦	花連梯浦	
	恩波浦	仇知津	
	虞山浦	山尺浦	
	神魚浦	小神寺浦	並楊根郡
運十八石 價一石	尙原浦	上津村浦	淮安郡
	和平浦	無限浦	
	鹵水浦	未音浦	廣陵郡
	從山浦	居知山浦	同郡
運二十石 價一石	德原浦	置音淵浦	廣陵郡
	深原浦	果州浦	
	同德浦	同志浦	淮安郡
	深逐浦	下置音淵浦	始興郡
	丹川浦	赤於浦	同郡

어 규정한 것인데, 각 포구별로 전호(前號)와 소재 군현을 밝혀 놓았다. 기사 내용을 등급별로 분류해 정리하면 [표 2-3]과 같다.[30]

이 기사에서 각 포구에 대해 이전 명칭을 밝힌 것은 가까운 시기에 포구 명칭의 개정이 있었음을 보여 준다. 이를 통해 조선수경가 기사가

30 『高麗史』 권79, 食貨2 漕運 成宗 11년.

성종 11년 개정의 결과를 반영하고 있다는 사실을 알 수 있다.[31]

한편 포구의 소재지가 군 또는 현으로 되어 있으며, 이들 명칭 중에는 성묘 별호가 다수 보인다. 이것은 성종 11년 읍호개정의 방향성을 보여 주는 것인데, 분석을 위해 각 읍호를 유형별로 정리하면 [표 2-4]와 같다.

[표 2-4] 조선수경가 기사에 정리된 읍호의 유형

①	[合浦縣] 兆陽縣 麗水縣 陰竹縣 長湍縣 孔岩縣 金浦縣
②	樂安郡 [昇平郡] [靈岩郡] 務安郡 [靈光郡] [臨陂郡] 安山郡 川寧郡 楊根郡
③	大原郡(忠州) 通義郡(羅州) 承化郡(全州) 海豊郡(洪州) 漢南郡(水州) 德陽郡(幸州) 淮安郡(廣州) 廣陵郡(楊州) 始興郡(衿州)
④	平原郡 合豊郡 希安郡 大川郡
⑤	豊山縣
⑥	光陽郡 [保安郡] 新平郡
⑦	[泗州] [羅州] [牙州]

* [ ]는 조창의 소재지를 함께 밝힌 경우이다.

우선 ①과 ②는 당시 읍호와 일치하는 현과 군이다. ③은 원래 읍호가 주였으나 여기서는 성묘 별호, 또는 그것으로 비정할 수 있는 읍호를 사용한 경우이다. 성묘 별호가 성종 11년 읍호개정에서 정식 읍호로 채용되고 있다는 사실은 양자의 관계를 이해하는 데 중요한 단서가 되는데, 이에 대해서는 뒤에서 설명할 것이다. ④는 당시 읍호와 별호 어디에도 해당되지 않는 경우이다. 이에 대해서는 기존의 읍호가 개정된 것일 가능성과 자료상의 오기·오독일 가능성을 생각할 수 있다.

이들의 원래 읍호는 다음 몇 가지 사실을 통해 추정할 수 있다. 하나

31 北村秀人, 1978, 앞의 논문.

는 수경가 구분이 개경으로부터의 거리를 반영하고 있으므로 같은 등급에 속한 군현은 대체로 같은 권역에 속해 있다는 점이다. 다음에 조운을 위한 포구를 보유하기 위한 전제로서 인근에 수로(水路)가 존재해야 한다. 여기에 오기·오독을 낳을 수 있는 글자의 유사성 등도 함께 고려될 것이다. 이에 근거하여 이들의 원래 읍호를 찾아보자.

우선 평원군(平原郡)은 원주의 '본' 읍호로 나온다. 수경가가 대원군(大原郡: 충주)의 여수포(麗水浦)와 동일한 점, 원주에 12조창의 하나가 있었던 점을 고려하면 평원군을 원주로 보는 데 무리는 없다. 다만 원주의 성묘 별호는 '평량(平凉)'이므로 차이가 있다. 이는 중국에서 원주의 군명이 '평량'이었다는 점과 관련이 있어 보인다. 수경가 기사에 나오는 만큼 실제 원주의 성묘 별호는 '평원'이었을 것으로 생각된다.[32]

합풍군(合豊郡)은 함풍(咸豊)의 오기로 판단된다.[33] 『신증동국여지승람』에 굴내포(屈乃浦)는 함평현(咸平縣)에 있다고 나오는데, 함평은 함풍(咸豊)과 모평(牟平)이 병합된 것이다. 수경가 액수도 이를 뒷받침한다. 이러한 오류는 근거 자료의 글자를 오독한 데서 비롯된 것이다.[34]

희안군(希安郡)도 같은 관점에서 생각할 수 있다. 인근 지역 중에서 포구를 끼고 있고 지명이 유사하면서 수경가 기사에 나오지 않는 사례로

---

32 尙州의 경우도 성묘 별호인 '上洛'이 신라 때 명칭으로도 나온다. 그런데 고구려나 신라 때 명칭 대부분은 한자로 音借한 형태인 것에 비해 이들은 雅化된 중국식 지명이다. 이로 미루어 이들은 후대의 명칭이 삽입된 것으로 보아야 한다.

33 역사연구실, 1996, 『譯註 『高麗史』 食貨志』, 韓國精神文化硏究院, 373쪽.

34 『고려사』 지리지에서는 글자의 유사성이나 일부 획의 결락 등으로 인해 오독이 발생한 사례를 여럿 찾을 수 있다. 예를 들어 通津縣의 '본' 읍호인 '平淮'가 "淮一作唯"로 주기되어 있는 것이나 鎭州의 경덕왕대 읍호인 '黑壤'이 "黑一作黃"으로 주기된 것, 鎭岑縣의 '본' 읍호인 '眞峴'에 대해 "眞一作貞"이라고 주기된 것 등은 근거 자료의 전승 과정에서 글자를 잘못 읽은 결과로 보인다. '一作'으로 제시된 사례 중에는 음이나 글자의 유사성을 보여 주는 경우가 많다.

정안현(장흥부)이 있다. 곧 '희안(希安)'은 성묘 별호가 아니라 '정안(定安)'의 오독으로 생각되는 것이다. 대천군(大川郡)은 같은 등급에 속해 있는 수주(水州)와 비슷한 거리에 있다는 점에서 이천군(利川郡)의 오기로 생각된다.

⑤는 『고려사』 지리지에 표제읍호로 나오지만, 그 위치가 수경가 기사의 내용과 맞지 않는 경우이다. 풍산현(豊山縣)은 경북 안동 지역으로서 개경으로 이어지는 조운로와 연결되지 않는다. 실제 경북 내륙지역은 수경가 기사에 나온 사례가 없다. 수경가 액수는 충남 북부 지역에 위치한 신평군(新平郡)과 같은 등급임을 고려하면 예산현(禮山縣)에 비정할 수 있다. '예(禮)'의 좌측이 결락되어 우측 부분만 읽음으로써 '풍(豊)'으로 기록된 것이 아닐까 한다.[35]

⑥은 연혁상 당시에 현으로 파악되는 경우이다. 이 경우는 현이 군으로 잘못 기재되거나 혼용되었을 가능성도 있지만, 해당 기사가 성종 11년의 지명을 구체적으로 반영하고 있다는 점에서 실제 현이 군으로 개정되었을 가능성이 높다. 이는 성종 11년의 읍호개정에 군·현 읍격의 변동이 포함되었음을 시사하는데, 이에 대해서는 뒤에서 다룰 것이다. 전술한 것처럼 희안군을 정안현으로 보면 역시 이 유형에 속한다.

끝으로 ⑦은 주호가 사용된 경우이다. 그런데 이들 사례는 다소 의문의 여지가 있다. 나주는 바로 앞 항목에서 성묘 별호를 채용한 통의군(通義郡)으로 나온다. 또한 사주(泗州)는 현종 때 개정된 명칭이다. 그런데 이들은 공통적으로 조창(漕倉)의 소재지와 결부되어 있다. 이로 미루어 원

35 이처럼 글자 일부만 읽어서 오독이 발생하는 사례로 山陽縣의 '본' 읍호인 '近品'에 대해 "品一作巖"이라 한 경우가 있다, 이 '巖'은 '嵒'과 통용된다. 紆州縣의 '본' 읍호인 '于召渚'에 대해 "于一作汚"로 주기된 것도 같은 맥락이다.

래 포구의 소재지를 밝힌 자료 외에 조창의 소재지를 밝힌 후대 자료가 있었는데, 양자가 통합 정리되면서 후자의 읍호도 함께 수록된 것으로 이해된다.[36]

이상에서는 성종 11년 제정된 조선수경가 기사에 보이는 읍호의 내용을 분석해 보았다. 여기에 나오는 읍호는 모두 군 또는 현으로서 이전의 주는 모두 군으로 대체되어 있으며, 읍명은 성묘 별호를 채용하고 있다. 이를 통해 성종 11년 읍호개정의 내용이 주를 군 또는 현으로 개정하는 것이었다고 정리할 수 있다.

그렇다면 성묘 별호와 성종 11년 읍호개정의 관계는 어떻게 이해할 수 있을까. 앞서 지적했듯이 이에 대해서는 동일한 것으로 보는 견해와 구분하여 보는 견해가 있다. 그런데 양자의 시차는 불과 1년인데, 그 사이에 연속적으로 읍호에 관한 조치가 시행되었다고 보기 어렵다. 특히 성종 11년 개정 후의 명칭이 성묘 별호를 사용하고 있다는 사실을 고려하면, 실제 두 조치는 같은 것으로 보아야 할 것이다. 그리고 조선수경가 기사에 비추어 이들은 당초 정식 읍호였다고 판단되며, 개편의 의미도 이에 의거하여 접근할 필요가 있다.[37]

한편 성종 11년 당시의 읍호와 관련하여 추가로 분석할 내용은 부(府)의 향방이다. 당시 읍격이 군과 현으로 정리되었다면, 부도 주와 마찬

36 조창의 소재지와 연결된 다른 읍호들, 곧 合浦縣·昇平郡·靈巖郡·靈光郡·臨陂郡·保安郡의 경우도 후대의 읍호가 정리된 것으로 보이지만, 이들은 고려초기 이래의 읍호가 郡·縣으로서 명칭에 차이가 없다. 다만 保安郡은 지리지에 縣으로 되어 있어 읍격의 차이를 보인다.

37 두 조치를 하나로 이해할 때 문제 되는 것은 어느 쪽이 실제 연기인가 하는 점이다. 이에 대해서는 『고려사』 세가에 나오는 성종 11년 쪽에 신빙성을 두는 것이 보통이다. 연기의 문제는 좀 더 자세한 고증이 필요해 보이지만 여기서는 일단 성종 11년으로 이해하기로 한다.

가지의 변화가 불가피하기 때문이다.

고려초기에는 흥례부, 고울부, 경산부, 보성부, 의성부, 김해부, 남원부, 안동부, 천안부 등이 있었다. 원래 중국에서 부는 일부 중심적인 주가 개편된 것으로서 주와 마찬가지로 군명을 함께 가지고 있으며,[38] 때로는 주로 지칭되기도 하였다.[39] 이로 미루어 부 역시 주와 마찬가지로 읍격이 군 또는 현으로 바뀌었을 것이다. 하지만 『고려사』 지리지에서 성묘 별호를 수록한 부의 사례는 하나도 없다. 따라서 이 경우도 관련 자료들을 통해 성묘 별호를 추정할 수밖에 없다.

우선 고울부와 흥례부는 표제읍호가 각각 영주(永州)와 울주(蔚州)로서 '고려초'에 성립하였다. 그리고 각각에 성묘 별호가 있으므로 문제가 없다. 경산부와 안동부, 김해부는 연혁에서 성묘 별호에 상응하는 읍호개정을 확인할 수 있다.[40]

나) ① 京山府: 太祖二十三年 更今名 景宗六年 降爲廣平郡 成宗十四年 稱岱州團練使

② 安東府: 太祖二十三年 (중략) 陞郡爲府 後改爲永嘉郡 成宗十四年 稱吉州刺史

③ 金州(金海府): 太祖二十三年 改州府郡縣名 爲金海府 後降爲臨海

38 『新唐書』 地理志에 수록된 府의 郡名은 江陵府(江陵郡), 京兆府(京兆郡), 鳳翔府(扶風郡), 成都府(蜀郡), 太原府(太原郡), 河南府(河南郡), 河中府(河東郡), 興元府(漢中郡) 등이다.

39 『신당서』 지리지에서 河東採訪使의 치소는 蒲州로 되어 있는데, 포주는 곧 河中府를 가리킨다.

40 『고려사』 지리지에서 김해부의 표제읍호는 金州이지만, 연혁상 태조 23년 이래 읍호는 金海府였다. 그리고 『삼국유사』의 「駕洛國記」에 인용된 기록에 따르면 淳化 2년, 곧 성종 10년 당시에도 김해부였다.

縣 又陞爲郡 成宗十四年 改爲金州安東都護府

위에서 경산부는 경종 6년에 광평군(廣平郡)으로 개정되어 성종 11년에는 군이었다. 성종 6년에 경산부에 대해 읍호를 바꿀 이유를 찾기 어려워 오류일 가능성도 있다. 하지만 '광평'이 경산부의 군명으로 사용된 사례가 보이고,[41] 고려후기에 경산부 출신의 이인임(李仁任)이 광평부원군(廣平府院君)에 봉작되어서[42] 이것이 성묘 별호와 같은 기능을 했음을 알 수 있다.

같은 원리에서 안동부는 '영가(永嘉)'가 성묘 별호에 해당한다. 연기가 명시되어 있지 않으나 성종 14년 이전이므로 개정 시점을 성종 11년, 또는 그 이전으로 볼 수 있다. 경산부의 광평처럼 영가도 안동부의 별호로 널리 사용되었다.[43] 이들은 모두 연혁상 공식 읍호로 나오고 있어 별호로 정리되지 않은 것이다.

김해부는 임해(臨海)가 그러한 별호에 해당한다. 다만 실제 '임해'가 봉작명에 사용된 사례는 경주 출신의 이전(李瑱)이 유일하여[44] 이것이 김해부의 별호였다고 단정하기 어렵다. 한편 김해 출신의 허유전(許有全)이 가락군(駕洛君)에 봉작된 사례가 보이는데, 이는 가락국에서 온 것이어서 성묘 별호와는 거리가 있다.

남원부는 태조 23년 이후 줄곧 남원부였으며 충선왕 2년에 대방군(帶

41 『高麗史』 권5, 顯宗 16년 4월 辛未, "嶺南道廣平河濱等十縣 地震".

42 『高麗史』 권126, 列傳39 姦臣2 李仁任, "(恭愍王)二十三年 罷復爲守侍中 封廣平府院君".

43 『高麗史』 권34, 忠宣王 5년 3월 辛亥, "以權溥 爲永嘉君".

44 『高麗史』 권109, 列傳22 李瑱, "字溫古 初名方衍 慶州人 (중략) 忠肅卽位 拜檢校政丞臨海君".

方郡)으로 개편된 것으로 되어 있다.[45] 그런데 충렬왕 12년에 건립된 「불대사원오국사비(佛臺寺圓悟國師碑)」에서 원오국사의 계보가 대방군에서 나왔다고 한 사례가 있어[46] 이전 시기에 이미 '대방'이라는 명칭이 사용되었음을 알 수 있다. 이것은 앞서 살펴본 명주-강릉이나 수주-계양과 같은 양상으로 성종 11년에 대방이 채용되었을 가능성이 높다.[47]

천안부는 『고려사』 지리지의 연혁에 따르면 태조 13년에 설치되었다가 성종 14년에 환주도단련사(懷州都團鍊使)가 되었다.[48] 천안부에는 임환(任歡)이라는 일반 별호가 기재되어 있다. 장주(漳州)와 금주(衿州)의 경우 『고려사』 지리지의 성묘 별호가 『세종실록』 지리지에 일반 별호로 수록된 것을 참고할 때, 임환이 천안부의 성묘 별호였을 가능성이 있다. 실제 성종 14년의 주호 중에는 담주(潭州: 潭陽郡)처럼 이전 군명의 한 글자를 따서 만드는 경우가 여럿 있고, 『세종실록』 지리지의 천안군 연혁에는 '환주(懷州)'가 '환주(歡州)'로 되어 있어 '임환'이 성묘 별호였을 가능성을 뒷받침한다.

그밖에 의성부와 보성부는 일반 별호도 없고 봉작 사례도 찾지 못해 성묘 별호를 추정하기 어렵다. 다만 다른 부의 사례로 볼 때 이들만 부로 남아 있었다고 보기도 어렵다. 누락이 아니라면 이전 명칭을 그대로 사용하면서 읍격만 군·현으로 바뀌었을 가능성도 있다. 실제 당제에서도 강릉부(江陵府)·경조부(京兆府)·태원부(太原府)·하남부(河南府)는 부와 군의 명칭이 동일하다. 또한 '의성(義城)'은 당에서 군명으로 사용된 예가 있

45 『高麗史』 권57, 地理2 南原府.

46 『朝鮮金石總覽』 佛臺寺圓悟國師碑.

47 남원부 연혁에는 後漢 때 帶方郡을 두었다고 되어 있으나, 이는 '帶方'이라는 별호로 인하여 史書의 대방군 사적을 부회한 것이다.

48 『高麗史』 권56, 地理1 天安府.

어[49] 이러한 가능성을 뒷받침한다.

이상에서 볼 때 부의 성묘 별호는 직접 확인되지 않지만 읍호가 군·현으로 전환되었다고 이해하는 데에는 무리가 없다. 결국 성종 11년의 읍호개정은 기존의 주·부를 군·현으로 개정하는 데 핵심이 있었다고 할 수 있다. 다음에는 이러한 개정의 제도적 의미를 찾아보기로 한다.

2) 읍호개정의 의미

지방제도에서 읍격은 운영체계와 불가분의 관계에 있다. 원래 군현제는 기초 행정단위를 현으로 삼고, 수 개의 현을 묶어 상급 행정단위로서 군을 편성하는 것에서 출발하였다. 신라의 경우 군과 현이 병렬적인 단위였다는 점에서 중국의 군현제와 차이가 있지만, 군이 몇 개의 현을 관할하여 중간 운영단위를 이루는 원리는 서로 통한다. 또한 읍격이 운영체계를 직접 반영하고 있었다. 주는 특정 군의 명칭인 동시에 해당 군을 중심으로 구성되는 권역을 나타냈다.

그런데 고려가 통일전쟁 과정에서 중요 거점이 되는 지역에 주를 설치하면서 주의 수가 크게 늘어났다. 주는 고려의 강역 확대와 함께 전진 배치되는 양상을 띠고 있다. 그 결과 고려의 강역 내에서는 다수의 주가 출현하는 반면, 고려가 확보하지 못했던 후백제 지역에는 새로운 주가 거의 나타나지 않았다.[50]

그러나 통일 후 이들의 지정학적 조건은 통일 전과 크게 달라졌고, 따라서 그에 맞는 군현제 편성이 필요하였다. 이때 고려는 신라의 군-영

49 義城은 利州 益昌郡의 옛 郡名으로 나온다.

50 金甲童, 1986, 「'高麗初'의 州에 대한 고찰」, 『高麗史의 諸問題』, 三英社.
윤경진, 1996, 「고려 태조대 군현제 개편의 성격: 신라 군현제와의 상관성을 중심으로」, 『역사와현실』 22.

현체계를 채용하여 역역 동원과 같은 지방사회 운영에 활용하였다. 이러한 상황에서 신설된 주는 종래와 같은 중심지적 위상을 유지할 수 없었고 군-영현체계에 맞추어 그 위치가 규정되었다. 그 결과 주는 여건에 따라 군과 현으로 나뉘었다. 『고려사』 지리지에서 외관이 설치된 각 군현 연혁의 말미에는 관할 속현의 수를 읍격별로 나누어 기록했는데, 여기서 주는 따로 분류되지 않고 군과 현으로 나뉘어 귀속되었다.[51]

이러한 변화는 부도 마찬가지였다고 생각되지만, 『고려사』 지리지에서 부는 따로 분류되었다. 이는 신라의 부가 소경에서 연원한 것으로서 군-현 편성과 분리된 별도의 운영단위를 구성했던 경험에 따른 것이다. 그러나 고려에서는 이러한 독립적 단위를 설정하지 않았으므로 운영체계상 부 또한 군이나 현으로 귀속되었을 것이다.

결국 고려초기의 지방제도는 신라 이래의 군-영현체계를 채용했음에도 읍격체계는 그와 일치하지 않는 상황이 되었다. 이러한 상태는 나말려초 시기의 유제라 할 수 있는데, 국가체제를 정비해 가는 과정에서 복잡한 읍격체계 또한 정리할 필요가 있었다. 성종 11년의 읍호개정은 실제 운영체계에 맞추어 읍격을 정리함으로써 통일전쟁에 따르는 유제를 탈피하려는 시도로 평가된다. 이 경우 개편의 핵심은 주·부를 군 또는 현으로 개정하는 것이었으며, 읍호는 그에 맞게 2자 형식으로 만들어졌다. 이때 당의 군명이 대폭 원용되었다.

한편 이 읍호개정에서 주목되는 사실은 개정과 함께 기존의 군-현 영속관계에 대한 개편도 모색되었다는 점이다. 조선수경가 기사에서 광양군(光陽郡)·신평군(新平郡) 등은 신라에서 현이었고, 이후 고려에서도

51 윤경진, 2011, 「『고려사』 지리지의 구성 양태와 분류체계」, 『慶尙史學』 27; 2012, 앞의 책.

현으로 유지되었다. 그럼에도 성종 11년 읍격이 군으로 나오는 것은 단순한 혼용은 아니며 군-영현체계에서 그 위치가 달라진 결과로 판단된다. 보안군(保安郡)도 그 가능성이 보이며, 앞의 추정을 따르면 희안군(希安郡: 定安縣)도 이에 해당한다.[52]

한편 금주(金州)의 초기 연혁을 보면, 태조 23년에서 성종 14년 사이에 김해부에서 임해현으로, 뒤에 다시 임해군으로 바뀌었다. 이러한 개편의 시점을 특정할 수 없고 지리지 자료의 성격상 전적으로 신뢰할 수도 없지만, 이를 통해 성종 11년 개편을 전후한 시점에 현에서 군으로의 변동이 있었을 가능성을 유추할 수 있다.

결국 성종 11년의 읍호개정은 나말려초 시기의 정치적 여건을 반영하며 복잡하게 구성되었던 읍격을 실제 운영체계에 맞추어 군과 현으로 정리하는 것이었다고 정리할 수 있다. 그리고 이와 함께 군과 현의 영속관계에 대해 일정하게 개편을 가하였다.[53] 다만 그 비율이 그렇게 높지는 않았다고 생각된다.

그러나 이후 진행된 지방제도 개편으로 인하여 성종 11년에 개정된 읍호는 정착하지 못하고 별호로 기능하게 되었다. 곧 성종 14년에 주-현의 체계로 전면 개편되면서 종래의 군명은 모두 주치현(州治縣)의 명칭으로 전환되었고, 주는 여러 현으로 이루어진 상위 영역을 나타내었다.

---

52 安山郡은 신라의 獐口郡으로서 신라말 唐城鎭 설치에 따라 현으로 개편된 것으로 파악된다. 그런데 조선수경가 기사에는 다시 안산군으로 나와 읍격 변동의 가능성을 볼 수 있다(윤경진, 2012, 앞의 책, 356-358쪽).

53 성종 11년 읍호개정과 관련하여 12목 문제를 짚어 볼 필요가 있다. 12목은 개별 군현에 설정된 것이지만, 한편으로 광역의 운영단위를 상정하는 것이었다. 그런데 12목이 설정된 고을이 모두 郡으로 바뀔 때 광역 단위는 어떻게 지칭되었는가 하는 점이 궁금해진다. 아마도 성종 11년에도 12목의 체계는 유지되었을 듯하다. 중국처럼 州號와 郡號를 함께 가지고 있었고 군-영현 단위의 상급 체계로서 州가 그대로 사용되었으리라는 것이다. 하지만 현재 이를 확인할 수 있는 자료가 없어 단정하기 어렵다.

그런데 현종 9년의 개편에서 상위 영역으로서 주는 폐기되었고, 성묘 별호를 주치현의 명칭으로 사용했던 지역은 다시 종래의 주호로 환원되었다. 이 경우 새로 채용되었던 주치현의 읍호는 주를 대신하여 봉작이나 본관명 등에서 그 기능을 유지하였고, 그 결과 지리지에 별호로 정리되었다.

3

성종 14년의 지방제도 개편과 주-현체계

1. 주-현체계 편성과 영속관계 개편

1) 주-현체계의 편성과 주의 성격

태조 23년에 정리된 고려 지방제도는 성종 11년의 읍호개정을 통한 부분 개편에 이어 성종 14년에 전면적인 개편을 겪었다. 당시 개편의 내용은 개주(開州)를 개성부(開城府)로 고치고 적현(赤縣) 6개와 기현(畿縣) 7개를 관장하도록 하는 한편, 전국을 10도(道)로 구획하고 군현을 주(州)와 현(縣)으로 구성하는 것이었다. 이에 수반하여 절도사(節度使)·단련사(團練使)·자사(刺史) 등의 외관이 파견되었다.

이 개편의 의미에 대해 기존에는 주로 외관의 증치(增置)라는 관점에서 설명했으나 그 본령은 지방제도 구성과 운영체계가 바뀌는 데서 찾아야 할 것이다. 이 점에서 당시 지방제도를 당제에 입각한 '주현제(州縣制)'로 설명한 견해는 주목할 만하다.[1] 곧 『고려사』 열전에서 성종-현종대에

1　濱中昇, 1977, 「十世紀末における高麗州縣制の施行」, 『朝鮮學報』 144.
구산우도 이에 동의하는 입장을 밝혔다(具山祐, 1988, 「高麗前期 鄕村支配體制의 成

활동하던 인물들의 출신지 표기를 분석하여 당시 지방제도가 당제처럼 주가 현의 상위 영역을 이루고 있었음을 지적한 것이다.

그러나 이 개편을 종래의 시각대로 나말려초 '호족'의 지배질서라는 틀과 연결시켜 이해함으로써 제도 개편의 의미를 사상시키는 결과를 낳았다. 이는 성종 14년 이전, 다시 말해 태조 23년 이후의 지방제도에 대한 이해가 결여되었기 때문이다. 태조대 이래 지방제도의 구성이나 영속관계를 포함한 전체적인 체계를 상정하지 않았기 때문에 그에 대응하는 성종 14년의 지방제도 역시 완성된 체계로서 의미가 드러나지 않은 것이다.

태조-성종대의 지방제도 운영은 신라 이래의 군-영현체계를 토대로 했으므로 성종 14년의 개편은 그에 대응하는 맥락에서 이해할 필요가 있다. 여기에는 다음 두 가지 요소에 대한 고려가 요구된다.

하나는 당시 주가 다수의 현으로 구성된 상위 영역이었는지 검토하는 일이다. 이것은 다시 지방제도의 구성을 통해 파악하는 작업과 외관 설치를 통해 파악하는 작업으로 나뉜다. 다른 하나는 당시 영속관계의 양상에 대해 파악하는 일이다. 모든 지방제도는 상하 행정단위 사이에 영속관계가 형성되는데, 주가 상위 영역으로 편성되었다면 응당 주와 해당 주에 편제된 현 사이에 영속관계가 성립하게 된다. 이러한 영속관계의 내용이 이전 시기의 군-영현체계와 대비해 어떻게 달라졌는가 하는 점은 성종 14년 지방제도 개편의 의미를 직접 반영하는 지표가 된다.

이러한 시각을 토대로 먼저 당시 개편에 따르는 군현 편성 내역을 정리하면 [표 2-5]와 같다.[2]

立」, 『韓國史論(서울대 국사학과)』 20; 具山祐, 1993, 「高麗 成宗代의 鄕村支配體制 강화와 그 정치·사회적 갈등」, 『韓國文化研究』 6).

2 『高麗史節要』 권2, 成宗 14년 7월.

[표 2-5] 성종 14년 개편의 주·현 편성 내역

	關內	中原	河南	江南	嶺南	嶺東	山南	海陽	朔方	소계	浿西	開城府
州	29	13	11	9	12	9	10	14	7	114	14	
縣	82	42	34	43	48	35	37	62	62	445	4(7진)	13
縣/州	2.8	3.2	3.1	4.8	4.0	3.9	3.7	4.4	8.9	3.9	–	

이 표는 성종 14년의 개편에 대해 각 도별로 주·현의 수 및 1주로 편성되는 현의 비율을 정리한 것이다. 이때 패서도(浿西道)는 구성에서 다른 도와 차이가 있고, 개성부 편성은 10도와 구분 정리되어 있어 따로 분류하였다.[3]

위의 표를 통해 성종 14년 개편의 특징을 몇 가지 발견할 수 있다. 첫째, 패서도의 진(鎭)을 제외하면 종래 주·부·군·현으로 다양하던 읍격이 주와 현으로 정리되어 있다. 둘째, 당시에 설치된 주와 현·진의 수를 합하면 597개이다. 이에 대해 『고려사』 지리지에 수록된 현종 9년 당시 군현의 수는 획정 시기가 불분명한 북계와 등주 이북의 동계를 제외하면 431개로 추산되며,[4] 양계의 군현을 합한다 하더라도 500개를 넘지 않는다. 약 100개 정도의 차이가 나는 것이다. 셋째, 전체적으로 현의 수가 주의 수에 비해 3배 내외로 많은 데 비해 패서도는 주가 현보다 많다.

이에 대해 전술한 것처럼 당시의 주가 패서도를 제외하면 개별적인 단위군현이 아니라 여러 개의 현으로 구성된 상위 영역이었다고 보는 견

3 개성부의 13현은 실제로는 관내도 현의 수에 중복 계산된 것으로 파악된다(본서 5부 1장 참조). 이를 제외하면 나머지 관내도 지역의 비율이 다소 달라진다. 다만 여기서는 전체적 양상을 이해하는 데 목적이 있으므로 기사에 정리된 내용을 토대로 검토하기로 한다.

4 현종 9년 군현수는 본서 3부 2장 참조.

해가 있지만, 대개의 연구자는 이에 대해 별다른 설명 없이 주·현을 모두 개별 군현으로 간주하는 경향이 있다. 그리고 주를 상위 영역으로 보더라도 패서도가 제외되는 이유에 대해서는 분명한 설명이 없다. 여기서 주가 현의 상위 영역이라는 점에 대해 보다 구체적으로 검증해 보기로 한다.

자료상 성종 14년의 주는 단위군현으로 보는 것과 상위 영역으로 보는 것이 모두 가능하다. 우선 단위군현으로 볼 수 있는 근거와 문제점에 대해 살펴보자. 신라나 고려, 조선까지의 지방제도에서 각 읍격은 영역상의 상하 관계를 반영하지 않았다. 따라서 성종 14년의 주도 현과 병렬적인 군현으로 볼 여지가 있다. 이 때문에 기존의 연구에서는 성종 14년의 주와 현의 관계에 대해 별달리 의문을 제기하지 않았다. 이는 패서도 지역의 경우를 통해 뒷받침될 수 있다. 주가 현의 상위 영역이라면 주가 현보다 많을 수 없는데, 패서도는 14주 4현으로서 주가 현보다 많다. 따라서 주를 상위 영역으로 보더라도 패서도는 예외이다. 또한 『고려사』 지리지의 연혁에서 성종 14년에 단련사 등이 설치되는 주가 개별 군현의 연혁으로 되어 있다는 점도 개별 군현의 가능성을 보여 준다.

그러나 성종 14년의 주를 단위군현으로 볼 경우에 생기는 문제도 있다. 우선 군현의 수가 지나치게 많아진다는 점이다. 물론 당시에 군현을 대폭 증설했거나 군현에 준하는 향(鄕)·부곡(部曲)이 군현으로 전환되었다고 볼 수 있다는 점, 고려초기 금석문 등에 연혁 미상의 군현이 보인다는 점을 통해 군현수의 증가를 상정할 수도 있다. 하지만 당시에 100여 개 이상의 군현이 증설되었다가 곧바로 폐지되었다고 보는 것은 지나치며, 그러한 개편의 흔적을 명확히 보여 주는 자료도 없다. 또한 군·부의 읍격이 폐지되는 것도 선뜻 이해되지 않는다.

한편 성종 14년에 수립된 주의 성격은 당시에 이루어진 여타 제도 개혁의 지향과도 관련된다. 주지하듯이 성종 14년의 지방제도 개편은 당제를 모델로 한 것이었다. 10도제의 실시나 절도사·단련사·자사의 외관제를 도입한 것 등이 모두 이에 해당한다.

당시의 개혁은 지방제도에만 국한된 것이 아니었다. 7월의 지방제도 개편에 앞서 5월에 중앙관제를 개편하였다. 그 결과 국초부터 성립되어 있던 선관(選官)·병관(兵官)·민관(民官)·형관(刑官)·예관(禮官)·공관(工官) 등의 관부가 당의 6부에 맞게 이부·병부·호부·형부·예부·공부로 개정되었다. 또한 사헌대(司憲臺)가 어사대(御史臺)로 개정되었고, 문산계(文散階)·무산계(武散階)가 도입되었다. 이러한 성종의 정치체제 개편은 정계 일각에서 화풍(華風)이라고 비판받는 것에서 드러나듯이[5] 당제를 그대로 적용하는 경향을 띠고 있었다.

이러한 전반적인 방향성을 고려할 때, 군현을 주와 현으로 구획한 것 역시 당제에 따른 것으로 보는 것이 합리적이다. 당제에서 주는 다수의 현으로 구성된 상위 영역이었으므로 성종 14년의 주 역시 같은 성격으로 볼 수 있다.

이는 당시에 실제 사용된 지명 표기 사례를 통해 뒷받침된다. 『고려사』 열전이나 묘지명·탑비명 등에는 해당 인물의 출신지 내지 본관을 밝히고 있는데, 이는 보통 해당 인물의 몰년(沒年)을 전후한 시점의 지방제도를 반영한다. 읍호가 개정되면 출신지 표기에도 변화가 나타나는 것이 보통이다.[6] 따라서 몰년이 성종 14년 전후인 인물들의 출신지 역시 성종 14년 개편에 따라 성립된 행정체계를 반영한다.

5 『高麗史』 권93, 列傳6 徐熙, "時 成宗樂慕華風 國人不喜 故知白及之".

6 한 예로 慶州는 충렬왕 34년에 雞林府로 개정되어 고려말까지 이어졌는데, 이에 상응하여 고려후기의 경주 출신 인물들은 '雞林(府)人'으로 출신지 표기가 바뀌었다. 崔瀣, 金震陽, 金子粹 등이 그러한 예이다.

[표 2-6] 몰년이 성종-현종 연간인 인물의 출신지 표기(『고려사』 열전)

구분	권차	이름	출신지 표기	몰년	권차	이름	출신지 표기	몰년
모주모현인	6	柳邦憲	全州 承化縣인	목종 12	7	金猛	梁州 宜春縣人	현종 21
		金審言	靜州 靈光縣人	현종 9		尹徵古	樹州 守安縣人	현종 12
	7	劉瑨	忠州 大原縣人	현종 10		韋壽餘	沁州 江華縣人	현종
		張延祐	瀛州 尙質縣人	불명		田拱之	靜州 靈光縣人	현종?
		金殷傅	水州 安山縣人	현종 8		李周憲	洞州 土山縣人	현종
		姜民瞻	晉州 晉康人	현종 12		安紹光	洞州 土山縣人	현종
		郭元	淸州 上黨縣人	성종		趙之遴	白州 銀川縣人	현종 2
모주인	6	徐弼	利川人	광종 16	7	姜邯贊	衿州人	덕종 1
		崔承老	慶州人	성종 8		智蔡文	鳳州人	현종 17
		崔亮	慶州人	성종 14		河拱辰	晉州人	현종 1
		韓彦恭	湍州人	목종 7		李周佐	慶州人	정종 6

[표 2-6]은 『고려사』 열전에서 몰년이 성종-현종 연간인 인물들의 출신지를 정리한 것이다. 이 시기 출신지 표기는 '모주모현인(某州某縣人)'과 '모주인(某州人)'의 두 가지로 나타나므로 각 유형별로 정리하였다. 아울러 해당 출신지 표기의 사용 시점을 파악하기 위하여 몰년을 함께 정리하였다.

표의 내용을 보면 출신지 표기에서 '모주모현인'의 형식이 두드러진다. 몰년 기준으로 성종 14년에서 현종대로 국한할 때 '모주인'으로 된 최량(崔良)·한언공(韓彦恭)·강감찬(姜邯贊)·지채문(智蔡文)·하공진(河拱辰) 등 5인을 제외하면 나머지는 모두 '모주모현인'으로 되어 있다.

그런데 이 중에는 현명이 해당 주의 '성묘소정(成廟所定)' 별호(이하 '성묘 별호'로 약칭함)로 나오는 경우가 있다. 충주-대원(大原), 진주-진강(晉康), 양주(梁州)-의춘(宜春), 백주(白州)-은산(銀川) 등이 여기에 해당한다. 그리고 승화(承化: 전주)와 상당(上黨: 청주)은 성묘 별호로 나오지는 않지만, 그와 동일한 성격으로 파악되는 사례들이다. 그리고 정주(靜州: 靈光縣), 심주(沁州: 江華縣)는 주호가 새로 제정되며 뒤에 해당 군현의 별호로 귀결되는 경우로서 같은 맥락에서 이해할 수 있다.

이 중에서 양주를 예로 들어보자. 『고려사』 지리지에서 '의춘'은 양주의 성묘 별호로 되어 있으며, 이 명칭은 성종 11년 읍호개정에서 제정되었다. 곧 양주와 함께 쓰인 의춘은 어디까지나 그 이칭일 뿐, 양주와 구별되는 별도의 군현으로 볼 수 없다. 따라서 의춘현은 종래 개별 군현이던 양주를 대체한 명칭이고, '양주'는 그에 대한 상위 영역을 나타내는 것으로 보아야 한다.

성종 15년에 제정되는 사심관(事審官) 정원 규정은 이러한 이해에 또 다른 근거를 제공한다.

> 가) 사심관의 수를 정하였다. 500정 이상의 주는 4명, 300정 이상의 주는 3명, 300정 이하의 주는 2명으로 하였다.[7]

위의 기사를 보면 사심관의 정원을 설정하는 단위가 '주(州)'로 되어 있다. 이러한 주의 성격에 대해서는 대개 별다른 논의 없이 군현에 대한 범칭으로 보고 있다. 태조대 사심관 설치 기사에서 각 공신들이 본주(本州)의 사심(事審)이 되었다고 할 때의 '주'는 개별 군현으로 파악할 수 있기 때문이다.[8] 그러나 위 기록의 주를 개별 군현으로 보면 규정 내용을 이해하기 어렵다.

---

7 『高麗史』 권75, 選擧3 事審官 成宗 15년, "定 凡事審官 五百丁以上州 四員 三百丁以上州 三員 以下州 二員".

8 『高麗史』 권75, 選擧3 事審官 太祖 18년, "於是 諸功臣亦効之 各爲其本州事審".

위의 등급 구분을 성종 2년의 공해전(公廨田) 분급 규정과 비교해 보자. 공해전 분급 규정은 100정 이하에서 여러 단계의 등급 구분이 나타난다. 이는 당시 군현의 규모를 실제적으로 반영한 것이다. 또한 현종 9년의 향리 정원 규정을 보면, 최하 등급이 100정 이하로 되어 있다.

이에 대해 사심관 정원 규정의 등급은 불과 3단계로 되어 있고, 최하 등급이 300정 이하로서 공해전 규정이나 향리 정원 규정보다 훨씬 크다. 공해전 규정에 보이듯이 당시 개별 군현은 영세한 경우가 많았고 그 편차도 매우 컸다는 점을 고려하면, 300정 이하는 단일한 군현을 분류하는 기준으로서는 과대하다고 보지 않을 수 없다.

이때 사심관 정원 규정의 주를 앞의 분석에 의거하여 몇 개의 현으로 구성된 상위 영역으로 본다면, 등급 구분의 문제는 쉽게 풀린다. 3-4개 정도의 현을 묶게 되므로 구분 기준으로서 '300정'은 향리 정원 규정의 '100정'과 사실상 같은 의미가 된다.[9] 그리고 앞서 제기한 군현수의 문제도 패서도를 제외하고 현의 수만 보면 435개가 되는데, 현종 9년 당시 북계를 제외한 군현수와 비슷해진다. 이는 군현의 대폭 증설과 폐지를 상정하는 것보다 합리적이다.

이상에서는 성종 14년에 이루어진 제도 개편의 양상, 성종-현종대 활동하던 인물들의 출신지 표기, 사심관 정원 규정 등을 통해 성종 14년의 지방제도 개편이 단위군현을 현으로 일원화하고 몇 개의 현으로 구성되는 상위 영역으로서 주를 설정하는 것이었음을 확인하였다. 이처럼 주가 다수의 현으로 구성된 체계를 전후 시기의 운영체계와 구별하기 위해

9 사심관이 在京官人을 통한 지방지배의 일환이라고 할 때, 州 단위로 사심관 정원이 책정되는 것은 州 단위의 외관 설치와 표리가 된다.

'주-현체계(州-縣體系)'로 부르기로 한다.[10] 다음에는 주의 성격을 외관제의 내용과 연관하여 살펴보기로 한다.

2) 외관의 설치와 주(州)

성종 14년의 지방제도 개편에서는 절도사·단련사·자사 등의 외관이 주 단위로 설치되었다. 그런데 『고려사』 지리지에는 이들 외관이 개별 군현에 설치되는 것으로 기록되어 있다. 이에 근거하면 외관이 설치되는 주가 개별 군현이라고 볼 여지도 있는 만큼, 이 문제에 대해 구체적으로 검토할 필요가 있다.

먼저 외관 설치의 사례로서 영암군(靈岩郡)의 경우를 살펴보자. 다음은 『고려사』 지리지의 영암군 연혁이다.

나) 靈岩郡: 本百濟月奈郡 新羅景德王 更今名 成宗十四年 改朗州安南都護府 顯宗九年 復降爲靈岩郡

위에서 영암군은 성종 14년에 낭주(朗州)로 개정되면서 외관이 설치되었다. 그런데 목종 12년에 만들어진 「성풍사지오층석탑지(聖風寺址五層石塔誌)」를 보면, "영암현호장(靈嵒縣戶長) 박문영(朴文永)"이라는 구절이 확인된다.[11]

---

10 박은경은 성종 14년 군현수를 그대로 인정하고 이러한 군현의 증가가 신라의 군현제와 다른 고려 군현제의 중요한 특징이라고 이해하였다(朴恩卿, 2005, 「高麗의 郡縣制와 郡縣數」, 『白山學報』 73). 그러나 이것은 주-현 편성의 원리를 감안하지 않은 결과로서 군현수에서 신라와 고려의 수적 차이는 통일전쟁을 감안할 때 변동보다는 지속의 속성을 보여 준다.

11 『韓國金石遺文(제5판)』, 聖風寺址五層石塔誌.

지리지 연혁에 따르면 영암군은 낭주로 나와야 한다. 또한 영암은 신라에서 군이었고 고려에서도 지군사(知郡事)가 설치된 곳이다. 그럼에도 이곳이 현으로 기재된 것은 당시 단위군현이 현으로 일원화되었음을 보여 주는 명확한 사례이다. 이에 상응하여 낭주는 영암현의 상위 영역으로 보아야 한다. 지리지 찬자는 당시 주와 현의 관계를 이해하지 못하고 외관이 개별 군현에 설치된 것으로 정리한 것이다.

그렇다면 이와 같은 혼란이 발생한 이유는 무엇일까. 이것은 당시 외관이 설치된 주의 명칭을 통해 짐작할 수 있다.[12] 당시에 채용된 주호는 크게 두 부류로 나뉜다. 하나는 성종 14년 이전에 사용되던 명칭을 그대로 사용하는 경우이다. 이들 주는 대부분 성묘 별호를 가지고 있으며,[13] 이 별호가 주치현의 읍호로 사용되었다. 이는 앞에서 인용한 『고려사』 열전의 출신지 표기에서 확인된다.

다른 하나는 성종 14년에 새로운 주호가 채용되는 경우이다. 이들은 종래 주 이외의 읍격을 사용하고 있거나 이전 연혁이 나타나지 않는다. 이들 사례를 표로 정리하면 [표 2-7]과 같다.

이들 사례의 공통적인 특징은 대부분 이후 시점에 종전 명칭으로 환원된다는 점이다. 연혁상 주호가 지속되는 사례로는 영주(永州)·운주(運州)·선주(善州)·강주(剛州)·교주(交州)가 있다.[14] 그런데 이들은 이전에 이

12 이 외에 당시 확인되는 州의 용례로는 『고려사』 열전에 보이는 靜州·沁州, 식화지에 보이는 岑州·道州, 지리지에 보이는 淳州·馬州 등이 있다(잠주·도주에 대해서는 뒤에서 설명할 것이다).

13 이 중에서 성묘 별호가 보이지 않는 경우로 溟州·清州·樹州·平州 등이 있는데, 이들은 없었던 것이 아니라 연혁에 사용되어 빠지거나 누락된 것이다(본서 2부 2장 참조).

14 永同郡은 현종 9년에 來屬하고 이어서 "後更今名"이라 하여 현종 9년 이후에도 州號를 유지한 것처럼 되어 있다. 그러나 『세종실록』 지리지에는 "後更今名" 기사가 없는 점에 비추어 볼 때, 그 역시 현종 9년에 환원되었다고 보는 것이 타당하다.

[표 2-7] 『고려사』 지리지 성종 14년 연혁에 나오는 주

표제 읍호	경덕왕대 읍호	성종 14년 이전 읍호	성종 14년 읍호-외관	후속 연혁
古阜郡	古阜郡	태조 19년 瀛州觀察使 광종 2년 安南都護府	(瀛州觀察使)	顯宗十年 復今名
靈巖郡	靈巖郡		朗州安南都護府	顯宗九年 復降爲靈岩郡
嘉林縣	嘉林郡		林州刺史	顯宗九年 更今名 置令
永州	臨皐郡		永州刺史	顯宗九年 來屬
河陽縣			河州刺史	顯宗九年 改今名 來屬
咸安郡	咸安郡		咸州刺史	顯宗九年 復今名 來屬
密城郡	密城郡	因之	密州刺史	顯宗九年 稱知密城郡事
固城縣	固城郡		固州刺史	後降爲縣 顯宗九年 屬巨濟
龍宮郡			龍州刺史	顯宗三年 改今名 來屬
永同郡	永同郡		稽州刺史	顯宗九年 來屬 後更今名
一善縣	嵩善郡	(善州)	善州刺史	顯宗九年 來屬 仁宗二十一年 改今名 置縣令
安東府	古昌郡	安東府-永嘉郡	吉州刺史	(顯宗)九年 改知吉州事 二十一年 更今名
寶城郡	寶城郡		貝州刺史	後 復爲寶城郡
洪州		(運州)	運州都團鍊使	顯宗三年 改知州事 後改今名
天安府		天安府	歡州都團鍊使	顯宗九年 復舊名 爲知府事
咸陽縣	天嶺郡		許州都團鍊使	顯宗三年 降爲含陽郡 來屬
順安縣	奈靈郡	(剛州)	剛州都團鍊使	顯宗九年 來屬 仁宗二十一年 更今名 爲縣令官
潭陽郡	秋成郡		潭州都團鍊使	後更今名 來屬
京山府	新安縣 (星山郡)	碧珍郡-京山府-廣平郡	岱州團練使	顯宗三年 廢團練使 九年 改知 京山府事
交州	連城郡		團練使-交州	顯宗九年 改爲防禦使
三陟縣	三陟郡		陟州團練使	顯宗九年 降爲縣令

* 古阜郡은 태조 19년에 瀛州라는 읍호가 제정된 것으로 나오지만, 실제로는 성종 14년 연혁으로 이해해야 한다.[15]

미 해당 읍호가 사용되었다.

우선 운주와 강주는 태조대에 용례가 보여 통일전쟁기에 이미 주로 개정되었음이 확인된다.[16] 또한 이들은 대개 성묘 별호를 가지고 있다. 이 명칭은 성종 11년에 제정된 것으로서 주·부가 그 대상이었다. 따라서 성묘 별호를 가진 주는 이전에 이미 주로 성립해 있었다고 볼 수 있다. 게다가 태조 23년에서 성종 14년 사이에 새로운 주의 설치가 확인되지 않는다. 이러한 근거에서 볼 때 이들 역시 성종 14년 이전에 이미 주였던 것으로 보아도 무리가 없다.

이처럼 종전 명칭을 채용한 주호는 현종 9년 개편 이후에도 읍호로 사용되는 반면, 새로 제정된 주호가 모두 폐지된 것은 당시 주가 새로 설정된 상위 영역을 나타내던 것이었기 때문이다. 종전의 주호를 사용하는 경우에는 상위 영역으로서 주가 폐지되더라도 종래와 같이 개별 군현의 명칭으로 환원될 것이지만, 새로 제정된 주는 상위 영역을 나타내기 위한 것이었던 만큼 해당 주가 폐지되면 함께 폐지될 수밖에 없었다.

『고려사』 지리지 연혁에서 주 단위 외관의 설치 사실이 개별 군현의 연혁으로 들어가는 것도 이로 인한 것이다. 주가 기존의 명칭을 사용하는 경우 해당 군현은 성묘 별호를 사용하다가 상위 영역의 주가 폐지되면서 다시 종래의 읍호를 회복하였다. 따라서 해당 주호는 그것이 나타내는 영역이 바뀌었지만 명칭 자체는 유지되므로 주-현의 구성에 대한 이해가 없다면 이것은 특정 군현의 명칭으로 지속된 것처럼 해석될 수 있다.

이러한 현상은 새로 제정된 주호도 마찬가지였다. 곧 해당 명칭이 폐

---

15 윤경진, 2003, 「고려전기 界首官의 설정원리와 구성 변화: 『고려사』 지리지 계수관 연혁의 補正을 겸하여」, 『震檀學報』 96, 20쪽.

16 『高麗史』 권1, 太祖 10년 3월 辛酉, "王入運州 敗其城主兢俊於城下".
『高麗史』 권1, 太祖 12년 9월 乙亥, "幸剛州".

지된 뒤 종래 주치현의 명칭이었던 것으로 인식된 것이다. 『신증동국여지승람』에서 이들 주호가 특정 군현이 사용하던 종전 읍호의 하나로 기록된 것이나 『고려사』 지리지에서 성종 14년의 주호와 외관 설치가 개별 군현의 연혁으로 귀속된 것은 그 결과이다.

다음에 주가 현의 상위 영역이었다고 볼 수 없는 패서도의 경우에 대해 살펴보자. 패서도는 14주·4현·7진으로 구성되므로 여기서 주와 현은 별개의 군현일 수밖에 없다. 그렇다면 패서도의 경우에만 예외적으로 구성한 셈인데, 이는 외관의 파견과 밀접히 연관되어 있다. 여기서 다음 자료가 주목된다.

다) 외관을 도태하였다. 12절도사와 4도호, 동북계·서북계의 방어진사와 현령·진장만을 두고, 그 나머지 관찰사·도단련사·단련사·자사는 모두 폐지하였다.[17]

위의 기록은 성종 14년에 설치된 외관들을 목종 8년에 도태하는 내용이다. 이때 남은 외관 중에는 양계의 방어진사와 현령·진장이 포함되어 있다. 이 외관들은 그 설치 시점이 성종 14년 이전으로 올라간다. 예를 들어 자주(慈州)·숙주(肅州)·은주(殷州) 등은 성종 2년에 이미 방어사가 설치되었다.

또한 고려초기부터 서경 인근에는 통해현(通海縣)·영청현(永淸縣: 定水縣)·함종현(咸從縣)·용강현(龍岡縣) 등이 있었으며,[18] 여기에는 성종 14년

17 『高麗史節要』 권2, 穆宗 8년 3월, "汰外官 唯置十二節度 四都護 東西北界防禦鎭使縣令鎭將 其餘觀察使都團練團練刺史 悉罷之".

18 『高麗史』 兵志 城堡조에 따르면 태조 2년 龍岡縣, 3년 咸從縣, 17년 通海縣, 21년 永淸縣(定水縣)에 각기 성을 쌓은 것으로 되어 있다.

이전에 이미 외관이 설치된 곳이 있었다. 이는 다음 기록에서 확인된다.

라) 서도유수관과 연로의 주현 수령 및 제진(諸鎭)의 장수는 함부로 근무지를 떠나지 말라.[19]

위의 기록은 성종 9년에 성종이 서경에 행차하면서 내린 교서의 일부이다. 여기에는 서도유수관(西都留守官)과 함께 경유지의 '주현수령(州縣守令)'이 대상으로 언급되었는데, 현은 제진(諸鎭)의 장수와 함께 병칭되는 것으로 보아 서경 인근의 함종현 등을 가리키는 것으로 파악된다. 이 현들은 서경의 관할을 받았는데,[20] 패서도가 '서경소관(西京所管)'으로 구성되었으므로[21] 패서도의 4현은 바로 이들을 가리키는 것이다.

결국 패서도의 4현은 성종 14년 이전에 이미 현으로 편성되고, 여기에 현령이 설치되어 있었던 것이다. 성종 14년의 개편은 이미 외관이 있던 양계 지역에는 적용되지 않았으며, 그 결과로 패서도 지역은 남도 지역과 같은 주-현의 체계가 수립되지 않았던 것이다.

이상에서는 성종 14년의 외관 설치와 주의 상관성에 대해 살펴보았다. 『고려사』 지리지의 연혁에는 주 단위의 외관 설치가 개별 군현의 연혁으로 정리되어 있다. 이것은 기존의 주호가 성종 14년 및 현종 9년의 개편을 거치면서 명칭 자체는 그대로 유지됨으로써 성종 14년의 외관 설치가 개별 군현의 연혁으로 간주된 결과이다. 그리고 패서도 지역은 성종

19 『高麗史』 권3, 成宗 9년 9월 己卯, "西都留守官 幷沿路州縣守令 諸鎭戎帥 不得輒離任所".

20 이는 咸從縣令이 西京留守에 대해 '屬縣守令'으로 지칭된 사례를 통해 확인할 수 있다(『高麗史』 권26, 元宗 11년 8월 戊辰; 『高麗史』 권130, 列傳43 崔坦).

21 『高麗史』 권58, 地理3 西海道, "成宗十四年 分境內爲十道 以西京所管 爲浿西道".

14년 이전에 이미 외관이 설치되어 있었기 때문에 다시 개편을 가하지 않고 종전의 체계를 그대로 유지케 함으로써 주-현체계와는 다른 구성을 가지게 되었다.

2. 영속관계 개편의 배경과 지향

1) 성종 14년 이전 영속관계의 양태

성종 14년 지방제도 개편의 근간은 종래 주·부·군·현으로 다양하게 존재하던 단위군현을 현으로 일원화하고 상위 영역으로서 주를 설정하는 것이었다. 그렇다면 당시에 이러한 개편을 단행한 이유는 무엇일까. 이를 단순히 화풍의 도입을 통한 체제정비라는 것만으로 설명할 수는 없다. 성종 14년에 시행된 중앙정치제도는 당제와는 다르게 변용되는 부분이 있기는 하지만 제도 자체가 폐지되지는 않았기 때문이다. 당시 개편의 의미를 직접적으로 전해 주는 자료는 없지만, 전후 시기 지방제도와의 대비를 통해 대체적인 내용을 추출할 수 있다.

고려는 태조대 읍호개정을 통한 군현 획정과 함께 신라 이래의 군-영현체계를 적용하였다. 성종 11년의 읍호개정은 통일전쟁을 거치면서 다양화된 읍격들을 운영체계에 맞추어 군·현으로 정리한 것이다. 앞서 이 문제를 논하면서 군-영현체계의 존재와 일부 영속관계의 변동 사례도 언급했지만, 여기서는 성종 14년 주-현체계와의 대비를 위해 군-영현체계의 전반적 양상을 다시 한번 개괄하기로 한다.

성종 14년 이전의 지방제도 구성을 반영하는 자료로 우선 주목되는 것은 『고려사』 지리지의 읍격 분류이다.[22] 여기서 외관이 설치된 주현(主縣) 연혁의 말미에는 이것이 관할하는 속현(屬縣)의 수를 읍격별로 나누어 제시하고 있다. 다음은 그 사례이다.

마) 南京留守官楊州: 屬郡三 縣六

위의 기록은 남경이 관할하는 속현 중에서 읍격이 군인 것이 3개, 현인 것이 6개라는 의미이다. 그런데 실제 나열된 속현의 표제읍호를 보면 교하군(交河郡)·견주(見州)·포주(抱州)·행주(幸州)·봉성현(峯城縣)·고봉현(高峯縣)·심악현(深嶽縣)·풍양현(豊壤縣)·사천현(沙川縣)으로서 군이 1개, 주가 3개, 현이 5개이다. 주는 별도의 읍격으로 분류되지 않은 것이다. 그런데 주를 군에 포함시키면 군이 4개로서 수치가 맞지 않는다. 위의 수치와 일치하려면 주는 군 2개와 현 1개로 나뉘어야 한다.

다른 지역에서도 같은 현상을 볼 수 있다. 예를 들어 청주목(淸州牧)의 관할 속현은 군이 2개, 현이 7개인데, 열거된 군현은 군이 1개(燕山郡), 주가 2개(木州·鎭州), 현이 6개이다. 2개 주 중에서 하나는 군, 다른 하나는 현으로 간주된 것이다. 또한 해주(海州)의 속현은 현만 3개이지만 실제로는 모두 주(州)이며, 황주(黃州)의 속현인 봉주(鳳州)와 신주(信州)는 모두 군으로 분류되었다.

이처럼 『고려사』 지리지에서 속현인 주는 각기 군 또는 현으로 간주되었는데, 이는 읍호가 '주'를 사용하고 있더라도 내용적으로는 군이나 현으로 규정되었음을 의미한다. 이를 단적으로 보여 주는 예가 장주현(漳州縣)과 기주현(基州縣)이다. 다음은 『고려사』 지리지에 수록된 두 군현의 연혁이다.

---

22 자세한 내역은 윤경진, 2011, 「『고려사』 지리지의 구성 양태와 분류체계」, 『慶尙史學』 27; 2012, 『高麗史 地理志의 分析과 補正』, 여유당 참조.

바) ① 基州縣: 高麗初 始稱今名 顯宗九年 來屬 明宗二年 置監務 後復屬 恭讓王二年 又置監務 以殷豊縣屬之

② 漳州縣: 高麗 更今名 成宗十四年 置團練使 穆宗八年 罷之 顯宗九年 仍屬 明宗五年 置監務 兼任僧嶺 忠宣王卽位 避王嫌名 改爲漣州

위의 두 군현은 표제읍호에 '현'이 명시되어 있고, 연혁상 '고려초'에 해당 읍호로 개호되었지만, 실제 읍격은 현이 아니라 주였다. 『삼국사기』 지리지에서 이들은 각각 장주(獐州)와 기주(基州)로 나온다. 그런데 주에서 현으로의 개정은 연혁에 나오지 않는다. 오히려 고려 일대에 걸쳐 읍격은 주였던 것으로 확인된다.

기주의 경우 태조말에 건립된 「보리사대경대사비(菩提寺大鏡大師碑)」에 나오는 지기주제군사(知基州諸軍事) 강공훤(康公萱)의 사례에서 고려초기의 읍호가 '기주'라는 것을 알 수 있다.[23] 또한 공양왕 2년에 작성된 「김로호구자료(金輅戶口資料)」에 따르면 호주모(戶主母)의 본관이 '기주'로 나오고 있어서[24] 고려말까지도 읍호가 기주였음이 확인된다. 이곳은 조선에서 주를 정리할 때 비로소 기천현(基川縣)으로 개정되었다.

장주의 경우 충선왕대에 피휘(避諱)로 인해 연주(漣州)로 개명되므로 종전 명칭은 장주가 분명하다. 이 역시 조선에서 연천현(漣川縣)으로 개정되었다.

이처럼 기주와 장주는 고려 일대에 걸쳐 주였음에도 『고려사』 지리지 표제읍호는 읍격이 현으로 되어 있다. 어떤 이유에선가 기존 주호에 다시 '현'이 붙은 것인데, 그 이유는 기주와 장주의 실제 읍격이 현에 해당

23 『譯註羅末麗初金石文』 菩提寺大鏡大師碑.
24 『韓國古代中世古文書硏究』 金輅戶口資料.

하였기 때문이라고 볼 수밖에 없다.

그렇다면 주를 군과 현으로 나누어 파악하는 시점은 언제이며, 그 기준은 무엇이었을까. 현종 9년 이후의 지방제도에서는 외관과 결부되지 않은 속현의 읍격은 실질적인 의미가 없었다. 속현에 외관이 설치될 경우 관호(官號)에 맞추어 읍격과 읍호가 바뀌었는데, 주에 현령이 설치되면 읍격이 현으로 바뀌고 그에 맞추어 읍명도 바뀌었다.[25] 외관의 설치는 명백한 승격이지만, 읍격 기준으로만 본다면 오히려 낮아지는 셈이다. 이러한 상황에서 속현의 읍격을 군과 현으로 분류하는 것은 의미가 없다. 따라서 『고려사』 지리지에서 주를 군·현으로 구분하는 기준은 현종 9년 이전, 나아가 성종 14년 이전으로 올라가게 된다. 또한 이 구분은 경덕왕대의 읍격과도 차이가 있다. 청주 관내의 목주(木州)·진주(鎭州)는 모두 경덕왕대에 군이었는데, 『고려사』 지리지에서 둘 중 하나는 현으로 분류되었다. 또한 고려에서 신설한 군현의 경우에도 주는 군 또는 현으로 나뉘었는데, 풍주(豊州)의 속현 중에서 신설 군현인 신주(信州)와 유주(儒州) 중 하나는 군으로, 다른 하나는 현으로 계산되었다.

결국 주를 군·현으로 구분하는 시기는 고려에서 읍호를 대폭 개정한 태조 23년에서 주-현체계로 전환되는 성종 14년 사이가 되는데, 태조 23년의 읍호개정에서 이미 분류되었을 가능성이 높다. '고려초' 개호 기사의 근거 자료는 대체로 태조 23년 개편을 반영한 것으로 파악되는데, 바로 이 자료에서 각 군현이 군과 현으로 분류되었던 것으로 보인다. 여기에 기준 자료를 통해 유도된 표제읍호의 읍격이 반영되면서 읍격 분류가

25 예를 들어 儒州는 현령이 설치되면서 읍호도 文化縣으로 바뀌었고, 善州는 현령 설치와 함께 一善縣으로 바뀌었다. 이러한 현상은 郡이나 府의 경우도 마찬가지로서 현령 설치와 함께 富城郡이 富城縣으로, 義城府가 義城縣으로 바뀌었다.

이루어진 것으로 생각된다.

이처럼 이미 실재하는 주를 군과 현으로 나누어 분류하는 것은 당시에 군과 현이 지방제도의 구성과 운영에서 실질적인 차이를 가지고 있었음을 의미한다. 여기서 신라의 군-영현체계와 같은 구성 및 운영체계를 상정하게 되는데, 이러한 방식이 아니라면 굳이 주를 군과 현으로 나누어 파악할 이유가 없기 때문이다.

다만 통일전쟁을 겪은 뒤에 성립한 고려의 지방제도에서 각각의 군-현 영속관계가 전대와 동일하게 유지될 수는 없었다. 이때 군이 현으로 되거나 현이 군으로 되는 변동은 해당 군현의 읍격에도 반영된다. 따라서 고려초기에 군·현 읍격의 변동 사례를 검출하고 그 변동 비율을 파악할 수 있다면, 고려초기 지방제도에서 군-영현체계의 존재와 신라 지방제도와의 관계를 파악할 수 있다.

이를 위한 분석 자료로 『삼국사기』 지리지가 주목된다. 『삼국사기』 지리지는 대체로 신라 경덕왕대[26]를 기준으로 한 표제읍호와 『삼국사기』 편찬 시점의 읍호, 곧 '금(今)' 읍호를 대비하고 있다. 그런데 『삼국사기』 지리지의 '금' 읍호에는 인종 21년 현령 설치에 따른 읍호 변화가 반영되지 않았다. 고려초기에 읍호가 개정된 후 인종 21년 이전에 읍호가 개정되는 사례는 극히 일부이며, 따라서 '금' 읍호는 대부분 제정 시점이 고려초기, 곧 태조 23년으로 올라간다.[27]

---

26 『삼국사기』 지리지가 경덕왕대 이후를 반영하고 있다는 견해도 있지만(金泰植, 1995, 「『三國史記』 地理志 新羅條의 史料的 檢討」, 『三國史記의 原典 檢討』, 韓國精神文化研究院), 경덕왕대 자료에 일부 追記가 발생한 것으로 보는 견해도 있다(윤경진, 2012, 「『三國史記』 地理志의 기준 시점과 연혁 오류」, 『韓國史研究』 156; 2012, 앞의 책).

27 『고려사』 지리지 연혁에서 읍호개정을 나타내는 '高麗初'는 원칙적으로 태조 23년으로 비정된다. 태조 23년 이후에 개정된 읍호로는 泗州(泗水縣), 仁州(邵城縣)가

이때 분석 대상으로 삼는 것은 군이다. 군은 군-영현체계의 중심으로서 몇 개의 영현(領縣)을 관할했는데, 군이 현으로 바뀔 경우 해당 영현의 소속에도 변화가 생기기 때문에 이를 통해 군-영현체계 전반의 변동 정도를 가늠해 볼 수 있다.[28]

『삼국사기』 지리지를 기준으로 볼 때 신라의 군(郡: 주 포함, 5경 제외)은 129개이다. 이 중 현종 9년에 외관이 설치되는 것이 39개이고, 왕기(王畿)와 경주에 합속되는 것이 5개이다. 따라서 일차적인 분석대상이 되는 나머지 군은 85개이다. 이 군의 고려시기 읍격을 분류해 보면 [표 2-8]과 같다.

이 표에서 ①은 종래의 군이 부로 개정된 경우이다. 군-영현체계에서 부가 어떤 위치를 점하는지는 분명하지 않다. 다만 신라의 부가 원래 5경에서 연원하였다는 점을 고려하면,[29] 위의 부도 다른 군에 소속되지는 않았을 것이다. 그리고 운영체계에서 신라의 5경처럼 단독으로 편성되지는 않았을 것이므로 군과 같은 부류에 넣을 수 있다. ②는 고유명이 개정되지만 군의 읍격은 그대로 유지되는 경우이다. ③은 고유명이 바뀌면서 읍격도 현으로 바뀌어 다른 군에 속하게 되는 경우로서 군-영현체계의 변동을 보여 준다.

④와 ⑤는 그 자체로는 영속관계 변동을 알 수 없으므로 다시 내용을 분석해 보아야 한다. 앞서 지적했듯이 고려초기 주는 내용상 군과 현으로

있다.

28 영속관계의 변동은 縣이 郡으로 바뀌는 경우와 縣의 소속 郡이 바뀌는 경우도 포함되지만, 이들은 자료적인 한계로 내용을 파악하기 어렵다. 郡은 중간 운영단위의 중심지였던 만큼, 한계는 있지만 전체적인 양상을 가늠하는 매개가 될 수 있다.

29 윤경진, 1996, 「고려 태조대 군현제 개편의 성격: 신라 군현제와의 상관성을 중심으로」, 『역사와현실』 22, 146-148쪽.

[표 2-8] 신라시기 군의 고려초기 읍격 변동 유형

유형	수	사례
① 府	1	聞韶郡(義城府)
② 郡	25	義昌郡(興海郡) 大城郡(清道郡) 三年郡(保齡郡) 古寧郡(咸寧郡) 火王郡(昌寧郡) 壽昌郡(壽城郡) 獐山郡(章山郡) 天嶺郡(咸陽郡) 泝川郡(川寧郡) 白城郡(安城郡) 唐恩郡(唐城郡) 大楊郡(長楊郡) 益城郡(金城郡) 曲城郡(臨河郡) 野城郡(盈德郡) 奈城郡(寧越郡) 任城郡(大興郡) 比豊郡(懷德郡) 湯井郡(溫水郡) 大山郡(泰山郡) 德殷郡(德恩郡) 分嶺郡(樂安郡) 秋成郡(潭陽郡) 岬城郡(長城郡) 陽武郡(道康郡)
③ 縣	9	闕城郡(江城縣) 星山郡(加利縣) 獐口郡(安山縣) 富平郡(金化縣) 楊麓郡(陽溝縣) 黃山郡(連山縣) 淳化郡(淳昌縣) 璧谿郡(長溪縣) 牢山郡(嘉興縣)
④ 州	18	臨皐郡(永州) 槐陽郡(槐州) 介山郡(竹州) 栗津郡(菓州) 來蘇郡(見州) 堅城郡(抱州) 栖嵒郡(鳳州) 五關郡(洞州) 奈隄郡(堤州) 武州(光州) 醴泉郡(甫州) 嵩善郡(善州) 奈靈郡(剛州) 大麓郡(木州) 黑壤郡(鎭州) 岌山郡(興州) 海皐郡(鹽州) 重盤郡(安州)
⑤ 因之	32	開寧郡 永同郡 義安郡 河東郡 咸安郡 居昌郡 高靈郡 交河郡 牛峰郡 嘉平郡 狼川郡 西林郡 樻城郡 扶餘郡 潔城郡 燕山郡 金馬郡 任實郡 谷城郡 務安郡 壓海郡 化寧郡 東萊郡 兎山郡 岐城郡 伊山郡 潘南郡 管城郡 固城郡 富城郡 金堤郡 陵城郡

* ①-④는 고유명이 개정된 경우이고, ⑤는 개정되지 않은 경우이다.
* 괄호 안의 읍호는 『삼국사기』 지리지의 '금' 읍호이다.

[표 2-9] 군에서 주로 개정된 사례의 읍격 분류

유형	수	사례
① 郡	10	臨皐郡(永州) 槐陽郡(槐州) 介山郡(竹州) 栗津郡(菓州) 來蘇郡(見州) 堅城郡(抱州) 栖嵒郡(鳳州) 五關郡(洞州) 奈隄郡(堤州) 大麓郡(木州)
② 縣	4	岌山郡(興州) 海皐郡(鹽州) 重盤郡(安州) 黑壤郡(鎭州)
③ 불명	4	武州(光州) 醴泉郡(甫州) 嵩善郡(善州) 奈靈郡(剛州)

나뉘었다. 『고려사』 지리지의 속현 읍격 분류에서 군과 현의 수가 정리되어 있으므로 이와 대비하면 주의 실제 읍격을 어느 정도 판별할 수 있다. 이에 의거하여 ④의 사례를 다시 분류하면 [표 2-9]와 같다.

[표 2-10] '인지'로 표현된 사례의 읍격 분류

유형	수	사례
① 郡	21	開寧郡 永同郡 義安郡 河東郡 咸安郡 居昌郡 高靈郡 交河郡 牛峰郡 嘉平郡 狼川郡 西林郡 槥城郡 扶餘郡 潔城郡 燕山郡 金馬郡 任實郡 谷城郡 務安郡 壓海郡
② 縣	6	化寧郡 東萊郡 兎山郡 岐城郡 伊山郡 潘南郡
③ 불명	5	管城郡 固城郡 富城郡 金堤郡 陵城郡

이 표에서 ①은 읍격 분류에서 군으로 확인되는 경우이고 ②는 현으로 확인되는 경우이다. ③은 인종 21년 이후 현령이 설치되면서 읍격이 현으로 바뀌어 이전의 읍격이 확인되지 않는 경우이다. 여기서 일단 18개 사례 중에서 군으로 파악되는 것이 10개, 현으로 파악되는 것이 4개, 불분명한 것이 4개이다.

다음에 [표 2-8]에서 '인지(因之)'로만 표현된 것은 군·현의 읍격과 상관없이 고유명이 동일한 경우이기 때문에 실제 읍격을 판별하기 어렵다. 따라서 주로 개정된 경우와 마찬가지로 『고려사』 지리지에 보이는 읍호 내지 읍격 분류를 참고하여 분석하면 [표 2-10]과 같다.

이 표에서 ①은 읍격 분류에서 군으로 확인되는 경우이고, ②는 현으로 확인되거나 연혁 등을 통해 현으로 볼 수 있는 경우이며, ③은 외관 설치로 인해 확인이 곤란한 경우이다. '인지'로 기록된 경우에서 군으로 파악되는 것이 21개, 현으로 파악되는 것이 6개, 불분명한 것이 5개이다.[30]

이상에 따르면 분석 대상 85개 군 중에서 고려초기에도 군으로 파악되는 경우가 57개이고, 현으로 분류되는 경우가 19개, 불분명한 경우가 9

30 다만 이 경우는 『고려사』 지리지의 표제읍호에서 혼용이 발생한 것일 수 있어 단정하기 곤란한 만큼, 참고적으로 이용하기로 한다.

개이다. 그런데 이 수치는 현종 9년의 주현과 고려전기에 외관이 설치된 경우는 제외한 것이다. 이들 군현은 지방제도 운영에서 중심지적 위치를 차지하는 만큼, 위의 수치와 대비해 볼 때 군으로서의 위상이 유지되는 측면이 강했을 것이다. 특히 목(牧)과 지주군사(知州郡事)가 설치되는 19개 사례는 고려초기에 군이었음이 분명하다.[31] 『고려사』 지리지에 현으로 되어 있는 주현은 현령 설치로 인해 현이 된 것으로서 이들 대부분은 신라에서 군이었다. 이와 같이 본다면 고려전기 주현 대부분이 고려초기에 군이었던 것으로 보아도 큰 무리는 없다.[32] 그렇다면 124개 군 중에서 105개가 군으로 유지된 것으로서 비율상으로 85%에 이른다.

후삼국의 분열과 통일전쟁이라는 요소를 고려하면, 이러한 비율은 고려초기 지방제도가 '재편'보다는 '유지'의 측면이 강했음을 보여 준다. 이를 통해 고려초기 군-현 영속관계가 신라의 영속관계를 그대로 적용하는 비중이 높았다고 판단할 수 있다. 물론 지리지를 통해 검출되지 않는 영속관계 변동의 가능성도 있는 만큼 수치 그대로 단정하는 것은 곤란하지만, 고려초기의 지방제도가 전반적으로 기존의 영속관계를 기반으로 하였다는 것은 인정할 수 있다.

이상에서는 성종 14년 이전 지방제도의 운영체계를 살펴보았다. 당시 지방제도는 신라의 것을 계승하여 군이 몇 개의 현을 관할하는 군-영현체계의 형식을 채용하였다. 일부 영속관계 변동이 검출되지만 통일전쟁이라는 과정을 감안하면 군-현 영속관계는 신라 경덕왕대 이래의 구성을 유지하는 측면이 강했다고 평가된다. 이에 근거하여 볼 때 성종 14년

---

31 安東府와 京山府는 성종 14년 이전에 郡으로 개정되는 연혁을 보이고 있다.

32 光州는 인근의 玄雄縣이 南平郡으로 바뀌는 것에 연동하여 그 관할 현이 되었을 것으로 보인다. 하지만 직접 확인되는 것이 아니므로 수치 산정에서는 제외한다.

의 지방제도 개편은 기존의 군-영현체계에 대한 개편이라는 각도에서 조망할 수 있다.

2) 영속관계 개편의 내용과 지향

성종 14년 이전의 고려 지방제도가 신라 이래의 군-영현체계를 기반으로 구성되어 있었다면, 성종 14년의 주-현체계를 신라의 군-영현체계와 대비함으로써 개편의 대체적인 지향을 확인할 수 있다. [표 2-11]은 『삼국사기』 지리지에 나타난 신라 지방제도의 구성을 정리한 것이다.

[표 2-11] 신라 지방제도의 구성(『삼국사기』 지리지)

	尙州	良州	康州	漢州	朔州	溟州	熊州	全州	武州	계
郡(州)	11	13	12	29	13	10	14	11	16	129
小京		1		1	1		1	1		5
縣	31	40	30	49	26	25	29	31	43	304
군현 총수	42	54	42	79	40	35	44	43	59	438
전체군현/군 (소경 포함)	3.8	3.9	3.5	2.6	2.9	3.5	2.9	3.6	3.7	3.3
소경제외/군	3.8	4.0	3.5	2.7	3.0	3.5	3.1	3.8	3.7	3.4

표의 내용을 앞서 정리한 성종 14년 주-현체계의 내역과 대비해 보면 몇 가지 특징을 발견할 수 있다. 먼저 신라의 군현수와 성종 14년의 현 수를 대비해 보자. 경덕왕대를 기준으로 한 신라 군현수는 모두 438개이고 성종 14년 신개척지인 패서도와 관내도에 중복된 개성부를 제외한 현 수는 435개로 큰 차이가 없다. 물론 수적 차이를 정확히 파악하려면 군현의 폐지와 신설에 따른 차이를 따져보아야 하지만, 전체적으로 군현수에서 큰 변동을 말하기는 어렵다.[33] 곧 성종 14년의 현은 새로운 영역단위로 구획한 것이 아니라 대부분 기존의 군현을 그대로 전환한 것으로

보아도 무리는 없다.

한편 신라의 군 수는 5경을 제외하면 129개이고 성종 14년에 패서도를 제외한 지역의 주의 수는 114개이다. 이때 왕기와 경주로 편성되는 것과 삭방도에서 10개 내외의 주가 누락된 것을 감안하면,[34] 나머지 지역에서 군과 주의 수적 차이는 크지 않다. 따라서 성종 14년에 주로 편제되는 중간 운영단위의 수 또한 신라시기와 큰 차이가 없다.

이러한 상관성은 중간 운영단위를 구성하는 군현의 수에서도 동일하게 나타난다. 전체적으로 볼 때 신라의 군-영현 단위를 구성하는 군현수의 평균은 3.3개이며, 성종 14년의 주 단위를 구성하는 현의 수는 3.8개이다. 삭방도를 제외하면 3.5개 정도로서 수치가 근사하다. 곧 성종 14년의 주를 구성하는 현의 수는 3-4개로서 신라 군-영현체계와 비슷한 규모인 것이다.

이처럼 전체 군현수나 중간 운영단위의 규모에서 신라의 지방제도와 매우 유사하다면, 성종 14년 개편의 궁극적인 의미는 어디에서 찾을 수 있을까. 우선 본격적인 외관제의 시행을 들 수 있다. 하지만 외관의 파견은 종래와 같은 운영체계 아래에서도 이루어질 수 있으므로 그것만으로는 충분한 설명이 되지 못한다. 개편의 실질적인 의미는 주가 현의 상위 영역으로 설정되었다는 점과 함께 주 단위를 구성하는 현의 내역이 바뀌

33 신라, 성종 14년, 현종 9년의 군현 내역은 본서 5부 1장에서 자세히 분석할 것이므로 여기서는 영속관계 개편을 이해하는 토대로서 개괄적인 이해만 마련해 둔다.

34 朔方道는 州의 수에 비해 縣의 수가 지나치게 많고, 실제 이 지역에서 확인되는 州의 수도 7개보다 많다는 점에서 州의 수가 누락되었을 가능성이 있다(李基白, 1965, 「高麗 地方制度의 整備와 州縣軍의 成立」, 『趙明基華甲紀念論叢』, 刊行委員會; 1968, 『高麗兵制史研究』, 一潮閣, 193쪽). 이에 대해 '七'의 앞에 '十'이 누락되었다고 보고 17개 정도로 조정하는 견해도 있다(윤경진, 2006, 「고려초기 10道制의 시행과 운영체계」, 『震檀學報』 101, 120쪽).

는 것에서 찾아야 할 것으로 본다.

『고려사』 지리지에서 성종 14년 개편에 따르는 주-현 단위의 구체적인 내역은 확인되지 않는다. 하지만 연대기에서 단편적이나마 당시 영속관계를 엿볼 수 있는 사례가 발견된다. 여기서 다음 자료를 분석해 보자.

사) ① 동주 관내의 수안, 곡주 관내의 상산·협계, 잠주 관내의 신은 등 여러 현의 백성들이 거란 병사에게 곤욕을 치렀으므로 관청에서 양곡과 종자를 지급해 주었다.[35]

② 도주 관내의 장산, 영주 관내의 해안 등 현의 금년 조세를 줄여 주었다.[36]

위의 두 기사는 모두 현종 10년의 것이므로 현종 9년의 지방제도 개편 이후에 해당한다. 하지만 실제 기사에 나타난 내용은 현종 9년의 것이 아니다. 위의 기록은 모두 주가 현을 관할하는 형식으로 되어 있으며, 잠주(岑州)는 현종 9년에 확인되지 않는 명칭이다. 그리고 곡주(谷州) 관내로 표시된 상산(象山)은 곡주의 성묘 별호이다. 따라서 위의 곡주는 상산·협계 등 여러 현으로 구성된 상위 영역으로 보아야 한다. 결국 위의 두 기사는 내용적으로 성종 14년의 주-현체계를 반영하고 있는 것이다.[37]

---

35 『高麗史』 권79, 食貨2 農桑 顯宗 10년 4월, "以洞州管內遂安 谷州管內象山峽溪 岑州管內新恩等諸縣民 困於丹兵 官給糧種".

36 『高麗史』 권80, 食貨3 恩免之制 顯宗 10년 5월, "蠲道州管內獐山 永州管內解顏等縣今年租稅".

37 비슷한 상황이 『고려사』 열전에 수록된 인물의 출신지 표기에서도 나타난다. 劉瑨(현종 10), 姜民瞻(현종 12), 金猛(현종 21), 尹徵古(현종 12) 등 4명은 몰년이 현종 9년 이후이지만, 출신지 표기는 성종 14년의 주-현체계를 반영하고 있다. 여기서 현종 9년의 개편에도 불구하고 현종대 중반까지도 주-현체계가 잔존하고 있었던 것을 알 수 있다. 이것이 단순한 관행인지, 아니면 실제 운영체계로서 일정 기간 지속

이때 주목되는 것은 주를 구성하는 현의 내역이다. 주의 관할로 기재된 현을 이전의 군-영현체계와 대비해 보자. 우선 동주(洞州)는 본래 오관군(五關郡)으로 고려에서 동주로 개칭했으며, 성종 14년에 방어사가 설치되었다가 현종초에 폐지되었다. 수안현(遂安縣)은 본래 서암군(栖巖郡: 鳳州)의 영현이었다. 이를 통해 성종 14년에 그 소속이 바뀌었음을 알 수 있다.[38]

곡주는 본래 영풍군(永豊郡: 平州)의 영현으로서 '고려초'에 곡주로 개정되며 성종 14년에 방어사가 설치되었다. 협계현(俠溪縣) 역시 영풍군 영현이었다. 종래 영풍군 관할 군현은 평주와 곡주의 2개 주로 분할 소속되면서 협계현은 곡주 관할로 바뀌었다.

잠주는 지리적 위치와 명칭으로 볼 때 우잠군(牛岑郡: 牛峯郡)으로 추정된다.[39] 신은현(新恩縣)은 현종 9년 이전의 연혁이 미상으로 고려초기에 신설된 군현이다. 고려말에 병합되는 협계현이 영풍군의 영현이었던 것이나 뒤에 신은현과 협계현을 속현으로 관할하는 곡주 역시 영풍군 영현이었던 것을 고려할 때, 성종 14년 이전에는 역시 영풍군 관할이었을 것이다.[40]

한편 도주(道州)는 청도군(淸道郡)의 별칭으로 되어 있다. 청도군은 지리지 연혁상 신라 시기의 대성군(大城郡)을 중심으로 '고려초'에 오악(烏岳)·형산(荊山)·소산(蘇山) 등 3현을 병합하여 성립하였다. 장산(獐山)은

된 것인지는 알 수 없지만, 해당 표기 양식이 성종 14년 개편에 따른 것이라는 점만은 분명하다.

38 遂安은 『삼국사기』 지리지의 '금' 읍호가 郡으로 되어 있어 성종 14년 이전에 군으로 전환되었음을 알 수 있다. 곧 수안은 성종 14년 개편에서 다시 현으로 전환된 것이다.

39 『新增東國輿地勝覽』 권42 牛峯縣 郡名조를 보면 三州·岑城의 명칭이 보인다. 三州는 岑州와 音相似에 의한 명칭으로 추정되며, 岑城은 읍호의 한 글자를 이용하여 別號를 만든 것으로서 舊邑號인 牛岑郡에 근거한 것이다.

40 혹은 앞서 현에서 군으로 전환된 遂安郡 관할이었을 가능성도 있다.

원래 장산군(獐山郡: 章山郡)이었다. 여기서 군이었던 장산이 도주 소속의 현으로 바뀌었음을 알 수 있다.

영주(永州)는 신라의 임고군(臨皐郡)으로서 도동(道同)·임천(臨川) 2현을 합쳐 설치된 고울부(高鬱府)를 전신으로 한다. 성종 14년에 자사가 설치되었다. 해안현(解顏縣)은 본래 장산군의 영현이었다. 곧 해안현은 장산군 관할에서 영주 관할로 바뀐 것이다.

이상에서 많지 않은 사례이지만 주-현체계의 구성이 종래 군-영현체계의 것과 상당히 달라졌음을 알 수 있다. 이는 앞서 검토했던 『고려사』 열전의 출신지 표기 사례에서도 확인된다. 인용 사례 중에서 뒤에 주와 현 명칭이 서로 다른 군현으로 귀속된 경우를 보면, 영주(瀛州) 상질현(尙質縣), 수주(水州) 안산현(安山縣), 수주(樹州) 수안현(守安縣), 동주(洞州) 토산현(土山縣) 등이 있다. 이 중 상질현은 원래 고부군(古阜郡: 瀛州)의 영현이었고 수안현도 장제군(長堤郡: 樹州)의 영현이었으므로 변화가 없다.

한편 안산현은 신라의 장구군(獐口郡)으로서 별도의 군이었지만, 수주(水州) 관할의 현으로 바뀌었다. 전술한 것처럼 장구군은 신라말 당성진(唐城鎭) 편성에 따라 현으로 개편된 것으로 파악되지만, 성종 11년 조선수경가(漕船輸京價) 기사에는 군(郡)으로 나온다.[41] 그런데 성종 14년 개편에서 다시 현으로 전환된 것이다.

토산현(土山縣)은 신라에서 취성군(取城郡: 黃州)의 영현이었으며, 고려 건국초기에도 황주의 관할에 있었다. 이는 고려초기에 활동한 최응(崔凝)이 "황주 토산인"으로 기록된 것에서 확인된다. 그런데 토산현은 성종 14년 개편 후에는 동주 소속으로 바뀌었는데, 이것은 신라 이래의 군-영현

41 본서 2부 2장 참조.

[표 2-12] 성종 14년 군·현의 영속관계 변화

縣	舊 소속 郡	新 소속 州	縣	舊 소속 郡	新 소속 州
遂安縣	栖巖郡(鳳州)	洞州(洞州)	尙質縣	古阜郡	瀛州(古阜郡)
俠溪縣	永豊郡(平州)	谷州(谷州)	安山縣	郡(獐口郡)	水州(水州)
新恩縣	신설(永豊郡?)	岑州(牛峯郡)	守安縣	長堤郡(樹州)	樹州(樹州)
獐山縣	郡(獐山郡)	道州(淸道郡)	土山縣	取城郡(黃州)	洞州(洞州)
解顔縣	獐山郡(獐山郡)	永州(永州)			

체계가 고려초기에도 유지되다가 성종 14년에 재편되는 추이를 집약적으로 보여 준다.

이상에서 확인된 영속관계 변화의 내용을 표로 정리하면 [표 2-12]와 같다. 이 표를 보면 성종 14년 당시의 영속관계가 확인되는 9개 사례 중에서 7개가 종래의 영속관계와 달라졌다. 개편 내용에서도 기존의 군-영현 단위가 2개의 주로 나뉘는 경우도 있고, 군과 영현이 각기 다른 주로 귀속되는 경우도 있다. 그리고 현의 경우 기존 소속 군이 개편된 주가 아닌 다른 주로 귀속되는 경우도 있다. 이로 보아 성종 14년의 지방제도가 영속관계의 전면적인 개편을 지향하고 있었음이 분명하다.

주-현체계에서 영속관계를 재편한 것은 종래의 군-현 단위를 매개로 나타나는 지배관계를 제어하려는 의도로 해석된다. 성종 14년 이전의 지방제도는 신라 이래의 군-영현체계를 통해 역역을 비롯한 중간 운영 단위의 기능을 수행하도록 했다. 그런데 당시에는 이를 담당할 외관이 파견되지 못했기 때문에 그 운영은 재지관반(在地官班)을 매개로 이루어졌다.[42] 다시 말해 각 군현의 재지관반이 단위군현의 운영을 담당함과 아울러 군의 재지관반이 중간 단위의 운영을 담당했다는 것이다. 태조 24년 적아현(은풍현)에 소재한 경청선원의 사업에 보주(예천군)의 관반이 관여

하는 것이 대표적인 사례이다.[43]

이러한 운영체계는 경우에 따라 관할 현에 대한 침탈을 낳을 수 있었다. 성종 원년 최승로의 상서는 그러한 문제를 지적하고 있다.

> 아) 또한 중외의 승도가 사적으로 머물 곳으로 삼고자 하여 다투어 (사원을) 영조하며 주군의 장리에 권하여 백성을 징발하여 부리기를 공역보다 급하게 하니 백성이 고초로 여깁니다. 원컨대 엄히 금단하십시오. 멀게는 안남과 안동으로, 가깝게는 어사도성으로 하여금 검핵하여 그 장리를 죄주고 백성의 노역을 없애십시오.[44]

위의 조목은 주군(州郡)의 장리(長吏)들이 승려들의 부탁을 받고 백성을 징발하여 사원 건립에 사역하는 문제를 지적한 것이다. 여기서 공역(公役)을 담당하면서 이를 매개로 백성들을 징발하는 장리들은 최승로 상서의 다른 조목에 보이는 "공무(公務)를 담당하는 향호(鄕豪)"와 동일한 존재로 파악되며,[45] 「경청선원자적선사비」에 보이는 보주관반과 현관반은 그 구체적인 사례가 될 것이다. 특히 자적선사를 지원한 예천의 정광(正匡) 모(某)는 최승로가 말한 상황을 반영하고 있다.

실상 사원의 건립은 영세한 개별 군현에서 감당하기 어려운 것이었

---

42 고려초기 在地官班의 조식 구성과 기능에 대해서는 尹京鎭, 2002, 「고려초기 재지관반의 정치적 위상과 지방사회 운영」, 『韓國史研究』 116 참조.

43 본서 2부 1장 참조.

44 『高麗史』 권82, 刑法2 禁令 成宗 원년 6월, "又有中外僧徒 欲爲私住之所 競行營造 普勸州郡長吏 徵民役使 急於公役 民甚苦之 願嚴加禁斷 令遠而安南安東 近而御事都省檢劾 罪其長吏 以除百姓勞役".

45 『高麗史』 권93, 列傳6 崔承老, "王者之理民 非家至而日見之 故分遣守令 往察百姓利害 太祖統合之後 欲置外官 盖因草創未遑 今竊見 鄕豪每假公務 侵暴百姓 民不堪命 請置外官 雖不得一時盡遣 先於十數州縣 幷置一官 官各設兩三員 以委撫字".

으며, 대개는 주변 군현의 역부까지 징발하는 경우가 많았다. 최승로가 문제를 지적한 후 안남(安南)·안동(安東) 두 도호부 및 어사도성(御事都省)으로 하여금 검핵케 하자고 건의한 것은 군현 내부의 문제보다 군현 간에 발생하는 수탈의 문제를 지목한 것이다. 도호부나 어사도성이 개별 군현의 내부 문제까지 검핵한다는 것은 현실적으로 어려운 일이다.

이러한 수탈구조는 '장리'와 '공역'이라는 용어에서 드러나듯이 군현 간에 임의적으로 형성된 관계에서 파생된 것이 아니라 지방사회를 운영하는 공식 체계를 매개로 이루어지는 것이었다. 곧 상주 외관과 같은 별도의 제어장치를 두지 못한 채 재지관반을 통해 군-영현체계를 운영하는 상황에서 상급 책임을 담당한 군의 재지관반이 공무를 빌미로 관할 현을 침탈할 여지가 많았던 것이다. 성종 2년 12목의 설치도 이러한 운영체계를 감독하기 위한 것으로 이해되지만, 일부 지역에 파견된 관원만으로 이를 제어한다는 것은 한계가 있었다.

이 문제의 해결 방안은 두 가지 방향에서 모색되었다. 하나는 외관을 더 많이 파견하여 보다 직접적인 제어를 도모하는 것이다. 다른 하나는 기존의 군-현 영속관계를 전면적으로 개편하여 종전과 같은 관계를 단절시키는 것이다. 성종 14년의 지방제도 개편은 바로 이러한 목적을 띠고 있었다.

우선 중간 운영단위로서 주를 설정하는 것은 기존 군과 현 사이에 형성된 수직적인 관계를 수평적 관계로 전환시키는 것이었다. 주-현체계하에서 주 내부의 현은 병렬적인 위치로 규정된다. 물론 주치현은 여전히 다른 현에 비해 우월한 지위를 가질 수 있지만, 행정적으로는 다른 현과 마찬가지로 주로부터 정령을 전달받도록 되어 있다.

주 단위로 외관을 설치하는 것은 바로 각급 군현의 재지관반에 대한 상급 행정기구를 설정하는 의미를 가진다. 이 체계에서 주치현이 행정을 빌미로 다른 관할 현에 대해 지배나 수탈을 행할 수 있는 여지는 크게 줄어든다. 여기에 중간 운영단위의 구성을 종래와 다르게 편제하는 것은 이러한 개편 효과를 극대화하는 것이었다.

결국 성종 14년의 지방제도 개편은 운영체계의 전면적 재편을 통해 지방사회에 대한 통제와 안정적인 운영을 도모한 것이었다고 평가할 수 있다. 앞서 성종 11년의 개편이 지방사회의 외형적 질서를 일원화시키면서 영속관계에 대한 부분적 개편을 모색한 단계라면, 성종 14년의 개편은 그 성과를 바탕으로 새로운 운영원리를 도입하여 영속관계의 전면적 재편을 시도한 것이라 할 수 있다. 이 점에서 성종 11년의 개편은 결과적으로 성종 14년 개편의 토대가 되었다고 이해할 수 있다.

그러나 이 개편은 성공하지 못하였다. 목종 8년에 외관이 대부분 도태되고 현종 9년에는 새로운 영속관계 개편이 진행되었다. 이 개편의 의미는 성종 14년 개편과 연계하여 이해할 수 있는데, 이에 대해서는 3부에서 다루기로 한다.

제3부

중간 운영단위의 편성 (2)

주현-속현체계

1

주현-속현 영속관계의 성격

1. 고려 지방제도의 운영원리와 속현·주현의 개념

1) 지방제도의 상하체계와 '속현'

고려 지방제도의 구성과 운영은 일부 '주현(主縣)'이 다수의 '속현(屬縣)'을 관할하는 체계, 곧 '주현-속현체계'를 축으로 이루어졌다. 이때 주현과 속현의 관계는 통상 두 가지 측면에서 규정되고 있다. 하나는 외관의 유무에 의해 양자를 구분하는 것으로서 외관이 파견된 군현을 주현, 외관이 파견되지 않은 군현을 속현이라 한다. 이것은 지방제도 구성의 형태적 측면을 반영한 것이다.

다른 하나는 영역 간 행정 외적 관계에 의해 주현과 속현의 위치를 파악하는 것이다. 주현은 속현을 '지배'하는 위치에 있고, 반대로 속현은 주현에 '예속'되어 있다고 보기도 한다. 특히 이 지배-예속관계는 나말려초 지방사회에 존재하던 족단(族團) 사이의 역학관계에서 비롯된 것으로 보거나[1] 영역 간의 계서적(階序的) 구조를 반영한 것으로 보았다.[2] 이것은

---

1 旗田巍는 屬縣이 나말려초 族團 사이의 지배-복속관계에 의해 형성되었다고 보고,

지방제도 구성의 내용적 측면을 지적한 것이다.

이러한 두 가지 규정을 종합하면 주현과 속현은 현종 9년 외관제 실시에 따르는 외관의 유무에 의해 판별되지만, 그 영속관계는 외관제 시행 이전에 이미 성립한 것이 된다. 따라서 외관의 유무는 이미 존재하는 영역 간 질서를 추인하는 것, 또는 그 관계를 이용하여 지배를 구현하는 것으로 설명된다.

하지만 이러한 설명은 연구방법상 문제가 있다. 실상 기존의 주현·속현 구분과 개념 규정은 각각의 내용에 대한 검토 없이 외형적 차이에 의해서만 편의적으로 이루어졌다. 외관의 유무는 지방제도 운영과 직결되는 문제이므로 어떤 형식으로든 이에 대한 검토가 있어야 한다. 또한 외관 유무에 의한 주현·속현 구분은 자료상의 용례와 맞지 않는다. 외관이 설치된 군현이 '속현'으로 지칭되는 경우가 있는 반면, '주현'은 고려시기에 해당 용례가 발견되지 않는다. 이러한 상황은 외관 유무에 의한 주현·속현 구분과 상충되므로 개념 규정은 신중하게 이루어져야 할 것이다. 주현-속현의 관계를 영역 간의 행정 외적인 지배-예속관계로 이해하는 저변에는 이러한 개념적 혼란이 작용하고 있다.

또한 주현-속현의 영속관계가 현종 9년 이전에 이미 형성되었다는 것을 입증할 수 있는 명확한 근거도 없다. 이 입론은 실상 주현-속현의 체계를 역으로 소급하여 이해한 것일 뿐이며, 나말려초 자료를 통해 귀납적으로 입증한 것이 아니다. 여기서 제시하는 핵심 논거는 대개 고려후기

군현제의 신분적 성격을 강조하였다(旗田巍, 1960, 「高麗王朝成立期の'府'と豪族」, 『法制史研究』 10; 1972, 『朝鮮中世社会史の研究』, 法政大学出版局).

2 채웅석은 주현과 속현 사이의 階序性이 나말려초에 재편된 지역공동체 사이의 계서성을 인정한 것으로 보았다(蔡雄錫, 2000, 『高麗時代의 國家와 地方社會』, 서울대학교출판부, 85-95쪽).

및 조선초기의 것이라는 점에서 실증적 한계를 가진다.

이러한 주현-속현 영속관계에 대한 일반적 이해의 문제점을 염두에 두고 먼저 고려 지방제도의 운영원리와 관련된 '속현'의 개념 문제부터 짚어 보자. 이 문제는 우선 기존의 연구들이 한결같이 '속현'을 '외관이 없는 군현(이하 '외관부재 군현'으로 칭함)'으로 설명하는 데서 출발한다. 이 입론의 주된 근거는 『고려사』 지리지이다. 여기에는 각급 군현이 세 층위로 나뉘어 정리되어 있다. 다음은 청주목의 관할 군현 일부를 정리한 것이다.

가) 清州牧: 屬郡二 縣七 領知事府一 知事郡二 縣令官二
　　燕山郡 외
　公州: 屬郡四 縣八
　　德恩郡 외

제일 위에 정리된 청주목이 계수관(界首官)이며 제2단에 정리된 공주(公州) 등은 외관이 설치된 군현(이하 '외관소재 군현'으로 칭함)이다. 그리고 제3단에 정리되는 연산군(燕山郡) 및 덕은군(德恩郡) 등은 외관부재 군현으로서 '속군'·'속현'으로 지칭되었다. 속군·속현은 읍격에 따라 나눈 것으로서 연혁에서는 '속현'으로 범칭되기도 한다.[3] 한편 계수관이 외관소재 군현을 관할하는 것은 '영(領)'으로 표시하여 '속(屬)'과 구분하였다. 이로 보면 '속현=외관부재 군현'이라는 일반적 규정도 가능한 것처럼 보인다.

그러나 실제 『고려사』 지리지 이외의 자료를 보면, 속현이 본래 외관부재 군현과 동일한 개념이 아니라는 것을 알 수 있다.

---

3 牛峯郡의 연혁에서 "顯宗九年 爲平州屬縣"이라고 한 것은 그 예이다. 고려 군현제에서 외관부재 군현의 읍격은 실질적인 의미가 없었다.

나) ① 연전에 소국의 서북면총관 휘하의 아전 최탄이 서경분대어사와 감창사, 유수관 및 속현수령(屬縣守令) 등을 죽이고 서북방의 제성(諸城)을 위협하여 그 무리를 세웠습니다.[4]

② 왜구가 부여를 침략하고 공주에 이르니 목사 김사혁이 정현에서 싸웠으나 패배하였다. 적이 마침내 공주를 함락하였다. 양광도원수 박인계는 속현 회덕감무 서천부가 가서 구하지 않았다 하여 처형하였다.[5]

①은 원종 10년 최탄(崔坦)의 난 후에 원에 보낸 국서 내용의 일부로서 '속현수령(屬縣守令)'이라는 표현이 나온다. '속현수령'은 곧 '속현의 수령'이라는 의미인데, 속현을 외관부재 군현으로 규정한다면 이 용어는 성립할 수 없다. ②는 감무(監務)가 설치된 회덕현(懷德縣)이 '속현'으로 지칭된 경우이다.

이 두 사례는 모두 외관소재 군현에 대해 '속현'이라는 표현을 쓰고 있으므로 여기서의 '속현'은 외관부재 군현이라는 의미가 아니다. 결국 일반적 의미에서 속현의 정확한 개념은 외관의 부재라는 속성과 다른 층위에서 규정되는 것이다.

속현의 '속(屬)'은 다른 것에 속해 있다는 의미이다. 따라서 속현에는 항상 그것이 속한 상급 행정단위가 전제된다. ①에서 속현수령은 같은 사실을 전하는 다른 자료를 통해 함종현령(咸從縣令)으로 확인되는데,[6] "유

4 『高麗史』 권26, 元宗 11년 8월 戊辰, "年前 小邦西北面摠官幕下吏崔坦 殺西京分臺御史監倉使留守官及屬縣守令等 遂脅西北鄙諸城 以樹其黨".

5 『高麗史』 권133, 列傳46 辛禑 2년 7월, "倭寇扶餘 至公州 牧使金斯革 戰于鼎峴 敗績 賊遂陷公州 楊廣道元帥朴仁桂 以屬縣懷德監務徐天富不赴救 斬之".

6 『高麗史』 권130, 列傳43 崔坦, "坦與營吏韓愼 三和縣人校尉李延齡 定遠都護郎將桂文

수관 및 속현수령"이라는 구절을 통해 그 소속이 서경이라는 것을 알 수 있다. 함종현은 용강현 등과 함께 북계 소속이면서 서경 인근에 자리한 현으로서 고려초기에 이미 현령이 설치되어 있었다. 성종 14년에 함종현 등이 속한 패서도를 '서경소관(西京所管)'으로 설명한 것을 보면, 서경이 인근 현들을 관할했던 것을 알 수 있다. 결국 서경은 계수관에 해당하고 함종현은 그 관할 군현으로서 '속현'으로 지칭된 것이다.

②에서 회덕현은 원래 공주의 속현이었다가 감무가 설치된 경우이다. 당시 공주는 목관(牧官)으로 승격되었고, 조선초기에도 계수관이 되었다. 이로 보아 회덕현은 계수관 공주목의 관할을 받음으로써 속현이라고 표현된 것이다.[7]

조선에서도 외관소재 군현이 '속현'으로 지칭되는 사례를 찾을 수 있다.

다) ① 경기관찰사 정대년이 보고하기를, "신이 속현을 순찰했으나 각관(各官)이 물이 불어 길이 통하지 않은 경우가 많아 수재를 미처 첩보하지 못했습니다"라고 하였다.[8]

② 청주의 속현을 충주에 옮겨서 상류의 형세를 중하게 하는 것이 좋

庇 延州人玄孝哲等 以誅衎爲名 嘯聚龍岡咸從三和人 殺咸從縣令崔元 夜入椵島營 殺分司御史沈元濬監倉朴守奕京別抄等".

7 처음 설치될 당시의 監務는 기존의 주현-속현체계를 유지하면서 주민 안집 등 특정 군현의 문제를 처리하기 위한 것이었다(尹京鎭, 1991,「朝鮮初期 郡縣體制의 개편과 運營體系의 변화」,『韓國史論(서울대 국사학과)』 25). 따라서 해당 군현은 그대로 속현으로 지칭될 수 있다. 하지만 우왕대에 이르면 감무와 현령이 함께 통칭되는 데서 드러나듯이 감무현도 기존 주현에서 분리 운영되었다. 따라서 회덕현의 사례를 기존 주현-속현 관계가 유지된 것으로 보기는 어렵다.

8 『明宗實錄』 권16, 明宗 9년 6월 癸未, "京畿觀察使 鄭大年啓曰 臣巡審屬縣 而各官多以水漲道不通 故水災未及牒報矣".

을 것입니다.[9]

①의 '속현'은 경기관찰사(京畿觀察使)의 순찰 대상이 되는 군현을 가리킨다. 이때 속현들은 뒤이어 '각관(各官)'으로 지칭되는 데서 드러나듯이 외관소재 군현이다. 이 경우 '속현'은 '경기에 소속된 군현'이라는 의미이다. ②의 '속현'은 청주의 관할 군현을 가리키는데, 충주로 이관한다는 것에서 드러나듯이 계수관에 속한 군현을 나타낸다.

이상에서 외관소재 군현은 도(道)나 계수관에 대해 '속현'으로 지칭되기도 했음을 알 수 있다. 따라서 속현의 일반적 의미는 '상급 행정단위에 속하여 그 관할을 받는 군현'이라고 규정해야 한다. 외관부재 군현은 외관소재 군현에 행정적으로 소속됨으로써 자연 해당 군현에 대해 '속현'으로 지칭되는 것이다. 개념체계로 본다면 '외관이 없다'는 것은 다양한 형식으로 존재할 수 있는 속현의 한 유형인 것이다.

이 점에서 속현은 영현(領縣)과도 상통한다. 영현은 군현제에서 군현의 영속관계를 나타내는 가장 일반적인 용어이다. 여기서 먼저 중국의 지방제도에 보이는 속현과 영현의 개념 관계를 살펴보자. 중국의 지방제도는 현이 기초 행정단위를 구성하고 그에 대한 상급 행정단위이자 영역으로서 군 또는 주가 설정되었다. 각종 지리지에서는 모두 군·주의 연혁을 먼저 기술하고, 이어서 해당 군·주가 관할하는 현의 내역과 연혁을 정리하였다. 이때 군·주의 연혁 말미에는 공통적으로 관할 현의 수를 기재하는데, 이들을 보통 '영현'으로 지칭하였다.[10]

---

9 『宣祖實錄』 권67, 宣祖 28년 9월 壬申, "淸州之屬縣 移住忠州 以重上流形勢 未爲不可".

10 혹은 그냥 縣으로만 기재하는 경우도 있다.

그런데 현은 경우에 따라 군·주에 대해 '속현'으로 지칭되기도 했다.

라) ① 하남태수로 옮겼다. (중략) 겨울에 속현에 전하여 죄수들을 부에 모아 논죄했는데, 유혈이 몇 리에 이르니 하남에서 '도백(屠伯)'이라고 불렀다.[11]

② 서도·동도·북도는 목이 각 1인이다. (중략) 덕화를 베풀고 해마다 속현을 순찰하고 풍속을 살피고 죄수를 헤아리고 환과를 보살핀다.[12]

③ 관서를 나누어 다스리고 그 강령을 총괄한다. 무릇 속현의 일이 모두 통속된다.[13]

④ 양읍·태강·영릉을 속현으로 삼고 나머지는 모두 예전대로 예속시켰다.[14]

①은 한의 사례로서 여기서 말한 속현은 하남부(河南府) 관할에 있는 현을 가리킨다. ②는 당의 사례로서 동도(東都)는 곧 하남부이며, 속현은 하남부가 관할하는 현을 가리킨다. ③은 송의 사례로서 부(府)·주(州)·군(軍)·감(監)의 관원들이 속현의 일을 관할한다는 내용이다. ④ 역시 송의 사례로서 공주(拱州)가 양읍(陽邑) 등 3현을 속현으로 삼은 것을 나타내고 있다.

위의 사례들을 볼 때 중국의 지방제도에서 속현은 "주나 군에 속한

11 『漢書』 권90, 酷吏傳 嚴延年, "遷河南太守 (중략) 冬月 傳屬縣囚會論府上 流血數里 河南號曰屠伯".

12 『新唐書』 권49, 百官4下, "西都東都北都 牧各一人 (중략) 掌宣德化 歲巡屬縣 觀風俗 錄囚 恤鰥寡".

13 『宋史』 권167, 百官7 州府軍監, "分曹以理之 而總其綱要 凡屬縣之事 皆統焉".

14 『宋史』 권37, 地理1 拱州.

현"이라는 의미를 가진 용어로서 행정체계상 주(군)에 대한 현의 상대적 위치를 나타내고 있다. 이들은 모두 지리지에 영현으로 정리되어 있어 영현과 속현이 사실상 같은 의미임을 보여 준다.

고려에서도 영현과 속현을 동일한 용어로 혼용하였다. 먼저 다음 기사를 보자.

> 마) 염관에 머문 것이 가장 오래되었다. 또한 선종이 일찍이 광왕이 되었는데, 광주는 양주의 속군(屬郡)이고 염관은 항주의 속현이니 모두 동해에 접하여 상선이 왕래하는 땅이다.[15]

위의 기사는 『고려사』 고려세계(高麗世系)에 인용된 『편년강목(編年綱目)』의 내용이다. 이것이 나타내는 시기는 당 선종(宣宗) 전후로서 9세기 중반에 해당된다. 여기서 주목되는 것은 염관(鹽官)을 항주(杭州)의 '속현'이라고 한 부분이다. 『구당서』 지리지에는 염관현이 항주의 '영현'으로 정리되어 있다. 그런데 당시 고려에서는 속현이라는 용어가 사용되고 있었으므로[16] 고려의 속현이 당의 속현과 의미상 다른 것이라면 저자인 민지(閔漬)가 당의 제도에 대해 속현이라는 용어를 사용하지는 않았을 것이다. 따라서 고려시기에도 속현과 영현은 같은 용어로 인식되었음이 분명하다.[17]

---

15 『高麗史』 高麗世系, "留鹽官最久 又宣宗嘗爲光王 光卽揚州屬郡 鹽官 杭州屬縣 皆接東海 爲商船往來之地".

16 『高麗墓誌銘集成』 李文著墓誌銘, "毅廟天德四年 出守洪州 先是 此州屬縣 諸□谷間盜賊蜂起 爲□害甚".

17 光州가 揚州에 屬했으나 당시 광주와 양주는 별개의 주였으므로 이 개념에 맞지 않는다. 그렇다면 이는 광주가 속한 淮南道가 古代 九州의 하나인 양주였던 데 근거한 것으로 짐작된다(『新唐書』 권 41, 地理5 淮南道, "淮南道 蓋古揚州之域").

또한 고려에서 신라의 지방제도를 설명할 때에도 '속현'을 사용하였다.

바) 『당승전』에서는 본래 하상주 사람이라고 하였다. 고찰하건대 인덕 2년간에 문무왕이 상주(上州)와 하주(下州)의 땅을 나누어 삽량주를 두었다고 했는데, 하주는 지금의 창녕군이고 압량군은 본래 하주의 속현이다. 상주는 지금의 상주(尙州)로서 상주(湘州)라고도 한다.[18]

위의 기사는 일연(一然)이 원효(元曉)의 출신지를 고증하는 내용의 일부이다. 이때 상주(上州)와 하주(下州)는 신라가 자신의 옛 영토를 나눈 광역권으로서 이후 편성된 9주와 같은 의미를 가진다.[19] 여기서 압량군(押梁郡)을 하주의 속현이라고 한 것은 압량군이 하주 영역에 속해 있다는 것, 또는 그 관할을 받았다는 의미이다. 『삼국유사』에서는 "상주영내개령군(尙州領內開寧郡)"[20]처럼 9주가 관할하는 군·현에 대해 '영내(領內)'라는 용어를 사용하기도 했는데, '영현'이란 곧 '영내의 현'이라는 의미이므로 '영내'와 '영현'은 상통한다. 이를 통해 영내(영현)와 속현 또한 같은 의미라는 것을 알 수 있다.

이상에서 속현은 상급 행정단위에 속해 있는 군현을 지칭하는 용어로서 영현과 동일한 의미였음을 확인할 수 있다. 따라서 '속현'이라는 용어 자체가 외관의 유무에 의해 규정되는 것은 아니다. 하지만 고려에서 군현은 외관의 유무에 의해 외형적으로 구분되었고, 지방행정체계는 외

18 『三國遺事』 권5, 元曉不羈, "唐僧傳云 本下湘州之人 按麟德二年間 文武王 割上州.下州之地 置揷良州 則下州 乃今之昌寧郡也 押梁郡 本下州之屬縣 上州則今尙州 亦作湘州也".

19 姜鳳龍, 1994, 「新羅 地方統治體制 硏究」, 서울대학교 박사학위논문, 127-130쪽.

20 『三國遺事』 권4, 勝詮髑髏.

관부재 군현이 외관소재 군현에 통속되는 형식을 취하고 있었다. 따라서 경우에 따라서는 외관부재 군현을 가리키는 용어로 좁혀 사용될 여지도 있다. 다음은 그러한 사례이다.

사) 領郡八[防禦郡一 知事郡二 屬郡五] 縣二十

위의 기사는 『고려사』 지리지 교주도(交州道) 연혁의 일부이다. 여기서 영군(領郡)은 교주도에 속한 군을 총칭한다. 그런데 영군은 다시 방어군(防禦郡)·지사군(知事郡)·속군(屬郡)으로 구분되어 있다. 여기서 속군은 영군과 같은 의미가 아니라 영군의 일부이자 방어군·지사군과 구별되는 군, 곧 외관이 없는 군을 가리킨다.[21]

결국 속현은 영현과 마찬가지로 상급 행정단위에 속한 군현이라는 의미를 가진 용어였지만, 드물게 외관부재 군현에 국한해서 사용한 경우도 있었던 것이다. 이 점에서 고려 군현제를 설명할 때 '속현'을 '외관부재 군현'으로 규정할 수 있다. 하지만 이 경우도 외관소재 군현에 통속되고 있다는 점에 근거하는 것이기 때문에 원론적 의미에서 벗어나는 것은 아니며, 사료상의 속현 용례는 연구에서 사용하는 개념보다 넓은 것임을 염두에 두어야 할 것이다.

21 다만 이것은 지리지 편찬과 함께 정리된 기사이기 때문에 고려 때의 구분 의식을 반영한 것인지, 아니면 지리지 찬자의 인식에 따른 것인지 분명하지 않다. 또한 계수관 연혁 기사의 領·屬은 병렬적으로 기재되어 있어서 屬郡이 領郡에 포함된 교주도 연혁과 맥락이 다르다. 따라서 교주도 연혁에 보이는 용례를 일반적인 것으로 간주하기는 어렵다.

2) 외관의 행정적 위상과 '주현'

고려 지방제도에서 외관부재 군현을 '속현'으로 지칭할 때 함께 문제 되는 것은 속현과 외형적으로 구분되는 외관소재 군현을 어떻게 부를 것인가 하는 점이다. 현재의 연구에서는 보통 이를 '주현(主縣)'[22]으로 부르고 있다. 그러나 이는 해당 용어에 대한 충분한 검토를 통해 채용된 것은 아니다. 또한 주-속의 개념에는 지배-예속의 의미가 내포되어 있다. 따라서 외관소재 군현을 나타내는 용어로서 '주현'을 사용하기 위해서는 먼저 그에 대해 개념적으로 검토할 필요가 있다.

주현은 고려시기에는 해당 용례가 보이지 않으며, 유사한 용어로서 조선초기에 '주읍(主邑)'이 있다.

> 아) 지금 임내(任內) 군현은 옛 읍호가 이미 혁파되었는데 그 향리는 아직도 있으면서 현사(縣司)로 칭하면서 인신을 차고 정령을 베푸는데, 주읍(主邑)의 수령은 직접 다스리는 데 게으르다. (중략) 백성의 고혈을 빨아 주읍의 경비를 충당하는데, 주읍은 유능한 향리라 여겨 총애하며 맡긴다.[23]

위에서 '주읍'은 '임내군현(任內郡縣)'과 대비되고 있고 수령과 결합되어 있는 데서 드러나듯이 당시 수령이 주재하는 군현을 가리킨다. '읍'은 군현을 통칭하므로 속현과 대비하여 외관소재 군현을 '주현'으로 지칭할

---

22 연구자에 따라 이 개념은 主縣, 主郡縣, 主邑 등으로 사용되었으나 중심 의미는 '主'에 있는 것이므로 여기서는 '主縣'으로 통칭하기로 한다.

23 『世祖實錄』 권46, 世祖 14년 6월 戊申, "今也 任內郡縣 古號旣革 而其吏猶存 稱爲縣司 而帶印施令 主邑守令 懶於親理 (중략) 浚民膏血 以充主邑之經費 主邑以爲能吏而寵任之".

수 있다. 기존 주현 용어의 채용에는 이러한 조선초기의 사례가 참고된 측면도 있다.

하지만 이를 고려시기에 적용하는 데에는 몇 가지 문제를 고려해야 한다. 우선 고려와 조선의 지방제도는 구조적으로 분명한 차이가 있다. 조선초기에 속현은 군현으로서의 단위성을 상실하였고, 외관은 읍사에 대한 상위체계가 아니라 그 자체가 군현의 행정관부로 정착하였다.[24] 위의 사료에 보이는 '주읍'은 이러한 상황에서 규정되는 것이므로 고려 지방제도의 성격이나 행정체계에 대한 적확한 이해에서 벗어날 수 있다.

한편 중국의 지방제도에서 주현 용어를 찾을 수 있으나 통상적인 이해와는 다른 의미를 띠고 있다.

> 자) 『속한지』에 이르기를, "군국은 항상 주현(主縣)을 춘행(春行)하여 농상을 권하고 궁핍한 사람들을 구제한다"라고 하였다.[25]

위의 기사는 『후한서(後漢書)』 최인(崔駰) 열전의 주석에 인용된 내용이다. 춘행(春行)이란 관리가 봄에 관내를 순찰하는 것을 말하며, 그 대상이 되는 주현은 태수가 관할하는 현을 통칭한다.

같은 내용에 대해 『후한서』 백관지 주군(州郡)조에서는 다음과 같이 설명하고 있다.

> 차) 무릇 군국은 모두 통치를 담당하고 현인을 천거하고 공업을 권장하며 소송을 결단하고 간위(奸僞)를 점검한다. 항상 소주현(所主縣)을

24 윤경진, 1991, 앞의 논문.

25 『後漢書』 권52, 列傳42 崔駰, "續漢志曰 郡國常以春行主縣 勸人農桑 振救乏絶".

춘행하여 농상을 권하고 궁핍한 사람들을 구제한다.[26]

곧 『속한지(續漢志)』에서 '주현'이라 한 것은 '소주현'을 말하는 것이다. 여기서 춘행 대상은 군국(郡國)이 관할하는 현 전체이므로 '주(主)'는 '속(屬)'에 대비되는 개념이 아니라 '주관한다'는 의미이다. 곧 위의 주현은 앞서 살펴본 주읍이 아니라 오히려 속현과 같은 의미인 것이다.

고려에서도 춘행의 용례를 찾아볼 수 있다.

카) ① 지부사가 되어 하루는 속읍을 행춘(行春)하는데 원천동을 지나게 되었다.[27]

② 莫遣爲州樂 爲州憂轉新 怒顏訶郡吏 曲膝拜王人 屬郡春行慣 靈祠乞雨頻[28]

위에서 행춘 혹은 춘행은 『후한서』 기사에 보이는 춘행과 마찬가지로 외관이 봄에 관내를 순찰하는 것을 말한다. 그런데 고려의 경우 그 대상이 속현(속읍·속군)으로 되어 있다. 결국 일반적 관점에서 본다면 주현과 속현이 사실상 같은 의미가 되는 것이다. 그렇다면 고려에서 속현과 대비되는 외관소재 군현을 곧바로 '주현'으로 지칭하는 것은 제도사적으로 오해의 소지가 있다.

따라서 주현 용어를 고려시기에 적용하기 위해서는 그에 앞서 다음

26 『後漢書』 권38, 志28 百官5, "凡郡國 皆掌治民 進賢勸功 決訟檢姦 常以春行所主縣 勸民農桑 振救乏絶".

27 『新增東國輿地勝覽』 권39, 南原都護府 名宦 高麗 鄭國儉, "爲知府 一日行春屬邑 過源川洞州郡".

28 『東國李相國集』 권9, 莫遣爲州樂四首.

문제를 지적해 둘 필요가 있다. 앞서 살펴보았듯이 사료상에 나타나는 속현 용어는 상급 행정단위에 속한 하급 행정단위로서 군현을 나타내는 것이다. 이에 대해 연구사적으로는 외관소재 군현에 속한 외관부재 군현을 나타내는 것으로 좁혀서 사용하게 된다. 그렇다면 외관소재 군현도 먼저 하급 행정단위를 관할하는 상급 행정단위에 대한 일반 용어들을 찾아보고 이를 바탕으로 연구사적 용어를 규정해야 할 것이다.

먼저 고려시기 자료에서 외관부재 군현의 상대 개념을 가진 용어를 찾아보자. 속현을 관할하는 상급 군현은 보통 해당 읍호를 밝히기 때문에 이를 통칭하는 경우는 드물지만, 몇 가지 사례를 찾아볼 수 있다.

우선 『고려사』 지리지에 보이는 '영군(領郡)'을 들 수 있다. 『고려사』 지리지에는 계수관이 관할하는 외관소재 군현을 '영(領)'으로 표현했으며, 외관소재 군현이 외관부재 군현을 관할하는 것을 '속(屬)'이라 하여 구분하였다. 이에 의거하여 외관의 설치 여부에 따라 군현을 영군·영군현과 속현·속군현으로 구분하기도 한다.

그러나 영군은 외관부재 군현에 대응하는 용어가 아니라 계수관이 관할하는 하급 행정단위를 나타낸 것이다. 다음 예를 보자.

타) 屬郡四 縣十 領郡五[防禦郡四 知事郡一][29]

위의 기사는 『고려사』 지리지에서 경주의 관할 군현을 나타낸 것이다. 여기서 속군·속현은 경주 관할에 속한 외관부재 군현을 나타내며, 영군은 계수관 경주가 관할하는 외관소재 군현을 나타낸다.[30] 곧 영군과 속

29 『高麗史』 권57, 地理2 東京留守官 慶州.

30 이 때문에 領郡·縣의 내역은 반드시 官號의 종류를 나누어 밝히고 있다.

현은 계수관이 가지는 이중적인 관할체계를 나타낼 때 양자를 구분하는 의미는 가질 수 있지만, 영군이 속현을 관할한다는 의미로 사용될 수는 없다. 앞서 살펴보았듯이 '영(領)'과 '속(屬)'은 사실상 동일한 의미의 용어라는 점이나 영군 안에 속현이 포함된 교주도 연혁 기사를 보아도 '영군'을 '속현'의 상대 용어로 사용하기 곤란하다.

한편 고려에서 속현의 상대 용어로 실제 사용되던 것은 '주(州)'였다. 다음은 그 예이다.

파) ① 좌승선 이준의가 주청하여 제주(諸州)의 임내 53현에 각기 감무를 두었다.[31]

② 우리 국조에 이르러 그 연고를 모두 알고 주(州)와 떨어진 여러 속현에 모두 감현관 1인을 두어 스스로 다스리게 하였다.[32]

위의 기사는 보면 '속현'이나 '임내군현(任內郡縣)'에 대해 해당 군현을 관할하는 외관소재 군현을 '주(州)'로 표현하고 있다. 속현을 관할하는 군현의 읍격이 주만 있었던 것이 아님에도 '주'로 통칭한 것은 당의 지방제도를 의식한 것으로 보인다. 여기에서 주는 다수의 현으로 구성된 상위 영역이었고 주의 자사(刺史) 내지 지주(知州)는 현의 현령에게 정령을 전달하는 상급 행정관부였다. 그리고 현은 주에 대해 속현이나 영현으로 지칭되었다.[33] 고려의 지방제도 편성 원리는 당의 제도와 동질적인 관점에

31 『高麗史』 권19, 明宗 2년 6월 壬戌, "左承宣李俊儀奏 諸州任內 五十三縣 各置監務".

32 『新增東國輿地勝覽』 권25, 比安縣 樓亭 衢謠樓(河崙 記), "至我國朝 具知其故 諸屬縣與州相阻者 皆置監縣官一人 使自爲治".

33 唐宋 군현제에서는 州가 縣의 상위영역이었기 때문에 州에 대해 州治縣 역시 屬縣으로 지칭되었다. 반면 고려에서는 외관의 관할 범위에 상응하는 행정구역이 설정되

서 인식되었고, 이에 따라 속현을 관할하는 외관소재 군현을 '주'로 지칭한 것이다.

하지만 당제에서는 읍격과 행정단위가 일치하기 때문에 혼란의 우려가 없지만, 고려에서는 읍격이 주(州)인 속현도 다수 존재하여 읍격만으로는 외관의 유무나 행정체계가 판별되지 않는다. 따라서 연구사적으로 외관소재 군현을 막연히 '주'로 일괄하기는 어렵다.

그렇다면 외관을 매개로 한 지방제도 운영원리를 고려하면서 그러한 원리를 반영할 수 있는 용어를 찾는 것이 필요하다. 고려의 외관은 기능상 소재 군현과 관할 속현을 포함하는 범위의 운영을 담당하고 있었다. 이에 상응하여 행정체계는 외관과 읍사 사이에 이루어지고 있었다. 이러한 외관의 관할 범위를 나타내는 것이 바로 '임내(任內)'이다. 외관소재 군현도 해당 외관에 대해 임내로 지칭되었다.[34]

하지만 고려에서 외관의 관할 범위는 당제의 주(州)처럼 하나의 행정구역으로 설정되지는 않았다. 외관은 특정 군현에 파견되는 형태를 띠고 있었으며, 직함 역시 소재 군현의 명칭을 사용하였다. 예를 들어 수주에 파견된 외관은 지수주사(知樹州事)이다. 하지만 수주가 예하 7개 속현까지 포함하는 행정구역은 아니었다. 수주는 안산현 등 속현과 구분된 별개의 단위군현이었다. 따라서 지수주사의 관할 군현은 외형적으로 볼 때 외관소재 군현인 수주와 외관이 없는 기타 7개 속현으로 구분되었다.

이러한 원리를 중국 지방제도에서 찾아보자. 이는 상급 외관이 별도로 고정된 명칭의 관할 행정구역을 설정하지 않은 채 하급 행정단위에

지 않았기 때문에 외관소재 군현이 외관에 대해 '속현'으로 지칭되지는 않았다.

34 尹京鎭, 1999①, 「고려전기 戶長의 기능과 外官의 성격: 지방행정체계상의 상관성을 중심으로」, 『國史館論叢』 89; 2000, 「古文書 자료를 통해 본 高麗의 地方行政體系」, 『韓國文化』 25.

주차하면서 상급의 행정기능을 수행하는 방식을 의미한다. 이러한 사례로 당의 절도사(節度使)를 찾아볼 수 있다.

절도사는 다수의 주를 관할하도록 되어 있지만, 그의 관할 범위가 별도의 행정구역으로 설정되지는 않았다. 대신 절도사는 특정 주에 주차하면서 해당 주의 자사(刺史)를 겸임하였다. 이 점에서 절도사의 운영방식은 고려의 외관제와 상통하는 점이 있다.

여기서 다음 두 자료를 살펴보자.

하) ① 涇州 今爲涇原節度使理所 管州二 涇州 原州[35]

② 대개 절도사·관찰사·방어사·단련사는 모두 소치주(所治州)의 자사를 겸한다.[36]

①에서 경원절도사(涇原節度使)는 경주(涇州)와 원주(原州)를 관할하지만 그것이 하나의 행정구역으로 설정되지는 않았다. 단지 치소를 경주에 두고 2개 주를 관할하는 방식이었다. 그리고 ②에서 절도사 등은 '소치주', 곧 치소를 둔 주의 자사를 겸직하였다. 경원절도사의 소치주는 경주이므로 경원절도사는 경주자사를 겸하게 된다.

그 결과 절도사와 주자사의 행정체계는 이중적인 양태를 띠었다. 우선 절도사의 기능이 군사를 중심으로 다수의 주를 관할하는 데 있으므로 이 사안에 대해서 절도사는 주자사의 상급 관부가 된다. 이 때문에 경원절도사의 관주(管州)[37]에는 절도사가 주차하는 경주도 포함되어 있다.

---

35 『元和郡縣圖志』 권3, 關內道 涇州.

36 『新唐書』 권49下, 百官4下, "大率 節度觀察防禦團練使 皆兼所治州刺史".

37 『元和郡縣圖志』에서는 절도사가 관할하는 州를 '管州', 刺史가 관할하는 縣을 '管縣'으로 표기하였다. 여기서 '관현'은 '영현'과 같은 의미이다.

하지만 절도사의 관할 범위가 별도의 행정구역으로 설정되지 않고 주자사를 겸임함으로써 관할 주는 외형적으로 절도사가 주차하는 주와 그에 소속된 자사주로 나뉘게 된다. 예를 들어 경주와 원주는 모두 경원절도사의 관할에 속하지만, 경원절도사가 경주자사를 겸하므로 실제 외관은 경주의 절도사와 원주의 자사만 나타나게 된다. 따라서 경주와 원주는 절도사의 소재 여부에 의해 구별되며, 자사가 절도사의 지휘를 받으므로 원주가 경주에 속하는 형식을 띤다.

이때 절도사가 주차하며 자사를 겸하는 주는 앞서 보았듯이 '소치주'로 지칭되었다. 그리고 소치주에 통속되는 여타 자사주는 '속주(屬州)'로 지칭되었는데, 이는 다음 자료를 통해 알 수 있다.

> 거) 또한 제도의 절도사·관찰사로 하여금 비용을 소치주에서 취하고 부족하면 속주에서 취하되 속주가 사자를 보내는 비용의 나머지와 상공하는 것은 모두 탁지로 수송한다.[38]

위의 기사는 당 순종 때 절도사·관찰사에 소요되는 비용을 조달하는 방식을 규정한 것으로, '소치주'는 절도사 등의 치소가 있는 주를 가리킨다. 그리고 '속주'는 소치주 외에 해당 절도사 등의 관할을 받는 자사주들을 가리킨다. 여기서 당대의 주는 절도사의 주차 여부에 따라 소치주와 속주의 구분이 있었음을 알 수 있다.

소치주는 '치소를 둔 주'라는 의미이다. '치(治)'는 보통 통치를 의미하고 '소치(所治)'는 통치 대상을 나타내지만, '치'에는 '치소', 혹은 '치소를 두

---

38 『新唐書』 권52, 食貨2, "又令諸道節度觀察 調費取於所治州 不足則取於屬州 而屬州送使之餘與其上供者 皆輸度支".

다'라는 의미도 있다. 이 경우의 '소치'는 '치소를 둔 곳'을 말한다. 속주는 원래 절도사에게 속한 주를 가리키지만, 여기서는 절도사의 소치주를 제외한 나머지 관할 주를 가리키는 용어로 의미가 축소되어 사용되고 있다. 이러한 현상은 주를 절도사의 주차 여부에 따라 구분한 데 따르는 것이다.

이처럼 동일한 행정단위를 상급 외관의 주차 여부에 의해 '소치'와 '속'으로 구분하는 것은 주뿐만 아니라 현에서도 찾아볼 수 있다. 다음은 『구당서』 지리지에 수록된 요서현(遼西縣)과 계현(薊縣)의 연혁이다.

너) ① 요서현. 주의 소치현이다.[39]

② 계현. 주의 소치(所治)이다. 옛 연(燕)의 국도이다. 한(漢)이 계현으로 하여 광양국에 소속시켰다. 진(晉)이 유주를 두었고 모용준이 연을 칭했는데, 모두 이곳에 치소를 두었다.[40]

요서현은 연주(燕州)의 소치현(所治縣)으로 되어 있다. 여기서 '소치'란 '소치주'와 마찬가지로 '치소를 두다'는 의미인데, '치'가 '치소를 두다'라는 동사적 의미로 쓰인 것은 유주대도독부(幽州大都督府)의 치소가 있는 계현의 연혁에서 "모두 여기에 치소를 두었다[皆治於此]"라고 한 것을 통해서도 확인된다. 지리지에서 '소치현'이라고 명기한 예는 드물지만, 현의 연혁 중에는 '군소치(郡所治)', '주소치(州所治)'와 같은 표현이 보편적으로 나온다. 이는 해당 구절이 현 연혁의 일부를 구성하기 때문에 별도로 '현'을 표시하지 않은 것일 뿐이다.

39 『舊唐書』 권39, 志19 地理2 河北道 燕州, "遼西 州所治縣也".

40 『舊唐書』 권39, 志19 地理2 河北道 幽州大都督府, "薊(縣) 州所治 古之燕國都 漢爲薊縣 屬廣陽國 晉置幽州 慕容儁稱燕 皆治於此".

'소치'가 '치소를 둔 곳'이라는 의미로 사용된 예는 고려시기 자료에서도 찾아볼 수 있다.

더) 비서소감 안(安)군이 양광도를 안찰할 때 (중략) 내 생각에 수원은 안부(按部)의 소리(所理)로서 여러 주를 관할하니 이 때문에 한 도가 폭주하는 곳이 되었다.[41]

위에서 수원(水原)은 "안부(按部)의 소리(所理)"로 설명되고 있다. '리(理)'는 '치(治)'와 통용되며 '소리(所理)'는 '소치(所治)'와 같은 뜻이다.[42] 안부는 곧 안렴사(안찰사)를 말한다. 여기서 '안부의 소리'인 수원이 여러 주를 관할한다는 표현으로 보아 '소리'는 단순히 '다스리는 곳'을 통칭하는 것이 아니라 '치소를 둔 곳'으로서 수원만을 지칭하는 것이다. 이는 위에서 본 절도사의 소치주와 상통한다.

이상의 검토를 통해 볼 때 고려에서 외관소재 군현은 '소치현'으로 지칭하는 것이 그 의미에 가장 부합한다. 다만 지방제도 연구 일반에서 외관소재 군현을 '소치현'으로 표현하는 것에는 부담이 없지 않은데, 특히 조선초기와의 연계성이 문제 된다. 소치현의 개념은 상급 행정단위의 관리가 주차하는 하급 행정단위를 나타내는 것이므로 외관-읍사의 형식으로 운영체계가 이원화된 상태에 적용할 수 있다. 하지만 조선초기에는 외관 자체가 군현 단위의 행정조직으로 정착되고 읍사의 행정기능이 외관청(外官廳)으로 흡수되었기 때문에[43] 고려와 같은 의미에서 소치현 개념

---

41 『牧隱集』 권4, 水原府客舍池亭記, "秘書少監安君 出按楊廣道 (중략) 予惟水原 按部所理 控制諸州 是以 爲一道所輻湊".

42 『구당서』 지리지 등에서 '治'로 표현한 것을 『원화군현도지』에서는 '理'로 적고 있다.

43 고려시기 邑司 및 外官廳의 행정적 의미와 그 변화에 대해서는 윤경진, 2000, 앞의

을 적용하기 곤란하다.

고려와 조선초기의 외관부재 군현은 행정단위로서의 성격에 큰 변화가 있었지만 모두 '속현'으로 지칭되었고 연구에서도 '속현'으로 통칭하고 있다. 그렇다면 외관소재 군현의 경우도 두 시기에 대해 같은 용어를 사용하는 것이 바람직할 것이다. 다만 현재 그러한 용어가 보이지 않으므로 연구사적으로 만들 수밖에 없는데, 이 점에서 '주현(主縣)' 용어를 그대로 사용하는 것이 혼란을 줄일 수 있다.

그러나 이 경우 분명히 전제해야 하는 것은 속현이 실제 사료상의 의미보다 좁혀 사용하는 것인 데 대하여, 주현 용어는 연구의 편의를 위해 외관소재 군현을 나타내도록 설정한 용어라는 사실이다. 따라서 고려와 조선 지방제도에서 속현의 의미가 바뀐다고 할 때 주현도 그 의미의 변화를 고려해야 한다. 고려시기의 주현은 외관이 치소를 둔 군현, 곧 '소치현'의 의미로 규정되며, 조선초기에는 '주읍'의 사례에 보이는 것처럼 영역적 예속관계를 내포한 의미로 바뀌는 것으로 설정할 수 있다.

2. 주현-속현 영속관계의 기원과 성격

1) 나말려초 지방사회와 영속관계의 기원

고려 지방제도의 핵심적인 특징으로 지적되는 주현-속현의 영속관계는 현종 9년에 완성되지만, 그 구성은 이미 고려초기부터 연원하는 것으로 이해되고 있다. 고려 지방제도를 족단의 신분적 편성으로 보고 속현의 존

논문 참조.

재가 고려초기 호족의 지배질서를 반영한 것이라고 이해하거나[44] 신분적 편성은 부정하면서도 주현-속현의 구성이 건국 초기부터 형성되었다고 본 것이다.[45]

그러나 이러한 소급적 이해가 인정되기 위해서는 나말려초의 영역 간의 질서가 현종 9년 이후의 주현-속현 영속관계와 일치한다는 것을 적극적으로 증명해야 한다. 하지만 지금까지 이를 뒷받침할 수 있는 실증적 근거는 보이지 않는다. 오히려 그것을 부정할 수 있는 논리적·실증적 근거가 발견된다.

먼저 논리적 측면부터 살펴보자. 고려의 지방제도가 나말려초 지방사회의 질서와 밀접히 연결되어 있다는 것은 충분히 인정된다. 하지만 주현-속현의 영속관계가 그 질서를 반영한 산물이라는 것은 다른 차원의 문제이다. 그 영속관계는 나말려초 정치·사회적 질서에 대한 '재편'의 산물일 수도 있기 때문이다.

여기서 왕조 교체기에 나타나는 지방세력의 세력권 형성의 일반적 경향을 생각해 보자. 지방세력의 등장에서 가장 중요한 바탕은 무력인데, 이 무력은 지방민의 규합과 편제를 통해 확보된다. 원래 군사나 역역에 지방민을 편제하고 동원하는 것은 지방제도를 통해 이루어진다. 따라서 중앙권력의 지방통제가 와해되었을 때 종래 국가 주도로 이루어지던 지방행정 권한이 지방세력의 대두에 가장 중요한 기반이 된다. 그리고 지방사회에 형성되는 지역 간의 질서도 구래의 행정체계에 근거하는 면이 컸

44 旗田巍, 1960, 앞의 논문.

45 1980년대 이후 주현-속현의 영속관계를 고려 정부가 초기부터 부분적으로 편제해 나간 산물로 보는 견해가 제기되었지만, 이는 근거 자료인 『고려사』 지리지의 초기 연혁을 잘못 이해한 결과이다(尹京鎭, 1999②, 「『高麗史』 地理志의 연혁정리 방식에 대한 비판적 검토: '高麗初'의 연기비정과 관련하여」, 『奎章閣』 22).

다. 물론 그 사이에서 새로운 지역 관계가 형성되었겠지만, 이것이 구래의 질서를 대체하는 수준까지 발전해 갔다고 보기 어렵다.

다음에 신왕조 초기에 보이는 지방사회 편제의 방향을 생각해 보자. 지방사회의 협력과 통합을 통해 성립한 왕조는 건국초기에 이들의 기득권을 인정하는 정책을 취하지만, 국가체제의 안정과 함께 이를 정부의 입장에 맞추어 재편해 나가는 것이 일반적이다. 한(漢) 고조(高祖)가 중국을 통합한 후 공신들을 각지에 제후로 분봉했지만, 곧이어 이들을 차례로 숙청해 나간 것은 잘 알려진 사실이다.

고려에서도 태조는 각지의 성주들을 적극 끌어들여 통일을 달성했고, 공신들을 포상하며 그들의 기득권을 인정하는 조치를 취하였다. 하지만 왕위계승 분쟁이 일단락되는 광종대에 이르면 문산계(文散階)의 도입, 공복제도의 시행 등 새로운 정치체제의 모색과 함께 구신숙장(舊臣宿將)에 대한 대대적인 숙청이 이루어졌다. 새로 성립한 왕조에서 가장 우려하는 것은 역시 왕조를 위협하는 세력의 대두이다. 이 때문에 왕조 초기에는 정치적 반란과 숙청이 흔하게 나타난다.

이러한 작업은 중앙뿐만 아니라 구신숙장의 공급원이었던 지방사회에 대해서도 진행되었다. 정부는 지방세력의 기득권을 인정하더라도 강력한 세력권을 형성하는 것은 막고자 할 것이다. 이에 지방사회의 질서를 인정하던 초기의 정책에서 벗어나 정부에 의한 편제를 모색하게 된다.

실제 왕조 초기의 제도 개편은 기존 질서를 인정하다가 이를 새로운 질서로 대체해 나가는 과정이라는 공통된 양상을 보인다. 전시과나 중앙정치제도의 정비는 그러한 흐름을 잘 보여 준다. 지방제도의 정비 역시 기존의 질서에 대한 인정에서 재편으로 나아갈 것이다.[46] 물론 재지세력의 기득권이나 정치·사회적 질서가 전면 부정되는 것은 아니며, 이 질서가 주현-속현체계로 수용되는 부분도 있었을 것이다. 하지만 그것이 주현-속현체계의 일반적 성격을 규정한다고 볼 수 있는지 의문이다.

다음에는 주현-속현 영속관계를 고려 건국초기로 소급 설명하는 자료적 근거에 대해 살펴보자. 이는 다음 두 가지로 나누어 접근할 수 있다. 하나는 주현이 강대 세력의 근거지에서 기원했다고 보는 주장에 실증적인 근거가 있는가 하는 점이고, 다른 하나는 고려초기 영역 간 질서를 반영한 자료들이 주현-속현의 관계와 합치하는가 하는 점이다.

우선 주현의 기원에 대해 살펴보자. [표 3-1]은 고려초기 태조 비부(妃父)와 성주의 출신지로서 주·부가 되었던 지역이 주현·속현으로 편제되는 양상을 정리한 것이다. 이들을 선정한 이유는 통일전쟁기의 주·부는 정치·군사적 중심지에 설정된 것으로서 해당 지역의 세력은 그만큼 강력했을 개연성이 높기 때문이다. 이들의 주현·속현 여부를 살펴봄으로써 영속관계의 기원을 가늠해 볼 수 있다.

표의 내용을 살펴보면 태조의 비부나 고려에 귀순한 성주의 출신지로서 주·부가 되었던 지역 중에서도 속현으로 편제되는 경우가 다수 확인된다. 23개 사례 중에서 9개가 속현이 되었다. 특히 개경의 남쪽 해안 방어 거점이자 태조 비부의 출신지인 정주(貞州), 청주를 견제하는 요충이자 태조 및 혜종 비부의 출신지인 진주(鎭州), 비부이자 통일전쟁 과정에서 중요한 역할을 한 김행파(金行波)의 출신지인 동주(洞州) 등이 모두 속현이 되었다. 따라서 주현-속현의 영속관계가 영역 간의 정치·사회적 관계를 반영하는 것이라 보기 어렵다. 주현이 된 경우도 강한 세력의 근거지여서가 아니라 구래의 지역 중심지라는 데서 그 본원적 기반을 찾아

46 이 점과 관련하여 필자는 고려 건국초기의 지방제도가 신라 지방제도의 영속관계를 기반으로 구성되었다고 본 바 있다(윤경진, 1996, 「고려 태조대 군현제 개편의 성격: 신라 군현제와의 상관성을 중심으로」, 『역사와현실』 22).

[표 3-1] 고려초기 태조 비부 및 성주 출신 주·부의 주현·속현 여부

① 주현이 된 경우[47]

읍호	인물	지위	속현수	읍호	인물	지위	속현수
羅州	多憐君	太祖妃父	18	陜州	李元	太祖妃父	12
忠州	劉兢達	太祖妃父	6	廣州	王規	太祖妃父	7
黃州	皇甫悌恭	太祖妃父	5	昇州	朴英規	太祖妃父	4
慶州	平俊	太祖妃父	14	光海州(平州)	王儒	太祖妃父	3
溟州	王景	太祖妃父	3	安東府	金宣平	城主	14
平州	庾黔弼	太祖妃父	3	康州	閏雄	城主	9
運州(洪州)	洪規	太祖妃父	16	京山府	良文	城主	15

② 속현이 된 경우

읍호	인물	지위	主縣	읍호	인물	지위	主縣
貞州	柳德英	太祖妃父	開城縣	義城府	洪儒	太祖妃父	安東府
鎭州	名必	太祖妃父	淸州牧	鹽州	尹瑄	城主	海州
洞州	金行波	太祖妃父	平州	高鬱府	能文	城主	慶州
信州	康起珠	太祖妃父	黃州牧	甫城府	善弼	城主	禮州

* 光海州는 春州 연혁에 들어가 있으나 최근 平州의 전신이라는 사실이 지적되었다.[48]

야 한다.

다음에 고려초기 영역 간의 관계를 반영한 자료가 주현-속현의 관계와 합치하는지 살펴보자. 이를 직접 보여 주는 자료는 드물지만, 다음은 당시 영역 간의 관계를 시사하는 사례로 주목된다.

47 속현수는 현종 9년 기준으로 조정한 것이다. 이에 대해서는 본서 3부 2장 참조.
48 윤경진, 2018①, 「신라말 고려초 京山府 연혁과 碧珍郡」, 『역사문화연구』 66, 61-63쪽.

러) 고창군성주 김선평을 대광으로 삼고 권행과 장길을 대상으로 삼았다. 그 군을 승격하여 안동부로 삼았다. 이에 영안·하곡·직명·송생 등 30여 군현이 차례로 내항하였다.[49]

위의 기사는 태조 13년에 고창군(古昌郡)의 안동부(安東府) 승격과 함께 주변의 30여 군현이 차례로 항복했다는 내용이다. 이를 통해 당시 안동부가 이들 지역에 대한 지배력을 가지고 있었다고 이해할 수도 있다. 그러나 내항 지역들의 연혁을 분석해 보면 다른 내용을 확인할 수 있다.

우선 영안현(永安縣)은 앞서 태조 5년에 귀순했던 원봉(元奉)의 근거지인 하지현(下枝縣)이다. 원봉의 귀순은 당시 고려가 소백산맥 이남으로 진출하는 데 중요한 역할을 했고, 이에 고려는 하지현을 순주(順州)로 승격시켰다. 순주는 태조 13년 원봉의 패전과 도주로 인해 다시 하지현으로 강등되었는데, 영안현의 내항은 바로 그 뒤의 일이다. 따라서 당시에 안동부에 복속되어 있던 지역이라고 보기 어렵다.[50] 송생현(松生縣)도 뒤에 예주(禮州)의 속현으로 편제되었다.[51] 이처럼 태조 13년 기사에 보이는 영역 간의 관계는 주현-속현 영속관계와 직접 관련이 없다.[52]

사실 위의 기사는 고창군 전투에서 고려가 승리하자 주변에 있던 군

49 『高麗史節要』 권1, 太祖 13년 정월, "以古昌郡城主金宣平 爲大匡 權行張吉爲大相 陞其郡爲安東府 於是 永安河曲直明松生等 三十餘郡縣 相次來降".

50 동일 지역이 下枝縣과 永安縣으로 달리 지칭된 것은 근거 자료의 차이로 인한 것이다. 전자가 신라말의 실태를 반영한 것이라면, 후자는 신라 지방제도의 관점에서 정리한 것이다.

51 直明縣은 지리지에서 확인되지 않는데, 음으로 미루어 直寧縣(一直縣)으로 추정된다.

52 河曲縣은 蔚州의 신라 때 명칭인데, 울주는 지역적으로 안동부에서 멀리 떨어져 있어 함께 열거된 다른 군현과 차이를 보인다. 이 점에서 河曲을 曲城郡(臨河郡)의 오기로 보기도 한다(윤경진, 2018②, 「신라말 고려초 義城府·甫城府 연혁에 대한 재검토」, 『新羅文化』 53, 232쪽).

현들이 정치적 귀속을 고려로 결정하게 되는 상황을 전하는 것이다. 태조 17년 고려가 운주 원정에서 승리했을 때 30여 성이 그 소식을 듣고 스스로 항복했다는 기사도 같은 맥락이다.[53] 이것이 이후 해당 권역을 운영하는 체계로 활용되었을 것이지만, 이는 주현-속현체계와는 차이가 있다.

한편 주현-속현 관계가 나말려초 영역 간 질서와 차이가 있다는 점은 다음 사례를 통해서도 방증된다. 목종의 어머니인 천추태후(千秋太后)는 황주(黃州)를 향리(鄕里)로 하였으며, 이를 바탕으로 정치세력을 형성하였다.[54] 이때 천추태후 세력에 참여한 인물을 보면 태후의 외족(外族)인 김치양(金致陽)과 친속(親屬)으로 지칭된 이주정(李周禎), 그리고 유행간(庾行簡)과 문인위(文仁渭) 등이 있다.[55] 김치양은 동주(洞州) 출신이고 유행간은 성씨로 보아 평주(平州) 출신으로 보인다. 문인위는 장연(長淵) 출신인데, 이들 지역은 모두 황주의 인근이다. 이 점에서 동주와 평주·장연 등이 황주의 세력권으로 파악될 여지가 있으며, 적어도 영역 간 유대 정도는 상정할 수 있다. 그러나 현종 9년 개편에서 평주는 외관이 설치되었고 동주는 평주의 속현으로, 장연현은 옹진현(甕津縣)의 속현으로 각각 편제되었다. 이를 통해 현종 9년의 편제가 기존 지방사회 내부의 질서와는 다른 방향으로 이루어졌음을 알 수 있다.

이상의 검토를 통해 현종 9년 주현-속현 영속관계는 나말려초의 영역 간 질서를 반영한 것이 아니라 그것을 재편한 산물에 가깝다고 판단할 수 있다. 따라서 나말려초 영역 간 질서를 전제로 현종 9년 주현-속현 영속관계를 설명하는 것은 타당하다고 보기 어렵다.

---

53 『高麗史』 권1, 太祖 17년 9월, "自將征運州 與甄萱戰 大敗之 熊津以北三十餘城 聞風自降".

54 盧明鎬, 1986, 「高麗初期 王室出身의 '鄕里'勢力」, 『高麗史의 諸問題』, 三英社, 79-88쪽.

55 『高麗史』 권127, 列傳40 康兆 및 金致陽.

2) 속현의 단위성과 예속성

주현-속현 영속관계의 성격을 지배-예속관계로 설명하는 견해에 대한 반론은 다음 두 가지 측면에서 제기될 수 있다. 하나는 속현이 지방제도 운영에서 주현과 동일한 단위성을 가지고 있었는가 하는 점이다. 속현이 군현으로서 단위성을 가지고 있었다면 주현과 속현 사이에 지배-예속관계가 존재할 여지는 적어진다. 반대로 단위성을 상실할 경우 속현이 주현에 대해 예속적인 위치에 놓일 여지는 그만큼 커지게 된다.

다른 하나는 속현의 예속성을 보여 주는 자료가 어느 시점의 상황을 반영하고 있는가 하는 점이다. 그것이 고려전기부터 파악되는 것이라면, 속현의 예속성이 영역 간의 관계에 내재한 것일 가능성은 상대적으로 높다. 그러나 자료가 고려후기나 조선초기의 것이라면 그것은 행정체계의 이완으로 인해 파생된 양상일 여지가 크며, 이 경우 해당 사례를 고려전기로 소급 적용하기 어려워진다.

먼저 속현의 단위성에 대해 살펴보자. 고려의 외관은 특정 군현에 파견되는 형식을 띠고 있었기 때문에 주현과 속현은 외형적으로 구별되었지만, 실제 지방행정체계가 주현과 속현 사이에 형성된 것은 아니었다. 고려의 군현은 주현과 속현을 막론하고 모두 읍사(邑司)가 구성되어 있었다. 읍사는 재정 기반으로서 공해전과 문서 행정에 사용되는 인신(印信)을 지급받았다. 이것은 읍사가 국가행정을 담당하는 공식 관부였음을 보여 준다. 읍사의 인신은 호장(戶長)이 관리했는데, 호장은 중앙의 상서성에서 직첩(職牒)이 발급되고 직전(職田)이 지급되는 등 관인의 면모를 띠고 있었다. 호장을 위시한 향리들이 '장리(長吏)'로 지칭된 것은 단위군현을 운영하는 책임자라는 데 근거한 것이다.[56]

한편 주현의 외관은 읍사와 구분된 별도의 관부를 구성했는데, 이를 통상 외관청(外官廳) 또는 공아(公衙)라고 했다. 그 결과 주현에는 외관청과 읍사의 두 관부가 공존했고, 실제 동일 군현의 외관청과 읍사 사이에 문서행정이 이루어졌다. 이것은 신종 원년에 작성된 「장성감무관첩(長城監務官貼)」에서 장성감무와 장성군사의 호장 사이에 문서가 오간 것에서 확인된다.[57] 이러한 양상은 주현·속현 여부와 상관없이 각급 군현이 모두 행정단위로서 기능한 데 따르는 것이다. 따라서 주현이 속현과 마찬가지로 외관에 대해 '임내'로 간주되었는데, 위 문서에서 "임내동군호장(任內同郡戶長)"이라는 구문이 보인다. 이러한 체계에서 주현의 읍사가 속현에 대해 가질 수 있는 영향력은 제한적일 수밖에 없다.

속현의 단위성은 수취제도에서도 나타난다. 기본적으로 지방제도는 수취를 실현하는 장치이므로 수취제도에서 속현이 어떤 위치를 점하고 있는가 하는 것은 그 단위성과 예속성을 가늠하는 매개가 된다. 이에 고려시기 속현이 수취와 지방재정 모두에서 개별적인 단위로 기능했다고 보는 견해가 있는가 하면,[58] 속현은 수취단위로 기능하지 못했다고 보는 견해도 있다.[59]

지방제도에서 수취운영의 단위가 무엇이었는가 하는 점에 대해서는 세 가지 기준을 통해 살펴볼 수 있다. 우선 수취 실현을 위해 토지와 호구를 파악하고, 세액 책정의 근거 자료로서 양안(量案)·호적(戶籍)이 운용되는 단위이다. 고려시기에는 각급 군현별로 양전이 시행되었다. 광종대에

56 윤경진, 1999①, 앞의 논문, 70-76쪽.

57 『韓國古代中世古文書研究』 長城監務官貼.

58 朴鍾進, 1987, 「高麗前期 賦稅의 收取構造」, 『蔚山史學』 1.
朴鍾進, 1997, 「고려시기 경제운영의 단위와 지방제도」, 『韓國學研究(숙명여대)』 7.
박종진, 1999, 「고려시기 '수취단위'의 의미와 속현의 지위」, 『역사와현실』 32.

59 金載名, 1994, 「高麗 稅役制度史 研究」, 한국정신문화연구원 박사학위논문.
박종기, 1999, 「고려시대 부세수취와 속현」, 『역사와현실』 31; 2002, 『지배와 자율의 공간, 고려의 지방사회』, 푸른역사.

약목군(若木郡)과 견주(見州)에서 양전이 시행되었음이 확인되는데, 이들은 현종 9년에 각각 경산부(京山府)와 양주(楊州)의 속현으로 편제된 지역이다.

속현도 양전의 단위가 되었음은 다음 기사에서도 확인된다.

> 머) 상주 관내의 중모현, 홍주 관내의 혜성군, 장단현 관내의 임진·임강 등 현의 민전이 많고 적음과 비옥한 정도가 고르지 않으니 사신을 보내어 양전하고 그 식역(食役)을 고르게 하십시오.[60]

위의 기사에서 상주의 속현인 중모현(中牟縣), 홍주(洪州)의 속현인 혜성군(槥城郡), 장단현(長湍縣)의 속현인 임진현(臨津縣)·임강현(臨江縣) 등이 각기 양전을 시행하는 대상으로 열거되고 있다. 이를 통해 고려시기에 주현·속현을 불문하고 각 군현이 양전의 단위가 되었음을 알 수 있다.

양전의 시행은 당연히 양안의 작성을 수반한다. 고려시기에는 군현의 읍사가 양안을 보관하고 있었으며, 호적 역시 읍사가 보관·운용하였다. 이는 토지와 호구에 근거한 수취액 설정 역시 각급 군현을 단위로 이루어졌음을 의미한다.

위의 기사에는 양전을 통해 "그 식역을 고르게 한다"라는 설명이 있는데, 여기서 '식(食)'은 토지의 소출로서 조(租)를 가리키며,[61] '역(役)'은 곧 역역(力役)을 의미한다. 이는 각 군현이 조세와 역역의 수취액을 설정하고 조정하는 단위가 되었음을 보여 준다.

---

60 『高麗史』 권78, 食貨1 經理 靖宗 7년 1월, "尙州管內中牟縣 洪州管內槥城郡 長湍縣管內臨津臨江等縣民田 多寡膏塉不均 請遣使量之 均其食役".

61 이는 수조권자에게 수취되는 토지의 소출을 '出食'이라고 한 것을 통해서 확인된다(『韓國古代中世古文書硏究』 張戩所志).

다음에는 수취액의 확보와 운송에 대한 책임의 문제를 살펴보자. 수취액 책정이 각급 군현을 단위로 이루어졌고 그 근거가 되는 자료를 읍사가 보관 운용하고 있었다면, 수취액 확보의 일차적 책임은 당연히 각 군현의 읍사 내지 장리에게 귀속될 것이다. 우선 다음 기사를 보자.

> 버) 매번 사자가 부세를 심하게 독촉하면 우리 지현(支縣)은 미처 마련하지 못하고 빌려다가 보태는데, 이 때문에 혹은 파산하기도 합니다. (중략) 향교와 삼반(三班) 각 1명으로 담당케 하고 지현에 급한 일이 있으면 4명이 부의 관아에 아뢰고 내주되 이자는 받지 않도록 하였다. (중략) 지현은 정해진 세금[常賦]을 지키고 이익이 흥하고 폐단이 제거되었다.[62]

위의 기록은 이색(李穡)이 지은 「남원부신치제용재기(南原府新置濟用財記)」의 일부로서 남원부사(南原府使) 이보림(李寶林)이 설치한 제용재(濟用財)에 대한 내용을 담고 있다.[63] 이때 지현(支縣), 곧 속현이 부세를 납부하기 위해 다른 데서 빌리거나 혹은 이 때문에 파산한다고 하는 것은 속현이라 하더라도 기본적으로 수취단위로서 국가에 부담해야 할 정액이 설정되어 있기 때문이다. '상부(常賦)'란 곧 항상적으로 부담해야 하는 부세를 가리킨다. 이는 고려후기의 기록이지만 속현의 수가 많았던 고려전기의 경우 이러한 단위성이 더욱 뚜렷했을 것임은 물론이다.

---

62 『牧隱集』 권1, 南原府新置濟用財記, "每使者索賦急 吾支縣不及辦 稱貸而益之 由是或破産 (중략) 擇鄕校三班各一人 使典之 支縣之急 四人者白府官出予之 不取息 (중략) 支縣守常賦 利興害祛".

63 濟用財에 대한 자세한 검토는 朴鍾進, 1988, 「高麗末의 濟用財와 그 性格」, 『蔚山史學』 2 참조.

제용재는 주현과 속현을 합하여 책정된 정액을 채우기 위해 운용된 것이 아니라 속현이 책임량을 채울 수 있도록 무이자로 빌려주는 방식으로 운용되었다. 외관이 속현의 부세에 관여하고 일정한 책임을 지는 것은 분명하지만, 이는 어디까지나 속현의 납세 책임을 전제로 한 관리 책임인 것이다.

수취액이 군현 단위로 설정되었으므로 이를 채우는 일차적인 책임도 당연히 해당 군현의 장리가 져야 했다. 다음 자료는 군현의 장리들이 수취액의 확보와 운송 등에 책임을 지는 사례로 특히 주목된다.

> 서) 동서(東西) 주진 및 여러 주현, 향·부곡 등 잡소(雜所)의 장리가 누락하고 잃어버린 여러 물색(物色)의 환수 및 거두지 못한 요공(徭貢)은 을유년을 기한으로, 은과 금은 계묘년을 기한으로 모두 면제한다.[64]

위의 기사는 예종 3년 왕태후 책봉을 축하하기 위해 부세를 감면하는 내용 중 일부이다. 그런데 감면 내역 중에는 "장리들이 누락하고 잃어버린 여러 물색의 환수"가 포함되어 있다. 장리들은 수취액을 확보하고 해당 수량을 중앙으로 전달하는 과정을 책임지고 있었으며, 여기에 손실이 생길 경우 자신이 벌충해야 했던 것이다.

세 번째로 부세 감면의 단위를 생각할 수 있다. 이 사안은 기존 연구에서도 지적된 것이다. 논리적으로 볼 때 부세를 부담하는 단위는 그 책임의 감면을 받는 단위가 된다. 고려시기 부세의 감면 사례는 『고려사』 식화지 진휼(賑恤)조에서 많이 찾아볼 수 있는데, 속현의 감면과 관련하여

64 『高麗史』 권80, 食貨3 賑恤 恩免之制 睿宗 3년 2월, "東西州鎭及諸州縣鄉部曲等雜所長吏 漏失雜物色徵還及徭貢未收者 限乙酉年 銀金 限癸卯年 並皆放除".

주목되는 사례를 제시하면 다음과 같다.

어) ① 해주에 행차하였다. 해주와 염주의 금년 조세의 반을 감면하였다.[65]

② 삭방도 등주와 명주 관내의 삼척·상음·학포·파천·흡곡·금양·벽산·임도·운암·환가·고성·안창·열산·간성·익령·동산·연곡·우계 등 19현은 모두 오랑캐의 침탈을 당했으므로 특별히 조부(租賦)를 감면하라.[66]

①은 현종 20년 기사로서 주현인 해주와 속현인 염주가 조세의 감면 단위로 함께 열거되고 있다. ②도 같은 해 기사로서 열거된 19현 중에서 삼척·고성·간성·금양·익령현은 현령관이고 나머지는 속현이다. 그런데 열거된 속현들은 그 소속 주현을 병기하지 않은 채 외관이 설치된 군현과 함께 나열되었다.

이상에서 속현은 부세의 수취와 감면에서 주현과 마찬가지로 단위가 되고 있음을 알 수 있다. 이것은 앞서 살펴본 속현의 행정적 단위성과 부합하는 것이다. 이러한 운영체계에서 속현이 주현에 예속되어 있었다고 보기 어렵다.

물론 속현의 예속성을 보여 주는 사례가 없는 것은 아니지만, 여기에는 시기적인 문제를 고려해야 한다. 고려의 지방제도는 예종대 감무 파

65 『高麗史』 권80, 食貨3 賑恤 恩免之制 顯宗 20년 9월, “幸海州 蠲海鹽州今年租稅之半”.

66 『高麗史』 권80, 食貨3 賑恤 災免之制 顯宗 20년 7월, “以朔方道 登溟州管內三陟霜陰鶴浦派川歙谷金壤碧山臨道雲岩豢猳高城安昌列山杆城翼嶺洞山連谷羽溪等十九縣並被蕃賊侵擾 特蠲租賦”.

견을 계기로 변동 과정을 밟게 된다. 고려후기에 이르면 속현의 수가 크게 줄어들었고, 주현의 읍사가 폐지되어 그 기능이 외관청으로 흡수되었다. 그 결과 주현에서 행정관부는 외관청으로 단일화되었고 향리들은 외관 예하의 아전(衙前)으로 자리하게 되었다.[67] 조선초기로 들어가면 속현의 읍사마저 관부의 위상을 박탈당하게 된다. 아울러 속현의 부세 수취도 주현에 통합 운영되었다.[68]

이러한 과정을 거치면서 속현은 현실적으로 주현에 예속적인 위치에 놓이게 되었다. 따라서 속현의 예속성을 보여 주는 자료가 고려후기의 것이라면 이것은 원래 주현과 속현 사이에 내재한 것이 아니라 지방제도의 변동으로 인해 나타난 현상으로 보아야 할 것이다.

다음 두 자료는 기존 연구에서 속현의 예속성을 설명하는 근거로 채용한 대표적인 사례이다.

저) ①「동경(東京)」은 찬미하고 기원하는[頌禱] 노래이다. 혹은 신자가 군부에 대해, 아랫사람이 윗사람에 대해, 아내가 남편에 대해 모두 통하는 것이다. 이른바 안강이란 곧 계림부의 속현으로서 역시 '동경'이라 부른 것은 큰 것에 통속되는 것이다.[69]

② 우리 고향 비옥은 전에 상주의 속현이었다. 주에서 60여 리나 떨어져 있어서 현리(縣吏)가 5일에 한 번씩 주에 가서 명령을 듣느

67 윤경진, 2000, 앞의 논문, 128-133쪽.

68 『世宗實錄』 권66, 世宗 16년 12월 庚戌, "戶曹啓 洪原縣合屬咸興之時 各司之貢 並備以納 今洪原 別置守令 自爲一邑 宜分定貢物 從之".
『世宗實錄』 권92, 世宗 23년 2월 甲戌, "又割高陽之兆陽 屬寶城 各司貢物 亦皆移定".

69 『高麗史』 권71, 樂2 東京, "東京 頌禱之歌也 或臣子之於君父 卑少之於尊長 婦之於夫 皆通 其所謂安康 卽雞林府屬縣 而亦名東京 統於大也".

라 분주한데 오히려 미치지 못할까 두려워한다. 가끔 급한 일이 있어서 주리(州吏)가 현에 오면 현리를 수탈하니 그 해독이 현의 백성에게 미치는 것을 이루 말할 수 없다.[70]

①은 『고려사』 악지(樂志)에 수록된 「동경(東京)」이라는 가요에 대한 설명이다. 여기서 동경과 안강(安康)의 관계를 신자(臣子)와 군부(君父), 비소(卑少)와 존장(尊長), 아내와 남편의 사이에 비유하였다. 이것은 군현 간의 지배질서 내지 계서성을 보여 주는 것이다. 문제는 이 내용을 고려전기에도 적용할 수 있는가 하는 점이다.

우선 「동경」은 삼국속악(三國俗樂)의 하나로 되어 있다. 가사 내용은 알 수 없지만 응당 신라 때의 상황을 담고 있었을 것이다. 따라서 가사 내용에 영역 간의 관계가 반영되어 있다면, 그것은 신라의 국도(國都)와 인접 고을 사이의 관계일 것이다. 이것은 일반 군현 간의 관계와 층위가 다르다.

다음에 설명 부분에서 안강이 계림부(雞林府)의 속현이라고 하였다. 경주가 계림부로 개정되는 것은 충렬왕 34년이고, 조선 태종 15년에 다시 경주부(慶州府)로 개정되었다. 따라서 위의 기사에 대한 설명은 여말선초의 상황을 반영하며, 설명에 나타난 경주와 안강의 관계 또한 여말선초의 인식이다.

그렇다면 위의 설명 내용을 가지고 나말려초, 또는 고려전기의 영역 간 관계를 설명할 수 없다. 여말선초를 거치면서 속현은 주현에 통합되었고, 지방제도 운영에서 속현은 주현의 하부 영역으로 간주되었는데,[71] 안

---

70 『新增東國輿地勝覽』 권25, 比安縣 樓亭 衢謠樓, "吾鄕比屋 舊爲尙州屬縣 去州六十餘里 縣吏五日一詣州 聽命奔走 猶恐不及 往往有緩急 州吏到縣 則施奪縣吏 流毒縣民有不可勝言者".

71 윤경진, 1991, 앞의 논문.

강이 동경으로 지칭되는 것 또한 그 반영이다.[72] 결국 이것은 신라의 상황을 여말선초의 시각으로 설명한 것이므로 고려 일대에 보편적으로 적용할 수 없다.

②는 상주의 주리(州吏)와 그 속현인 비옥현(比屋縣)의 현리(縣吏) 사이에 나타나는 수탈의 일면을 보여 주고 있다. 그런데 현리가 청령을 받기 위해 주로 가는 경우와 주리가 급한 일로 현에 왔을 때 문제가 생긴다는 사실은 주현의 속현 수탈이 기본적으로 행정 업무의 수행과 결부되어 있었음을 의미한다.[73] 따라서 이는 주현-속현의 행정체계가 수립된 이후에 나타나는 문제이다. 특히 자료 내용이 조선초기 감무 설치의 배경으로 설명되는 것인 만큼, 고려후기 지방통치의 이완에 따르는 수탈의 사례로 이해하는 것이 적절하다.

이상에서는 고려시기 속현의 단위성과 예속성에 대해 살펴보았다. 고려의 속현은 행정체계와 수취운영에 있어서 주현과 마찬가지로 단위 군현이었다. 이러한 체계에서 명확한 사례가 없는 한 속현에 대해 행정체계에서 파생되는 일상적 수준의 차별 이상으로 예속성을 상정할 수 없다. 기존에 속현의 예속성을 보여 주는 것으로 채용된 사료는 모두 고려말 조선초의 것이며, 사실상 고려 지방제도의 변화와 재편 과정에서 발생한 사정을 반영한다. 따라서 이를 가지고 고려시기 속현의 일반적 속성을 말할 수는 없다.

---

72 安康縣은 공양왕 2년에 監務가 설치되었으나 조선 태조 3년에 혁파되고 다시 경주의 속현이 되었다. 이러한 상황이 "亦名東京"의 배경이 되었을 것이다.

73 박은경 역시 이 기사에 대해 국가권력을 매개하는 관리의 중간수탈을 나타낼 뿐, 주현과 속현의 종속관계를 보여 주는 것은 아니라고 하였다(朴恩卿, 1993, 「高麗時代의 郡縣制와 鄕村支配單位」, 『仁荷史學』 1; 1996, 『高麗時代鄕村社會研究』, 一潮閣, 77-78쪽).

2

현종 9년의 주현-속현체계 성립

1. 주현-속현체계의 성립 시점

주-현체계에 입각한 성종 14년의 지방제도 개편은 실효를 거두지 못하였다. 목종 8년 단련사·자사 등의 외관이 폐지되었고, 현종 3년에 절도사마저 폐지되고 안무사(安撫使)가 파견되었다. 주-현체계 자체는 그 형식을 유지했지만 국가 주도로 편성된 주 단위의 운영체계가 기능하지 못함으로써 지방통치에 어려움을 겪지 않을 수 없었다. 이에 현종 9년에 다시 한번 전면적인 지방제도 개편이 단행되었다.

이 개편은 일부 군현에 외관을 두고 외관이 없는 다수의 군현을 그 관할로 묶어 중간 운영단위를 편성하는 '주현-속현체계'를 근간으로 하였다. 여기에 상급 운영체계로서 계수관(界首官)이 도입되었다. 이를 통해 고려 지방제도의 근간이 확립되었다는 데에는 이견이 없다.

하지만 그 실체적 내용과 의미를 평가하는 데 중요한 문제가 있는데, 그것은 현종 9년 개편의 핵심 내용인 주현-속현체계가 언제 성립했는가 하는 점이다. 주현-속현 영속관계가 고려초기 '호족'들의 지배-복속관계에서 연원했다는 전통적 시각을 비판하면서 고려초기부터 중앙정부의 편제를 통해 부분적으로 성립되어 갔다는 견해가 제기되었다. 현재 다수의 연구자가 이러한 입론에서 고려 지방제도를 바라보고 있다. 그런데 이 경우 주현-속현 문제는 현종 9년 이전의 역사상으로 소급되므로 정작 현종 9년 개편에 대한 평가는 영속관계 자체보다 그에 수반되는 양상에 초점이 놓이게 된다.[1]

이러한 입론은 『고려사』 지리지 연혁에서 '내속(來屬)' 시기를 나타낸 '고려초(高麗初)'의 실제 연기가 태조대로 파악되는 경우가 있음을 주된 논거로 삼고 있다. 하지만 '고려초' 연기 비정을 주된 근거로 활용하여 주현-속현체계의 수립을 태조대로 소급해 올릴 수 없다. '고려초' 연기를 비정하는 사례들은 대부분 읍호개정과 군현 설치 등에 관한 것이며, '내속' 곧 영속관계 자체의 연기를 실증한 사례는 보이지 않는다. 동일하게 '고려초'라는 표현을 사용한다고 해서 곧바로 '내속' 연기를 '경금명(更今名)'과 동일시하고, 나아가 『고려사』 지리지의 '고려초'를 태조대로 일괄하여 파악하는 것은 곤란하다. 또한 태조 23년 이전에 사용례가 있는 경우라 하더라도 그에 대한 지리지 찬자(撰者)의 판단에 따라 실제 연혁은 다르게 나타날 수 있다. 따라서 읍호의 사용례를 가지고 영속관계의 성립 시점을 실증하는 것은 방법론적 오류이다.[2]

이 문제를 체계적으로 이해하기 위해서는 무엇보다 먼저 '고려초' 연

1 구산우는 '界首官체계'를 채택하면서 동시에 丁數에 의한 邑格 구분을 전면 체계화함으로써 계수관체계의 한계를 보완하는 형태로 진전되었다고 평가하였다(具山祐, 1994, 「高麗 顯宗代 鄕村支配體制 개편의 배경과 성격」, 『한국중세사연구』 1; 2003, 『高麗前期 鄕村支配體制研究』, 혜안). 김갑동은 외관 사이의 영속관계에 의해 통제되는 領屬關係(상부구조)와 외관과 향리들을 통해 통제되는 主屬關係(하부구조)로 설명하면서 지방세력의 영향력을 강조하였다(金甲童, 1995, 「高麗 顯宗代의 地方制度 改革」, 『韓國學報』 80).

2 尹京鎭, 1999①, 「『高麗史』 地理志의 연혁정리 방식에 대한 비판적 검토: '高麗初'의 연기비정과 관련하여」, 『奎章閣』 22.

기와 관련된 『고려사』 지리지의 연혁 정리 방식에 대한 검토가 요구된다. 이에 아래에서는 주현-속현 영속관계 수립과 관련된 '고려초' 기사의 정리방식과 그에 수반하여 나타나는 통합·도치 등의 현상을 검토하고, '고려초' 연기를 근거로 주현-속현 영속관계의 수립을 현종 9년 이전으로 올려볼 수 없음을 구체적으로 논증하기로 한다.

『고려사』 지리지는 주현과 속현의 영속관계별로 각 군현의 연혁을 정리하고 있는데, 해당 영속관계가 수립되는 것을 '내속'이나 '잉속(仍屬)'으로 표현하였다. 이때 지리지에 정리된 영속관계[3]와 이전의 영속관계가 동일하면 '잉속'으로, 달라졌으면 '내속'이라고 하였다. 그리고 해당 시점이 현종 9년 또는 '고려초'로 되어 있는 경우, 선행하는 영속관계는 대체로 신라 경덕왕대의 것이다. 그리고 동일 군현에서 현종 9년과 '고려초'의 영속관계가 함께 나오는 경우는 없다. 또한 『고려사』 지리지에서 주현을 선정하는 일차적인 기준은 현종 9년의 외관제이며, 앞선 성종 14년의 외관 설치는 고려되지 않고 있다.[4] 따라서 영속관계를 나타내는 '고려초'는 원칙적으로 현종 9년으로 보아야 한다.

이는 동일한 주현-속현 단위에서 나타나는 '잉속' 시점을 통해 뒷받침된다. 다음은 수주(樹州)의 속현인 동성현(童城縣)과 김포현(金浦縣)의 연혁이다.

---

3 『고려사』 지리지는 표제읍호와 영속관계의 편성에서 명종초를 기준으로 하고 있다. 다만 계수관 尙州牧 관내는 기준 시점의 영속관계가 파악되지 않아 현종 9년 기준으로 정리하였다. 그런데 표제읍호는 그대로 명종초의 것을 반영하여 양자가 일치하지 않는다. 양계는 명종대 이후의 상황도 반영되어 있다. 『고려사』 지리지의 기준 시점에 대해서는 尹京鎭, 2000, 「『高麗史』 地理志 정리의 기준시점」, 『韓國史研究』 110; 2012, 『高麗史 地理志의 分析과 補正』, 여유당 참조.

4 漳州縣은 신라 경덕왕대에 鐵城郡의 領縣이었으며, 성종 14년에 刺史가 설치되었다가 현종 9년에 東州(鐵城郡)의 屬縣이 되었는데, 이를 '仍屬'으로 기재하였다.

가) ① 童城縣: 新羅景德王 改今名 爲長堤郡領縣 高麗 仍屬

② 金浦縣: 新羅景德王 改今名 爲長堤郡領縣 顯宗九年 仍屬

위에서 동성현과 김포현은 경덕왕대에 모두 장제군(長堤郡)의 영현이었으며, 고려에서는 수주(장제군)의 속현으로 편성되었다. 따라서 두 군현은 모두 '잉속'으로 기재되었다. 그런데 김포현은 그 시점이 현종 9년인 반면, 동성현은 '고려'로 되어 있다.

위에서 주현인 수주에 외관이 설치된 것은 현종 9년이다. 이 때문에 김포현의 잉속 시점도 현종 9년으로 판정되었다. 그렇다면 동성현의 잉속이 판정되는 시점도 현종 9년이 될 수밖에 없다. 따라서 동성현 연혁에서 잉속 시점으로 되어 있는 '고려'는 굳이 그 시점을 규정한다면 현종 9년이 되어야 한다.

동성현의 잉속 시점이 현종 9년으로 기록되지 않은 것은 이를 파악하는 근거 자료에서 누락되었기 때문이다. 현종 9년의 영속관계를 파악하는 자료는 상태가 온전하지 않았다. 전라도 지역에서 현종 9년 연혁이 정리된 경우가 몇 곳에 불과한 것은 바로 이 때문이다.[5]

현종 9년 자료에 나타나지 않은 경우에는 경덕왕대의 영속관계와 지리지의 기준 시점인 명종초의 영속관계를 직접 비교하여 연혁을 정리하였다. 이때 영속관계가 같으면 '잉속'으로, 달라졌으면 '내속'으로 하되, 그것을 판단하는 시점은 알 수 없으므로 '고려에 들어와 그렇게 되었다'는 의미로 '고려'나 '지고려(至高麗)', 또는 '고려초'로 적었다.

따라서 "고려초 내속"의 '고려초'는 개별적으로 어떤 기사의 변형이나

5 윤경진, 2012①, 「『高麗史』 地理志 고려초기 외관 설치 및 영속관계 편성 기사의 분석」, 『韓國文化』 59; 2012, 앞의 책.

오류가 개지된 것이 아니라면 현종 9년으로 일괄하여 파악하는 것이 타당하다. 동일한 주현-속현 단위에서 내속 시점이 일부는 현종 9년으로, 일부는 '고려초'로 나오는 것은 자료에서 연기가 확인되는 여부에 따르는 차이일 뿐, 실제 내속 시점이 달랐다는 것을 나타내는 것이 아니다. 따라서 이들을 현종 9년의 영속관계로 파악하더라도 무리는 없다.

한편 『고려사』 지리지에는 "고려초 경금명 내속(高麗初 更今名 來屬)"이라는 기사도 자주 발견된다. 이 기사는 읍호개정과 영속관계 변동이 단일 기사로 정리되어 있다. 따라서 해당 읍호가 현종 9년 이전이라면 '내속'의 시점도 현종 9년 이전으로 올라갈 수 있어 보인다. 그러나 일반적인 개호 시점인 태조 23년도 '고려초'로 나타날 수 있고, '내속'이 이루어진 현종 9년도 '고려초'로 나타날 수 있다. 그렇다면 "고려초 경금명 내속"은 단일한 시점의 연혁이 아니라 서로 다른 시점의 '경금명'과 '내속'이 통합 정리된 것으로 보아야 한다.

아래에서는 몇 개의 사례를 통해 이를 구체적으로 확인해 보자.

나) ① 通津縣: 景德王 改名分津 爲長堤郡領縣 高麗 更今名 仍屬之
② 新豊縣: 景德王 改名淸音 爲熊州領縣 高麗初 更今名 來屬
③ 青山縣: 景德王 改名耆山 爲三年郡領縣 高麗初 更今名 來屬

우선 통진현(通津縣) 연혁은 "고려 경금명 잉속지(仍屬之)"로 되어 있다. 통진현은 전술한 김포현·동성현과 함께 장제군의 영현이었다가 고려에서 수주의 속현이 되었다. 고려에 들어와 이루어지는 읍호개정은 대체로 태조 23년이므로 통진현도 읍호가 태조 23년에 개정된 것으로 보아도 무리가 없다.[6]

그런데 동일하게 장제군 영현이었다가 수주 속현이 된 김포현은 "현종구년 잉속”으로 되어 있다. 그렇다면 통진현은 김포현과 마찬가지로 잉속 시점을 현종 9년으로 잡아야 할 것이다. 결국 통진현 연혁의 ‘고려’는 연혁 내용에 따라 태조 23년과 현종 9년을 모두 포함하게 된다. 차이가 있다면 김포현은 현종 9년 자료에서 영속관계가 파악된 것이고, 통진현은 해당 자료에서 누락된 것이다.

신풍현(新豊縣)은 경덕왕대에 웅주(熊州)의 영현이었고 고려에서 공주(웅주)의 속현이 되므로 연혁은 ‘잉속’이 맞지만 ‘내속’으로 기재되었다. 그런데 같은 연혁 내용을 지니는 이산현(尼山縣)의 경우에는 다음과 같이 되어 있다.

다) 尼山縣: 新羅景德王 改今名 爲熊州領縣 顯宗九年 來屬

이산현도 웅주 영현에서 공주 속현으로 되므로 ‘잉속’으로 기재되어야 맞지만 역시 ‘내속’으로 기재되었다. 이를 신풍현 연혁과 대비해 보면 신풍현의 내속 시점이 현종 9년이라는 것이 분명하게 드러난다. 이 경우에도 읍호개정은 태조 23년이 될 것이므로 신풍현 연혁의 ‘고려초’ 또한 태조 23년과 현종 9년의 두 시점을 포괄한다.[7]

그렇다면 청산현(靑山縣) 연혁처럼 일반적인 “고려초 경금명 내속”의

---

6 영속관계 변동과 달리 읍호개정의 경우 ‘高麗初’는 자료 누락이 아니라 근거 자료의 시점을 알 수 없는 데 따른 것이다. 이에 대해서는 윤경진, 2012②, 「『高麗史』 地理志 고려초기 改號 기사의 자료적 기반과 정리 방식」, 『震檀學報』 115; 위의 책 참조.

7 金化郡처럼 “顯宗九年 更今名 來屬”으로 정리된 경우도 있으므로 “高麗初 更今名 來屬”을 현종 9년의 일로 이해할 여지도 있다. 하지만 현종 9년의 읍호개정은 앞서 ‘고려초’ 읍호개정 기사가 없는 경우에 나타나는 것으로, ‘고려초’ 읍호개정 자료에 누락되어 현종 9년 자료를 통해 비로소 읍호가 확인된 데 따른 것이다. 김화군의 ‘更今名’도 당초 ‘稱今名’으로 기재될 성격의 연혁이다(윤경진, 위의 책, 364쪽). 이는 ‘仍屬’으로 적어야 할 내용을 ‘來屬’으로 적은 것과 비슷한 현상이다.

경우에도 두 시점의 연혁이 통합된 것으로 볼 수 있다. 따라서 '고려초'의 읍호개정 사례를 통해 내속까지 동일한 시점의 일로 파악하고 나아가 『고려사』 지리지의 '고려초'를 모두 태조대로 단정하는 것은 타당하지 않다.[8]

이처럼 서로 다른 두 시점의 연혁이 통합 기재되는 것은 중간 연혁이 누락된 채 전후 연혁이 바로 연결되는 경우에 가장 극명하게 드러난다. 부성현(富城縣)과 지곡현(地谷縣)·소태현(蘇泰縣) 사례가 대표적인데, 해당 연혁을 정리하면 다음과 같다.

라) ① 富城縣: 新羅景德王 改爲富城郡 高麗 因之 仁宗二十二年 置縣令
② 地谷縣: 新羅景德王 改名地育 爲富城郡領縣 高麗 更今名 仍屬
③ 蘇泰縣: 新羅景德王 改今名 爲富城郡領縣 高麗 仍之 顯宗九年 屬運州 忠烈王時 宦者李大順有寵於元 以縣爲居鄕 陞知泰安郡事

우선 부성현 연혁을 보면 인종 22(21)년[9]에 외관이 설치되기 이전의 연혁이 "고려인지(高麗因之)"로만 되어 있다. '인지'는 보통 읍호와 영속관계가 모두 전대와 동일하게 유지되는 경우에 적용된다. 부성현은 경덕왕대에 군이었으므로 '인지'라 할 경우에는 그대로 주현이 되어야 한다. 그런데 부성현은 현종 9년에 주현이 아니었으므로 그에 선행하는 현종 9년

8 『고려사』 지리지 연혁 중에는 來屬·仍屬이 성종·현종 연간의 읍호개정이나 외관 置廢와 연결되어 기재된 경우가 있다. 이 경우도 실제 해당 시점에 영속관계가 성립되었음을 나타낸 것이 아니라 선행 기사에 시점 불명의 내속·잉속이 연결된 결과이다. 자세한 내용은 윤경진, 위의 책, 418-426쪽 참조.

9 이것은 다른 사례에 비추어 인종 21년으로 이해되며, 칭원법 조정에 따라 1년의 오차가 발생한 것으로 이해된다.

(또는 '고려초')의 영속관계가 기재되어야 하는데 이것이 누락되었다.[10] 그리고 부성현이 주현이 되는 것은 인종 21년이므로 '인지'는 이 시점을 기준으로 설명한 것이다. 이에 대해 읍호의 지속을 판정하는 시점은 태조 23년이므로 부성현 연혁의 "고려인지"는 내용적으로 태조 23년과 인종 21년의 두 시점을 포괄한다.

다음에 지곡현의 고려초기 연혁은 "고려 경금명 잉속"으로 되어 있다. 여기서 '잉속'은 경덕왕대에 부성군의 영현이었던 지곡현이 고려에서 그대로 부성현의 속현으로 되었음을 나타낸다. 하지만 지곡현이 부성현의 속현이 되는 것은 인종 21년의 일이다. 역시 현종 9년의 영속관계가 누락된 것이다.

이에 대해 '경금명'은 고려에 들어와 해당 읍호가 제정되었음을 나타낸다. 이 경우 '경금명'되는 기준 시점은 태조 23년이다.[11] 따라서 지곡현 연혁의 "고려 경금명 잉속"은 태조 23년과 인종 21년의 두 시점이 포함된다. 이러한 현상은 바로 현종 9년의 영속관계가 누락된 채 연기 불명의 '경금명'과 '잉속'이 하나의 연혁으로 정리된 데 따른 것이다.

한편 소태현의 연혁은 "고려잉지(高麗仍之)"에 이어 현종 9년에 운주(運州)에 속했다는 내용이 나온다. 이에 따르면 소태현은 현종 9년에 운주의 속현이었다. 그런데 그 뒤 연혁은 곧바로 충렬왕대의 지태안군사(知泰

10 예를 들어 인종 21년에 외관이 설치되는 金堤縣의 경우에는 "高麗初 爲全州屬縣 仁宗二十一年 置縣令"이라 하여 그에 선행하는 영속관계를 밝혀 놓았다. 이는 현종 9년 이후에 외관이 설치되는 대부분의 사례에서 동일하게 나타난다.

11 地谷縣의 경우 '고려초' 개호 자료와 현종 9년 자료에서 모두 누락되어 명종초 기준 자료를 통해 개호와 영속관계를 파악했을 가능성도 있다. 하지만 『삼국사기』 지리지를 통해 인종 21년 이전의 읍호가 확인되며, 이들은 일부 사례를 제외하면 태조 23년 읍호와 동일하다. 그리고 『고려사』 지리지 역시 『삼국사기』 지리지를 참고했으므로 지곡현의 경우도 개호 시점은 영속관계 파악보다 선행한다고 볼 수 있다.

安郡事) 승격으로 이어진다. 따라서 이 연혁대로라면 소태현은 운주의 속현으로 정리되어야 맞다. 하지만 소태현은 인종 21년에 현령이 설치되는 부성현의 속현으로 정리되어 있다. 지리지에 정리된 영속관계와 연혁상의 영속관계가 어긋나는 것이다.

이 문제를 이해하는 단서는 "고려잉지"에서 찾을 수 있다. '잉지'라는 표현은 '인지'와 마찬가지로 대개 신라의 읍호 및 영속관계가 고려에서도 그대로 유지된 것을 나타낸다.[12] 소태현 연혁의 '잉지'는 소태현이 신라시기에 부성군의 영현이었고 고려에서도 부성현의 속현이 되었다는 의미를 담고 있다. 그런데 부성현은 인종 21년에 현령이 설치되므로 '잉지'의 내용은 인종 21년 이후에 비로소 적용된다.

한편 부성현은 인종 21년 이전의 소속이 빠져 있고, 그 속현인 지곡현도 현종 9년의 연혁이 없다. 소태현의 연혁이 '잉지'로 기록된 것은 지곡현과 같은 기재 형식이다. 다만 지곡현은 고려에서 읍호가 바뀐 데 반해, 소태현은 종래의 읍호를 유지했다는 차이가 있을 뿐이다. 결국 이들 3개 군현은 모두 현종 9년 연혁이 빠진 채 영속관계가 정리된 것이다.

그런데 소태현은 이와는 별도로 현종 9년의 소속이 파악되어 연혁에 삽입되었다. 이때 현종 9년이 신라 연혁에 이어지는 첫 '고려' 연혁에 앞서 정리될 수는 없으므로 "고려잉지" 뒤에 삽입되었다. 그런데 "고려잉지"는 인종 21년 이후의 영속관계, 곧 명종초 기준 자료의 내용을 반영한 것이므로 소태현의 연혁은 영속관계에서 순서가 바뀐 것이다. 이 연혁은 본래 '고려초'의 읍호 지속[仍舊名, 또는 생략], 현종 9년의 영속관계[屬運州], 그리고 기준 시점의 영속관계 성립[後來屬]으로 구성되어야 할 상황이다.

---

12 長沙縣의 연혁은 그 예이다(新羅景德王 改今名 爲武靈郡領縣 高麗 仍之). 여기서 武靈郡은 고려의 靈光郡이며, 장사현은 영광군의 속현으로 정리되어 있다.

이 연혁을 통해 현종 9년 이전에 주현-속현 영속관계가 수립되었다고 설명할 수 없는 것이다.

이상에서는 주현-속현 영속관계의 성립 시점을 태조대로 보는 견해의 주된 논거가 된『고려사』지리지의 '고려초' 연기를 분석하였다. "고려초 경금명"의 '고려초'가 태조 23년으로 파악되는 것에 대해 "고려초 내속(또는 잉속)"의 '고려초'는 현종 9년으로 파악된다.[13] 또한 "고려초 경금명 내속"은 시점 불명의 두 연혁을 하나의 기사로 통합 정리한 것으로서 실제로는 각기 다른 시점의 것이다. 또한『고려사』지리지에서는 연혁의 누락으로 인하여 전후 연혁이 통합되는 경우가 종종 발견된다. 따라서 '고려초' 연기를 통해 태조대의 영속관계를 증명하는 것은 실증적으로 타당하지 않다. 주현-속현 영속관계는 현종 9년의 개편에 따라 일괄적으로 성립하는 것으로 파악해야 한다.

2. 주현-속현체계의 편성과 운영체계

1) 주현-속현체계의 편성 양태

『고려사』지리지는 고려 지방제도의 전체 양상을 반영하고 있지만, 그 기준 시점은 명종초로 파악된다. 곧 명종초에 작성된 자료를 토대로 표제군현과 영속관계를 정리하고 그 전후 연혁을 삽입하는 형태로 구성한 것이다. 이 때문에 그 구성에는 명종초 이전에 이루어진 외관 설치와 영속관

13 엄밀히 "高麗初 來屬(仍屬)"은 신라의 영속관계와 기준 시점인 명종초의 영속관계를 대비하여 판단한 것이므로 이 기사의 '고려초'를 특정 시점으로 규정할 수는 없다. 단지 명종초 자료를 통해 '확인'되는 것일 뿐이며, 대부분의 경우 해당 영속관계가 현종 9년에 '성립'한 것으로 볼 수 있다.

계 개편이 반영되어 있다. 따라서 현종 9년의 개편 내용을 이해하기 위해서는 이 변화를 확인하고 현종 9년 당시의 읍호와 영속관계를 추출해야 한다.

그런데 연혁 내용은 지역별로 서로 다른 원리가 작용되고 있다. 예를 들어 계수관 상주목(尙州牧) 관내의 군현은 읍호가 명종초를 기준으로 하면서 영속관계는 현종 9년을 기준으로 하고 있다. 이는 명종초의 기준 자료에서 상주목 부분이 온전히 수록되지 않았기 때문이다. 반면 전라도는 현종 9년의 영속관계가 거의 나타나지 않는데, 이 또한 현종 9년 자료에서 누락되었기 때문이다. 경기는 문종 16년의 구성을 기준으로 하여 이후 변화를 반영하지 않았으며, 동계는 고종 35년의 변동까지 반영되어 있다. 또한 개별 군현의 연혁 누락이나 착오 등으로 인해 영속관계가 정확하게 반영되지 않은 경우도 있다.[14]

따라서 현종 9년에 성립된 주현-속현체계를 근간으로 고려 지방제도를 이해하기 위해서는 이런 부분을 감안하며 현종 9년 기준으로 읍호와 영속관계를 재구성해야 한다. 아래에서는 『고려사』 지리지에서 현종 9년 이후의 변화로 파악되는 것들을 주현별로 추출하고 이를 현종 9년 기준으로 재구성해 보기로 한다.

ⓐ 개성부(開城府)

개성부 관할의 군현들이 지리지에 정리된 영속관계로 편제되는 것은 문종 16년의 일이다. 현종 9년에는 개성현령(開城縣令)이 정주(貞州)·덕수(德水)·강음(江陰)의 3현을 관할하고, 장단현령(長湍縣令)이 송림(松林)·임진

14 윤경진, 2000, 앞의 논문.

(臨津)·토산(兎山)·임강(臨江)·강음(江陰)·적성(積城)·파평(波平)·마전(麻田) 등 7현을 관할하였다. 우봉군(牛峯郡)은 현종 9년에는 평주(平州)의 속현이었다.

이때 표제읍호에서 개성현과 장단현이 함께 개성부 속현으로 정리되어 있으며, 이는 문종 16년 개편에 따른 것으로 되어 있다. 그러나 개성현은 개성부로 전환된 것이며, 개성부와 분리된 개성현이 따로 설치되는 것은 충렬왕 34년의 일이다. 이 개성부는 도성 안을 관장하였고 따로 개성현을 두어 성 밖을 관장하도록 하였다.

또한 장단현은 문종 16년 개편 뒤에도 현령관으로 유지된 것으로 확인된다.[15] 개성부 관할 군현의 정리 형태를 보면 개성부 다음에 개성현과 문종 16년에 내속한 우봉군, 그리고 개성현 속현이던 정주·덕수현·강음현을 정리하였고, 이어 장단현과 그 속현들이 정리되어 있다. 결국『고려사』지리지는 장단현을 속현 위치로 잘못 정리함으로써 장단현과 예하 속현들이 모두 문종 16년에 개성부로 내속한 것으로 오해한 것이다.

ⓑ 인주(仁州)

인주는 원래 소성현(邵城縣)으로서 수주(樹州)의 속현이었다. 인주의 속현으로 정리된 당성군(唐城郡)과 재양현(載陽縣)은 현종 9년에 모두 수주(水州)의 속현이었다.

ⓒ 홍주(洪州)

홍주의 현종 9년 당시 읍호는 운주(運州)였다.[16] 청양현(靑陽縣)은 현종 9

15 윤경진, 2009①,「고려전기 京畿의 편성과 운영」,『역사문화연구』33, 54-55쪽.

16 蘇泰縣이 현종 9년에 運州에 속했다고 한 것이나『세종실록』지리지에서 驪陽縣 등

년에 천안부의 속현이었다.

ⓓ 천안부(天安府)
안성현(安城縣)은 현종 9년에 수주(水州)의 속현이었다.

ⓔ 부성현(富城縣)
부성현은 인종 21(22)년에 현령이 설치되었으므로 그 이전에는 속현이었다.[17] 이때 부성현의 속현으로 정리된 소태현이 현종 9년에 운주 속현이었음을 볼 때 부성현도 운주의 속현으로 파악된다. 이는 지곡현도 마찬가지이다.

ⓕ 양주(梁州)
기장현(機張縣)의 연혁은 『고려사』 지리지에 다음과 같이 정리되어 있다.

마) 機張縣: 景德王 改今名 爲東萊郡領縣 後移屬 顯宗九年 又移屬蔚州 後置監務

위 연혁대로라면 기장현은 현종 9년 이전에 양주의 속현이 되었고, 현종 9년에 다시 울주(蔚州)로 이속되었다고 이해될 수 있다. 이를 따른다

이 현종 9년에 運州 任內에 속했다고 한 것에서 알 수 있다. 그런데 문종 10년 기록에 山南晉羅全淸廣公洪州七道撫問使라는 직함이 나오는 것으로 보아 문종초 이전에 洪州로 개정된 것을 알 수 있다(『高麗史』 권7, 文宗 10년 9월 甲申).

17 富城縣의 읍호는 연혁으로 볼 때 縣令 설치 이전에는 郡이었을 것이다. 그러나 속현 상태에서 郡·縣의 읍격은 분명하지 않고 혼용되기도 하므로 명확히 구분할 필요가 없다면 지리지의 읍격을 따르기로 한다.

면 기장현은 울주의 속현이 되어야 하는데, 이는 지리지에 양주의 속현으로 정리된 것과 어긋난다.

일단 연혁에 현종 9년 기사가 명기되어 있으므로 현종 9년에 기장현이 울주의 속현이었음은 분명하다. 그리고 『고려사』 지리지의 영속관계는 명종초의 상황을 반영하므로 기장현은 현종 9년에 울주의 속현으로 있다가 그 이후에 양주로 이속된 것으로 보아야 한다.

이때 연혁에서 양주의 속현으로 된 것을 나타낸 부분은 "뒤에 이속하였다[後移屬]"인데, 이는 내용상 울주의 속현이 되는 현종 9년보다 뒤의 사실이 되어야 한다. 곧 순서가 바뀐 것이다. 『세종실록』 지리지의 기장현 연혁에는 "후이속"이 없고 현종 9년에 울주의 임내(任內)가 된 것으로만 정리되어 있다. "후이속"은 『고려사』 지리지의 기준 자료에 나타난 영속관계에 맞추어 생성된 연혁으로서 현종 9년 기사 뒤에 들어가야 하는데 그 앞으로 잘못 들어간 것이다.

ⓖ 고성현(固城縣)

고성현은 현종 9년에는 거제현(巨濟縣)의 속현이었으며, 현령이 설치된 것은 그 뒤의 일이다.

ⓗ 상주목(尙州牧)

상주목의 속현 중 문경군(聞慶郡)과 함창군(咸昌郡)의 현종 9년 당시 읍호는 각각 문희현(聞喜縣)과 함녕군(咸寧郡)이었다. 이들은 모두 현종 9년 이후에 읍호가 개정되었다.[18] 일선현(一善縣)은 원래 선주(善州)로서 인종 21

18 현종 9년 이후 고려전기에 屬縣의 읍호가 개정되는 것은 매우 드문 일이다. '喜'와 '慶', '寧'과 '昌'은 각기 비슷한 의미의 글자라는 것으로 미루어 피휘와 관련이 있는

년에 현령이 설치되면서 관호에 맞추어 읍호가 개정되었다. 『삼국사기』 지리지의 '금' 읍호도 선주이다.

ⓘ 안동부(安東府)

안동부는 연혁상 현종 9년 읍호가 길주(吉州)로서 지주사(知州事)가 설치되었으며, 안동부가 되는 것은 현종 21년의 일로 되어 있다. 그러나 길주는 성종 14년 개편에 따라 새로 채용된 주호(州號)로서 이 주호들은 현종 9년에 모두 폐지되었다. 실제로는 현종 9년 당시 안동부로 파악된다.[19]

안동부 속현 중 순안현(順安縣)·의성현(義城縣)·기양현(基陽縣)은 『삼국사기』 지리지의 '금' 읍호가 각각 강주(剛州)·의성부(義城府)·보주(甫州)로서 이것이 현종 9년 당시 읍호였다. 표제읍호는 모두 현령이 설치되면서 개정된 것이다.

ⓙ 김제현(金堤縣)

김제현은 인종 21년에 현령이 설치되었으며, '고려초'에는 전주(全州)의 속현이었다. 김제현의 속현으로 정리된 평고현(平皐縣) 역시 '고려초'에 전주의 속현이었다.

ⓚ 금구현(金溝縣)

금구현은 의종 24년에 현령이 설치되었는데, 그 이전의 소속은 나타나지 않는다. 그런데 금구현은 경덕왕대에 전주의 영현이었고 별다른 영속관

것으로 추정된다.

19 이는 현종 16년 기사에 安東이 나오는 것에서 뒷받침된다(『高麗史』 권5, 顯宗 16년 7월 丁亥, "慶尙淸州安東密城 地震"). 안동부 연혁의 혼선은 안동도호부의 이동에 따른 것으로 보인다.

계 변동이 나오지 않는 것으로 보아 현종 9년에도 전주의 속현이었다고 판단된다. 이는 그 속현으로 정리된 거야현(巨野縣)이 '고려초'에 전주의 속현이었던 데서도 유추된다.

① 나주목(羅州牧)

곡성군(谷城郡)의 연혁은 『고려사』 지리지에 다음과 같이 정리되어 있다.

바) 谷城郡: 高麗初 爲昇平郡屬郡 後來屬

위의 연혁에 따르면 곡성군은 '고려초'에 승평군(昇平郡)의 속현이었다가 나주로 이속된 것이므로 현종 9년에 승평군 관할이었을 가능성이 있다. 그런데 『세종실록』 지리지에는 '고려초'에 승평군의 임내였다고 되어 있고, 나주로 이속되는 기사가 없다.

그렇다면 『고려사』 지리지는 『세종실록』 지리지의 연혁(승평군의 임내)과 기준 자료의 영속관계(나주의 속현)를 조합하면서 승평군 소속이 나주 소속에 선행하는 것으로 정리함으로써 연혁에 도치 현상이 발생한 것으로 해석된다.[20] 비슷한 현상이 후술할 압해군(壓海郡) 및 진도현(珍島縣)

20 곡성군과 나주 사이에는 보성군 속현인 同福縣과 玉果縣 등이 자리하고 있어 곡성군이 이들을 건너뛰고 나주 속현이 되는 것은 다소 불합리해 보인다. 이에 필자는 앞서 나주 속현으로 정리된 것에 오류가 있었을 가능성을 지적한 바 있다(윤경진, 2012, 앞의 책, 462-463쪽). 그러나 승평군에 바로 인접한 樂安郡도 나주 속현으로 편성되어 있어 오류로 처리하기에는 다소 난점이 있다. 왜 이러한 현상이 나타났는지 현재로서는 판단하기 어려운 바, 일단 현종 9년 당시 곡성군이 나주 속현이었던 것으로 이해하기로 한다. 한편 『고려사』 지리지의 기준 시점은 명종초이고, 곡성군은 명종 2년에 감무가 파견되어 조선초기까지 그대로 이어졌다. 따라서 명종초 이후 곡성군이 승평군으로 이속될 여지가 없으며, 이 경우 『세종실록』 지리지의 연혁에 오류가 있었을 가능성이 있다. 보다 자세한 검토는 별도의 과제로 삼는다.

연혁에서도 나타난다.

ⓜ 장흥부(長興府)

장흥부는 원래 정안현(定安縣)이었으며 '고려초'에 영암군(靈岩郡)의 속현이었다가 의종 때 지장흥부사(知長興府事)로 승격하였다.[21] 『삼국사기』 지리지의 '금' 읍호도 정안현이다.

장흥부의 속현으로 정리된 수령현(遂寧縣)과 탐진현(耽津縣)은 '고려초'에 영암군의 속현이었으며, 회령현(會寧縣)과 장택현(長澤縣)은 '고려초'에 보성군의 속현이었다. 이들은 장흥부 승격에 따라 이속된 것으로, 이 내용을 담은 자료를 통해 이전의 영속관계가 파악된 것이다. 따라서 이들의 '고려초' 소속은 현종 9년의 사정을 반영한 것으로 이해할 수 있다.

ⓝ 영광군(靈光郡)

압해군의 연혁은 『고려사』 지리지에 다음과 같이 정리되어 있다.

사) 壓海郡: 高麗初 爲羅州屬縣 後來屬

위 연혁에 따르면 압해군은 '고려초'에 나주의 속현이었다가 뒤에 영광군으로 이속된 것이므로 현종 9년에는 나주의 속현으로 판단할 수도 있다. 그러나 자료상 현종 9년 연혁이 파악되지 않는 나주목 관내에서 외관 설치에 수반된 경우가 아니라면 기준 시점 이전의 영속관계를 파악할

21 『고려사』 지리지에는 인종 때 恭睿太后의 貫鄕이라 하여 승격한 것으로 되어 있으나 공예태후는 의종의 모후라는 점에서 실제 승격 시점은 의종 때로 파악된다(윤경진, 2008②, 「고려 숙종-의종대 太后 貫鄕 승격의 의미: 『고려사』 지리지 연혁의 補正을 겸하여」, 『국학연구』 13, 180-185쪽).

수 없다. 따라서 이 역시 근거 자료의 정리 과정에서 문제가 생긴 것이다.

압해(壓海: 押海)는 『세종실록』 지리지에 나주의 속현으로 정리되어 있으며, 그 연혁도 "고려초 내속"이라 하여 처음부터 나주 속현이었던 것처럼 되어 있다. 그런데 『고려사』 지리지에 영광군 속현으로 정리되어 있으므로 명종초에 영광군 속현이었던 것은 분명하다. 그리고 『세종실록』 지리지에 나주의 속현으로 정리되어 있으므로 조선초기로 이어지는 시기에 나주 속현이었음도 분명하다. 압해군이 나주의 속현이 되는 것은 고려말 왜구의 침입으로 나주 지역에 교우(僑寓)하면서 이루어진 것이다.[22]

그런데 『고려사』 지리지에서는 『세종실록』 지리지의 연혁과 기준 자료의 내용을 조합하면서 나주 속현이 선행한 것으로 이해함으로써 당초 나주 속현이었다가 이후에 영광군으로 이속된 것으로 잘못 정리한 것이다. 따라서 현종 9년 당시 압해군은 나주 속현이 아니라 영광군 속현으로 보아야 한다.[23]

◎ 보성군(寶城郡)

두원현(荳原縣)의 연혁은 혼란스러운 양상을 보이고 있어서 정치한 분석이 요구된다. 다음은 『고려사』 지리지의 두원현 연혁이다.

아) 豆原縣: 新羅景德王 改名薑原 爲分嶺郡領縣 高麗 更今名 仍屬 後來屬

위 연혁에 따르면 두원현은 경덕왕대에 분령군(分嶺郡), 곧 낙안군(樂

22 고려말 압해군의 僑寓에 대해서는 윤경진, 2008①, 「고려말 조선초 서해·남해안 僑郡 사례의 분석: 전라도·충청도·서해도 지역의 사례」, 『韓國史學報』 31, 85-86쪽 참조.

23 윤경진, 2012, 앞의 책, 460-462쪽.

安郡)의 영현이었으며 고려에 들어와 그대로 속했다가 뒤에 보성군에 내속하는 것으로 되어 있다. 어의대로 해석한다면 두원현은 현종 9년에 낙안군의 속현이 되어야 한다. 그런데 낙안군은 현종 9년에 속현이었으므로 두원현이 낙안군의 속현이 될 수는 없다.

『세종실록』 지리지의 연혁은 또 다른 모습을 보여 준다. 여기서 두원현은 장흥부의 속현으로 되어 있는데, 그 연혁은 다음과 같다.

자) 豆原縣: 新羅 改薑原縣 爲樂安郡領縣 高麗 改荳原縣 因之 後來屬

위의 내용을 따른다면 두원현은 고려에서 낙안군 소속으로 있다가 장흥부로 내속한 것이 된다. 따라서 보성군 속현으로 정리한『고려사』 지리지의 기록과 맞지 않는다.

그런데 고종 8년에서 10년 사이에 작성된 것으로 파악되는「송광사 가람배치현황기(松廣寺伽藍配置現況記)」에는 당시 송광사에 속한 전답 등의 내역과 위치가 정리되어 있는데, 그 내용 중 두원현이 '장흥부임내'로 기재되어 있다. 이에 의거하면 고종대 두원현의 소속은 장흥부가 분명하므로『세종실록』 지리지의 연혁이 맞다. 그렇다면『고려사』 지리지의 연혁은 어떤 오류가 있는 것일까.

두원현이 장흥부의 속현이 되는 시점은 고종 8년 이전이 될 것이며, 연혁상 별다른 조치가 파악되지 않으므로 의종대 장흥부에 지부사가 설치되면서 이속되었을 가능성이 높다. 내용상 두원현은 장흥부 소속으로 정리되어야 하는 것이다.[24] 이 점에서 연혁의 "후내속"은 장흥부 속현이 되는 것을 나타낸다.

그런데『고려사』 지리지에서 두원현이 보성군 속현으로 정리된 것은 보성군과 두원현이 전혀 무관하지 않음을 암시한다. 우선 두원현은 고려초기에 낙안군의 속현이 될 수는 없으므로 다른 군현의 속현이었을 것이다. 낙안군은 고려에서 나주의 속현으로 편성되며, 분령군(낙안군)의 영현이었던 조양현(兆陽縣)·남양현(南陽縣)·태강현(泰江縣) 등 3개 현은 보성군의 속현으로 되었다. 그렇다면 두원현은 지리적 연관성으로 보아 나주나 보성군의 속현이 되었을 것이다.

정확한 이유는 알 수 없지만, 두원현은 장흥부 항목에 들어갈 것이 보성군 항목에 잘못 들어간 것으로 보인다. 항목의 마지막 부분에 수록된 점도 이러한 가능성을 시사한다. 그런데 "후내속(後來屬)"에 상응하여 그에 선행하는 영속관계가 제시되어야 하는데 이를 파악할 수 없는 상황이었다. 이에 신라의 영속관계에 이어 '인지'로 적음으로써 해당 영속관계가 그대로 이어진 것처럼 나타나게 된 것이다. 이에 두원현은 현종 9년에 보성군의 속현이었던 것으로 판단한다.

ⓟ 해양현(海陽縣)

해양현은 『고려사』 지리지에 주현으로 정리되어 있지만, 외관 설치 시점은 분명하지 않다. 다음은 『고려사』 지리지의 해양현 연혁이다.

차) 海陽縣: 景德王十六年 改爲武州 (중략) 太祖二十三年 稱光州 成宗十四年 降爲刺史 後又降爲海陽縣令官 高宗四十六年 以金仁俊外鄕 陞知翼州事

위의 연혁에 따르면 해양현은 성종 14년에 광주자사(光州刺史)였다가

24 두원현 연혁에 대한 자세한 분석은 윤경진, 2012, 앞의 책, 465-468쪽 참조.

그 뒤 어느 시점에 해양현령관이 되었으며, 표제읍호도 이에 준하여 기록되었다. 그런데 자사는 목종 8년에 모두 폐지되므로 광주자사 역시 이 해에 폐지되었을 것이지만, 위의 연혁에는 폐지 연혁이 빠져 있다. 곧 성종 14년 자사 설치 후 해양현령관이 되기까지의 연혁이 누락된 것이다. 이는 현종 9년 자료에서 이 지역이 누락된 데 따른 것이다.

그런데 『삼국사기』 지리지의 '금' 읍호는 광주로 되어 있다. 『삼국사기』는 인종 23년에 편찬되었는데, 지리지에 정리된 편찬 당시의 읍호에는 인종 21년에 바뀐 읍호가 반영되어 있지 않은 반면, 인종초에 개정된 인주(仁州)는 바뀐 읍호가 반영되어 있다. 따라서 광주가 해양현령관으로 개정되는 것은 인종초 이후이다.

이는 다음 자료를 통해 더욱 분명해진다.

카) 갑신년 9월에 고과 성적으로 군기주부동정을 더하였다. 경자년 12월에 전례대로 광주감무에 제수되었다.[25]

위의 기록은 의종 12년에 작성된 「양원준묘지명」의 일부로서 예종 15년에 양원준이 광주감무(光州監務)에 임명된 사실을 전하고 있다. 광주감무의 설치는 지리지와 연대기에서는 확인되지 않지만, 당시 묘지명 자료에 나오는 것이므로 예종대의 설치 사실은 명확하다. 그런데 예종대의 감무는 기존에 외관이 없던 속현에 파견된 것이므로 이전에 광주는 속현이었다고 보아야 한다. 결국 해양현의 현종 9년 당시 읍호는 광주이며, 현령관이 아니라 속현이었던 것이다.[26]

---

25 『高麗墓誌銘集成』 梁元俊墓誌銘, "甲申九月 以考績 加軍器主簿同正 庚子十二月 例授光州監務".

현종 9년 당시 광주의 소속은 확인되지 않는다. 다만 지리적으로 볼 때 나주 관할 속현들에 둘러싸여 있어 역시 나주의 속현이었다고 보는 데 무리가 없다.

⑨ 진도현(珍島縣)

진도현의 연혁은 『고려사』 지리지에 다음과 같이 정리되어 있다.

타) 珍島縣: 高麗 屬羅州 後置縣令

위의 연혁에 따르면 진도현은 고려에 들어와 나주의 속현이 되었고 뒤에 현령이 설치되는 것이 된다. 이를 그대로 받아들이면 현종 9년에 나주의 속현이었다고 볼 수도 있다. 그러나 실제 진도현은 현종 9년부터 이미 현령관이었던 것으로 파악된다.

『세종실록』 지리지에는 진도현이 고려에서 나주의 임내였다는 내용만 있으며, 현령 설치 사실은 나와 있지 않다. 그런데 전술한 바와 같이 전라도 지역은 대부분 현종 9년 자료에서 누락되어 당시 영속관계가 나타나지 않는다. 진도현의 경우도 연혁 구성에 의문이 제기되는 것이다.

현령 설치 기사는 기준 자료에서 현령관으로 정리된 것에 따른 것이며,[27] "고려에서 나주에 속하였다[高麗屬羅州]"라는 기사를 넣은 것은 『세

---

26 의종 8년에 작성된 「鄭復卿墓誌銘」에서 당시 官職으로서 海陽縣尉가 확인된다. 이로 보아 光州가 海陽縣令官이 되는 시점은 대략 인종말-의종초일 것으로 판단된다. 이 또한 인종 21년에 현령이 설치된 것일 가능성이 있다.

27 박종진은 진도현이 나주 속현으로 있다가 인종 21년에 현령이 설치된 것으로 보았다(박종진, 2011, 「고려시기 진도현의 위상과 변화」, 『島嶼文化』 38; 2017, 『고려시기 지방제도 연구』, 서울대학교출판문화원, 250-253쪽).

종실록』 지리지 기사에 의거한 것이다. 곧 나주의 속현이 된 것이 현령 설치보다 선행한 것으로 본 것이다. 그런데 『세종실록』 지리지에서 나주 속현으로 정리한 것은 고려말 왜구로 인해 출륙하여 해남현(海南縣) 지역에 교우하다가 통합되어 해진군(海珍郡)이 된 것에 기인한다. 곧 교우 중이던 진도현은 현령이 폐지되고 나주 속현으로 있다가 해남과 통합된 것이다.

『세종실록』 지리지는 진도현이 본도(本島)로 환원되기 전에 작성된 것으로, 진도현은 해진군 현역의 일부로 정리되었다. 이때 통합 당시 나주의 속현이었던 연혁만 정리하고 고려에서 현령관이었던 연혁을 누락한 것이다. 진도가 현령관인 것은 『고려사』 지리지의 기준 자료를 통해서만 파악되는데, 이것이 『세종실록』 지리지에는 반영되지 않은 것이다.

『고려사』 지리지는 이 연혁을 그대로 채용하면서 기준 자료에서 현령관으로 정리된 것에 맞추어 그 이전에 나주의 속현이었다고 판단하였고, 이에 해당 기사를 현령 설치의 선행 연혁으로 넣었다. 그 결과 진도현이 현종 9년에 나주의 속현이었던 것처럼 나타나게 된 것이다.

하지만 진도는 강화도와 남해도, 거제도처럼 다수의 군현이 설치된 도서이다. 따라서 진도현 또한 이들과 마찬가지로 현종 9년에 현령관으로 있었다고 보는 것이 합리적이다.[28]

한편 진도현의 속현으로 정리된 가흥현(嘉興縣)과 임회현(臨淮縣)은 경덕왕대 자료의 영속관계가 직접 비교되었다. 그런데 진도현이 현종 9년에 현령관이었다고 보면, 진도에 소재한 가흥현과 임회현이 다른 군현의 속현이 될 여지는 거의 없다. 이에 두 현은 현종 9년 진도현의 속현으

28 윤경진, 2012, 앞의 책, 442-445쪽.

로 판단한다.

ⓡ 능성현(綾城縣)

능성현은 인종 21년에 현령이 설치되었으며, 이전에는 나주의 속현이었다.

ⓢ 안서대도호부(安西大都護府) 해주(海州)

백주(白州)는 현종 9년에 평주의 속현이었다.

ⓣ 수안현(遂安縣)

수안현은 '고려초'에 곡주(谷州)의 속현이었으며 뒤에 현령이 설치되었다.

ⓤ 황주목(黃州牧)

서경의 속현으로 정리된 중화현(中和縣)은 본래 중화현과 송현현(松峴縣)이 합쳐진 것이며, 이들은 고려초기 이래 개별 군현으로 유지되다가 문종 16년 서경기 4도를 편성할 때 서경기로 편입되었다.[29] 중화현은 신라의 당악현(唐岳縣)이며, 『삼국사기』 지리지에는 송현현이 "지금 중화현에 속해 있다[今屬中和縣]"라고 하여 중화현에 통합된 사실이 보인다. 통합 시기는 분명하지 않지만, 고려초기에 이미 통합되었을 가능성은 낮다. 이 방면에서 군현이 통합된 사례가 전무하기 때문이다.

『삼국사기』 지리지에서 군현의 통폐합을 나타내는 연혁 기사가 '합속(合屬)'으로 된 것과 달리 송현현 연혁은 '금속(今屬)'이라고만 되어 있어 차이를 보인다. 곧 '합(合)'의 과정이 드러나지 않고 '속(屬)'의 상황만 반영

---

29 윤경진, 2009②, 「고려시대 西京畿의 형성과 재편: 『고려사』 지리지 연혁의 補正을 중심으로」, 『東方學志』 148, 105-108쪽.

하고 있는 것이다. 이것은 서경 반란의 여파로 서경기가 6현으로 재편될 때 남부 지역이 중화현으로 획정되면서 결과적으로 과거 송현현 지역이 중화현에 포함된 것을 나타낸 것으로 해석된다.

이들은 신라에서 취성군(황주)의 영현이었다. 지리적으로 볼 때 현종 9년에 그대로 황주의 속현으로 편성되었을 것으로 판단된다.

ⓥ 흡곡현(歙谷縣)

흡곡현은 고종 35년에 현령이 설치되었다. 흡곡현은 경덕왕대에 금양군(金壤郡)의 영현이었고 "고려 경금명 잉속"으로 되어 있어 현종 9년에 금양현의 속현이었음을 알 수 있다.

이상에서 살펴본 내용을 바탕으로 현종 9년 주현-속현체계의 편성 내역을 재정리하면 [표 3-2]와 같다.

[표 3-2] 현종 9년 주현-속현체계의 편성 양태

主縣	屬縣數	屬縣 내역
開城縣	3	貞州 德水縣 江陰縣
長湍縣	7	臨江縣 兎山縣 臨津縣 松林縣 麻田縣 積城縣 波平縣
楊州	9	交河郡 見州 抱州 幸州 峯城縣 高峯縣 深嶽縣 豊壤縣 沙川縣
樹州	7	衿州 童城縣 通津縣 孔巖縣 金浦縣 守安縣 邵城縣(仁州)
水州	9	安山縣 永新縣 雙阜縣 龍城縣 貞松縣 振威縣 陽城縣 唐城郡 載陽縣
江華縣	3	鎭江縣 河陰縣 喬桐縣
廣州牧	7	川寧郡 利川郡 竹州 果州 砥平縣 龍駒縣 楊根縣
忠州牧	6	槐州 長延縣 長豊縣 陰竹縣 陰城縣 淸風縣
原州	7	寧越郡 堤州 平昌縣 丹山縣 永春縣 酒泉縣 黃驪縣
淸州牧	9	燕山郡 木州 鎭州 全義縣 淸川縣 道安縣 靑塘縣 燕岐縣 懷仁縣

[표 3-2] (계속)

主縣	屬縣數	屬縣 내역
公州	12	德恩郡 懷德郡 扶餘郡 連山郡 市津縣 德津縣 鎭岑縣 儒城縣 石城縣 定山縣 尼山縣 新豊縣
運州	16	槥城郡 大興郡 結城郡 高丘縣 保寧縣 興陽縣 新平縣 德豊縣 伊山縣 唐津縣 餘美縣 驪陽縣 貞海縣 富城縣 地谷縣 蘇泰縣
天安府	9	溫水郡 牙州 新昌縣 豊歲縣 平澤縣 禮山縣 稷山縣 安城縣 靑陽縣
嘉林縣	5	西林郡 庇仁縣 鴻山縣 藍浦縣 韓山縣
慶州	14	興海郡 章山郡 壽城郡 永州 安康縣 新寧縣 慈仁縣 河陽縣 淸河縣 延日縣 解顔縣 神光縣 杞溪縣 長鬐縣
蔚州	3	東萊縣 巘陽縣 機張縣
禮州	6	甫城府 英陽郡 平海郡 盈德郡 靑鳧縣 松生縣
金州	5	義安郡 咸安郡 漆園縣 熊神縣 合浦縣
梁州	1	東平縣
密城郡	6	昌寧郡 淸道郡 玄豊縣 桂城縣 靈山縣 豊角縣
晉州牧	9	江城郡 河東郡 泗州 岳陽縣 永善縣 鎭海縣 昆明縣 班城縣 宜寧縣
陜州	12	嘉樹縣 三岐縣 山陰縣 丹溪縣 加祚縣 感陰縣 利安縣 新繁縣 冶爐縣 草溪縣 居昌縣 含陽縣
南海縣	2	蘭浦縣 平山縣
巨濟縣	4	鵝洲縣 松邊縣 溟珍縣 固城縣
尙州牧	24	聞喜縣(聞慶郡) 龍宮郡 開寧郡 報令郡 咸寧郡(咸昌郡) 永同郡 海平郡 靑山縣 山陽縣 化寧郡 功城縣 單密縣 比屋縣 安定縣 中牟縣 虎溪縣 禦侮縣 多仁縣 靑理縣 加恩縣 善州(一善縣) 軍威縣 孝靈縣 缶溪縣
京山府	15	高靈郡 若木縣 仁同縣 知禮縣 加利縣 八莒縣 金山縣 黃澗縣 管城縣 安邑縣 陽山縣 利山縣 大丘縣 花園縣 河濱縣
安東府	14	臨河郡 禮安郡 義興郡 一直縣 殷豊縣 甘泉縣 奉化縣 安德縣 豊山縣 基州(基州縣) 興州 剛州(順安縣) 義城府(義城縣) 甫州(基陽縣)
全州牧	16	金馬郡 朗山縣 沃野縣 鎭安縣 紆州縣 高山縣 雲梯縣 馬靈縣 礪良縣 利城縣 伊城縣 咸悅縣 金堤縣 平皐縣 金溝縣 巨野縣
南原府	9	任實郡 淳昌郡 長溪縣 赤城縣 居寧縣 九皐縣 長水縣 雲峯縣 求禮縣
古阜郡	7	保安縣 扶寧縣 井邑縣 大山郡 仁義縣 尙質縣 高敞縣
臨陂縣	4	澮尾縣 富潤縣 沃溝縣 萬頃縣
進禮縣	5	富利縣 淸渠縣 朱溪縣 茂豊縣 珍同縣
羅州牧	18	務安郡 潭陽郡 谷城郡 樂安郡 南平郡 鐵冶縣 會津縣 潘南縣 安老縣 伏龍縣 原栗縣 餘艎縣 昌平縣 長山縣 珍原縣 和順縣 陵城縣 海陽縣(光州)

[표 3-2] (계속)

主縣	屬縣數	屬縣 내역
靈光郡	10	壓海郡 長城郡 森溪縣 陸昌縣 海際縣 牟平縣 咸豊縣 臨淄縣 長沙縣 茂松縣
靈巖郡	8	黃原郡 道康郡 昆湄縣 海南縣 竹山縣 定安縣(長興府) 遂寧縣 耽津縣
寶城郡	9	同福縣 福城縣 兆陽縣 南陽縣 玉果縣 泰江縣 荳原縣 會寧縣 長澤縣
昇平郡	4	富有縣 突山縣 麗水縣 光陽縣
珍島縣	2	嘉興縣 臨淮縣
交州	6	長楊郡 金城郡 嵐谷縣 通溝縣 岐城縣 和川縣
春州	11	嘉平郡 狼川郡 基麟縣 朝宗縣 麟蹄縣 橫川縣 洪川縣 文登縣 方山縣 瑞禾縣 楊溝縣
東州	8	金化郡 朔寧縣 平康縣 漳州縣 僧嶺縣 伊川縣 安峽縣 洞陰縣
海州	2	鹽州 安州
豊州	6	安岳郡 儒州 殷栗縣 青松縣 嘉禾縣 永寧縣
瓮津縣	2	長淵縣 永康縣
黃州牧	5	鳳州 信州 土山縣 中和縣 松峴縣
平州	3	洞州 牛峯郡 白州
谷州	3	新恩縣 俠溪縣 遂安縣
登州	7	瑞谷縣 汶山縣 衛山縣 翼谷縣 派川縣 鶴浦縣 霜陰縣
溟州	3	羽溪縣 旌善縣 連谷縣
金壤縣	4	臨道縣 雲巖縣 碧山縣 歙谷縣
高城縣	2	豢猳縣 安昌縣
杆城縣	1	烈山縣
翼嶺縣	1	洞山縣
三陟縣	0	
蔚珍縣	0	

* 주현-속현체계가 적용되지 않은 서해도 白翎鎭은 제외하였다.

이번에는 이 표를 바탕으로 주현-속현 단위의 편성 내역에서 발견되는 특징에 대해 살펴보기로 한다. 우선 지적되는 것은 주현-속현 단위의 규모가 경덕왕대의 군-영현 단위나 성종 14년의 주 단위에 비해 크다는 점이다. 위의 표에서 주현의 수는 55개이고, 속현의 수는 380개로서 주현-속현 단위의 평균 규모는 8개 정도가 된다. 종전 중간 운영단위의 규모가 3-4개 정도임을 고려하면 2배 정도로 커진 것이다. 이 중 규모가 작은 현령관 지역을 제외하면 평균 규모는 10개 내외로 늘어난다. 곧 현종 9년의 개편은 전에 비해 중간 운영단위를 확대한 것인데, 그 목적은 이전 시기 지방제도 개편과 밀접한 관련이 있다.

고려는 건국 이래 재지세력으로 하여금 각 군현의 운영을 담당케 하였다. 이는 적절한 통제책을 강구하지 않는다면 재지세력의 대민수탈이나 영역 간의 지배질서를 낳을 수 있었다. 성종 2년의 12목 설치는 상급 감찰체계를 마련하여 이를 제어하고자 한 것이었지만, 이것만으로는 충분한 성과를 거둘 수 없었다. 따라서 이후 지방제도 개편의 핵심은 적절한 중간 운영단위의 편성을 통해 재지세력의 수탈과 지배질서 형성을 막는 데 있었다.

성종 14년의 개편은 단위군현을 현으로 일원화하고 상위 영역으로서 주를 설정하여 각 현을 주에 대한 하급 단위로 병렬화하는 한편, 주를 구성하는 현의 내역을 종래의 군-영현 영속관계와 다르게 재편함으로써 영역 간 지배질서를 해체하려는 것이었다. 그러나 중간 운영단위로서 주가 제대로 기능하지 못하면서 주의 운영을 담당하던 외관들이 조기에 폐지되었고, 한편으로 이해관계의 변동에 따른 재지세력의 반발이 야기되었다.

선행하는 주-현체계가 실패로 끝난 만큼, 현종 9년의 주현-속현체계는 이를 보완할 필요가 있었다. 선행한 개편의 실패 원인과 대비해 볼 때, 중간 운영단위를 광역화하여 대다수 군현을 속현으로 편성하면 영역 간 지배질서의 형성이 어느 정도 억제될 수 있고, 영속관계 재편에 따르는 재지세력의 반발도 줄일 수 있었다.[30]

이러한 체계를 효과적으로 운영하기 위해서는 적절한 중심지의 선정이 관건이 된다. 여기에는 외관이 설치되어 중간 운영단위를 관할하기 때문에 해당 군현은 이를 뒷받침할 수 있는 조건을 갖추어야 했다. 이는 실제 주현의 연원을 통해 어느 정도 확인할 수 있다.

우선 무주(광주)를 제외한 신라의 9주 5경이 모두 주현으로 설정되었다. 이들은 대개 많은 수의 속현을 관할하였는데, 특히 상주가 24개, 전주가 16개, 공주가 12개, 춘주가 11개의 속현을 관할하였다.[31]

다음에 통일전쟁기에 고려가 경략 중심지로 설치한 지역 중에 주현으로 대두한 경우도 여럿 보인다. 나주·운주·안동부·천안부 등이 이에 해당한다. 이들 역시 관할 속현의 수가 많은데, 나주가 18개, 운주가 16개, 안동부가 14개, 천안부가 9개 등이다. 또한 경산부는 신라말에 부로 설정되었고 통일전쟁기에도 요충지였는데, 고려에 들어와 15개의 속현을 관할하였다.

이처럼 많은 수의 속현을 관할하는 주현은 대개 신라 이래의 대읍과 통일전쟁기에 경략 중심지로 대두한 경우였다.[32] 이들의 공통점은 바로 지정학적으로 많은 수의 속현을 관할할 수 있는 여건을 구비하고 있었다는 점이다. 이는 산지가 많은 한반도의 지리적 조건상 당연한 결과이기도 하다.

이상에서는 현종 9년 주현-속현체계의 편성 내역을 복원하고 그에 반영된 특징을 추출해 보았다. 주현-속현체계는 중간 운영단위를 확대하였다는 점에서 이전의 군-영현체계나 주-현체계와 구분되는데, 이는 지

30 이러한 양태는 고려후기에 외관이 增置되어 속현이 줄어들면서 주현과 잔여 속현 사이에 지배와 수탈의 양상이 나타나는 것에서 역으로 유추할 수 있다.

31 溟州와 金州는 속현의 수가 각각 3개, 5개에 불과한데, 이는 방어 기능이 요구되는 해안 지역이기 때문이다. 이에 대해서는 다음 항목에서 다시 설명할 것이다.

32 이 외에 고려초기 정치적·사회적 여건의 변화를 반영하여 새롭게 선정된 군현도 있다. 陜州가 知州事가 되는 것은 현종이 大良院君이었고 母后 孝肅王后의 本鄕이라는 이유로 승격한 것과 관련되며, 합주는 계수관인 진주보다 많은 12개의 속현을 관할하였다. 하지만 이러한 사례는 일반적이지는 않다.

방사회에서 영역 간 지배질서가 형성되는 것을 막기 위한 조치였다. 이때 운영단위의 중심이 된 주현은 대개 신라 또는 통일전쟁기를 거치면서 중심지로 자리한 지역이었다.

2) 외관제와 향리제의 정비

(1) 외관제(外官制)

현종 9년의 지방제도에서 주현은 외관의 설치를 통해 수립되었다.[33] 곧 주현-속현체계의 편성은 새로운 외관제의 시행과 맞물려 있었던 것이다. 성종 14년의 외관 중에서 절도사를 제외한 단련사·자사 등은 목종 8년에 폐지되었고,[34] 현종 3년에는 절도사마저 폐지하고 안무사를 두었다.[35] 현종 9년에는 다시 안무사를 혁파하고 4도호(都護)·8목(牧)·56지주군사(知州郡事)·28진장(鎭將)·20현령(縣令)을 두는 개편이 있었다.[36]

현종 9년의 외관제는 그 구성이 매우 복합적이라는 특징을 보인다. 이는 주현-속현 단위의 구성과 관련이 있는데, 아래에서는 이에 대해 구체적으로 분석해 보기로 한다. [표 3-3]은 현종 9년 각 주현이 관할하는 속현의 수를 관호에 따라 정리한 것이다. 북계와 등주 이북의 동계는 일단 표에서 제외했으며, 설명 중에 필요한 대로 언급하기로 한다.

---

33 고려의 지방제도는 현종 9년에 제정된 외관제 및 그와 상하 체계를 구성하는 향리제를 축으로 운영되었다. 각각의 기능과 운영체계는 별도의 연구서로 정리할 예정이므로 여기서는 지방제도 성립 과정을 이해하는 선에서 언급하기로 한다.

34 『高麗史節要』 권2, 穆宗 8년 3월, "汰外官 唯置十二節度 四都護 東西北界防禦鎭使縣令鎭將 其餘觀察使都團練團練刺史 悉罷之".

35 『高麗史節要』 권3, 顯宗 3년 정월, "罷東京留守 置慶州防禦使 又廢十二州節度使 置五都護 七十五道安撫使".

36 『高麗史節要』 권3, 顯宗 9년 2월, "罷諸道安撫使 置四都護 八牧 五十六知州郡事 二十八鎭將 二十縣令".

[표 3-3] 현종 9년 외관별 주현의 관할 속현수

① 도호부·목관[37]

主縣	屬縣數	主縣	屬縣數	主縣	屬縣數
廣州	7	晉州	9	黃州	5
忠州	6	尙州	24	海州	2
淸州	9	全州	16	登州	7
慶州	14	羅州	18	계	117

② 지주군사[38]

主縣	屬縣數	主縣	屬縣數	主縣	屬縣數
楊州	9	安東府	14	蔚州	3
樹州	7	天安府	9	梁州	1
水州	9	京山府	15	金州	5
原州	7	南原府	9	禮州	6
公州	12	密城郡	6	交州	6
運州	16	靈巖郡	8	豊州	6
陜州	12	古阜郡	7	谷州	3
平州	3	寶城郡	9	溟州	3
春州	11	靈光郡	10	계	218
東州	8	昇平郡	4		

③ 현령관

主縣	屬縣數	主縣	屬縣數	主縣	屬縣數
開城縣	3	臨陂縣	4	杆城縣	1

37 경주는 현종 3년 방어사로 강등되었다가 현종 21년에 東京留守로 복구되었다. 현종 9년 당시에는 慶州防禦使였던 것으로 파악된다(윤경진, 2009③, 「고려초기 지방제도 개편과 都護府: 安東·安南의 置廢와 移動」, 『한국중세사연구』 27, 189-191쪽).

38 명주는 현종 9년에 목관이었던 것으로 추정되지만(본서 4부 2장 참조), 뒤이어 방어사로 전환되었고 지리지의 속현 편성도 이를 기준으로 하고 있으므로 편의상 지주군사에서 다룬다.

[표 3-3] (계속)

主縣	屬縣數	主縣	屬縣數	主縣	屬縣數
長湍縣	7	進禮縣	5	翼嶺縣	1
江華縣	3	珍島縣	2	三陟縣	0
嘉林縣	5	瓮津縣	2	蔚珍縣	0
南海縣	2	金壤縣	4	계	45
巨濟縣	4	高城縣	2		

위의 표를 바탕으로 외관제의 내용과 주현-속현체계와의 상관성에 대해 살펴보자. 도호부·목관은 대체로 지방행정의 중심이 되는 계수관에 해당한다. 도호부·목관이 관할하는 속현의 수는 모두 117개로서 평균 10.6개이다. 여기서 군사적 성격이 강하고 변방 쪽에 자리한 해주(안서대도호부)와 동계의 등주(안변도호부), 해주보다 북쪽에 자리한 황주목을 논외로 하면, 개경 이남의 경(京: 留守官)과 목관의 관할 속현의 수는 거의 13개에 달한다.

이 중 목관은 대개 신라의 대읍에서 연원하였다. 전주·광주·상주·진주는 9주에 속했으며, 충주·청주는 5경 지역이다. 도호부가 된 해주와 더불어 황주 정도만 신라말 변경 지역에 해당한다. 따라서 양광도 이남 지역에서 나주를 제외하면 모두 신라 이래의 대읍이라는 것을 알 수 있다. 나주 또한 기존의 9주였던 무주를 대체한 것인데, 무주는 9주 중에서 유일하게 속현이 되었다. 오랜 기간 지방사회의 중심지로 기능했다는 점에 근거하여 목이 설정된 것이며, 이에 맞추어 다수의 속현을 관할하게 된 것이다.

지주군사에는 지주사·지부사·지군사[39]와 방어사(防禦使)가 모두 포함된다. 그 수가 가장 많은 것에서 이들이 표준이었음을 짐작할 수 있다. 현종 9년 당시 지주군사의 수는 56개로 되어 있으나 여기에는 양계의 방어사도 포함되기 때문에 그 내역을 정확히 파악하기 어렵다. 북계와 등주 이북의 동계를 제외한 지역에서 지주군사의 수는 28개이다(명주 포함).

지주군사가 관할하는 속현의 수는 모두 218개로서 평균 7.8개이다. 이 중 방어사는 평균 4.1개의 속현을 관할하고 있으며, 방어사를 제외하면 평균 9개가 된다. 남도 지역의 방어사는 예주(禮州)·울주(蔚州)·양주(梁州)·금주(金州) 등 4개로서 모두 동남 해안 지역에 분포한다. 방어사는 방어 기능에 중심을 둠으로써 관할 속현의 수도 적게 배치하였다.

현령은 원래 중국 군현제에서 군의 하위 행정단위인 현의 운영을 담당한 관직으로서 태수(太守), 혹은 자사(刺史)·지주(知州)의 명령을 받았다. 그런데 고려에서는 주와 현의 상하관계가 없었고 현령이 지주사의 명령을 받는 것도 아니었다. 품계의 차이는 있지만 기본적으로 병렬적인 성격의 관직이었다.

고려에서 지주사와 현령이 이와 같은 방식으로 운영된 것은 주·군·현의 읍격이 모두 병렬적인 관계로 전환되고 서로 행정적 연계성이 없었던 것과 짝하는 현상이다. 고려에서 지주사와 현령은 그 지위와 중요도의 차이를 반영하는데, 이는 관할 속현의 규모에서 드러난다.

남도지역의 현령은 모두 16개이며,[40] 이들이 관할하는 속현의 수는

---

39 『고려사』 지리지에서는 知郡事와 知府事로 나누었으며, 知州事는 知郡事에 포함되었다. 백관지에서는 知州郡으로 칭하였으며, 禮志 外官衙從 규정에서는 知州府郡事로 통칭하였다.

40 여기에 北界의 龍岡縣·咸從縣·永淸縣·通海縣 등과 동계의 鎭溟縣을 합치면 21개가 되어 20현령을 초과한다. 그런데 이 중 양청현의 연혁은 "古定水縣 後爲龍岡屬縣 後置縣令"으로 되어 있다. 영청현은 앞서 성종 14년 浿西道에 속한 4현의 하나로서 현령이 설치되었던 것으로 짐작된다. 그런데 도중에 용강현의 속현이 되었다가 다시 현령관이 되었다. 그 시점은 모두 알 수 없으나 표제읍호가 현령관으로 설정된 만큼 명종초 이전 현령 설치에 선행하는 연혁은 현종 9년의 것으로 볼 수 있다. 그렇다면 영청현은 현종 9년에 용강현의 속현이 되었다가 이후에 다시 현령이 설치된 것이다.

모두 45개로서 평균 2.8개이다. 지주군사에 비하면 그 수가 매우 적다. 양계의 현령 중에는 속현이 없는 경우도 많은데, 이를 제외하더라도 현령관의 관할 속현의 수는 평균 3.2개에 불과하다. 이로 보아 현령은 주로 지주군사보다 작은 지역을 관할할 필요가 있는 경우에 설치한 것으로 이해할 수 있다.[41] 남도의 현령 다수가 도서에 설치된 점도 이러한 속성과 연결된다.

(2) 향리제(鄕吏制)

현종 9년 영속관계의 개편 및 새로운 외관제의 시행은 중간 운영단위와 관련된 개편이었지만, 한편으로 단위군현의 운영조직으로서 향리제에 대한 정비도 진행되었다. 고려의 향리제는 성종 2년의 직함 개정에서 기본적인 형식을 갖추었는데,[42] 현종 9년에는 몇 가지 개편을 통해 조직이 더욱 정비되었다.

이에 근거해 영청현을 제외하면 현종 9년의 현령 수는 20개가 된다.

41 현령이 설치된 군현은 대개 양계 및 해안·도서에 분포한다는 특징을 보인다. 북계의 咸從縣·龍岡縣·通海縣과 동계의 鎭溟縣·金壤縣·杆城縣·高城縣·翼嶺縣·三陟縣·蔚珍縣 등은 양계에 속해 있다. 또한 남도 지역의 현 중에서 江華縣·南海縣·巨濟縣·珍島縣은 海島이며, 瓮津縣·嘉林縣·臨陂縣은 해안가에 자리한다. 이와 같이 본다면 현령도 방어 기능과의 상관성을 생각해 볼 수 있다. 다만 開城縣과 長湍縣의 관할 지역은 京畿를 구성하며 수도 개경의 물적 기반이 된다는 의미가 강하고, 進禮縣은 유일하게 내륙에 자리하기 때문에 현령 자체를 곧바로 방어 기능과 연결하기는 어렵다. 따라서 현령은 지리적으로 운영범위를 넓게 잡기 어려운 지역에 설치되었다는 맥락에서 제도적 의미를 찾아야 할 것이다.

42 『高麗史』 권75, 選擧3 鄕職 成宗 2년, "改州府郡縣吏職".
이 기사에는 개편 이전의 직함, 곧 在地官班과 새 직함이 연결되어 있다. 이 중 戶長과 副戶長의 전신을 각각 堂大等과 大等이라 한 것은 오류이며, 호장의 전신은 大等, 부호장의 전신은 侍郞으로 파악된다. 당대등은 대등의 대표로서 호장의 대표인 上戶長에 조응한다(尹京鎭, 1997, 「高麗前期 鄕吏制의 구조와 戶長의 직제」, 『韓國文化』 20).

우선 현종 9년에는 장리(長吏)의 공복(公服)이 제정되었다.[43] 공복은 관리가 공무 수행과 관련하여 입는 것이므로 장리공복의 제정은 장리의 관인으로서의 위상을 뒷받침한다. 또한 복색(服色)에는 조직 내부의 층위가 반영되므로 향리조직 내부의 단층을 공인하는 의미도 가진다.

아울러 각 향리직의 정원도 이해에 규정되었다.[44] 정원 규정은 곧 인적인 측면에서 해당 조직의 실체를 확정하는 조치인 만큼, 공복 제정과 함께 행정관부로서 읍사의 체제를 정비하는 의미가 있다. 그런데 당시 정원규정의 내용을 보면 향리제 정비와 관련된 몇 가지 사실을 확인할 수 있다. 이때 제정된 향리 정원의 내역을 정리하면 [표 3-4]와 같다.

이 표에서 우선 주목되는 사실은 읍사의 조직이 세분되는 양상을 보인다는 점이다. 곧 성종 2년 향리직 개편 기사에 나와 있지 않은 공수사(公須史)와 식록사(食祿史), 그리고 객사사(客舍史)·약점사(藥店史)·사옥사(司獄史) 등이 보인다. 이들 칭호는 사(史)에 국한해서 나타나지만, 다른 향리직을 볼 때 공수·식록 등의 직능을 담당하는 부서가 있었고, 그 책임직으로서 정(正)이 있었을 것이다. 실제 문종대의 향리승진 규정에 공수정·식록정·객사정·약점정·사옥정의 직명이 보인다.[45]

이들은 그 직명을 통해 각각의 직능을 추정해 볼 수 있는데,[46] 특히 주목되는 것이 재정·수취 관련 직임으로 보이는 공수정과 식록정이다.

43 『高麗史』 권72, 志26 輿服1 冠服 長吏公服 顯宗 9년, "定長吏公服 州府郡縣戶長 紫衫 副戶長以下 兵倉正以上 緋衫 戶正以下 司獄副正以上 綠衫 幷靴笏 州府郡縣史 深靑衫 兵倉史 諸壇史 天碧衫 無靴笏".

44 『高麗史』 권75, 選擧3 鄕職 顯宗 9년.

45 물론 특정 업무를 수행하기 위해 公須史 등이 먼저 제정되고 나중에 公須正 등이 추가되었을 가능성도 있지만, 이 경우도 궁극적으로 공수정을 중심으로 하나의 직능단위를 구성하게 된다는 점에서는 차이가 없다.

46 이를테면 客舍正은 빈객의 접대, 藥店正은 의약과 의료 활동, 司獄正은 감옥과 刑政에 관련된 업무를 각각 담당했을 것이다.

[표 3-4] 현종 9년 향리 정원 규정

① 주부군현

鄕吏職	1,000丁 이상	500丁 이상	100丁 이상*	100丁 이하
戶長	8	7	5	4
副戶長	4	2	2	1
兵正·倉正·副兵正·副倉正	각 2	각 2	각 2	각 1
史	20	14	10	8
兵史·倉史	각 10	각 8	각 6	각 4
公須史·食祿史	각 6	각 4	각 4	각 3
客舍史·藥店史·司獄史	각 4	각 2	각 2	각 1

* 원문에는 '200정 이상'으로 되어 있으나 '100정 이하'를 고려하여 '100정 이상'으로 보정한다.

② 동계와 서제(북계)의 방어사·진장·현령관

鄕吏職	1,000丁 이상	100丁 이상	100丁 이하
戶長	6	4	3
副戶長	2	2	1
兵正·倉正·副兵正·副倉正	각 2	각 2	각 1
史	10	10	6
兵史·倉史	6	6	각 4
公須史·食祿史	각 4	각 4	각 2
客舍史·藥店史·司獄史	각 2	각 2	각 2

우선 공수정의 '공수'는 관청의 공식 경비를 의미한다. 성종 2년 6월 읍사에 분급된 공해전 지목에 공수전(公須田)이 들어 있다. 공수전의 분급은 관청으로서 읍사 운영비의 재원을 국가로부터 지급받는 것이다. 따라서 공수전의 소출에 기반한 재정 운용은 국가의 관리를 받게 되며, 그에 상응하여 재정 운용을 담당할 실무직의 설치가 수반된다. 이 직임이 바로 공수정인 것이다.

식록정의 '식록'이란 보통 국가의 녹을 먹는다는 의미이다. 고려시기

관인들은 수조지인 과전(科田)을 지급받았는데, 이 토지들은 전국에 산재하고 있었다.[47] 이 토지 소출의 수취와 운반은 공적 체계를 통해 이루어졌을 것으로 생각되는데,[48] 이 과정에서 토지가 소재한 군현의 읍사가 매개되지 않을 수 없다. 고려후기의 사례이기는 하지만 우왕 11년에 작성된 「장전소지(張戩所志)」에는 인동현사(仁同縣司)에서 수조권 분쟁이 발생한 관내 토지의 출식(出食)을 관리하는 내용이 나온다.[49] 이를 통해 읍사가 관인 수조지의 소출도 관리했을 것임을 짐작할 수 있는데, 식록정이 바로 그러한 직능을 담당했을 것으로 생각된다.

이처럼 공수정과 식록정은 군현 단위의 재정 및 수취와 관련된 핵심적인 직능을 담당하고 있었다. 그런데 종래 재지관반에는 재정·수취 관련 부서인 창부(倉部)와 그 책임자인 창부경(倉部卿)이 있었다. 성종 2년의 개편에서 창부는 사창(司倉)으로, 창부경은 창정(倉正)으로 각각 개정되었다. 재지관반의 창부가 정확히 어떤 기능을 담당했는지는 알 수 없지만, 신라 중앙관제에서 창부가 재정 출납과 관련이 깊다는 점이나[50] 고려초기에 약목군의 사창에서 양안을 관리하였던 사례로 볼 때, 재지관반의 창부 역시 재정·수취 업무를 담당했을 것이다.

그렇다면 공수정·식록정은 창부(사창)와 기능적으로 중복되는 면을 가진 셈이다. 이는 이들 직임이 재지관반에서 연원한 것이 아니라 읍사

---

47 『高麗圖經』 권16, 官府 倉廩, “內外見任受祿官 三千餘員 散官同正 無祿給田者 又一萬四千餘員 其田皆在外州 佃軍耕蒔 及時輸納 而均給之”.

48 이 수조지의 소출은 漕運을 통해 중앙으로 운송된 것으로 파악된다.
『高麗史』 권102, 列傳15 權守平, “嘗爲隊正 貧居 有郎中 卜長漢 以非罪遣竄 守平遞食其田 有年及長漢遇赦還 守平素不相識 且其田租已漕于江 守平袖租簿 就與之”.

49 『韓國古代中世古文書硏究』 張戩所志.

50 창고를 뜻하는 ‘倉’의 의미나 倉部 소속 관원에 租舍知가 있는 것, 창부 예하 관부에 賞賜署가 있는 것 등에서 그 성격을 짐작할 수 있다.

를 정비하는 과정에서 국가 주도로 설치된 것임을 시사한다.[51] 문종 5년에 제정된 향리 승진규정을 보면, 공수정·식록정은 그 지위가 창정보다 하위인 호정(戶正)에 준하며, 가풍(家風)상으로는 다시 호정에 미치지 못하는 자로 선임하도록 되어 있었다.[52] 곧 공수정·식록정의 제도적 지위는 가풍에 비해 높게 책정되었던 것이다. 이 현상은 국가의 정책적 조치와 무관하지 않을 것이다.

결국 고려는 읍사 조직의 정비와 더불어 지방재정을 담당하는 실무직을 새로 설치하고 이를 재래의 유력 가문 출신이 아닌 부류가 담당하도록 한 것이다. 그 결과 실질적인 재정·수취 관련 권한은 공수정·식록정으로 흡수되었고, 창정은 포괄적인 관리를 담당하는 정도로 변모하였을 것으로 생각된다. 이는 읍사에 대한 정비가 한 단계 진전된 것을 의미하며, 한편으로 상층 향리의 권한을 삭감하고 견제하는 의미도 가진다.

한편 위의 규정에서는 군현의 규모를 읍격이나 관호가 아니라 정수(丁數)에 의해 구분하고 있다는 점이 주목된다. 이는 각급 군현이 외관의 유무에 상관없이 기초 행정단위로 기능했기 때문이다. 외관은 특정 군현에 설치되었더라도 그 업무는 여러 속현까지 포괄하였다. 단위군현의 운영은 해당 읍사에서 담당했으므로 관호가 향리 정원에 직접적인 영향을 미치지는 않는다. 또한 관호가 수반되지 않는 읍격은 신라 및 고려초기에 사용하던 것을 그대로 수용한 것으로서 행정적 의미가 없었다. 자연히 군현의 운영은 기본적으로 그 규모에 따라 설정되었다. 이는 향리 정원 외

51 公須正은 성종 2년 6월의 공수전 분급과 함께 설치되었을 가능성이 높다. 그럼에도 같은 해 12월의 향리직함 개정 기사에 보이지 않는 것은 재지관반에서 연원한 것이 아니어서 개정 대상에 포함되지 않았기 때문이다.

52 『高麗史』 권75, 選擧3 鄕職 文宗 5년 10월, "其公須食祿正准戶正 副正准副兵倉正 客舍藥店司獄正准副戶正 副正准州府郡縣史 以家風不及戶正副兵倉正者 差之".

에 공해전 분급에서도 동일하게 나타난다.

한편 현종 9년에는 읍사의 실질적인 책임직인 호장(戶長)의 직제에 대한 정비도 함께 이루어졌다.

> 파) 판(判)하였다. 여러 도의 외관이 호장을 추천할 때 임명한 해의 멀고 가까움과 단전(壇典)으로 근무한 연수를 살펴 갖추어 기록하여 신성(申省)하면 비로소 직첩을 발급한다.[53]

위의 기사에서 외관이 호장을 추천하는 것이나 대상자의 근무 연수를 기록하여 보고하도록 한 것은 외관이 호장 인선에 깊이 개입하는 것을 보여 준다. 고려의 향리는 세습직의 성격을 띠고 있었다. 하지만 이들이 호장직을 얻기 위해서는 중앙정부의 직첩 발급을 거쳐야 했으며, 이 과정에서 외관의 통제를 받았다. 그 결과 호장은 상층 재지세력이면서 한편으로 외관을 통해 국가의 통제를 받는 관인의 성격을 함께 가지게 되었다.[54]

이 외에 다음 조치는 정확한 연기를 알 수 없지만 외관을 통한 호장 통제와 관련되는 내용이다.

> 하) 현종 초년에 판하였다. 아버지 및 친형제가 호장으로 있는 자는 사심관으로 선임하지 말라.[55]

---

53 『高麗史』 권75, 選擧3 鄕職 顯宗 9년, "判 諸道外官 戶長擧望時 考其差年久近 壇典行公年數 具錄申省 方許給貼".

54 尹京鎭, 1999②, 「고려전기 戶長의 기능과 外官의 성격: 지방행정체계상의 상관성을 중심으로」, 『國史館論叢』 89.

55 『高麗史』 권75, 選擧3 事審官, "顯宗初年 判 父及親兄弟 爲戶長者 勿差事審官".

위의 기사는 부친과 친형제가 호장으로 있는 경우에는 해당 지역의 사심관에 임명하지 못하도록 하는 조치를 담고 있다.

사심관은 고려초기 공신들을 통한 지방지배에서 연원한 것으로서 사심관이 된 공신들은 대개 근거 지역의 유력한 재지세력 출신으로 파악된다. 따라서 그 일족이 호장에 포진해 있었을 가능성이 높다. 이는 다음 기록을 통해 유추할 수 있다.

거) 장자 문봉은 삼사우윤으로 본향에 돌아가 향리가 되었고, 차자 봉술은 이어서 시중이 되었다. 부(府)의 사족(士族)과 이족(吏族) 모두 선궁의 후예이다.[56]

위의 기록은 태조대의 공신인 선주(善州) 출신 김선궁(金宣弓)에 관한 서술의 일부이다. 전승 자료이므로 내용을 그대로 인정하기 어려운 면은 있지만, 적어도 고려초기에 중앙에 진출한 관인과 지방의 향리들이 같은 일족에서 연원한 것은 분명할 것이다.

사심관은 본향(本鄕)과의 연고를 통해 부호장 이하의 직무를 관장했으므로 호장까지 가까운 혈연관계에 있다면 본향의 제반 사항을 직접 장악할 수 있었다. 이는 지방에서 특정인의 지역기반을 지나치게 강화하는 결과를 낳음으로써 왕조권력에 위협이 될 수 있었다. 이 점에서 위의 조치는 사심관이 혈연을 통해 읍사를 장악할 수 있는 여지를 차단하려는 것으로 해석된다. 이와 같이 본다면 이 조치의 시점은 '현종 초년'으로 되어 있지만, 그 성격상 현종 9년의 호장 추천 규정과 밀접히 연관될 것이다.

56 『新增東國輿地勝覽』 권29, 善山都護府 人物 金宣弓, "長子文奉 以三司右尹 還鄕爲吏 次子奉術 繼爲侍中 府之士族及吏族 皆宣弓之後".

이상에서는 현종 9년 주현-속현체계의 운영을 위해 이루어진 외관제 시행과 향리제 개편에 대해 개괄해 보았다. 현종 9년에 편제되는 주현-속현 단위는 이전의 중간 운영단위에 비해 규모가 전반적으로 확대되는 한편, 여건에 따라 다양한 편차를 띠고 있었다. 이를 단일한 외관제로 운영하기는 곤란했기 때문에 다양한 형식의 외관제가 채용되었다. 아울러 향리제는 직임별 정원이 책정되고 공복 규정도 마련되었다. 또한 향리의 중심인 호장의 직제가 정비되는 한편, 군현의 운영을 위해 재정·수취 부문을 담당하는 공수정·식록정을 비롯하여 여러 직임이 추가 설치됨으로써 한층 정비된 조직을 갖추게 되었다.

제4부

광역 운영단위의 편성 (1)

계수관

1

계수관의 기원과 성립 과정

1. 신라 및 고려초기의 9주

1) 신라 9주의 기능

신라의 지방제도는 태수(太守)가 파견된 군(郡)과 현령(縣令)·소수(少守)가 파견된 현(縣)으로 구성된 군-영현체계를 기축으로 운영되었다. 군은 각기 3-4개 정도의 현을 관할하면서 하나의 중간 운영단위를 구성하였다. 그리고 9주는 군-영현체계의 상급 단위이자 광역권을 형성하였다. 이 점에서 9주는 고려의 계수관(界首官)과 맥이 닿아 있다. 따라서 신라 9주에 대한 고찰을 통해 계수관의 연원과 의미를 조망할 수 있다.

9주의 기능은 대체로 행정체계와 영역대표의 두 측면에서 접근할 수 있다. 우선 행정체계상의 기능을 살펴보자. 이것은 군-영현 단위에 대해 주가 상급의 행정 및 군사 기능을 수행하는 것을 말하며, 주의 장관인 도독(都督)의 기능을 통해 구현된다.

신라 중대 이후 군사·역역 동원의 기본 단위는 군이었다. 도독과 태수에게 명하여 도적을 잡도록 한 것이나 「영천청제비(永川菁堤碑)」의 정원수치기(貞元修治記)에 청제의 보수를 위해 퇴화군(退火郡)과 절화군(切火

郡)이 동원 대상으로 열거된 것은 그 반영이다. 이는 고려에서 주현-속현 단위로 군사도(軍事道)가 설정되는 것과 같은 원리이다.

그런데 이와 함께 군보다 광역의 동원이 필요한 경우 주를 단위로 한 운영체계를 활용하였다. 주의 장관으로서 도독의 지위를 감안할 때, 그 기능은 관내 각군의 군사 운영을 관할하는 데 있었을 것이다. 주조(州助)·장사(長史) 등 도독 아래에 있는 직책은 바로 이러한 광역권 운영을 보좌하기 위한 것이다.[1]

이러한 양상은 9주 성립 이전이지만 삼국전쟁기의 군사 운영에서 그 원형을 찾을 수 있다.

가) 상주총관 품일이 일모산군대수 대당, 사시산군대수 철천 등과 병사를 이끌고 우술성을 공격하여 1천 급을 참수하였다.[2]

위의 기사는 상주(上州)의 총관(摠管)이 일모산군(一牟山郡)·사시산군(沙尸山郡) 등 두 군의 태수와 함께 군사 작전을 벌이는 양상을 보여 준다. 두 태수의 참여는 각기 해당 군의 군사를 이끌고 있는 상황, 곧 군 단위 군사 운영을 반영한다. 그리고 총관의 지휘는 군 단위를 넘어 주 단위로 편성되는 대단위 군사 운영을 보여 준다. 직제상 주의 장관으로서 총관이 도독으로 연결된다고 할 때,[3] 9주의 도독 또한 동일한 원리의 운영체계를

1 직명으로 볼 때 州助가 행정적 측면에서 도독을 보좌하는 것이라면, 長史는 군사적 기능에 초점이 있었다고 여겨진다.

2 『三國史記』 권6, 新羅本紀6 文武王 원년 9월 25일, "上州摠管品日 與一牟山郡大守大幢 沙尸山郡大守哲川等 率兵攻雨述城 斬首一千級".

3 『三國史記』 권40, 職官下 外官, "都督九人 智證王六年 以異斯夫爲悉直州軍主 文武王元年 改爲摠官 元聖王元年 稱都督".

구성할 것이다.

9주의 성립 이후에도 도독을 중심으로 설정되는 광역의 군사·역역 운영을 찾아볼 수 있다.

나) ① 한산주도독 관내의 제성(諸城)을 쌓았다.[4]

② 하슬라도의 정부(丁夫) 2천 명을 징발하여 북쪽 변경 장성을 쌓았다.[5]

①은 성덕왕 17년의 조치인데, 한산주(漢山州)의 제성이 "도독관내(都督管內)"로 표현된 점이 특징적이다. 성이 군사 운영의 거점임을 감안하면, 이는 실제 도독과 제성 사이의 관할 체계, 곧 9주를 단위로 한 광역의 군사 운영체계를 반영하는 것으로 볼 수 있다.

다음은 그러한 기능의 구체적인 사례이다.

다) 헌창의 아들 범문이 고달산적 수신 등 100여 인과 함께 모반하였다. 평양에 도읍을 세우고자 하여 북한산주를 공격했는데, 도독 총명이 병사를 이끌고 잡아서 죽였다.[6]

위의 기사는 헌덕왕 17년 범문(梵文)의 난을 설명한 것이다. 이때 범문을 공격한 도독 총명(聰明)은 한산주의 도독이다. 그는 도독으로서 관

4 『三國史記』 권8, 新羅本紀8 聖德王 17년 10월, "築漢山州都督管內諸城".

5 『三國史記』 권8, 新羅本紀8 聖德王 20년 7월, "發河瑟羅道丁夫二千 築長成於北境".

6 『三國史記』 권10, 新羅本紀10 憲德王 17년 정월, "憲昌子梵文 與高達山賊壽神等百餘人 同謨叛 欲立都於平壤 攻北漢山州 都督聰明率兵 捕殺之".

내에서 발생한 반란을 진압하기 위해 직접 군대를 이끌고 나간 것이다.[7] 여기에는 관내 제군(諸郡)의 병력이 동원되었을 것인데, 이는 앞에 인용한 상주총관과 일모산군·사시산군 태수의 관계와 같은 맥락에서 이해할 수 있다.

자료 나)는 성덕왕 20년 기사로서 하슬라도(河瑟羅道)는 하슬라, 곧 명주를 중심으로 설정된 운영단위이다. 그런데 신라 때 군-영현 단위에서 도를 설정한 예를 찾기 어렵고, 주 단위 군사 운영의 거점으로 정(停)이 있었음을 감안하면, 하슬라도가 명주와 직할 영현만으로 구성되었다고 보기는 어렵다. 따라서 이 도는 9주의 하나인 명주에 상응한다고 보는 것이 합리적이다. 이를 통해 주를 단위로 광역의 역역 징발과 운영이 이루어지는 양상을 확인할 수 있다.

이처럼 신라의 9주는 광역의 군사·역역 운영단위로도 기능하였다. 웅천주도독(熊川州都督) 김헌창(金憲昌)의 반란이나 도독으로 추정되는 한주이찬(漢州伊湌) 김요(金蕘)의 반란[8] 등은 이러한 기반에서 나온 것이다. 이는 고려의 군사도가 대개 주현-속현 단위로 설정되었으면서도 한편으로 대규모 동원이 필요한 상황에서는 계수관을 단위로 '계군(界軍)'을 편성한 것과 같은 원리이다.[9]

---

7 이 기사에 보이는 平壤에 대해 『삼국사기』에서는 태조의 「庄義寺齋文」의 "高麗舊壤平壤名山" 구절을 인용하며 楊州로 비정했는데, 이는 漢山州와 바로 인접한 곳이라는 점에서 현실성이 없다. 범문은 신라 영역을 벗어나 나라를 건설하려고 한 것이다. 그가 공격한 北漢山州 또한 당시에 없는 것이어서 한산주로 고쳐 이해해야 한다. 양주의 평양, 이른바 南平壤은 고려의 영토의식에서 생성된 것이다(윤경진, 2017, 「고구려 '南平壤'의 실체와 출현 배경」, 『서울과역사』 95).

8 『三國史記』 권11, 新羅本紀11 定康王 2년 정월.
金義는 관위 앞에 漢州라는 지명을 기재한 것으로 보아 외관으로 나가 있었다고 생각된다. 당시 신라의 외관 중에 伊湌의 관위를 보유할 수 있는 것은 都督뿐이다.

9 윤경진, 2004, 「고려전기 界首官의 운영체계와 기능」, 『東方學志』 126, 35-41쪽.

다음에 9주의 영역대표 기능으로서 눈길을 끄는 것은 상서물 진상이다.[10] 『삼국사기』 기록을 보면 백마(白馬), 백응(白鷹), 백작(白鵲), 백치(白雉), 적오(赤烏), 서지(瑞芝), 금지(金芝), 가화(嘉禾) 등 상서물의 진상에 관한 기사가 자주 발견되는데, 그 주체가 대부분 주(州)로 나온다.

지방에서 상서물을 진상하는 사례는 문무왕 이후 28개를 찾을 수 있다. 이 중 패강진(浿江鎭)이 1개, 소경이 2개, 군이 1개, 현령이 1개이고, 나머지 사례는 모두 주에서 진상한 것이다. 이러한 수치로 볼 때 이들 주가 개별 군현, 혹은 영현을 관할하는 군의 위치에서 진상한 것으로 보기 어렵다. 곧 9주를 단위로 상서물을 진상하는 것이 일반적 원리였다고 판단할 수 있는 것이다.

다음 기록에 보이는 도독의 기능 또한 같은 원리에서 이해할 수 있다.

라) 우두주도독이 사람을 보내 보고하기를, "소처럼 생긴 이상한 짐승이 있는데, 몸이 길고 높으며 꼬리 길이는 3척 정도이고 털이 없고 코가 길었습니다. 현성천에서 나와 오식양을 향해서 갔습니다"라고 하였다.[11]

위에서 우두주(牛頭州: 朔州)의 도독은 관내에 기이한 짐승이 출현하자 사신을 보내 보고하고 있다. 현성천(峴城川)이나 오식양(烏食壤)의 현재 위치를 알 수 없으므로 판단하기 어렵지만, 도독이 사람을 보내 상주하는 양상은 관내의 특이 상황에 대해 보고하는 것이라는 점에서 상서물 진상

10 姜鳳龍, 1994, 「新羅 地方統治體制 研究」, 서울대학교 박사학위논문, 227-229쪽.

11 『三國史記』 권10, 新羅本紀10 昭聖王 원년 4월, "牛頭州都督 遣使奏言 有異獸若牛 身長且高 尾長三尺許 無毛長鼻 自峴城川 向烏食壤去".

과 마찬가지로 주 단위의 기능으로 이해된다. 이 외에 관내 효자에 대한 보고 역시 주가 담당하였다.[12]

이상의 검토를 통해 신라의 9주가 광역의 군사 단위로서 관내 제군을 통할하는 위치에 있었다는 것과 상서물 진상 등의 주체로 기능했음을 알 수 있다. 이러한 두 측면의 기능은 고려 계수관이 중간 운영단위(외관)에 대한 상급 체계와 영역 대표라는 두 측면을 중심으로 기능한 것에 상응한다. 이를 통해 고려의 계수관은 신라 9주로부터 연원하여 고려에서 정비된 제도로 이해할 수 있다.

2) 고려초기의 영역 관념과 9주

신라의 주는 전국을 구획한 광역 단위라는 의미를 가지고 있었다. 행정적인 측면에서 현은 소속 군을 관칭(冠稱)하여 행정적 소속을 나타냈지만, 영역의 귀속을 나타낼 때에는 군을 매개하지 않고 주를 바로 관칭하기도 하였다. 이러한 지명 표기는 광역권으로서 9주의 속성을 가장 직접적으로 보여 주는 것이다.

『삼국사기』에서 몇 개의 예를 찾아 인용하면 다음과 같다.

마) ① 우두주 난산현[13]
② 웅천주 소대현[14]
③ 무진주 마미지현[15]

12 강봉룡, 1994, 앞의 논문, 227-229쪽.
13 『三國史記』 권10, 新羅本紀10 哀莊王 5년 7월.
14 위와 같음.
15 『三國史記』 권10, 新羅本紀10 憲德王 17년 3월.

위에서 난산현(蘭山縣), 소대현(蘇大縣), 마미지현(馬彌知縣)은 각각 삭정군(朔庭郡), 부성군(富城郡), 보성군(寶城郡)의 영현이다. 따라서 앞에 표시된 주는 군-영현 관계를 나타내는 것이 아니라 광역권 소속을 밝힌 것이다.

이러한 양상은 고려 계수관에서도 확인되는데, 몇 가지 예를 들면 다음과 같다.

바) ① 광주목 관내의 수주 사람이다(문종 29).[16]
② 청주 관내 대흥군 사람이다(의종 1).[17]
③ 나주 광양현 사람이다(의종 6).[18]

①에서 수주(水州)는 외관이 설치된 군현이므로 이 구문은 계수관을 매개로 출신지를 표현한 예이다.[19] ②에서 대흥군(大興郡)은 지주사인 홍주(洪州)의 속현이며, ③에서 광양현(光陽縣)은 지군사인 승평군(昇平郡)의 속현이다. 청주와 나주는 각각 이들을 관할하는 계수관이다. 이처럼 출신지 표기에서 주현을 매개하지 않고 계수관을 바로 관칭하는 것은 계수관이 영역의 귀속을 나타내는 매개였음을 보여 준다. 이를 통해 신라의 9주와 고려의 계수관의 연결성을 파악할 수 있다.

이는 9주의 영역 관념을 '계(界)'로 표시한 사례를 통해서도 유추된다.

---

16 『高麗墓誌銘集成』 崔士威墓誌銘, "廣州牧管內水州人".
17 『高麗墓誌銘集成』 韓惟忠墓誌銘, "淸州管內大興郡人".
18 『高麗墓誌銘集成』 金義元墓誌銘, "羅州光陽縣人".
19 『고려사』 지리지에서 水州는 南京留守官 관내로 되어 있으나 이것은 楊州에 남경이 설치되어 계수관으로 승격된 데 따른 개편의 결과이다. 이 사례는 수주가 남경 설치 전에는 광주목 관내였음을 보여 준다.

사) 저 또한 고향 사람으로 집이 명주계 익령현의 덕기방에 있습니다.[20]

위의 기록은 당 태화(太和) 연간(827-835), 곧 신라 흥덕왕 때 당에 유학했던 굴산조사(崛山祖師) 범일(梵日)이 명주(明州) 개국사(開國寺)에서 신라 출신 사미승을 만났을 때, 사미승이 범일에게 한 말의 일부이다.

여기서 '고향 사람'은 신라인을 말한 것이며, "명주계(溟州界) 익령현(翼嶺縣)"은 그의 구체적인 출신지를 제시한 것이다. 신라 하대에 익령현은 수성군(守城郡)의 영현이었다. 따라서 '명주계'는 9주의 하나인 명주 관할을 나타낸다. '계'라는 표현이 신라 때 사용된 것인지, 혹은 고려의 관념에 의해 덧붙여진 것인지는 단정하기 어렵지만, 적어도 신라의 9주가 고려의 '계'와 같은 층위에서 인식되고 있었음은 분명하다.

또한 후삼국 시기의 상황을 전하는 자료에서도 유사한 표현 사례를 찾을 수 있다.

아) 천복 3년 계해 3월에 수군을 이끌고 서해로부터 광주계에 이르러 금성군을 공격하여 함락하고 10여 군현을 탈취하였다. 이어 금성을 나주로 고치고 군대를 나누어 지키게 한 뒤 돌아왔다.[21]

위의 기사는 태조 왕건이 궁예 휘하에 있던 시절의 나주 경략을 전하고 있다. 왕건의 군대가 금성군(錦城郡)을 공략한 상황을 통해 광주계(光州界)가 당시 광주(무주)[22] 관할로 인식되던 범위를 상정하는 것이며 금성

20 『三國遺事』 권2, 洛山二大聖, "吾亦鄕人也 家在溟州界翼嶺縣德耆坊".

21 『高麗史』 권1, 太祖 즉위전, "天復三年癸亥三月 率舟師 自西海 抵光州界 攻錦城郡拔之 擊取十餘郡縣 仍改錦城 爲羅州 分軍戍之而還".

22 光州는 신라의 武州로서 원래는 武州로 기재되었으며 혜종의 이름인 '武'를 피휘하

군이 그 소속이었다는 것을 알 수 있다. 나말려초 시기에도 9주의 관념이 유지되고 있었던 것이다.

한편 후백제도 9주의 체계를 운용한 것으로 짐작된다.

자) 당시 양검은 강주도독이었고 용검은 무주도독이었다.[23]

위에서 양검(良劍)과 용검(龍劍)은 모두 견훤의 아들이다. 후백제는 신라와 같이 주와 도독의 제도를 채용하면서 아들을 도독으로 임명하여 해당 권역에 대한 지배력을 확보한 것이다.[24] 이는 앞서 서술한 바와 같이 주가 광역의 군사 운영체계로 기능한 데 근거한다.

후삼국 시기에 9주가 소멸되지 않고 영역 표시에 사용되었던 사례 몇 가지를 금석문에서 찾아보면 다음과 같다.

차) ① 천우 6년(909) 7월 무주 승평에 이르렀다.[25]

② 천우 18년(921) 여름에 전주 임피군에 이르렀다.[26]

③ 후당 동광 2년(924) 7월에 돌아와 전주 희안현에 이르렀다.[27]

여 광주로 개정된 것을 소급하여 정리한 것이다(윤경진, 2018, 「신라말 고려초 京山府 연혁과 碧珍郡」, 『역사문화연구』 66, 58-59쪽). 不遷之主로서 혜종의 위상에 대해서는 배종도, 2000, 「不遷之主惠宗考: 그에 대한 평가 변화를 중심으로」, 『韓國史의 構造와 展開(河炫綱停年紀念論叢)』, 혜안 참조.

23 『三國史記』 권50, 列傳10 甄萱, “時 良劍爲康州都督 龍劍爲武州都督”.

24 『고려사』에는 각각 菁州城主, 光州城主로 나온다. 광주는 무주를 소급 수정한 것이고 ‘城主’는 후백제의 직제를 인정하지 않은 결과로 짐작된다. 이에 비추어 『삼국사기』 기록이 원래 내용을 반영한 것으로 판단할 수 있다.

25 『譯註羅末麗初金石文』 菩提寺大鏡大師碑, “天祐六年七月 達于武州之昇平”.

26 『譯註羅末麗初金石文』 玉龍寺洞眞大師碑, “天祐十八年夏 達全州臨陂郡”.

27 『譯註羅末麗初金石文』 鳳巖寺靜眞大師碑, “後唐同光二年七月 迴歸達于全州喜安縣”.

위의 기록들은 후삼국 분열 후 사실상 신라의 지배권에서 벗어난 지역에 대해 9주의 관념으로 지명을 표기한 사례들이다. 승평(昇平)과 임피(臨陂)는 군이었고, 희안현(喜安縣)은 고부군(古阜郡) 소속이었다. 따라서 위의 무주와 전주는 9주 관념의 연장으로 이해할 수 있다.

이처럼 신라의 지방통치가 무너진 뒤에도 종래의 9주는 영역을 표시하는 관념으로서 유효하였고, 부분적으로는 군사 운영단위로서의 속성도 잔존하고 있었다. 고려는 통일 후 신라 이래의 군-영현체계를 바탕으로 지방통치를 구현하였기 때문에 광역의 운영단위로서 9주 또한 영역 관념으로 유지되었다.

이는 고려초기의 지명 표기 사례를 통해 확인할 수 있다. 여기서 고려 통일 후 성종 이전에 건립된 고승 비문의 제호(題號) 중에 비의 소재 지명으로 9주 명칭, 혹은 그에 해당하는 영역 관념을 반영한 사례를 찾아보자.[28]

우선 무주는 "무주고동리산대안사(武州故桐裏山大安寺)"[29]와 "광주희양현고백계산옥룡사(光州晞陽縣故白雞山玉龍寺)"[30]를 찾을 수 있다. 대안사는 곡성(谷城)에 있는데, 곡성은 신라에서는 군이었으며 고려에서 나주의 속현이 되었다. 옥룡사가 소재한 희양현(광양현)은 신라 때 승평군의 영현이었고 고려에서도 역시 승평군의 속현이 되었다. 따라서 두 비의 제호에

28 이들 외에 제호에서 소재지 명칭으로 나오는 것으로는 海州(廣照寺眞澈大師碑, 태조 20), 溟州(地藏禪院朗圓大師碑, 태조 23), 原州(興法寺眞空大師碑, 태조 23), 中原府(淨土寺法鏡大師碑, 태조 26), 槐州(覺淵寺通一大師碑, 광종 9-11) 등이 있다. 그런데 이들은 모두 해당 군현에 소재하고 있기 때문에 영역 관념을 추출하기 어렵다. 각연사의 경우 延豊縣에 있었으나 연풍은 고려의 長延縣과 長豊縣을 합친 것으로, 이들은 고려 이전 연혁이 나타나지 않아 당초 괴주 영역으로 간주되었을 여지도 있다.

29 『譯註羅末麗初金石文』 大安寺廣慈大師碑.

30 『譯註羅末麗初金石文』 玉龍寺洞眞大師碑.

언급된 무주·광주는 모두 신라 9주의 관념을 반영한 것이다.

상주는 "상주명봉산경청선원(尙州鳴鳳山境淸禪院)"[31]과 "상주희양산봉암사(尙州曦陽山鳳巖寺)"[32]를 찾아볼 수 있다. 경청선원은 적아현(은풍현)에 있었는데, 적아현은 예천군(醴泉郡)의 영현으로서 고려에서는 안동부(安東府)의 속현으로 편성되었다.

봉암사는 가은현(加恩縣)에 소재하는데, 가은현은 고령군(古寧郡)의 영현이었고 고려에서는 상주의 속현이 되었다. 그런데 가은현이 상주에 내속(來屬)하는 것은 현종 9년의 일이므로 제호의 상주는 광역권으로 보아야 한다.

강주는 "강주지곡사(康州智谷寺)"[33] 사례가 있다. 지곡사는 산음현(山陰縣)에 소재하는데, 산음현은 신라에서 강성군(江城郡)의 영현이었고 고려에서는 합주(陜州)의 속현이 되었다. 강주는 고려의 진주(晉州)로서 산음현과는 직접적인 군-영현 관계나 주현-속현 관계가 없었다. 따라서 이 제호의 강주는 광역권을 나타낸 것이다.

또한 강주는 무주와 마찬가지로 신라 9주의 명칭이 고려초기까지 유지된 사례이다. 특히 비가 건립된 경종 5년은 12목이 설치되기 직전이라는 점에서 이 당시까지 9주의 관념이 비교적 뚜렷하게 유지되었음을 알 수 있다.

한주(광주)는 "광주혜목산고달원(廣州慧目山高達院)"[34]에 그 사례가 보인다. 고달원은 황려현(黃驪縣)에 소재하고 있었다. 황려현은 신라 때 소천군(泝川郡)의 영현이었고, 고려에서는 원주의 속현이 되었다. 따라서 이

31 『譯註羅末麗初金石文』 境淸禪院慈寂禪師碑.
32 『譯註羅末麗初金石文』 鳳巖寺靜眞大師碑.
33 『譯註羅末麗初金石文』 智谷寺眞觀禪師碑.
34 『譯註羅末麗初金石文』 高達院元宗大師碑.

를 광주(廣州)에 있다고 설명한 것은 9주의 관념에 따른 것이다. 또한 원주는 계수관 충주목 관내였기 때문에 이를 계수관 편성의 결과로 볼 수 없다. 이 사례는 고려에 들어와 개정된 명칭을 사용하면서도 영역상으로는 신라 9주를 그대로 채용한 상황을 명확히 보여 준다.

이처럼 고려초기까지 9주의 영역 관념이 유지되었지만, 한편에서는 통일전쟁 과정에 광역 단위의 지역 편제 내지 관념이 변화하는 양상도 찾을 수 있다. 나주(羅州)와 운주(運州)가 그 예이다.[35]

우선 나주는 왕건의 경략에 의해 설치되었으며, 이후 9주의 하나였던 무주의 기능을 대신하였다. 무주는 후백제 견훤의 아들인 용검이 도독으로 있었고 태봉 및 고려에 맞서던 거점이었다. 금성군을 정복한 후 나주로 개칭한 것은 이 지역의 운영 거점으로 삼은 것이며, 그 결과로 이 지역은 무주 대신 '나주의 계(界)'로 인식되었다.

회진현(會津縣)은 그러한 변화를 보여 주는 사례이다. 회진현은 중국에 유학한 선승들이 돌아오는 길목이어서 나말려초 비문에 종종 등장한다. 그런데 회진현의 소속에 대해 천우(天祐) 5년(908)까지는 무주 관내로 표현되어 있다.[36] 또한 천우 6년(909) 당시 승평군이 무주의 관할로 표기된 것으로부터[37] 이 지역의 영역 관념이 여전히 무주를 준거로 하고 있음을 알 수 있다.

그런데 천우 8년(911) 기록에는 회진의 소속이 나주로 바뀌어 있다.[38]

---

35 김아네스는 羅州와 運州의 사례를 포함하여 '界首邑'의 범주를 설정하고, 대체로 태조 23년의 지방제도 개편의 결과라고 이해하였다(김아네스, 1997, 「高麗初期 地方統治體制 硏究」, 서강대학교 박사학위논문, 94-103쪽). 그러나 이들 사례는 이미 태봉 때부터 그 모습이 드러나고 있어 9주의 연장에서 이해하는 것이 적절할 것이다.

36 『譯註羅末麗初金石文』 五龍寺法鏡大師碑, "迺於天祐五年七月 達于武州之會津".

37 주 25 참조.

38 『譯註羅末麗初金石文』 廣照寺眞澈大師碑, "迺於天祐八年 乘査巨寖 達于羅州之會

물론 회진현이 나주의 전신인 금성군의 영현이었으므로 이를 기준으로 표현한 것일 수도 있지만, 여타 기록이 모두 9주에 연칭하여 표시했다는 점을 감안하면 이때의 나주는 무주를 대체한 광역권으로 이해하는 것이 타당하다.[39]

이러한 변화는 다음 기록에서도 엿볼 수 있다.

> 카) 처음에 나주 관내의 제군(諸郡)이 우리와 떨어져 있어 적병이 차단하고 길을 끊어 서로 응원할 수 없었다. (중략) 태조가 전함을 수리하고 군량을 준비하여 나주에 머물며 지키고자 하였다.[40]

위에서 "나주 관내의 제군"은 종래 무주 관할에 있다가 나주 경략 후 나주의 관할을 받게 된 곳들이다. 나주는 기존 무주를 대체하는 광역권의 거점으로 기능한 것이다.

한편 운주의 경우에도 '계(界)'로서 다수의 군현을 관할하는 양태로 나오고 있다.

> 타) 운주계 30여 군현이 태조에게 항복하였다.[41]

津".

39 『고려사』 기록에 따르면 나주 경략은 903년의 일로 되어 있어 앞의 무주 기록보다 앞선다. 그런데 같은 내용을 전하는 『삼국사기』 弓裔傳에 따르면, 왕건의 나주 경략은 乾化 元年, 곧 911년으로 되어 있다. 궁예전의 기록을 따르면 앞서 살펴본 금석문 기록과 일치한다. 다시 말해 911년의 나주 경략으로 인해 이 지역의 영역 관념이 무주 중심에서 나주 중심으로 바뀐 것이다.

40 『高麗史』 권1, 太祖 즉위전, "初 羅州管內諸郡 與我阻隔 敵兵遮絶 莫相應援 (중략) 太祖 修戰艦 備糧餉 欲留戍羅州".

41 『三國史記』 권12, 新羅本紀12 敬順王 8년 9월, "運州界三十餘郡縣 降於太祖".

위의 기사는 태조 17년의 것으로서 당시 고려와 후백제의 접경 지대였던 운주가 실제 30여 군현을 행정적으로 통할하는 위치에 있었다고 보기는 어렵다. 그보다는 운주경략에 의해 고려 쪽으로 넘어온 지역을 고려가 운주 중심으로 인식한 것에 가까울 것이다. 무주를 대신해서 나주가 거점으로 설정되는 것과 같은 맥락에서 운주는 종래 웅주의 기능을 대신한 것으로 볼 수 있다.

다만 나주와 운주는 그 의미에 다소 차이가 있었던 듯하다. 앞에서 보았듯이 통일 후에 설립된 비의 소재지는 대개 나주가 아니라 무주를 준거로 설명되고 있다. 나주 중심의 운영체계가 수립되었음에도 무주의 영역 관념이 아직 강하게 남아 있었던 것인데, 이는 무주와 나주가 바로 인접해 있는 것과 무관하지 않다.

반면 운주는 광종대에도 9주에 상응하는 광역권으로 나타나고 있었다. 이는 "운주가야산보원사(運州迦耶山普願寺)"라는 제호에서 확인된다.[42] 보원사는 부성군(富城郡)에 소재하고 있다. 따라서 이 사찰의 소재지로 나오는 운주는 군보다 상위의 범위를 나타낸 것으로 보아야 한다. 운주는 9주에 준하는 광역의 개념으로 기능하고 있었던 것이다. 무주와 달리 공주(웅주)는 옛 관할 지역에 대한 인식의 준거로 기능하지 않은 것인데, 이는 운주와 공주가 다소 거리가 있기 때문으로 짐작된다. 운주 중심의 운영체계는 공주를 명확히 '대체'하기보다 '분할'한 의미가 컸던 것이 아닌가 한다.

이상의 내용을 통해 신라의 9주는 '계'로도 인식되었고, 후삼국 시기에 이어 고려초기에도 광역의 영역 관념으로 유지되고 있었음을 알 수

---

42 『譯註羅末麗初金石文』普願寺法印國師碑.

있다. 이것은 9주가 동일한 원리를 담고 있는 고려의 계수관으로 연결됨을 의미하는데, 그 매개가 된 것이 바로 12목이다.

2. 12목의 연원과 운영

1) 12목의 연원과 구성

성종 2년의 12목(牧) 설치는 고려 건국 후 처음으로 남도 지역에 상주 외관을 파견한 것이었다. 기존 연구에서도 이 점에 주목하여 지방통치의 진전, 또는 지방제도의 정비라는 맥락에서 이해하였다. 그러나 보다 중요한 것은 12목 설치가 어떤 형식 내지 원리의 운영체계를 지향했는가 하는 점이다.

12목 운영체계의 구조를 이해하기 위해서는 먼저 12목이 도입되는 제도적 연원을 살펴볼 필요가 있다. 주지하듯이 12목은 삼대(三代)의 이념을 토대로 한 것이었다. 성종이 12목 설치에 임하여 반포한 조서에는 다음과 같은 내용이 보인다.

> 파) 이에 방백의 공로에 의지하고 여염의 바람에 부응하고자 「우서」의 12목을 본받아 주(周) 왕업 800년을 연장하고자 한다.[43]

위에서 성종은 12목의 이념적 연원이 『상서(尙書)』 「우서(虞書)」편에 있음을 밝히고 있다. 그런데 앞선 신라의 9주 또한 같은 이념적 연원을

43 『高麗史』 권3, 成宗 2년 2월, "詔曰 (중략) 爰憑方伯之功 允協閭閻之望 效虞書之十二牧 延周祚之八百年".

가지고 있다.

9주와 12목은 모두 『상서』의 기록에 근거한 것인데, 이에 대한 내용을 찾아보면 다음과 같다.

하) ① 12주(州)를 시작하고 12산(山)을 봉하며 하천을 준설하였다.[44]

② 우(禹)가 9주를 나누고 산에 따라 하천을 준설하고 땅에 맞추어 공물을 정하였다.[45]

위에서 ①은 순(舜)의 사적이고 ②는 우의 사적이다. 곧 12주는 순이 천하를 구획한 것이며, 9주는 우가 홍수를 다스리고 설정한 구획인 것이다. 이 9주는 이후 중국의 영역 관념의 근간이 되어 천하를 상징하게 되었다.[46]

이때 9주에 대응하여 12목이 가지는 의미는 두 가지로 제시될 수 있다. 하나는 천하가 그 원형인 9주에서 공간적으로 확대되었다는 것이다. 『상서』에서 말한 천하 관념으로서 9주와 12주는 후대 사서에도 계승되었다. 일례로 『한서(漢書)』 지리지에는 다음과 같은 설명이 보인다.

거) 천하를 나누어 12주를 만들고 우로 하여금 다스리게 하였다. 수토(水土)가 평탄해진 뒤 다시 9주를 제정하고 5복(服)을 배열하며 땅에 따라 공물을 정하였다.[47]

---

44 『尙書』 夏書 舜典, “肇十有二州 封十有二山 濬川”.

45 『尙書』 夏書 禹貢, “禹別九州 隨山濬川 任土作貢”.

46 先秦時代 九州의 개념에 대해서는 金漢奎, 1982, 『古代中國的世界秩序硏究』, 一潮閣, 33-40쪽 참조.

47 『漢書』 권28上, 地理志 8上, “天下分絶 爲十二州 使禹治之 水土既平 更制九州 列五服

위의 기사 역시 순의 12주와 우의 9주라는 구도에 기반하고 있다. 그런데 이 중 12주에 대해 안사고(顔師古)는 9주의 밖에 병주(幷州)·유주(幽州)·영주(營州)가 있어 12주가 되는 것이라고 설명하였다.[48]

12주를 9주와 외방 3주로 나누어 인식한 것은 곧 12주 이전에 9주가 있었음을 의미한다. 『삼국사기』 신라본기의 선덕왕(善德王) 논찬에는 9주의 연원과 관련하여 다음과 같은 내용이 보인다.

너) 신이 듣건대 옛날 여왜씨가 바로 천자는 아니나 복희를 도와 9주를 다스렸다고 합니다.[49]

위의 지적대로 9주가 복희(伏羲) 때부터 상정된다면 순의 12주 획정에 앞서 요(堯) 때 이미 9주가 자리하고 있었던 것이 된다.

『상서』 요전(堯典)에는 9주에 대한 직접적인 언급은 없으나 9주의 존재를 암시하는 내용을 찾을 수 있다.

더) ① 내가 9천(川)을 뚫어 사해(四海)에 이르게 하였다.[50]
② 9주가 같아지니 4오(隩)가 자리를 잡고 9산은 정돈되며 9천은 잘 흐르고 9택(澤)은 둑을 쌓으니 사해가 회동하였다.[51]

任土作貢".

48 『漢書』 권28上, 地理志 8上, "九州之外 有幷州幽州營州 故曰十二".

49 『三國史記』 권5, 新羅本紀5 善德王 論, "臣聞之 古有女媧氏 非正是天子 佐伏羲理九州耳".

50 『尙書』 虞書 益稷, "予決九川 距四海".

51 『尙書』 夏書 禹貢, "九州攸同 四隩旣宅 九山刊旅 九川滌源 九澤旣陂 四海會同".

②에 따르면 9주는 9산(山), 9천(川), 9택(澤)과 개념적으로 상통하며 천하를 뜻하는 사해(四海)로 귀결된다. 그런데 ①에 따르면 9천은 바로 요가 뚫은 것이었다. 따라서 요 때 9천에 조응하여 9주를 상정할 수 있다. 결국 요 때 천하로서 9주가 성립되어 있었고, 순 때 여기에 외방 3주가 추가되어 12주가 되었으나, 대홍수를 겪은 뒤 우가 기존 9주를 다시 획정한 것으로 정리된다.

한편 9주가 공간적인 구획으로서 천하를 상징한다면, 12주는 그 장관인 목(牧)과 연결되어 천자의 통치라는 관점에서 천하를 상징하였다. 12목은 주목(州牧)이라 통칭되었으며, 주백(州伯)·방백(方伯)으로도 불렸다.[52] 이들은 지방통치를 담당하는 존재로서 6관(官), 4악(嶽)과 함께 황제를 보필하는 22인을 구성하였다.

이러한 개념에서 12목은 9주와 공존할 수 있었는데, 이는 다음 기록에 잘 나타나 있다.

러) 12목이 다니니 9주가 감히 거스르지 못했다.[53]

위에서 9주는 천자의 통치를 받는 천하를 상징하고 있고, 12목은 천자의 명을 받아 지방을 다스리는 존재를 나타내는 복합 구조가 나타나고 있다.

신라가 백제병합 후 9주를 둔 것은 새 영토의 확보에 따라 자신의 공간을 새로 획정했다는 의미를 담고 있다. 이에 대해 성종 2년의 12목 파

52 이 중 중심 9주의 牧을 가리켜 九牧으로 칭하기도 하였다(『漢書』 권25上, 郊祀志 5上, "黃帝作寶鼎三 象天地人 禹收九牧之金 鑄九鼎 象九州"). 이 9목에 대해 顔師古는 "九州之牧"으로 주기하였다.

53 『史記』 五帝本紀, "十二牧行 而九州莫敢辟違".

견은 고려초기까지 유지되던 9주의 관념과 대비하여 천하가 확대되었다는 의식을 담고 있으며, 한편으로 왕명을 받아 천하를 다스리는 운영체계의 수립을 보여 준다고 평가할 수 있다.

이러한 제도적 연원과 함께 확인할 사항은 12목의 구성이다. 12목이 설치된 지역이 어느 곳인지 파악하는 것은 이를 통해 수립되는 운영체계의 성격을 이해하는 데 필수적이다. 기존의 연구에서 12목은 양주·광주·청주·충주·공주·진주·상주·전주·나주·승주·해주·황주로 보는 것이 일반적이다. 그런데 『고려사』 지리지에서 12목의 하나로 설명된 것은 광주·청주·충주·공주·진주·상주·해주·황주 등 8개뿐이다. 나머지 4개는 뒤에 12주절도사가 설치되는 지역에서 역으로 추정한 것이다. 12목으로 확인되는 8개 주가 모두 12주절도사에 포함되었기 때문에 이러한 추정은 별 이견 없이 받아들여졌다.

그러나 『고려사』 지리지에서 성종 14년 10도 편성에 대한 기록을 보면 이와는 다른 이해가 도출된다.

머) ① a. 양주·광주(廣州) 등 주현(州縣)을 관내도(關內道)에 소속시켰다.
b. 황주·해주 등 주현을 관내도에 소속시켰다.
② 충주·청주 등 주현을 충원도(忠原道)로 삼았다.
③ 공주·운주 등 주현을 하남도(河南道)로 삼았다.
④ 상주 소관(所管)을 영남도(嶺南道)로 삼았다.
⑤ 경주·금주 소관을 영동도(嶺東道)로 삼았다.
⑥ 진주 소관을 산남도(山南道)로 삼았다.
⑦ 전주·영주(瀛州)·순주(淳州)·마주(馬州) 등 주현을 강남도(江南道)로 삼았다.
⑧ 나주·광주(光州)·정주(靜州)·승주(昇州)·패주(貝州)·담주(潭州)·

낭주(朗州) 등 주현을 해양도(海陽道)로 삼았다.

⑨ a. 춘주(春州) 등 군현을 삭방도(朔方道)에 소속시켰다.

b. 화주(和州)·명주(溟州) 등 군현을 삭방도로 삼았다.

⑩ 서경 소관을 패서도(浿西道)로 삼았다.

위에서 10도를 편성하는 내역은 두 가지 유형으로 표현되어 있다. 하나는 소속 군현을 일부 나열하여 '모모 등 주현(또는 군현)'으로 열거한 것이고, 다른 하나는 '모주소관'이라 하여 관할체계를 통해 제시한 것이다. 후자는 서경을 제외하면 경상도 지역에서만 나타나는데, 관할 주체로 열거된 것은 상주·경주·금주·진주 등 네 곳이다.

이때 '소관'으로 표현된 것은 10도 개편 이전에 이들을 거점으로 한 관할체계가 있었다는 것을 의미한다. 이는 선행한 12목 외에는 생각하기 어렵다.[54] 그리고 네 곳 중 진주와 상주는 12목으로 확인된다. 이를 통해 경주와 금주 역시 12목에 포함되었다고 판단할 수 있다.

한편 다음 기록들도 12목 구성의 일면을 보여 준다.

버) ① 전주 구례현 백성 손순흥, (중략) ② 경주 연일현 백성 정강준의 딸 자이[55]

위에 인용된 두 사람은 성종 9년 효자·열녀 등을 포상하는 기록에 열거된 대상자 중 일부이다. ①에서 구례현(求禮縣)은 신라 때 곡성군(谷城

54 서경은 12목 운영체계에 포함되지 않으므로 논외로 한다.

55 『高麗史』 권3, 成宗 9년 9월 丙子, "全州求禮縣民孫順興 (중략) 慶州延日縣民鄭康俊女字伊".

郡)의 영현이었으며, 고려에서는 남원부(南原府)의 속현으로 편성되었다. 당시가 12목이 설치·운영되던 시기임을 감안할 때, 구례현이 전주 관할로 표현된 것은 전주가 12목의 하나였음을 의미한다. ②에서 연일현(延日縣)은 신라 때 의창군(義昌郡) 영현으로 현종 9년에 경주로 내속하였다. 따라서 이 경우도 경주의 관할체계를 표시하는 것이며, 이는 12목으로 귀결된다. 이 사례들을 통해 전주와 경주가 각각 12목의 하나였음을 확인할 수 있다.

또한 다음 기록에서 나주도 12목의 하나임이 확인된다.

> 서) 대학조교 송승연과 남해도 나주목경학박사 전보인은 사람을 가르치는 데 태만하지 않으니 포상과 발탁을 추가해야 할 것이다.[56]

위의 기사는 성종 8년 교육에 공이 있는 나주목의 경학박사(經學博士)를 포상하는 내용을 담고 있다. 경학박사는 앞서 12목에 파견된 관원이며, 인용문 뒤에도 12목의 경학박사를 권면하는 내용이 나온다. 여기서 나주가 12목의 하나임이 확인된다.

결국 지리지에서 확인되는 8개 외에 12목으로 파악되는 곳은 경주와 금주, 전주와 나주로 정리할 수 있다.[57] 따라서 기존에 12목의 하나로 보

---

56 『高麗史』 권74, 選擧2 學校 成宗 8년 4월, "大學助敎宋承演 南海道羅州牧經學博士全輔仁 誨人不倦 宜加獎擢".

57 金州의 경우 淳化 2년, 곧 성종 10년 당시 金海府量田使의 용례가 있으나(『三國遺事』 권2, 駕洛國記), 이는 태조 23년 이래의 명칭을 관행적으로 사용한 것으로 볼 수 있는 만큼 金州牧의 존재를 부정하는 근거가 되지 않는다. 비슷한 사례로는 忠州가 태조 26년에 건립된 「淨土寺法鏡大師碑」의 제호에 中原府로 나오는 것이나 경종 6년 건립된 「智谷寺眞觀禪師碑」에 선사의 출생지를 中原府로 적은 것 등에서 찾아볼 수 있다.

았던 승주와 양주는 제외해야 한다.

다음에 이들을 9주와 대비해 보자. 먼저 12목으로 확인되는 광주·공주·진주·상주·전주 등 5개는 기존의 9주와 일치한다. 나머지의 변화는 후삼국 통일 및 북방 개척에 따른 영역의 확대와 광역권 편성의 기준이 되는 왕경(王京)의 교체와 관련된다.

우선 경주는 신라 왕경이 지방 도시로 개편되는 데 따라 그 위상을 확보하는 조치라 할 것이다. 해주와 황주는 처음 9주가 설정될 당시에는 포함되지 않았던 신개척지이다. 이들은 영역 확대의 의미를 담고 있다.

나머지 네 곳은 개성이 왕경으로 자리한 데 따른 것이다. 개성을 기준으로 볼 때 경상도 동남부 지역은 상대적으로 내륙 쪽인 양주(良州)보다는 해상 교통로와 직접 연결되는 금주가 보다 중요시되었을 것이다. 나주는 앞서 무주를 대신하는 광역권의 중심지로 설정되었는데, 이때 무주를 대신해서 12목이 되는 것 역시 해상 교통로에서 우위에 있었던 것과 무관하지 않다.[58]

한편 명주와 삭주는 경주에서 출발하는 남북 방향의 종적인 교통로와 연결되어 있었다. 그러나 이들은 개성을 중심으로 보면 왕경과 지방을 연결하는 거점으로서 의미가 반감된다. 반면 충주와 청주는 신라의 소경으로 과거 경주에서 소백산맥을 넘어선 길목에 위치하고 있는데, 이는 개성에서 내려오는 교통로에서도 동일한 의미를 가지고 있어 12목으로 선택된 것으로 이해된다.

이렇게 보면 12목의 설정은 기존 9주를 계승하면서 경주에서 개성으

58 통일전쟁기에 '界'의 거점으로 운영되었던 運州가 12목에 포함되지 않고 대신 公州가 선택되는 것도 공주가 운주보다 교통로에서 우선적인 의미를 가졌기 때문일 것으로 생각된다. 하지만 이후 양자 모두 知州事로 개편되어 계수관에는 들어가지 않는다.

로 왕경이 바뀜에 따라 일부 거점을 조정하고 여기에 새로 3주를 추가한 것으로 이해할 수 있다. 이는 『상서』의 9주와 12목 관계를 충실하게 반영한 것으로, 성종 2년의 12목이 신라 이래의 9주를 계승하는 것임을 재차 확인할 수 있다.[59]

2) 12목의 운영과 자사육조

9주는 고려초기에도 그 관념을 유지하고 있었지만, 실제 광역 운영단위로서 기능하는 모습은 뚜렷하지 않다. 군-영현으로 이루어진 중간 운영단위는 재지관반(在地官班)을 매개로 운영될 수 있었으나 9주 단위의 광역권 운영은 별도의 장치 없이 토착의 재지관반이 담당하기 어려웠다. 행정 운영에 문제를 야기할 뿐더러 이를 기반으로 중앙정부를 위협할 수 있는 세력이 대두할 수 있었다. 이 때문에 고려 정부의 지방 운영체계 수립은 먼저 광역 단위의 가동을 모색하는 데서 시작되었다. 그 산물이 바로 12목의 설치이다.

12목 설치가 의도한 기능은 우선 그 계기가 된 전년의 최승로(崔承老) 상서에서 찾을 수 있다.

> 어) 지금 보건대 향호(鄕豪)가 매번 공무를 빙자하여 백성을 침탈하니 백성이 살기 어렵습니다. 청컨대 외관을 두십시오. 비록 한 번에 다 파견할 수는 없지만, 먼저 십여 개의 주현에 아울러 하나의 관(官)을 두

59 12목이 되는 지역의 연원은 9주 외에 신라 王京과 小京, 그리고 나말려초에 새로 등장한 나주 등도 포함되므로 설치 지역으로만 보면 12목의 연원을 9주로 국한할 수는 없다. 그러나 여기서 주목하는 것은 12목의 운영체계가 9주의 원리를 계승 확대한 것이라는 점이다. 설치 지역의 조정은 왕경 교체에 따른 것으로서 9주의 원리를 충실히 재현하는 차원으로 이해할 수 있다.

고 관마다 2-3명을 두어 보살피는 일을 맡기십시오.[60]

위의 내용을 통해 12목 설치와 관련된 몇 가지 사실을 확인할 수 있다. 우선 당시 향호들이 공무(公務)를 담당하고 있었으며, 최승로가 건의한 외관의 기능은 '무자(撫字)'로 설명되고 있다는 점이다. 이는 외관의 기능이 향호의 공무를 대체하는 것이 아니라 이들의 공무 수행을 전제로 침탈 행위를 막고 백성을 위무하는 것임을 의미한다.

이는 외관 파견의 내용을 보아도 드러난다. 최승로는 10여 주현에 관(官)을 두고, 각각에 2-3명의 관원을 보내도록 건의했는데, 이 정도 관원으로 각급 군현에 대해 직접적인 공무를 수행한다는 것은 불가능하다. 따라서 이는 향호들의 공무 수행을 기반으로 그에 대한 감찰을 행하는 방식으로 해석해야 할 것이다.

다음에는 성종 전반기 자료를 통해 12목의 기능을 살펴보자. 12목의 지방통치 기능으로 우선 권농(勸農)과 법령 시행을 찾을 수 있다.

저) ① 너희 12목과 제주진사(諸州鎭使)는 지금부터 가을까지 잡무를 중지하고 오로지 권농에만 힘써라. 내가 장차 사신을 보내 살펴보고 전야의 개간 여부와 관리의 근무 상태를 살펴서 포폄할 것이다.[61]

② 마땅히 양경·백사 및 12목·지주현진사(知州縣鎭使) 등에게 반포하여 모두 각 조목의 제도를 잘 익히고 힘써 행하도록 하라.[62]

---

60 『高麗史』 권93, 列傳6 崔承老, "今竊見 鄕豪每假公務 侵暴百姓 民不堪命 請置外官 雖不得一時盡遣 先於十數州縣 幷置一官 官各設兩三員 以委撫字".

61 『高麗史』 권79, 食貨2 農桑 成宗 5년 5월, "咨爾十二牧 諸州鎭使 自今至秋 並宜停罷雜務 專事勸農 予將遣使審檢 驗以田野之荒闢 牧守之勤怠 爲之褒貶焉".

62 『高麗史』 권3, 成宗 7년 2월 壬子, "宜頒兩京百司 及十二牧 知州縣鎭使等 咸使知委勉

①은 12목에 권농을 당부하는 내용이다.[63] ②는 유교적 의례의 시행을 건의한 이양(李陽)의 봉사(封事)에 대한 답변으로서 해당 조항들을 12목 등으로 하여금 잘 익혀서 실행하도록 지시하였다. 이것은 의례에 관한 것이지만, 이를 통해 12목이 법제와 정령의 전달에서 매개가 되었음을 알 수 있다.

권농이나 법령 시행은 지방통치에서 모든 외관에게 부여되는 보편적인 기능에 속하는 반면, 12목의 설치 배경과 관련하여 주목되는 기능이 교육과 천거이다. 12목 운영의 제도적 전범이 된 한 무제의 자사(刺史) 설치에서 의도한 것은 바로 지방의 인재를 발탁하는 것이었다.[64] 성종 역시 12목을 운영하면서 인재 발탁에 무게를 두었다.

성종은 여러 주군현(州郡縣)의 자제를 선발하여 서울에 와서 학업을 익히도록 하였다.[65] 이때 자제를 선발하여 올린 주체는 '제주(諸州)'로 되어 있는데,[66] 선발 대상이 주군현의 자제라는 것과 대비하여 제주는 12목으로 이해된다. 선발된 사람들은 대개 장리(長吏)의 자제라는 점을 볼 때 장리가 천거의 주체가 되기는 어렵다. 곧 12목이 선상(選上)을 담당했을 것이다.

그러나 이 조치는 얼마 후 다수의 자제들이 고향으로 돌아감으로써 소기의 성과를 거두지 못했다. 이에 성종은 12목을 매개로 한 지방 교육

行條制".

63 성종초 기록에 12목(牧宰·牧守)과 병칭되는 諸州鎭使(知州縣官·知州縣鎭使) 등은 양계의 관원으로 판단되므로 여기서는 논외로 한다.

64 『漢書』 권6, 武帝紀 元封 5년, "初置刺史部十三州 名臣文武欲盡 詔曰 蓋有非常之功 必待非常之人 故馬或奔踶而致千里 士或有負俗之累而立功名 夫泛駕之馬 跅弛之士 亦在御之而已 其令州郡察吏民有茂材異等 可爲將相及士絶國者".

65 『高麗史』 권74, 選擧2 學校, "成宗朝 令諸州郡縣 選子弟 詣京習業".

66 『高麗史』 권74, 選擧2 學校 成宗 5년 7월, "今諸州所上學士 慮有思鄕之人".

을 도모하였다.

처) 전년에 귀환을 허락한 학생들을 가르칠 스승이 없으니 경전에 통달한 사람을 선발하여 경학 및 의학박사로 삼아 12목에 각 1명씩 파견하여 교육을 돈독히 실행하도록 하였다. 그 여러 주군현의 장리백성으로 가르칠 만한 아이가 있으면 아울러 훈계토록 하고, 만약 명경(明經)에 굳은 의지가 있거나 효제로 소문이 있는 자, 의술을 쓸 만한 자는 목재(牧宰)와 지주현관(知州縣官)으로 하여금 한나라의 고사에 의거해 갖추어 기록하여 서울에 천거해 보내도록 하는 것을 항식으로 삼았다.[67]

위의 기사는 고향으로 돌아간 자제들의 교육을 위해 12목에 경학박사(經學博士)와 의학박사(醫學博士)를 두도록 한 조치와 이를 토대로 인재를 중앙으로 천거해 올리도록 한 조치를 담고 있다. 성종 8년에는 12목의 경학박사 중에서 시험에 나아간 문생(門生)이 없는 사람은 임기가 차도 유임시키는 조치가 이어졌는데,[68] 이 또한 12목의 교육과 천거 기능을 보여 주는 것이다.

반면 지방지배의 본령인 수취와 직접 관련된 기능은 뚜렷하지 않다. 다만 다음 기록은 수취와 관련된 12목의 역할을 반영하고 있다.

---

67 『高麗史』 권74, 選擧2 學校 成宗 6년 8월, "以前年許還學生 無師教授 敎 選通經閱籍者 爲經學 醫學博士 於十二牧 各遣一人 敦行敎誨 其諸州郡縣長吏百姓 有兒可敎學者 幷令訓戒 若有勵志明經 孝弟有聞 醫方足用者 令牧宰 知州縣官 依漢家故事 具錄薦貢京師 以爲恒式".

68 『高麗史』 권74, 選擧2 學校 成宗 8년 4월, "其十二牧經學博士 無一箇門生赴試者 雖在考滿 復令留任".

커) 좋은 집안의 인재를 발탁하여 목재(牧宰)의 관리로 임명하며, 부세를 균평히 하여 사람을 교화하며 청렴을 숭상하여 풍속을 이루도록 하라. (중략) 너희 목민(牧民)의 관리들은 옥송을 정체시키지 말며, 창고를 충실히 하며, 궁핍한 백성을 진휼하며, 농상을 권장하며, 요부(徭賦)를 가볍게 하며, 일을 공평하게 처리하라.[69]

위의 기사에는 목재, 곧 12목 관원의 기능으로 '부세의 균평'이 지적되고 있다. 또한 후반부에 열거된 목민관의 업무에 '경요박부(輕徭薄賦)'가 들어 있다. 이를 통해 12목이 수취와 관련하여 일정한 역할을 담당했음을 짐작할 수 있다.

그러나 '부세의 균평'은 '화인(化人)'이라는 목적을 가진 것이며 '청렴의 숭상'과 대응한다. 내용상 12목이 직접적인 수취 업무를 담당했다기보다는 수취 담당자인 장리들이 민생을 침탈하는 것을 막는 데 그 본령이 있다. 이는 최승로가 말한 외관 설치의 목적과도 상통한다. 기사 후반부에서 정리한 각종 업무도 구체적인 기능과 고과 조건을 나타낸 것이 아니라 화인성속(化人成俗)을 위한 부세 균평과 청렴 숭상의 내용을 이념적으로 설명한 것이다.

이상에서 살펴본 12목의 기능은 9주와 같은 원리를 담고 있으면서도 다소 차이를 보인다. 군-영현 단위의 운영을 토대로 광역의 운영을 담당한다는 점에서는 상통하지만 기능 내용에서는 12목이 더 제한적이다. 무엇보다 주 단위 기능의 핵심이라고 할 광역 단위의 군사 운영이 나타나

69 『高麗史』 권3, 成宗 5년 9월 己丑, "擢簪纓之彦 差牧宰之員 均賦稅以化人 尙廉平而成俗 (중략) 凡爾牧民之官 無滯獄訟 懋實倉廩 賑恤窮民 勸課農桑 輕徭薄賦 處事公平".

지 않는다.

이는 중간 운영단위가 국가적인 재편을 충분히 거치지 않고 여전히 재지관반 내지 장리를 통해 운영되는 상황에서 상급 체계의 기능을 구현하는 데에는 한계가 있었음을 보여 준다. 대신 광역권을 토대로 한 영역 대표와 감찰의 기능은 중간 운영단위를 매개하지 않고 직접 구현될 수 있었다. 12목의 기능은 바로 이 부분에 초점이 있었던 것이다.

한편 성종 9년에는 12목의 운영을 위한 규범으로 한의 자사육조(刺史六條)가 도입되었다. 한(漢)은 진(秦)의 군현제를 계승하여 전국을 군-현으로 편성했으며, 무제는 원봉 5년에 처음 자사를 두고 13주를 각각 관할케 하였다.[70] 이 중 하나는 도성 지역을 담당하므로 실제 지방은 12주로 설정되었다.[71] 한의 자사는 6개의 조목에 따라 소관 구역을 순행하며 군국(郡國)을 감찰하였다.[72]

성종 9년 7월 김심언(金審言)은 봉사 2조를 올렸는데, 이 가운데 한의 자사육조를 열거하고 이를 육정육사문(六正六邪文)과 함께 관청에 게시하여 지침으로 삼을 것을 청한 내용이 들어 있다. 성종은 이를 수용하여 내외 관청에 반포하고 시행케 하였다.

이 자사육조는 당시 외관인 12목을 대상으로 한 것이다. 이는 김심언의 봉사에 대한 성종의 언급에서 확인된다.

터) 짐이 황제가 된 뒤로 융성을 이루고자 생각하여 안으로 백관을 두고 밖으로 목수(牧守)를 나누었는데, 분우(分憂)의 직임을 비우지 않고

---

70 『漢書』 권5, 武帝紀, "初置刺史 部十三州".

71 『後漢書』 권28, 百官5 州郡, "外十二州 每州刺史一人".

72 刺史는 이후 지위를 높이면서 州牧으로 개칭되기도 하였다. 이는 파견 구역이 12주라는 것과 함께 자사가 三代의 12州牧에서 연원한 것임을 보여 준다.

세상을 이롭게 할 방안을 베풀려 하였다.[73]

여기서 목수는 12목을 가리키는 것으로, 성종의 언급은 김심언의 자사육조가 12목에 적용되는 것임을 보여 준다. 자사육조를 게시하도록 한 지방 관청은 "12도의 주현 관청"으로 제시되었는데,[74] 이 12도는 12목을 매개로 그 관할구역을 나타낸 것이다.[75]

그런데 주목되는 것은 김심언이 건의한 자사육조의 내용이 『송서(宋書)』에 인용된 한의 자사육조와 다르다는 사실이다.[76] 두 자사육조의 내용을 대비하여 정리하면 [표 4-1]과 같다.

[표 4-1] 한의 자사육조와 김심언의 자사육조

漢의 刺史六條(『宋書』 百官志)	金審言의 刺史六條(『高麗史』)
① 强宗豪右田宅踰制 以强凌弱 以衆暴寡	① 察民庶疾苦失職者
② 二千石不奉詔書 遵承典制 倍公向私 旁詔守利 侵漁百姓 聚斂爲姦	② 察墨綬長吏以上居官政者
③ 二千石不䘏疑獄 風厲殺人 怒則任刑 喜則淫賞 煩擾苛暴 剝戮黎元 爲百姓所疾 山崩石裂 祆祥訛言	③ 察盜賊民之害及大奸猾
④ 二千石選署不平 苟阿所愛 蔽賢寵頑	④ 察田犯律四時禁者
⑤ 二千石子弟恃怙榮勢 請託所監	⑤ 察民有孝悌廉潔行修正茂才異者
⑥ 二千石違公下比 阿附豪强 通行貨賂 割損政令	⑥ 察吏不簿入錢穀故散者

73 『高麗史』 권93, 列傳6 金審言, "朕自御洪圖 思臻盛業 內設百寮 外分牧守 無曠分憂之任 欲施利俗之方".

74 『高麗史』 권93, 列傳6 金審言, "請將六正六邪文 及刺史六條 俾委攸司於二京六官諸署局及十二道州縣官廳堂壁 各寫其文 出入省覽 以備龜鑑".

75 김아네스, 1997, 앞의 논문, 141쪽.

76 『宋書』 권40, 志30, 百官下.

한의 자사육조는 2천 석 이상의 관리, 곧 장리(長吏)들의 활동을 직접 감찰하고 토호의 발호를 억제하는 데 주안점을 두고 있다. 당초 자사 설치의 주목적이었던 천거 기능이 빠져 있는 것도 활동의 초점이 장리 감찰에 놓인 결과로 이해된다.

반면 김심언이 제시한 자사육조는 군현 운영 전반에 대한 감찰을 규정하고 있으며, 천거 기능도 포함되어 있다. 이는 김심언이 한의 자사육조라는 제도적 틀을 빌려 오면서도 내용은 다른 기준에 의해 재구성했음을 보여 준다.

이 기준은 두 가지로 생각할 수 있다. 하나는 당시 정치제도 정비의 모델이 된 당제에서 감찰 단위의 운영과 관련된 규범을 채용하는 것이다. 한의 자사육조는 후대 광역 단위의 감찰 구역을 운영함에 있어 이념적 기반이 되었으며, 이에 따라 지방 순찰을 수행하는 관직에 6조의 규범이 제시되었다.

우선 수 양제(煬帝)의 관제 중에 사예대(司隷臺)에는 기외(畿外)를 순찰하는 자사가 속해 있는데, 이들이 순찰할 때 관장하는 업무가 6개조로 제시되었다.[77] 또한 당대 어사대(御史臺) 소속 감찰어사(監察御史)에게는 10도의 순안(巡按)을 위한 6개조의 규정이 있었다.[78] 각각의 구체적인 내용을 정리하면 [표 4-2]와 같다.

이 표에서 수의 자사 및 당의 감찰어사는 그 명칭이나 6조 규정 등에서 드러나듯이 기능적으로 한의 자사를 계승하고 있다. 그러나 조목별 표현이나 내용은 한의 자사육조와 차이가 있다. 이는 물론 사회의 변화에 따라 자사의 주된 역할이 관리에 대한 직접적인 감찰에서 군현 운영 전

77 『隋書』 권28, 志23 百官下 隋煬帝官制 司隷臺.

78 『新唐書』 권48, 志38 百官2 御史臺.

[표 4-2] 수 자사의 업무 6조와 당 감찰어사의 순안 규정

隋 刺史의 所掌 六條(『隋書』 百官志)	唐 監察御史의 十道巡按 규정(『新唐書』 百官志)
① 察品官以上理政能	① 察官人善惡
② 察官人貪殘害政	② 察戶口流散 籍帳隱沒 賦役不均
③ 察豪强姦猾侵害下人 及田宅踰制 官司不能禁止者	③ 察農桑不勤 倉庫減耗
④ 察水旱蟲災 不以實言 枉徵賦役 及無災妄蠲免者	④ 察妖猾盜賊 不事生業 爲私蠹害
⑤ 察部內賊盜 不能窮逐 隱而不申者	⑤ 察德行孝悌 茂才異等 藏器晦跡 應時用者
⑥ 察德行孝悌 茂才異行 隱不貢者	⑥ 察黠吏豪宗兼幷縱暴 貧弱寃不能自申者

반에 대한 감찰로 바뀌었음을 반영한다.

김심언의 자사육조도 이들과 같은 선상에 있다고 생각된다. 이를 전술한 수·당의 6조 규정과 대비해 보면, 우선 공통적으로 각 조항이 '찰(察)'로 시작한다는 점을 발견할 수 있다. 또한 각 조항의 내용도 서로 비슷한데, 특히 천거를 규정한 부분은 표현에서도 매우 유사하다. 이를 통해 김심언이 실제로는 수·당의 6조 규정을 참작했음을 추정할 수 있다.

한편 김심언의 자사육조는 이미 운영되고 있던 12목의 운영을 위한 규범으로 도입된 것이므로 당시 12목의 기능을 반영하였을 것이다. 앞서 인용한 자료 처)에 따르면 12목의 천거 기능은 '항식(恒式)'으로 입법화되었다. 김심언이 자사육조를 정리하면서 천거를 넣은 것은 이미 항식으로 수립된 12목의 천거 기능을 고려한 결과로도 해석된다.

또한 김심언의 자사육조는 토호의 발호에 대한 억제 규정이 뚜렷하지 않은 대신, 장리의 재정 운영을 적시하고 있다는 점에서 수·당의 육조와 차이를 보인다. 이 차이는 군현 운영을 중앙에서 파견한 관인이 담당했던 수·당과 달리 고려에서는 재지세력인 장리(향리)들이 담당했던 사정과 관련된다.

이러한 맥락에서 김심언의 자사육조는 당시 지방통치의 상황과 수·당의 6조 규정을 참고하여 12목 운영을 위한 규범으로 재정리한 것이라고 이해할 수 있다. 이 규정은 현종 9년에 제정되는 제주부원(諸州府員)의 봉행육조(奉行六條)로 계승되어 고려 지방통치의 규범으로 정착하게 된다.

봉행육조는 『고려사』 선거지에 '신정(新定)'으로 표현되어 있으나 실제로는 김심언이 제시한 자사육조를 그대로 축약한 것이다. 다음은 봉행육조의 내용이다.

퍼) ① 백성의 어려움을 살핀다[察民庶疾苦].

② 흑수 장리의 능력 여부를 살핀다[察黑綬長吏能否].

③ 도적과 간교한 무리를 살핀다[察盜賊姦猾].

④ 백성의 위법 행위를 살핀다[察民犯禁].

⑤ 백성의 효제와 품행을 살핀다[察民孝弟廉潔].

⑥ 장리의 재정 손실을 살핀다[察吏錢穀散失].[79]

위에서 봉행육조의 순서가 자사육조와 동일하며, 구문은 간략하게 줄여 표현한 것임이 드러난다.

통상 봉행육조는 고려 외관의 일반적인 규범으로 이해되고 있으나 그 초점은 광역 단위로서 계수관에 있었다. 봉행의 주체는 '제주부원'으로 제시되었는데, '주부(州府)'로 지칭하는 대상은 대개 주목(州牧)과 도호부(都護府), 곧 계수관에 해당한다. 반승(飯僧)의 단위가 대개 '주부'로 나타나는 것은 그 예이다.[80]

79 『高麗史』 권75, 選擧3 選用守令 顯宗 9년 2월.

80 윤경진, 2004, 앞의 논문, 55-56쪽.

이처럼 계수관에 초점을 맞춘 봉행육조가 12목 운영의 규범으로 도입된 자사육조를 그대로 축약하고 있다는 것은 곧 고려의 계수관이 12목을 계승하여 설치되었음을 뒷받침한다. 12목이 군-영현의 중간 단위에 대해 감찰과 천거를 중심으로 광역의 운영단위를 설정한 것이라면, 계수관은 주현-속현체계의 수립에 따라 그에 대한 상급 체계로 설정된 것이다. 설정 원리에서 상통할 뿐만 아니라 그 기능과 관련된 규범도 계승하고 있었다. 다만 계수관은 지방통치의 정착과 함께 군사 운영을 비롯하여 광역 단위로서 기능이 확대·강화된다는 점에서 그 단계적 차이를 지적할 수 있다.

2
계수관의 설정 원리와 구성

1. 계수관의 설정 원리

1) '계수관'의 개념

계수관(界首官)이란 어의대로 푼다면 '계(界)'라는 범위 안에서 '수(首)'가 되는 '관(官)'을 뜻한다. 여기서 '계'는 다른 것과 구분되는 경계를 의미하며, 이로부터 해당 경계를 통해 규정되는 일정한 공간 범위를 나타낸다. 그리고 그 앞에 특정 주체를 기재함으로써 그 주체가 관할하는 범위를 표시한다.

따라서 '계'는 다양한 층위에서 사용될 수 있다. 다음 자료를 보자.

가) 덕수현 계내(界內)의 와촌[1]

위의 기록은 덕수현(德水縣)이라는 개별 군현의 영역을 '계'로 표시하

1 『高麗墓誌銘集成』 王梓女王氏墓誌銘, "德水縣界內瓦村".

면서 그 범위에 속해 있는 와촌(瓦村)이라는 촌락을 나타내고 있다.

그런데 개별 군현보다 넓은 범위를 '계'로 설정하는 경우도 있다.

나) ① 상서호부에서 아뢰기를, "양주 계내의 견주는 치읍(置邑)한 지 이미 105년이나 되어 고을 백성의 토지가 여러 번 수재와 한재를 겪었기 때문에 비옥도가 같지 않으니 사신을 보내 고르게 정하십시오"라고 하니 허가하였다.[2]

② 高麗國 尙州界 知京山府事任若木郡內 巽方在 淨兜寺五層石塔造成形止記[3]

①은 문종 13년 기사로서 견주(見州)가 양주(楊州)의 계내(界內)에 속해 있음을 나타내고 있다. 이 경우 '계'는 견주를 비롯한 다수의 군현으로 구성된다. 당시 양주는 지주사(知州事)였으므로 이것은 주현(主縣)과 그 관할 속현들을 아울러 '계'로 설정한 사례이다.[4]

②는 「정도사오층석탑조성형지기」의 서두 기록으로서 약목군(若木郡)이 상주(尙州)의 '계내(界內)'이자 지경산부사(知京山府事)의 '임내(任內)'임을 표시하고 있다. 이 경우 상주계에는 지경산부사도 포함되기 때문에 '계'가 나타내는 범위는 경산부 외관의 관할 범위보다 넓다. 곧 ②의 상주

---

2 『高麗史』 권78, 食貨1 經理 文宗 13년 2월, "尙書戶部奏 楊州界內見州 置邑已百五年 州民田畝 累經水旱 膏墝不同 請遣使均定 制可".

3 『韓國古代中世古文書研究』 淨兜寺五層石塔造成形止記.

4 界內가 主縣 단위의 관할 범위를 나타내는 용례는 계수관이 주현 단위에 상응한다고 해석하는 견해의 논거가 되기도 하였다(朴宗基, 1986, 「高麗의 郡縣體系와 界首官制」, 『韓國學論叢(국민대)』 8; 2002, 『지배와 자율의 공간: 고려의 지방사회』, 푸른역사, 218-219쪽). 그러나 界內가 개별 군현 단위의 영역을 표현하기도 하므로 이러한 이해는 성립하기 어렵다.

계는 ①의 양주계보다 더 넓은 영역단위를 나타내는 것이다. 이밖에 '계'는 국가 간의 경계를 표시하기도 한다.

한편 '수(首)'는 통상 서열상 가장 높은 존재를 나타내거나 '첫머리'를 뜻한다. 후자의 경우 '계수(界首)'는 해당 '계'에 들어서는 지점을 나타내는데, 다음은 그러한 사례이다.

다) ① 선왕이 늙고 쇠약하여 행군을 감당할 수 없는데 전의 은혜에 감동하여 억지로 계수에 이르러 모(某)를 보내 군사를 이끌고 대군을 맞이하도록 하였습니다.[5]

② 모(某)가 한성주에 있을 때 병사를 보내 계수에 집결케 하니 신라의 병마가 홀로 들어갈 수 없었습니다.[6]

위의 두 기사는 모두 신라 문무왕 11년에 작성된 「답설인귀서(答薛仁貴書)」에 나오는 내용이다. 여기서 '계수'는 신라가 백제 및 고구려와 맞닿아 있는 국경 지대를 나타낸다.

이러한 '계수'의 의미에 입각해 본다면 계수관은 중앙에서 해당 '계'로 들어갈 때 영역 초입에 있는 '관'으로 볼 수도 있다. 그러나 이 경우의 '계'는 공간적인 영역이 아니라 경계선의 의미를 가지고 있기 때문에 여기서 다루는 '계'와는 차이를 가진다. 더구나 계수관으로 지목되는 고을들이 반드시 해당 '계'에서 경계 지점에 위치하는 것이 아니기 때문에 계수관을 '계의 초입에 있는 군현'으로 해석하는 것은 곤란하다.

---

5 『三國史記』 권7, 新羅本紀7 文武王 11년 정월, "先王年衰力弱 不堪行軍 追感前恩 勉强至於界首 遣某領兵 應接大軍".

6 위와 같음, "某往漢城州 遣兵集於界首 新羅兵馬 不可獨入".

이렇게 본다면 '계수'는 '계'에서 우두머리가 된다는 의미로 해석하는 것이 적절하다. 다시 말해 계수관의 의미 조합은 '계수의 관'이 아니라 '계의 수관'이 되는 것이다. 결국 계수관은 계내에서 가장 격이 높은 관을 나타낸다.

한편 '관(官)'은 관원 또는 관청을 나타낸다. 고려시대에 지방의 '관'이 읍사를 지칭하는 예는 찾기 어려우며, 대개 외관, 또는 외관의 관청을 가리킨다. 나아가 외관이 설치된 고을을 가리키기도 한다.[7]

이때 주목할 점은 '수관(首官)'이라는 범주가 성립하기 위해서는 원칙적으로 해당 '계' 안에 복수의 '관'이 있어야 한다는 것이다. 만약 '계' 안에 하나의 '관'만 있다면 이를 굳이 '수관'이라 칭할 이유가 없기 때문이다.[8] 이러한 개념 구성에서 본다면 속현인 덕수현과 지주사인 양주는 원천적으로 계수관이 될 수 없다.

결국 통상 외관이 관할하는 범위보다 더 넓은 영역을 나타내는 경우, 곧 앞서 인용한 「정도사오층석탑조성형지기」에 보이는 '상주계'와 같은 경우에만 '계수관'이라는 개념이 성립할 수 있다. 계수관은 '계'의 설정에서 중심인 상주가 된다. 이 '계' 안에는 상주목 자신을 비롯하여 지부사가 설치된 경산부와 안동부 등의 관이 있는데, 상주목은 이 가운데 관호가 가장 높다. 그리고 이 '계'의 공간에는 여러 외관 및 각 외관이 관할하는 범위, 곧 '임내'에 속한 다수의 속현이 포괄된다.

계수관이 일반 외관보다 광역의 운영체계를 구성한다는 것은 다음

---

7 조선에서는 지방통치 단위를 통상 '各官'으로 표현했는데, 이는 모든 군현에 외관이 설치된 상황으로 인한 것이다. 외관이 없는 속현을 '官'으로 지칭하지는 않는다.

8 『고려사』 지리지를 보면 廣州牧 관내에는 광주목 자신 외에 외관이 설치된 군현이 없다. 그러나 이것은 당초 광주목 관내이던 楊州가 南京留守官으로 승격하면서 재편된 결과이므로 계수관의 설정 원리와는 맥락이 다르다.

자료들을 통해서도 확인된다.

라) ① 지금부터 목과 도호가 처리한 옥서는 사(使) 이하의 관원이 함께 참여하고, 지주와 현령이 처리한 옥사는 계수의 1명이 직접 가서 다시 검토하여 오류가 없는 연후에 직함과 함께 서명하고 참여한 관원이 매년 7월 초하루 안에 직접 가지고 올라오도록 한다.[9]

② 참외의 관리로서 신병 때문에 휴가를 고하는 자는 부(部)로 하여금 그 허실을 살핀 후 휴가를 주고, 외관으로서 신병이 있는 자는 역시 계수관으로 하여금 살피게 하여 비로소 상경하여 조리하는 것을 허락한다.[10]

①은 『고려사』 형법지 직제(職制)조에 수록된 무편년 판(判)의 하나로, 지주(知州)와 현령(縣令)이 처리한 옥사에 대해 '계수(界首)'의 관원이 가서 검토하도록 규정하고 있다. 여기서 계수는 앞에 언급된 목·도호에 해당하며 지주·현령보다 상위가 되므로 앞서 설명한 계수관의 의미에 부합한다.

②는 관리급가(官吏給暇) 규정 중 충목왕대의 판으로, 외관이 신병으로 휴가를 청할 경우에 계수관의 검토를 받도록 한 조치를 담고 있다. 이 계수관은 당연히 일반 외관보다 상위의 체계를 구성한다.

이상의 검토를 통해 계수관이 '계'로 설정되는 영역에 있는 다수의 관 중에서 가장 격이 높은 관으로 규정되며, 그의 기능은 일반 외관의 관할 범위인 임내보다 광역의 범위를 대상으로 한다는 것을 확인할 수 있다.

9 『高麗史』 권84, 刑法1 職制, "自今 牧都護所推獄 使以下員齊坐 知州縣令所推獄 界首一員 親進覆驗 無有差謬 然後 連銜署名 臨問員 每七月 初一日內 親齎上來".

10 『高麗史』 권84, 刑法1 公式 官吏給暇 忠穆王, "參外員 身病告暇者 令部審其虛實給暇 外官身病者 亦令界首官審之 方許上京調理".

곧 계수관은 일정 부분에서 외관의 상급 운영체계를 담당한 것이다.

한편 계수관의 개념과 관련하여 '계관(界官)'의 의미에 대해 검토할 필요가 있다. 통상 계관을 계수관과 동일한 개념으로 간주하지만, 어의(語義)로 볼 때 양자는 층위가 다르다. 계관은 특정 '계'에 있는 '관'을 뜻하는 것으로서 그 자체로는 계수관과 동일한 의미가 될 수 없다. 계수관의 경우 복수의 관을 전제하므로 그 범위가 임내보다 광역이 되지만, 계관의 경우에는 그러한 전제가 없다. 논의되는 사안이 무엇인지, 또 그것과 연계된 '계'의 범위가 어떤 것인지에 따라 계관의 내용도 달라질 수 있다.

실제 전술한 "양주 계내의 견주"는 양주, 곧 일반 주현에 '계관'이 적용될 수 있다. '양주계'의 관은 지양주사(知楊州事)밖에 없기 때문이다. 다음 자료 또한 계관이 계수관이 아닌 일반 외관을 가리키는 예이다.

마) 法孫傳繼向事乙 所司弋只 界官良中 出納下問令是乎矣[11]

위의 기록은 신종 원년에 작성된 「장성감무관첩(長城監務官貼)」의 일부이다. 이 문서는 장성감무관(長城監務官)이 백암사(白巖寺)의 주지 계승과 관련된 업무를 승록사(僧錄司)로부터 전달받아 장성군사(長城郡司)에 시달한 내용을 담고 있다. 위의 구절은 그 시행안에 언급된 것으로서 '소사(所司)'는 이 사안을 처리하는 주무관청을 표시하고, '계관(界官)'은 그로부터 명령을 받는 백암사 소재지의 외관을 말한다. 이들은 실제 내용에서는 각기 승록사와 장성감무관에 해당한다.[12] 곧 계관이 반드시 계수관을

11 『韓國古代中世古文書研究』 長城監務官貼.

12 이 界官을 界首官으로 보고, 사원행정의 관리를 계수관 기능의 하나로 이해한 경우도 있다(구산우, 2002, 「고려시기 계수관(界首官)의 지방행정 기능과 위상」, 『역사와 현실』 43, 234-237쪽). 그러나 이 견해는 「장성감무관첩」의 문서 수발 관계와 어긋

의미하는 것으로 볼 수 없는 것이다.

이에 비추어 볼 때 기존에 계수관 기능과 관련하여 인용되었던 계관 사례들도 재검토해야 한다. 여기서 해당 용례를 정리하면 다음과 같다.

바) ① 양경의 여러 도량과 복전 및 도감의 도(道)·속(俗) 관리들, 서경 및 어가를 수행한 양반 관리, 군인, 잡류, 여러 계관에서 어가를 영접한 장리 등에게 상을 주고 조세를 감면하는 등의 일(을 시행하라).[13]

② 각 주진은 농한기에 매달 육아일(六衙日)에 궁노를 익히고, 계관의 행수 관리가 색원과 더불어 직접 감독하도록 하라.[14]

③ 내외의 가로에 드러난 해골에 대해 경내는 동서대비원이, 외방은 각령계관(各領界官)이 고찰하여 수습하고 매장하라.[15]

①은 예종 11년 4월에 예종이 서경에 행차했다가 돌아온 뒤 시행한 포상 내역의 일부이다. 여기에 "여러 계관에서 어가를 맞이한 장리(長吏)"라는 표현이 보인다. 앞의 '여러'는 그것이 다수임을 나타내고 있다는 점과 어가가 지나는 동안 각 고을의 장리들이 나와 어가를 맞이하였을 것임을 감안하면, 이를 계수관에 국한하기는 어렵다. 그보다는 어가가 지나는 해당 지역의 관으로 보는 것이 자연스럽다.

②는 양계의 주진(州鎭)에서 궁노(弓弩)를 연마하도록 조치한 것인데,

난다.

13 『高麗史』 권14, 睿宗 11년 4월 辛卯, "兩京諸處道場福田及都監道俗員吏 西京及隨駕兩班員軍人雜類 諸界官迎駕長吏等 職賞及稅租減除等事".

14 『高麗史』 권82, 兵2 鎭戍 序文, "各州鎭 於農隙每月六衙日 習弓弩 令界官行首員與色員 親監".

15 『高麗史』 권84, 刑法1 職制 文宗 11년, "內外街路曝露骸骨 京內東西大悲院 外方各領界官 考察收拾埋瘞".

이를 계관의 행수(行首) 관리와 색원(色員)으로 하여금 직접 감독하도록 하고 있다. 이를 주진과 대비해 본다면 계수관으로 이해할 소지도 있다. 그러나 양계 지역에서 계수관의 원료 몇 명이 관할 주진을 다니며 육아일(六衙日)마다 감독한다는 것은 현실적으로 불가능하다. 이것이 각 주진에 보편적으로 적용되는 조치라면, 계관은 연습이 이루어지는 해당 주진의 관원을 나타내는 것으로 보아야 한다.

③은 길가에 방치된 시신들을 수습하도록 조치한 내용인데, 지방의 경우에는 '각령계관(各領界官)'이 담당하도록 하였다. 이때 '영(領)'과 '계(界)'는 모두 일정한 권역을 나타내는 의미를 가지며, '영계관'은 '영관(領官)'과 '계관(界官)'의 연칭으로 짐작된다. 이러한 연칭에서 상위 범주가 앞에 놓인다는 점을 감안하면, '영관'은 계수관에, '계관'은 그 예하의 일반 주현에 조응한다.[16]

이상에서 볼 때 계관 용례들을 바로 계수관으로 이해할 수는 없다. 계관은 특정 사안과 관련하여 해당 지역을 관할하는 외관을 상정하며, 대개 외관이 관할하는 임내에 상응한다. 결국 계수관은 특정 사안에 따라 설정된 '계'가 다수의 관을 포괄할 때 이들을 통괄하는 중심으로서 설정된 것으로 정의할 수 있다.

2) 계수관의 설정 대상

이번에는 계수관으로 설정된 군현들이 관호(官號)에서 어떤 위치에 있었는지 파악해 보기로 한다. 이것은 기존 연구에서 주목한 것처럼 『고려사』

16 물론 그 반대의 관계이거나 양자가 같은 내용을 중복적으로 나타낼 여지도 있다. 하지만 『고려사』 지리지에서 계수관이 관할하는 외관을 '領'으로 표현한 것을 감안하면 領官은 계수관으로 보는 것이 타당할 듯하다.

지리지 편성에 드러나 있다. 앞서 언급한 「정도사오층석탑조성형지기」(자료 나-②)의 상주, 경산부, 약목군의 사례를 『고려사』 지리지 편성과 대비해 보면, 상주는 칸을 띄우지 않고 바로 연혁이 정리되어 있는 반면, 지부사인 경산부는 한 칸을 띄우고 시작하며, 속현인 약목군은 두 칸을 띄우고 시작한다.

이에 비추어 상주와 같은 층위로 정리된 군현들이 곧 계수관에 해당할 것이다. 『고려사』 지리지에서 이러한 사례를 추출하면 다음과 같다.[17] 교주도는 다른 지역과 달리 2단으로 구성되어 있는데, 이 지역에는 계수관에 해당하는 군현이 없어 다른 지역보다 한 칸 위로 올려 정리된 것이다.

> 사) 남경유수관 양주, 광주목, 청주목, 충주목, 동경유수관 경주, 진주목, 상주목, 전주목, 나주목, 안서대도호부 해주, 황주목, 안변도호부 등주, 서경유수관 평양, 안북대도호부 영주

위의 사례에서 계수관으로 판단되는 군현들의 격이 경(京)·목(牧)·도호(都護)라는 것을 확인할 수 있다. 그리고 이것은 계수관의 구성을 나타내는 사료를 통해 뒷받침된다.

> 아) 제술·명경의 여러 전공에 새로 선발된 자는 국자감에 3년간 속하게 하며, 근무일이 300일을 채운 자는 각기 전공한 감시(監試)에 응시하는 것을 허락한다. 서경은 유수관이 선상(選上)하고, 향공은 동·남경, 8목, 3도호 등의 계수관이 전식(前式)에 의거하여 시험 선발하여 신

17 물론 여기에는 기준 시점이 적용되어야 하지만, 계수관이 설정된 군현의 官號를 파악하는 데는 차이가 없으므로 일단 지리지 편성을 그대로 인용한다.

성(申省)한다.[18]

위의 기사는 향공선상(鄕貢選上)에 대한 예종 5년의 판이다. 여기서 계수관은 동경과 남경, 8목, 3도호로 구성된다고 설명되어 있다. 그런데 이 기사에 언급된 '등(等)'의 의미에 근거하여 이들 외에 다른 것도 계수관에 포함된다고 본 견해도 있다.[19]

그러나 경·목·도호를 연칭한 여타 사례들을 보면 위 사례 외에는 '등'이 붙어 있지 않다.[20] 그런데 위 기사는 연칭 뒤에 다시 '계수관'이 이어진다는 점에서 다른 사례와 차이가 있다. 이 문장은 어법상 앞에 열거된 것들과 뒤의 공통 속성이 연결되는 구조이다. 이 경우 '등'은 다른 것을 생략하는 의미가 아니라 앞에 열거된 것을 총칭하여 뒤의 공통어로 연결하는 기능을 한다. 결국 이 기사는 계수관의 설정 대상이 경·목·도호임을 명확히 보여 주는 사례인 것이다.

또한 앞서 인용한 추옥(推獄) 규정 기사(자료 라-①)를 보아도 그러한 상관성을 읽을 수 있다. 곧 목과 도호에서 처리한 옥사는 자체적으로 여러 원료들이 합석하여 검토하도록 하였고, 이어 지주·현령에 대해 '계수 1명'의 참관을 규정하였다. 목·도호와 지주·현령은 외관이 설치된 점

18 『高麗史』 권73, 選擧1 科目 睿宗 5년 9월, "製述明經諸業新擧者 屬國子監 三年仕滿三百日者 各業監試 許赴 西京則留守官選上 鄕貢則東南京八牧三都護等界首官 依前式 試選申省".

19 박종기, 1986, 앞의 논문.

20 『高麗史』 권12, 睿宗 원년 정월 戊戌, "禮部奏 兩界三京三都護八牧 每當元正冬至及至元節 表賀坤成殿 以爲恒式 制可".
『高麗史』 권67, 禮9 嘉禮 王太子節日受宮官賀幷會儀 睿宗 10년 10월 庚子, "禮司請以太子生日 爲永貞節 令宮官僚屬進賀 兩界三京八牧三都護府 上箋 以爲恒式".
『高麗史』 권19, 明宗 3년 10월 壬戌, "制 自三京四都護八牧 以至郡縣館驛之任 並用武人".

에서는 동일하지만, 목·도호에는 지주·현령처럼 자신이 처리한 옥사를 검토할 '계수 1명'이 따로 존재하지 않는다. 이것은 역으로 목·도호가 계수관에 해당함을 의미한다.[21]

이상의 검토를 통해 볼 때 고려전기 계수관은 경·목·도호와 일치한다고 규정할 수 있다. 이는 다음 두 자료의 대비를 통해 재차 확인된다.

> 자) ① 매년 봄가을로 공사의 칭(枰)·곡(斛)·두(斗)·승(升)·평목(平木)·장목(長木)을 바로잡는 일의 경우, 외관은 동·서경과 4도호, 8목이 관장케 한다.[22]
>
> ② 박지(朴持)는 정해년에 풍해도 녹전차사원이 되어 계수관의 바로잡은 두승(斗升)을 쓰지 않고 임의로 각관의 두승을 마음대로 조작하여, 한 말마다 한 되를 남기고 한 되에 두 홉을 남겼으니, 백성을 병들게 하고 근심을 끼친 죄가 심합니다.[23]

①은 고려 정종 12년의 판으로서 경·목·도호가 도량형기를 바로잡는 일[平校]을 담당했음을 보여 준다. 이에 대해 ②는 조선초기의 기록으로서 평교 담당자가 계수관으로 되어 있다. 조선초기의 지방제도가 고려에서 계기적으로 이어져 형성된 것이고, 광역을 단위로 다수의 외관을 관할하는 관부로서 계수관의 설정이 동일하게 나타난다. 이러한 요소를 감안할

---

21 여기에 京은 언급되지 않았으나 牧·都護보다 격이 높다는 점에서 같은 맥락에서 이해할 수 있다.

22 『高麗史』 권84, 刑法1 職制 靖宗 12년, "每年春秋 平校公私枰斛斗升平木長木 外官則令東西京四都護八牧 掌之".

23 『太宗實錄』 권15, 太宗 8년 3월 庚午, "持爲丁亥年豊海道祿轉差使員 不用界首官平校斗升 擅將各官斗升 自加雕掘 每一斗剩一升 每一升剩二合 病民貽患 其罪甚矣".

때, 동일한 기능을 각기 '경·목·도호'와 '계수관'으로 지칭하는 것은 고려의 경·목·도호가 곧 계수관이었음을 뒷받침한다.

그런데 근래 연구에서는 계수관과 경·목·도호의 일치성에 대해 논란이 있었다. 곧 계수관과 주현을 동일시하는 견해 쪽에서 경·목·도호 중에서도 계수관으로 인정되지 않는 경우가 있음을 지적하였고,[24] 통설에 입각한 주장에서도 경·목·도호 중에서 소정의 관부에 대해 계수관이 설정되었다고 보았다.[25] 여기서는 고려전기의 계수관이 관호체계로 볼 때 경·목·도호와 일치한다는 입장에서 이러한 의견들에 대해 검토하고자 한다.

경·목·도호가 곧바로 계수관이 되는 것은 아니라는 주장의 주된 논거는 『고려사』 지리지에서 서경과 광주목처럼 계수관급으로 정리되었으면서도 실제 관할하는 주현이 없는 예와 반대로 안남도호부 수주(樹州)처럼 관호가 계수관급이면서 주현 단위로 정리된 예가 있다는 점과 운영 양태로 볼 때 서경이 일반 계수관과 구분된다는 점 등이다.[26]

먼저 전자는 계수관의 관호가 일률적이지 않다는 논지인데, 다음과 같은 문제가 지적된다. 첫째, 개념적으로 볼 때 계수관이 다수의 관 중에서 수위의 관이라는 의미를 가지고 있지만, 그것이 관할하는 별도의 주현 없이 계수관 단독으로 존재하는 경우를 배제하는 것은 아니다. 복수의 관은 '계수관'이라는 용어가 성립하기 위한 개념적 전제이다. '계'에서 한 곳에만 외관이 존재한다면 '계수관'이라는 용어를 쓸 이유가 없기 때문이다.

하지만 대부분 '계' 안에 다수의 외관이 있는 상황을 전제할 때, 외관

24 朴宗基, 1999, 「高麗時代 界首官의 범위와 성격」, 『韓國學論叢(국민대)』 21; 2002, 앞의 책.

25 김동수, 2002, 「고려시대 界首官의 범위에 대한 재론」, 『全南史學』 19.

26 박종기, 2002, 앞의 책, 203-207쪽.

이 한 곳에만 있는 경우가 예외적으로 발생하더라도 그것이 바로 '계수관'의 의미를 부정할 수는 없다. 따라서 계수관의 개념은 지속될 수 있으며, 해당 군현은 관내 외관에 대한 감찰과 같은 경우 외에는 계수관 기능을 동일하게 수행할 수 있다.

둘째, 『고려사』 지리지를 이해하는 데 방법론적인 문제가 발견된다. 그것은 계수관 구성에 대해 설명하면서 기준 시점을 고려하지 않고 있다는 점이다. 고려의 지방제도는 중기 이후 많은 변화를 겪었기 때문에 그 구성이나 운영체계 등을 일률적으로 말하기 어렵다. 그런데 가장 기본적인 자료인 『고려사』 지리지는 이미 변화가 시작된 명종초를 기준으로 하고 있다.

따라서 현종 9년에 완성되어 이후 한동안 지속된 지방제도를 전형으로 놓고 이해할 때, 『고려사』 지리지의 구성을 그대로 사용해서는 안 되며, 반드시 현종 9년의 체제로 재구성하거나 그것에서 벗어나지 않는다는 단서가 붙어야 한다. 이러한 고려 없이 지리지 내용에 근거하여 논지를 전개하면 상당한 착오가 발생할 수 있다.

예를 들어 광주목은 현종 9년을 기준으로 볼 때 다수의 주현을 관할하고 있었다. 한강 주변 지역의 주현을 관할하는 계수관인 남경은 숙종 9년에 설치된 것이다.[27] 현종 9년에는 지주사로서 다른 계수관의 관할을 받는 위치에 있었다. 이 계수관은 광주목이다.[28] 따라서 광주목의 사례는

---

27 『고려사』 지리지에는 문종 21년에 南京이 설치된 것으로 되어 있지만, 『세종실록』 지리지에는 이 연혁이 없다. 또한 숙종 9년 남경 설치 논의에서도 문종대의 사적이 전혀 언급되지 않고 있어 그 실재성에 의문이 제기된다. 이에 대해 문종 21년 남경 설치는 고려말 한양천도에 대한 역사적 준거를 마련하기 위해 생성된 것으로 파악하기도 한다(윤경진, 2010, 「고려 문종 21년 南京 설치에 대한 재검토: 공양왕 2년 한양 천도의 합리화」, 『韓國文化』 49).

28 이는 지리적 관계로 보더라도 당연한 것이지만, 문종 29년에 작성된 「崔士威墓誌銘」

전형적인 운영체계에서 벗어나는 사례로 지적될 수 없다.

안남도호부 수주(樹州)의 경우도 시기를 고려해야 한다. 지주사였던 수주가 도호부로 되는 것은 의종 4년의 일이다. 반면 계수관의 구성이나 기능을 논하는 자료의 대부분은 인종대 이전의 것들이다.[29] 그렇다면 수주의 사례를 가지고 도호부가 계수관에 포함되지 않을 수 있다고 규정하는 것은 적절치 않다. 그보다 도호부가 중기 이후로 변화를 보이는 사례로 이해하는 편이 타당할 것이다.[30]

셋째, 실제 관할 범위가 지리지에 나타난 것과 달랐을 가능성도 있다는 점이다. 서경의 경우, 지리지에 정리된 4개 속현은 본래 서경기(西京畿)에서 분리된 6현 중 다시 속현으로 편성된 것들이다. 이들 외에 함종현·용강현·영청현·통해현 등 인근의 현령관들이 서경의 관할을 받았음이 확인된다.[31] 나아가 주변 지역의 주진들도 광역 체계에서는 서경의 관할이 된다. 따라서 서경이 관할 주현이 없음을 들어 계수관이 아니었다고 보는 것은 타당하지 않다.

다음에는 후자의 문제, 곧 서경이 계수관과 운영체계상 분리되어 있었다는 주장에 대해 검토해 보자. 이것은 다음 자료들에서 서경이 계수관과 따로 지칭되는 것에 근거한다.

차) ① 외옥수에 대해 서경은 분대(分臺)가, 동서주진은 각계(各界)의 병

에 "廣州牧管內水州人"이라고 나오는 것에서도 뒷받침된다.

29 『고려사』 형법지의 무편년 기사들도 이 범위에서 크게 벗어나지 않는다고 판단된다.

30 무신집권기 禮州가 德原小都護府로 승격하는 것은 도호부의 분화 가능성을 짐작케 한다.

31 尹京鎭, 2001, 「高麗 郡縣制의 운영원리와 主縣-屬縣 領屬關係의 성격」, 『한국중세사연구』 10, 80-82쪽.

마사가, 관내서도는 안찰사가, 동남해는 도부서가, 그 나머지는 각 계수관의 판관 이상이 무시로 감항하여 추검한다.[32]

② 제술·명경의 여러 전공에 새로 선발된 자는 국자감에 3년간 속하게 하며 근무일이 300일을 채운 자는 각기 전공한 감시(監試)에 응시하는 것을 허락한다. 서경은 유수관이 선상하고, 향공은 동경과 남경, 8목, 3도호 등의 계수관이 전식에 의거하여 시험 선발하여 신성한다.[33]

①은 『고려사』 형법지 직제조에 수록된 무편년 판의 하나로, 외옥수(外獄囚) 추검(推檢)에 대해 서경과 계수관이 따로 언급되고 있다.[34] 그러나 이 기사를 이해할 때 다음 두 가지 요소를 고려해야 한다.

하나는 서경이 가지는 특수한 위치이다. 서경은 지방 행정단위이면서도 또 하나의 도읍으로서 중앙의 체제에 준하는 분사(分司)를 두고 있었다. 전자에서는 다른 계수관과 동일한 범주에 속하지만, 후자에서는 구분되는 모습을 보이게 된다. 다시 말해 서경이 특정 분야에서 일반 계수관과 구분되는 양태가 있다고 하더라도 그것이 계수관이 아님을 의미하는 것은 아니다.

다른 하나는 위의 기사에서 서경이 계수관과 대칭되는 것이 아니라

---

32 『高麗史』 권84, 刑法1 職制, "外獄囚 西京則分臺 東西州鎭則各界兵馬使 關內西道則按察使 東南海則都部署 其餘各界首官判官以上 無時監行推檢".

33 『高麗史』 권73, 選擧1 科目 睿宗 5년 9월, "判 製述明經諸業新擧者 屬國子監三年 仕滿三百日者 各業監試許赴 西京則留守官選上 鄕貢則東南京八牧三都護等界首官 依前式 試選申省".

34 이 기사에서 계수관을 判官이 파견된 知州郡事 이상의 군현으로 해석하기도 한다(박종기, 2002, 앞의 책, 208-209쪽). 그러나 東西州鎭의 경우 推檢을 담당하는 관원이 방어사 등의 수령이 아니라 兵馬使라는 점을 감안하면 이 계수관을 주현급으로 해석할 수는 없다.

는 점이다. 이 구절은 공간과 관리를 대응시키고 있는데, 서경은 '동서주진(東西州鎭)', '동남해(東南海)', '관내서도(關內西道)', '그 나머지[其餘]'와 함께 공간 구분의 의미로 사용되고 있다. 서경이 구분 기술된 이유는 사법을 담당하는 분대어사(分臺御史)가 있기 때문이다. 일반 계수관의 판관(判官) 대신에 분대가 추검을 담당하도록 하면서 구분하여 기술된 것이다. 따라서 이것은 분사라는 특수한 제도로 인한 것일 뿐, 서경이 계수관이 아니라는 것을 입증할 수는 없다.[35]

②의 경우도 같은 맥락에서 이해할 수 있다. 서경은 계수관과 대칭되는 것이 아니라 향공(鄕貢)과 대칭되고 있다. 곧 여기서 서경은 다른 지역의 향공 운영과 구분되는 시험체계를 말하는 것으로서 역시 서경의 특수한 위치를 반영한다.

일례로 문종 10년에는 서경유수가 보고하여 서경 내의 여러 전공에서 선발된 사람들의 학습을 위해 비각(秘閣)에 소장된 9경(經) 등의 책을 나누어 주어 여러 학원(學院)에 두도록 청한 일이 있었다. 이에 대해 국왕은 담당 관청에 명하여 한 부씩 인쇄하여 보내 주도록 조치하였다.[36] 주지하듯이 서경에는 태조 때 이미 학교가 설치되고 교육과 선발이 자체적으로 이루어지고 있었다. 향공에서는 계수관이 시취(試取)하여 신성(申省)하는 것과 달리 서경에서는 유수관이 선상(選上)하도록 규정했는데, 이는

35 이 기록에 대해 앞서 인용했던 推獄 기사와 연계하여 모든 주현급에서 외옥수를 추검했다고 보기도 한다(박종기, 위의 책, 208-210쪽). 실상 외옥수 추검 자체는 외관 일반의 기능에 속한다. 다만 여기에는 하급심과 상급심의 구분이 있었다. 推獄 기사는 일반 주현급에서 처리된 옥사를 계수관에서 재심하는 것을 보여 주는데, 계수관 자체도 외관이어서 하급심과 상급심이 공존하므로 이를 '齊坐'의 형식으로 소화한 것이다.

36 『高麗史』 권7, 文宗 10년 8월 戊辰, "西京留守報 京內進士明經等諸業擧人 所業書籍 率皆傳寫 字多乖錯 請分賜秘閣所藏九經 漢晋唐書 論語孝經子史 諸家文集 醫卜地理 律筭諸書 置于諸學院 命有司 各印一本 送之".

서경에서 이미 자체적으로 선발이 이루어지고 있어 별도의 과정을 거칠 필요가 없었기 때문이다.

이처럼 서경이 계수관과 구분되는 것은 분사제도나 학교제도처럼 서경이 가지는 특수한 여건에서 비롯된 것으로, 이 사례를 가지고 서경이 계수관이 아니라고 규정할 수는 없다. 특히 서경이 지방행정 단위로서 다른 경과 함께 양경(兩京), 또는 3경(三京)으로 칭해지며 목·도호와 연칭되는 양상이 있음을 감안하면, 서경 역시 계수관의 하나로 간주하는 것이 타당할 것이다.

하지만 계수관의 개념으로만 본다면, 관호가 반드시 경·목·도호에 국한되지 않는다. '계'로 설정된 범위에 가장 높은 격이 지군사(知郡事)라면 지군사가 계수관이 될 수도 있고, 반대로 하나의 '계' 안에 목이 두 곳 있다면, 그중 하나만이 계수관으로 설정된다. 조선초기의 경우 『세종실록』 지리지를 보면, 풍천군(豊川郡)과 간성군(杆城郡)은 군수(郡守)임에도 계수관으로 설정되어 있고, 반대로 성주목(星州牧)은 목관임에도 계수관으로 설정되지 않았다.

따라서 고려시대 전체, 또는 조선초기까지 포함하여 보면 새로 목이나 도호부가 된 군현이 자동적으로 계수관이 되는 것은 아니라고 설명할 수 있다. 그러나 고려후기 이후 지방제도가 급속히 변화되어 간다는 점을 감안하면, 이러한 통시적 이해는 문제가 있다. 고려후기, 또는 그 연장에서 조선초기 지방제도를 논할 때에는 고려전기 이래 '지속'되는 요소와 '변화'로 인해 나타나는 요소를 구분해야 한다. 계수관의 설정 원리 자체는 조선초기까지 그대로 지속되는 것이고, 따라서 이와 관련된 자료들을 원용하는 것이 가능하다. 그러나 계수관의 설정 대상은 외관 증치와 관호 상승으로 인해 달라지지 않을 수 없으므로 이를 감안해야 한다.

이를테면 조선에서는 통상 '계수관'으로 지칭하는 데 비해 고려시기 기록에서 '계수관'보다는 경·목·도호의 연칭이 자주 보인다. 고려의 경우 양자가 일치되어 운영되었던 사정을 반영하는 것으로 해석된다. 반면 조선에서는 계수관으로 설정되는 관호가 다변화됨으로써 연칭이 곤란해진 상황을 유추할 수 있다.

이러한 맥락에서 계수관제를 이해할 때에는 전기의 전형적인 양태와 후기 이후의 변화된 양태를 구분하고, 그 토대에서 후대 자료를 적절히 원용하는 방식이 필요하다. 그리고 고려전기의 계수관은 경·목·도호와 일치했으며, 지방제도 변화에 따라 그 설정 대상이 달라지는 것으로 이해해야 할 것이다.

2. 계수관의 구성 내역과 변화

앞서 고려의 계수관이 경·목·도호에 설정되었음을 확인하였다. 이들의 구체적인 내역에 대해서는 통상 『고려사』 지리지의 편성에 근거하여 3경(서경·동경·남경), 8목(광주·충주·청주·진주·상주·전주·나주·황주), 3도호(안서·안변·안북)로 정리하고 있다.[37] 그러나 지리지의 편성은 명종초를 기준으로 하면서 지역별 자료 상태에 따라 복합적인 기준이 적용되고 있기 때문에 이를 곧바로 고려전기에 적용할 수는 없다. 따라서 현종 9년 기준으로 계수관 구성 내역을 파악하는 것이 필요하다.[38]

37 이는 계수관 연구의 기초를 닦은 윤무병이 제시한 이래(尹武炳, 1962, 「高麗時代 州府郡縣의 領屬關係와 界首官」, 『歷史學報』 17·18합), 연구자들이 별다른 이견 없이 받아들이고 있다.

38 '界首官'의 첫 용례는 현종 15년의 鄕貢選上에 대한 判이다(『高麗史』 권73, 選擧1 科目 顯宗 15년 12월, "判 諸州縣 千丁以上 歲貢三人 五百丁以上 二人 以下 一人 令界

또한 고려전기의 계수관 구성 내역은 시기와 자료에 따라 편차가 있다. 경(京)의 경우 양경으로 된 경우도 있고, 3경으로 된 경우도 있으며, 3경 각각은 성립시기에 차이가 있다. 도호부는 4도호 외에 기록에 따라 3도호, 또는 5도호로 된 경우가 보인다. 목의 경우도 실제 연혁에서 확인되는 내용을 통한 비판적 이해가 필요하다.

따라서 계수관에 대한 구체적인 이해를 위해서는 기준 시점을 설정하고 당시에 실제 계수관을 구성하는 군현들의 내역을 명확하게 규정한 다음, 그것을 토대로 변화의 양태를 고찰해야 한다. 여기서는 고려 지방제도가 확립되는 현종 9년을 기준으로 계수관의 구성이 어떠했는가를 살펴보고, 아울러 자료에 따라 보이는 수의 차이와 함께 그 성립 과정에 대해서도 검토할 것이다.

1) 경

경(京)은 양경(兩京), 또는 3경으로 통칭하는 경우가 자주 보이는데, 시기와 내용에 따라 경의 실제 구성 내역은 차이가 있다. 먼저 현종 9년 이전 양경의 용례를 정리하면 다음과 같다.

카) ① 법왕사, 왕륜사 등 10개의 절을 도성 안에 창건하고, 양경의 탑묘(塔廟)와 초상 중에 망가진 것들은 모두 수리케 하였다.[39]

② 양경의 팔관회를 정지할 것을 명하였다.[40]

首官試選"). 이로 보아 계수관제는 현종 9년 지방제도 개편과 함께 수립된 것으로 이해할 수 있다.

39 『高麗史』 권1, 太祖 2년 3월, "創法王王輪等十寺于都內 兩京塔廟肖像之廢缺者 並令修葺".

40 『高麗史』 권3, 成宗 6년 10월, "命停兩京八關會".

③ 마땅히 양경의 백사(百司) 및 12목, 지주현진사 등에게 내려 주어 모두 법제를 알고 힘써 실행하도록 할 것이다.[41]

위에서 ①은 태조 2년의 기록으로서 여기에 보이는 양경은 개경과 서경을 가리킨다. ②는 성종 6년 8월의 기록으로서 팔관회가 개최되는 곳이라는 데서 개경과 서경을 가리키는 것을 알 수 있다. ③은 성종 7년 2월의 기록인데, "양경백사(兩京百司)"[42]라는 표현에서 개경과 서경을 가리킨다는 것을 알 수 있다.[43]

한편 3경은 여기에 동경(東京)까지 포함하는 것이었다. 『고려사』 지리지 경주 연혁을 보면 현종 21년에 동경유수(東京留守)로 삼으면서 이것이 '고려삼경(高麗三京)'의 설에 따른 것임을 밝히고 있다.[44] 실제 고려초기에 동경을 포함해서 3경을 일컫는 경우가 보인다.

타) 3경 10도의 박사 사장(師長)으로서 생도들을 격려하고 성과가 있는 자는 이름을 적어 보고하고 관내에 재주와 학식이 있는 자는 해마다

---

41 『高麗史』 권3, 成宗 7년 2월 壬子, "宜頒兩京百司 及十二牧 知州縣鎭使等 咸使知委勉行條制".

42 여기서 '兩京百司'를 '兩京과 百司'로 볼 수도 있고 '兩京의 百司'로 볼 수도 있다. 그런데 뒤이어 지방관청으로서 12목이 언급되고 서경에는 分司가 설치되어 있으므로 兩京百司는 그와 대비되는 관부를 일괄하는 의미에서 후자로 보는 것이 타당하다.

43 아래 인용한 『고려사』 지리지 연혁에는 성종 6년에 동경유수가 설치되는 것으로 나와 당시 '양경' 범주와 맞지 않는다. 그러나 후술하듯이 동경유수의 설치는 성종 6년이 아니라 후속 연혁인 성종 14년으로 보아야 하며, 이 경우 성종 7년에는 양경만 존재하게 된다. 이는 경주가 12목의 하나로 파악되는 점을 통해서도 뒷받침된다.

44 『高麗史』 권57, 地理2 東京留守官 慶州, "(顯宗)二十一年 復爲東京留守 時銳方所上三韓會土記 有高麗三京之文 故復置之".
최근 '高麗三京'의 설은 성종 14년 처음 東京留守를 둘 때의 이념이며, 고려의 三韓一統意識과 관련되어 있음이 지적되었다(윤경진, 2017, 「고려초기 三韓一統意識과 '高麗三京': 東京 연혁의 역사적 함의」, 『한국중세사연구』 51).

천거하여 향규를 훼손하지 않도록 하라.[45]

위의 기사는 목종 6년의 것으로서 당시 '3경'의 범주가 수립되어 있었음을 확인할 수 있다. 당시 경은 개경·서경·동경뿐이다.

한편 동경유수 복구 이후의 기록을 보면, 개경을 제외하고 동경과 서경을 '양경'으로 지칭하는 경우가 보인다. 문종 즉위년 왕의 생일에 동서양경과 4도호, 8목의 사찰에서 도량을 배설하도록 한 조치가 그 첫 사례이다.[46] 그러나 이전처럼 개경과 서경을 묶어 양경으로 칭하는 경우도 여전히 발견된다. 이것은 대개 "양경문무반(兩京文武班)"처럼 개경과 서경에 국한되는 사항을 표현할 때 보인다.[47] 반면 개경을 제외하고 동경과 서경을 말할 때에는 "동서양경"이나 "양경유수"[48] 등 그 내용을 분명히 하는 경우가 많다.

한편 숙종 때 남경(南京)이 설치된 후 3경은 대개 서경·동경·남경을 묶어 통칭하는 표현이 되었다. 그런데 여기에 개경까지 포함하여 '4경' 같은 식으로 일컫는 경우는 없다. 여기서 의식적으로 '3경'의 수를 맞추고자 했음을 짐작할 수 있다. 이 외에 서경의 특수성이 개재되는 경우에는 서경을 제외하고 '동남경(東南京)'으로 묶어 칭하는 사례도 있고(자료 차-②),

45 『高麗史』 권74, 選擧2 學校 穆宗 6년 정월, "敎 令三京十道博士師長 獎勸生徒 有勤効者 錄名申聞 管內有才學者 逐年薦擧 勿墜恒規".

46 『高麗史』 권7, 文宗 즉위년 11월 丙午, "每遇節日 國家設祈祥迎福道場於外帝釋院七日 文武百寮 於興國寺 東西兩京四都護八牧 各於所在佛寺行之 以爲恒式".

47 『高麗史』 권8, 文宗 12년 7월 庚寅, "其兩京文武南班員吏 有犯當降黜者及諸州府郡鎭長吏將校有罪受黜者 主司酌其輕重 依舊敍用 其諂曲奸邪 再犯私罪者 不在此例 公徒私杖以下 原之".
『高麗史』 권8, 文宗 13년 5월 丙辰, "制 兩京百寮樵蘇地 限馬首嶺 樹禁標 違者痛理".

48 『高麗史』 권16, 仁宗2 11년 4월 甲辰, "京官及兩京留守 兩界兵馬使 諸道按廉使 親監牢獄 挺重囚 出輕繫".

국왕의 순행 대상으로서 서경과 남경을 묶는 경우도 보인다.[49]

그런데 이러한 경의 구성에서 동경의 연혁 내용은 보다 세밀한 검토가 필요하다. 여기서 『고려사』 지리지 경주의 연혁 중 성종-현종대의 것을 정리하면 다음과 같다.

> 파) (太祖)二十三年 陞爲大都督府 成宗六年 改爲東京留守 十四年 稱留守使 屬嶺東道 顯宗三年 廢留守官 降爲慶州防禦使 五年 改安東大都護府 二十一年 復爲東京留守

위의 연혁을 보면 성종 6년에 동경으로 성립한 데 이어 다시 성종 14년에 "유수사를 칭했다"라는 연혁이 이어지고 있다. 이에 먼저 나오는 성종 6년 동경 설치를 그대로 서술하는 경우가 많다. 그러나 '유수'와 '유수사'는 같은 의미라는 점에서 이 연혁을 무비판적으로 받아들이는 것은 곤란하다.

이에 대해서는 도중에 폐지 조치가 있었으나 누락되었을 가능성, 성종 14년 연혁이 잘못 들어갔을 가능성, 성종 6년의 연혁이 잘못 들어갔을 가능성 등을 생각할 수 있다. 이 중 가장 가능성이 높은 것은 세 번째이다.

이 가능성은 앞서 인용한 성종 7년 기록과 대비를 통해 뒷받침된다. 지리지에 따르면 성종 7년은 이미 동경이 설치된 뒤인데, 해당 기사에는 동경이 언급되지 않고 있다. 동경은 격으로 볼 때 양경(개경·서경)과 12목 사이에 위치해야 한다. 이 조치는 전국을 대상으로 한 것이기 때문에 동경이 제외될 수 없다는 점에서 성종 6년의 동경유수 설치 자체가 의심된

---

49 『高麗史』 권72, 輿服1 儀衛 西南京巡幸衛仗.

다. 또한 경주가 12목의 하나였으므로 다시 동경으로 설정되었다면 12목의 구성에도 변화가 생길 수밖에 없으나 그 흔적을 찾을 수 없다.

한편 『고려사』 세가에서 이 시기 동경의 용례를 찾아보면 이 가능성이 더욱 높아진다.

> 하) 서도(西都)에 행차하였다. (중략) 어가를 수행한 군인으로서 부모의 나이가 80인 자는 먼저 '동경(東京)'으로 가서 문안하도록 하였다.[50]

위의 기사에 따르면 성종 9년에 동경이 있으므로 성종 6년의 연혁을 인정할 수 있는 것처럼 보인다. 그러나 이 동경은 경주로 보기 어렵다.

이 기사는 성종이 서도(西都), 곧 서경에 행차한 뒤 은전을 베푸는 내용의 일부이다. 이때 어가를 호종한 군인 중에 부모가 연로한 사람에 대해 "먼저 동경에 가서 문안하라"고 했으므로 이 군인들은 동경에 집과 부모가 있었을 것이다. 이 동경이 경주를 가리킨다고 했을 때 이해되지 않는 것은 호종 군인 중에 왜 동경 출신만 언급했느냐는 점이다. 또 당시 호종 군인이 서경에서 가장 먼 지역에 속하는 경주 출신으로 구성되었다고 보는 것도 무리이다. 따라서 이 기록에 보이는 동경은 경주를 가리킨다고 보기 어렵다.

이 기록의 동경은 국왕이 행차한 서경에 대비하여 개경을 가리키는 것으로 이해된다. 당시 서경은 또 하나의 도읍으로서 위상이 높았고, 실제 국왕의 정무를 뒷받침하도록 분사(分司)가 설치되어 있었다. 개경과 서경을 묶어 양경으로 통칭한 것은 이러한 위상에 따른 것이다. 따라서

50 『高麗史』 권3, 成宗 9년 10월 甲子, "幸西都 (중략) 隨駕軍人 有父母年八十者 許先赴東京問安".

국왕이 서경에 행차하여 정무를 보는 상황에서는 서경이 도읍이 된다. 거란의 1차 침공 당시 서희가 소손녕과 강화 협상을 벌이면서 “평양에 도읍하였다”라고 언명한 것은 이러한 조건에서 나왔다.[51] 개경의 위치에서 서경이 설정되는 것과 마찬가지로 서경이 도읍으로 기능할 때 개경은 상대적 위치에서 동경으로 인식된 것이다.

개경을 동경으로 인식한 사례는 다음 기사에서도 확인된다.

> 거) 대봉왕 궁예가 성품이 잔인하니 해군통수 왕건이 그를 죽이고 자립하여 고려왕을 다시 칭했다. 개주를 동경으로, 평양을 서경으로 삼았다. 왕건은 검소하고 관대하여 나라 사람들이 편안하게 여겼다.[52]

위의 기사는 『자치통감(資治通鑑)』의 것으로서 왕건의 즉위에 대한 내용을 담고 있다. 여기에 고려를 복구한 뒤 개주(開州), 곧 개경을 동경으로 평양을 서경으로 했다는 내용이 보인다. 개성과 평양이 동경과 서경으로 대칭된 것이다. 이렇게 인식되는 상황에서 따로 경주에 동경유수를 두었을 가능성은 없다.

또한 현종 3년의 개편과 연계해 보아도 동경유수의 설치 시점이 성종 14년일 가능성이 인정된다. 성종 14년에 설치된 외관은 목종 8년에 단련사 등이 일차 도태되었고, 현종 3년에 12주절도사가 폐지되었다. 이때 동경유수도 방어사로 강등되었는데, 이를 역으로 추정하면 동경유수도 12주절도사와 함께 성종 14년에 설치되었다는 이해가 가능하다. 따라서 성

---

51 『高麗史』 권94, 列傳7 徐熙, “我國卽高勾麗之舊也 故號高麗 都平壤”.

52 『資治通鑑』 권271, 後梁 均王 龍德 2년, “大封王躬乂 性殘忍 海軍統帥王建殺之 自立復稱高麗王 以開州爲東京 平壤爲西京 建儉約寬厚 國人安之”.

종 6년의 개편 기사는 잘못 들어간 것으로 보아야 할 것이다.

이상에서 경(京) 내지 유수관(留守官)의 구성 내역과 변화의 추이는 다음과 같이 정리된다. 국초에는 개경과 서경을 '양경'으로 칭하였고, 개경은 서경에 대칭적으로 동경으로 불리기도 하였다. 성종 14년 동경유수가 설치된 뒤 이를 포함하여 '3경'이라 칭하였고,[53] 남경이 설치된 뒤에는 개경을 제외한 서경·동경·남경을 3경으로 칭하였다. 그런데 관제와 관련된 기록에서 개경과 서경을 양경으로 칭하는 경우도 있었다.

2) 도호

도호의 연혁에 대해 『고려사』 지리지 서문에서는 다음과 같이 적고 있다.

> 너) 현종초에 절도사를 폐지하고 5도호 75도안무사를 두었다. 곧 안무사를 혁파하고 4도호 8목을 두었다.[54]

위에서 절도사가 폐지되는 것은 현종 3년의 일이고, 안무사가 폐지되는 것은 현종 9년의 일이다. 따라서 도호는 현종 3년에 5도호가 되었다가 현종 9년에 4도호가 되는 것이다. 그러나 실제 도호부는 국초 이래 설치 지역과 수에서 변화가 많고 명칭도 혼동의 가능성이 높아 이에 대한 면밀한 분석이 요구된다.[55] 이를 위해 먼저 관련 사료들을 모아 정리해 보

---

53 동경이 防禦使로 강등되는 현종 3년에서 다시 동경으로 복구되는 현종 21년까지는 개경과 서경의 兩京만 있게 된다.

54 『高麗史』 권56, 地理1 序文, "顯宗初 廢節度使 置五都護 七十五道安撫使 尋罷安撫使 置四都護八牧".

55 여기서는 계수관의 하나로서 도호의 전체적인 양상을 검토하는 데 초점을 둔다. 설치 지역의 변화를 포함한 세부적인 연혁에 대해서는 다음 논고를 참고할 수 있다. 윤경진, 2007, 「고려 태조대 都護府 설치의 추이와 운영」, 『軍史』 64.

기로 한다.

우선 『고려사』 지리지에서 국초에서 현종대 사이에 도호부(都護府) 또는 도독부(都督府)[56]로 설정된 적이 있는 사례들을 모아 검토해 보자.

(1) 안동(安東)

안동도호부 연혁은 경주·금주·상주·안동부 등 네 곳에 보인다.

더) ① 東京留守官 慶州: 顯宗三年 廢留守官 降爲慶州防禦使 五年 改安東大都護府 二十一年 復爲東京留守

② 金州: 太祖二十三年 改州府郡縣名 爲金海府 後降爲臨海縣 又陞爲郡 成宗十四年 改爲金州安東都護府 顯宗三年 更今名

③ 尙州牧: 太祖二十三年 復改爲尙州 其後 又改爲安東都督府 成宗二年 初置十二牧 尙州卽其一也 (중략) 顯宗三年 廢節度使 復爲安東大都護府 五年 改爲尙州安撫使 九年 定爲牧 爲八牧之一

④ 安東府: 太祖十三年 (중략) 陞郡爲安東府 後改爲永嘉郡 成宗十四年 稱吉州刺史 顯宗三年 爲安撫使 九年 改知吉州事 二十一年 更今名

위에서 안동은 (안동)-상주-금주-상주-경주로의 이동이 파악되며,[57]

윤경진, 2009, 「고려초기 지방제도 개편과 都護府: 安東·安南의 置廢와 移動」, 『한국중세사연구』 27.

56 여기서 都護의 범주에는 도독부도 포함된다. 일례로 상주는 태조대에 安東都督府였다가 牧으로 바뀌었으며 현종 3년에 안동대도호부가 되는데, 지리지에서는 이를 '復爲'라고 표현하였다.

57 태조 13년 설치 당시의 安東府는 같은 시기 설치된 天安府와 마찬가지로 도호부의 성격을 가진 것으로 판단된다(윤경진, 2007, 앞의 논문, 176-183쪽).

지부사인 안동부가 설치되면서 안동도호부는 없어졌다가 고려후기에 안동부의 승격에 따라 다시 나타난다. 이때 안동도호부가 폐지되는 시점은 현종 21년으로 되어 있으나 실제로는 현종 9년으로 판단된다. 이에 대해서는 뒤에서 다시 분석할 것이다.

(2) 안남(安南)

안남도호부 연혁은 전주, 고부군, 영암군 등 세 곳에 보인다.

> 러) ① 全州牧: 太祖 滅之 改安南都護府 二十三年 還爲全州 成宗十二年 稱承化節度安撫使 十四年 置十二州節度使 號順義軍 屬江南道 顯宗九年 陞安南大都護府 十三年 又名全州
>
> ② 古阜郡: 太祖十九年 稱瀛州觀察使 光宗二年 爲安南都護府 顯宗十年 復今名
>
> ③ 靈巖郡: 成宗十四年 改朗州 安南都護府 顯宗九年 復降爲靈岩郡

안남은 백제 병합 직후 전주에 설치된 것을 그 출발로 한다. 이후 연혁상 고부군이 광종 2년 이후 현종 10(9)년[58]까지 안남도호부였던 것으로 되어 있다. 하지만 영암군이 성종 14년에 안남도호부가 되므로 고부군 연혁과 충돌한다.

이 문제를 이해하는 단서로 앞에 기재된 태조 19년 연혁이 주목된다. 고부군은 현종 10(9)년에 명칭의 개편이 있었고, 이 명칭은 이전에 썼던

58 여기서 현종 10년은 실제로는 현종 9년으로 파악된다. 인종 22년에 현령이 설치되는 富城縣의 연혁이 같은 내용을 가진 大丘나 一善 등의 사례에 비추어 인종 21년으로 보정되는 것과 마찬가지이다. 1년의 오차는 칭원법 조정에 따른 것이다.

것이다. 다른 군현의 예에 비추어 볼 때 고부군 역시 성종 14년에 주호를 가졌을 것이다. 또한 관찰사는 단련사 등과 함께 성종 14년 개편에서 채용된 관직이다.[59] 이로 보아 영주관찰사(瀛州觀察使) 설치는 실제로는 성종 14년의 일로 판단된다.[60]

이는 고부군 연혁 정리 과정에서 간지 비정에 오류가 있었음을 보여주는데, 광종 2년 연혁 또한 조정이 필요하다. 광종 때 안남도호부만 이동하는 배경을 생각하기 어렵기 때문이다. 태조 19년 연혁이 성종 14년 연혁이 되는 것과 같은 원리에서 광종 2년 연혁도 1주갑을 내리고 1년을 조정하면 현종 3년이 된다. 이 해에 안동도호부의 개편도 있었다는 점에 비추어 고부군의 안남도호부 설치 또한 현종 3년의 일로 이해할 수 있다.[61]

따라서 안남은 설치 지역이 전주-영암-고부-전주로 바뀌었으며, 전주가 목으로 된 뒤 의종대 수주(樹州)에 설정될 때까지 존재하지 않았다. 이때 전주가 목으로 바뀌는 것은 현종 13년으로 되어 있으나 실제로는 문종말에서 선종 연간으로 추정되는데, 이는 뒤에서 다시 언급할 것이다.

(3) 안서(安西)

안서도호부 연혁은 해주와 풍주 두 곳에서 추출된다.

---

59 『高麗史』 권77, 百官2 外職, "團練使 都團練使 刺史 觀察使 成宗爲州府之職 穆宗罷之".

60 태조 19년의 간지는 丙申으로 성종 15년의 간지와 같다. 흥미로운 것은 『세종실록』 지리지 전라도 연혁은 성종 14년 연혁이 성종 15년으로 되어 있다는 점이다. 여기서 고부군의 태조 19년 연혁은 실제로는 성종 15년의 것이며, 이는 다른 지역의 성종 14년 연혁에 해당한다는 것을 알 수 있다.

61 앞서 이 절의 저본이 된 논고(윤경진, 2003, 「고려전기 界首官의 설정원리와 구성 변화: 『고려사』 지리지 계수관 연혁의 補正을 겸하여」, 『震檀學報』 96, 20쪽)에서는 태조 19년 연혁만 보정하고 광종 2년 연혁은 그대로 수용했으나 도호부에 대한 후속 연구에서 이 부분을 보정하였다(윤경진, 2009, 앞의 논문, 177쪽).

머) ① 安西大都護府 海州: (顯宗)九年 定置四都護府 改爲海州安西都護府

② 豊州: 成宗十四年 陞爲都護府 顯宗九年 置防禦使

'안서'라는 명칭은 해주 연혁에서만 보이지만 이에 앞서 도호부로 설정된 풍주도 위치로 볼 때 실제 명칭은 안서였을 것으로 판단된다. 따라서 안서는 풍주-해주로 바뀌며, 이후 전기 내내 해주가 안서대도호부로 유지되었다.

(4) 안변(安邊)

안변도호부 연혁은 등주와 화주, 명주 등 세 곳에서 추출된다.

버) ① 安邊都護府 登州: 成宗十四年 置團練使 顯宗九年 更今名

② 和州: 成宗十四年 改和州安邊都護府 顯宗九年 降爲和州防禦使 爲本營

③ 溟州: 太祖十九年 號東原京 二十三年 又以爲溟州 成宗二年 稱河西府 五年 改溟州都督府 十一年 更爲牧 十四年 爲團練使 後又改防禦使

안변은 성종 14년에 화주에 설치되었다가 현종 9년에 등주로 이동하여 전기 내내 유지되었다. 이때 같은 지역권에 있는 명주는 성종 5년에 도독부가 되는데, 이는 안변도호부의 전신으로 이해된다. 시기적으로는 성종 14년까지 지속되는 것으로 추정되며 그 사이에 있는 성종 11년의 연혁은 조정되어야 하는데, 이에 대해서는 뒤에서 다시 언급할 것이다.

(5) 안북(安北)

안북도호부 연혁은 평양과 영주 두 곳에서 추출된다.

서) ① 西京留守官 平壤: 太祖元年 以平壤荒廢 量徙鹽白黃海鳳諸州民 以實之 爲大都護府 尋爲西京 光宗十一年 改稱西都 成宗十四年 稱西京留守

② 安北大都護府 寧州: 太祖十四年 置安北府 成宗二年 稱寧州安北大都護府 顯宗九年 稱安北大都護府

안북은 성종 2년 이후 영주에 설정되며 다른 지역으로 이동한 적이 없다. 그런데 앞서 평양이 태조 원년에 도호부로 설치된 바 있다. 당시 평양에 설치된 대도호부의 명칭이 안북이었는지는 알 수 없지만, 이것이 후일의 안북대도호부로 이어졌다고 이해하는 데는 무리가 없다.[62]

이상에서 고려초기 도호부는 안동·안남·안서·안변·안북 등 5개가 있었으며, 각기 설치 지역에 변동이 있었음을 알 수 있다. 다음에는 이 내용에 기초하여 도호부의 수적 변화를 검토하기로 한다.

일단 지리지 연혁에 따르면 성종 14년 이전에는 안동·안남·안북이 있었고,[63] 성종 14년에 안서와 안변이 추가되어 이후에는 5도호가 되었

62 지리지 연혁에서는 직접 드러나지 않지만, 평양이 서경으로 전환된 후 안북도호부는 成州(鶻巖大城)로 이동했다가 영주로 올라간 것으로 이해된다(윤경진, 2007, 앞의 논문, 164-169쪽). 다만 공식적으로 도호부의 명칭이 부여된 것인지는 단정하기 어렵다.

63 성종 원년의 崔承老 상서에는 長吏의 徵民役使를 推檢하는 주체로 安東과 安南이 보인다(『高麗史』 권85, 刑法2 禁令 성종 원년 6월). 이때 安北이 나오지 않는 것은 공식적으로 설정되지 않았기 때문일 수도 있다. 하지만 그보다는 양계의 특성상 논

다. 그리고 현종 9년 이후 안동과 안남이 차례로 폐지되면서 수주에 다시 안남도호부가 설치될 때까지 도호부는 3개만 남게 된다.

그렇다면 연혁상 현종 9년 시점에는 5도호가 유지되는 셈인데, 이는 지리지 서문에서 현종 9년에 4도호가 된다고 한 것과 어긋난다. 따라서 이에 대한 보정이 필요하다.

해주의 연혁을 보면 현종 9년에 4도호부를 '정치(定置)'했다고 되어 있다. 또한 이후 도호의 용례를 찾아보면, 정종(靖宗)초부터 문종 32년까지 4도호가 보이고,[64] 예종대부터는 3도호가 나온다.[65] 이로 보아 서문의 내용이 정확하고 연혁 내용에 오류가 있는 것이다.

우선 현종 9년 4도호부의 '정치'부터 음미해 보자. 지리지 연혁상 안북·안서·안변과 안남(전주)이 모두 현종 9년에 설정되는 연혁을 가지고 있다. 일단 이것을 전제로 하면 나머지 하나인 안동의 연혁을 의심해 볼 수 있다.

외로 했기 때문일 가능성이 높다.

64 『高麗史』 권6, 靖宗 즉위년 11월 庚子, "設八關會 (중략) 東西二京東北兩路兵馬使四都護八牧 各上表陳賀".
『高麗史』 권84, 刑法1 職制 靖宗 12년, "每年春秋 平校公私枰斛斗升平木長木 外官則令東西京四都護八牧 掌之".
『高麗史』 권7, 文宗 즉위년 11월 丙午, "成平節 王生日也 每遇節日 國家設祈祥迎福道場於外帝釋院七日 文武百寮 於興國寺 東西兩京四都護八牧 各於所在佛寺行之 以爲恒式".
『高麗史』 권9, 文宗 32년 6월 丁卯, "太子率群臣陳賀 東西二京 東北兩界兵馬使 八牧四都護府 亦表賀 命太子 宴客使于乾德殿".

65 『高麗史』 권12, 睿宗 원년 정월 戊戌, "禮部奏 兩界三京三都護八牧 每當元正冬至及至元節 表賀坤成殿 以爲恒式 制可".
『高麗史』 권73, 選擧1 科目 睿宗 5년 9월, "判 製述明經 諸業新學者 屬國子監 三年仕滿三百日者 各業監試 許赴 西京則留守官選上 鄕貢則東南京八牧三都護等界首官 依前式 試選申省".
명종초 기록에서는 다시 四都護가 나타나는데(『高麗史』 권19, 明宗 3년 10월 壬戌), 이는 樹州에 安南都護府가 설치된 데 따른 것이다.

안동도호부는 현종 5년 경주에 설치되었다가 21년에 동경유수가 되면서 폐지되는 것으로 되어 있다. 그러나 실제 폐지 시점은 현종 9년으로 보아야 한다. 이는 안동부 연혁을 통해 추출된다. 안동부는 현종 9년에 지길주사(知吉州事)로 되었다가 현종 21년에 안동부로 바뀌는 것으로 되어 있다. 현종 21년은 지리지 연혁상 경주가 안동도호부에서 동경유수로 바뀌는 시점과 일치한다. 이는 경주가 안동도호부에서 동경유수로 바뀌는 것과 안동부가 안동 명칭을 회복하는 것이 맞물려 이루어졌다는 것을 의미한다.

그런데 실제 안동의 용례를 보면 개편 시점을 달리 잡아야 한다.

어) 경주·상주·청주·안동·밀성에 지진이 있었다.[66]

위의 기사는 현종 16년의 것인데 경주와 안동이 함께 나오고 있다. 여기서 안동은 지리지의 안동부에 해당할 수밖에 없는데, 연혁상 해당 명칭이 부여되는 현종 21년보다 앞선다. 따라서 안동이라는 명칭이 현종 21년에 비로소 부여되었다고 볼 수 없다. 응당 안동부가 되는 시점은 현종 9년으로 보아야 한다.

그렇다면 현종 9년에 지길주사가 되는 연혁은 어떻게 이해해야 할까. 이 문제를 푸는 단서는 성종 14년의 주호(州號)와 현종 9년의 읍호개정의 관계에서 찾을 수 있다.[67] 성종 14년 연혁에 보이는 주는 특정 군현을 가리키는 것이 아니라 여러 현으로 구성된 상위 행정단위를 나타낸다. 연혁에서 주호가 기재된 군현은 실상 해당 주의 치소가 있는 주치현이다. 종

66 『高麗史』 권5, 顯宗 16년 7월 丁亥, "慶尙淸州安東密城 地震".

67 이에 대해서는 본서 2부 3장 참조.

래 주치현이 주호를 사용하고 있던 경우에는 이를 그대로 채용하되 해당 주치현에는 새로운 읍호를 부여하였다. 반면 주치현이 군이나 현이었다면 이것을 그대로 현의 명칭으로 사용하고 주호를 새로 설정하였다.

이러한 주-현체계는 현종 9년의 개편과 함께 모두 폐지되었다. 그 결과 새로 도입된 명칭도 모두 폐지되고 종래의 읍호로 환원되었다. 이 중 현명은 대개 성종 11년에 제정된 읍호, 곧 '성묘소정(成廟所定)' 별호에서 채용한 것으로, 현종 9년의 개편 뒤에 해당 군현의 별호로 정착되었다.[68] 새로 제정된 주호는 그 향방을 알 수 없는 경우가 많으나 일부는 해당 주치현의 별호로 수록되었다.

이러한 전반적인 체계와 대비해 볼 때 새로 채용된 주호가 주치현의 공식 읍호로 계속 사용되는 사례는 그 사실성을 인정하기 어렵다. 안동부의 경우, 성종 14년에 길주라는 명칭이 채용되었다는 점과 뒤에 개정되는 안동부라는 명칭이 앞서 공식 읍호로 사용되었다는 점 등을 감안하면, 길주가 현종 9년에 공식 읍호로 유지되었을 가능성은 희박하다. 결국 안동부 읍호의 복구는 현종 21년이 아니라 현종 9년으로 보아야 한다.

그리고 이것은 경주에서 안동도호부가 폐지되는 것과 맞물려 있다. 따라서 경주의 도호부 폐지도 현종 21년이 아니라 현종 9년의 일로 보아야 한다.[69] 다만 이때 동경유수로 바뀐 것인지는 분명치 않다. 혼용의

---

68 성종 10년에 제정된 것으로 나오는 '成廟所定' 별호는 실상 성종 11년 읍호개정에 따라 제정된 공식 읍호였으나 뒤에 별호로 정착된 것이다(본서 2부 2장 참조).

69 경주의 현종 21년 연혁은 『慶尙道地理志』 및 「東都歷世諸子記」의 경주 연혁 내용과 일치하고 있어 이를 참고했음을 짐작할 수 있다. 그런데 이들 자료에 수록된 연혁은 전승 자료에 근거한 것으로서 연대기 및 기타 자료에 보이는 내용과 어긋난 것이 많아 신뢰도가 떨어진다. 『고려사』 지리지에서도 이를 의식하여 부분적으로만 채용하였다. 따라서 현종 21년 연혁 또한 그대로 수용하기 어렵다. 그리고 안동의 경우 『경상도지리지』에는 현종 21년 연혁이 나와 있지 않아 경주 연혁에 연동하여 정리된 것이라 추정된다.

여지는 있지만 위의 기사에서 '동경'이 아니라 '경주'로 나오는 것에 비추어 도호부에서 다시 경주방어사(慶州防禦使)로 환원되었을 것으로 생각된다.[70]

이상에서 현종 9년에 '정치'된 4도호는 안북·안변·안서·안남이며, 안동은 현종 9년에 경주에서 안동부로 이동하면서 지부사로 전환되어 도호부에서는 빠졌음을 알 수 있다. 한편 4도호가 3도호로 바뀌는 것은 8목의 구성과도 연계된 문제이므로 뒤에서 함께 다루기로 한다.

3) 목

도호의 연혁을 앞서와 같이 이해할 경우 8목의 구성에도 문제가 생긴다. 지리지에서 8목은 광주·충주·청주·진주·나주·상주·황주 등 7개만 확인된다. 여기에 전주를 포함하여 8목으로 보는 것이 일반적이다.

그러나 전주는 현종 9년에 안남대도호부가 되었으므로 같은 해에 다시 목이 될 수는 없다. 현종 9년 전주가 안남도호부임을 인정한다면 전술했듯이 안동도호부가 4도호에서 빠지며, 전주가 아닌 다른 목 1개를 찾아내야 합리적이다.

그렇다면 이곳은 어디일까. 지리지의 연혁을 검토해 볼 때 가장 가능성이 높은 것은 명주이다. 여기서 명주의 연혁을 살펴보자. 앞서 인용했듯이 명주는 성종 2년에 하서부(河西府)라 칭했다가 5년에 명주도독부(溟州都督府)로 고쳤으며, 11년에 목으로 바뀌고, 14년에 단련사가 되었다. 그리고 뒤에 방어사로 귀착되며, 표제 또한 방어사를 기준으로 하고 있다.

---

70 이 또한 처음 논고에서는 동경유수로 복구된 것으로 보았으나 후속 논고에서 방어사로 환원된 것으로 수정하였다(윤경진, 2009, 앞의 논문, 189-190쪽). 그리고 현종 21년 동경으로 복구되는 상황에 대해서는 윤경진, 2017, 앞의 논문 참조.

여기서 눈길을 끄는 것은 성종 11년에 목으로 되었다는 부분이다. 당시는 성종 2년에 설정된 12목이 유지되고 있던 시기로서 여기에 명주가 목이 되면 13목이 되어야 한다. 그런데 성종 12년의 상평창 설치 기록을 보면 여전히 12목으로 언급되고 있다.[71] 따라서 성종 11년에 명주가 목이 되었다는 것은 오류일 가능성이 높다.

이때 명주가 목이 된 연혁 자체가 허구가 아니라면, 이 연혁은 어느 다른 시점으로 조정되어야 한다. 이 경우 가장 가능성이 높은 것은 현종 9년이다. 앞서 지적했듯이 현종 9년의 8목 중에서 하나가 확인되지 않는다는 점을 감안할 때, 명주가 이때 목이 되었다고 보면 연혁 내용이 합리적으로 정리된다.

실제 이후에 명주가 다른 목이나 도호부와 같이 계수관으로 기능하는 양태를 찾아볼 수 있다.

> 저) 삭방도의 등주와 명주 관내인 삼척·상음·학포·파천·흡곡·금양·벽산·임도·운암·환가·고성·안창·열산·간성·익령·동산·연곡·우계 등 19현은 모두 오랑캐의 침입을 받았으니 특별히 세금을 감면하라.[72]

위의 기록은 현종 20년의 것으로서 명주는 도호부인 등주와 함께 다수의 현을 관할하는 주체로 적시되어 있다. 이 중 삼척은 명주 이남에 존재하며 현령관이다. 이것이 지역적으로 명주 관내가 될 수밖에 없는데, 이

---

71 『高麗史』 권80, 食貨3 常平義倉 成宗 12년 2월, "置常平倉于兩京 十二牧".

72 『高麗史』 권80, 食貨3 賑恤 災免之制 顯宗 20년 7월, "以朔方道登溟州管內三陟霜陰鶴浦派川歙谷金壤碧山臨道雲岩豢猳高城安昌列山杆城翼嶺洞山連谷羽溪等十九縣並被蕃賊侵擾 特蠲租賦".
같은 내용이 열전 기록에도 보인다(『高麗史』 권94, 列傳7 李周佐).

경우 명주는 현령관을 관할하는 상급체계, 곧 계수관이 되어야 한다. 이때 통상적인 계수관의 격을 감안하면 명주가 목이었음을 인정할 수 있다.

이러한 추정을 뒷받침하는 또 하나의 사례는 지리지 편성에 보이는 특징이다. 『고려사』 지리지는 도별, 계수관별, 주현별로 군현들을 정리했는데, 같은 항목 안에서는 고을의 격에 따라 배치하였다. 곧 계수관 단위에서 정리되는 주현들은 도호부-지주군사-현령관의 순서로 배치되는 것이다.[73]

그런데 동계의 경우에는 이런 원칙이 지켜지지 않고 있다. 곧 배치 순서를 보면, 안변도호부(등주), 화주 이하 방어군(防禦郡), 원흥진(元興鎭) 이하 진, 진명현(鎭溟縣), 명주, 금양현 이하 현령관의 순서이다. 격으로 볼 때 같은 현령관 사이에 방어사인 명주가 끼여 있는 셈이다. 이러한 구성은 진명현까지의 군현들과 명주 이하의 군현들의 운영체계가 구분되어 있었음을 반영한다. 곧 명종초에 명주는 방어사였기 때문에 제2단에 정리되었지만, 한편으로 이전 시기의 편성 양태를 반영하여 등주 관할 지역과 구분하였던 것으로 짐작되는 것이다.[74]

이상에서 볼 때 4도호에는 안남도호부 전주가 들어가며 8목에는 명주목이 포함된다고 정리할 수 있다. 이후 전주는 목으로, 명주는 방어사로 바뀌면서 3도호 8목이 되었다.

이 경우 전주가 도호부에서 목으로 바뀌는 시점이 문제가 된다. 지리지에서는 현종 13년에 "또 전주라고 불렀다[又名全州]"라고 하였다. 이에

73 다만 고려후기에 설치된 군현은 해당 道의 가장 뒤에 따로 정리하였다. 이것은 지리지가 명종초를 기준 시점으로 정리한 데 따른 것이다.

74 『고려사』 지리지의 편성이 복합적인 양태를 띠는 것은 계수관 상주목 관내의 군현들이 읍호는 명종초의 상황을 반영하면서도 주현-속현 편성은 현종 9년의 편제를 따르는 것에서 단적으로 나타난다.

근거하면 현종 13년에 목으로 바뀌었다고 볼 수도 있다. 그러나 특별한 동기를 찾을 수 없는 상황에서 불과 4년 만에 도호부가 폐지된 것은 납득하기 어렵다. 더구나 현종 13년 이후에도 4도호의 용례가 여전히 나타나고 있다. 따라서 전주의 현종 13년 연혁도 조정이 불가피하다.

전주가 목으로 전환되는 시점을 명확히 알 수 없지만 기록에 보이는 4도호, 또는 3도호의 명칭이 정확한 것이라면 문종 32년에서 예종 원년 사이가 된다. 그리고 전주목의 용례를 찾아보면, 『고려사』 세가에서 가장 빠른 사례가 숙종 9년이고,[75] 금석문에서 확인되는 것은 숙종 원년이다.[76] 이를 통해 문종말에서 선종 연간으로 잡을 수 있다.[77]

여기서 해당 연혁을 음미해 보자. 도호부와 주호는 공존할 수 있기 때문에 이 연혁은 그 자체로는 의미가 없다. 그럼에도 이것이 들어간 것은 해당 내용이 연혁상 유의미하기 때문인데, 전주의 경우 표제가 '전주목'이라는 점에서 이를 나타낼 가능성이 높다. 문제는 현종 13년이라는 시점인데, 전술한 고부군의 사례를 감안하면 이 또한 간지 비정의 오류일 가능성이 있다. 이에 따라 현종 13년의 간지인 임술(壬戌)을 1주갑 내리면 문종 36년이 된다. 이는 위에서 제시한 구간에 들어간다. 따라서 전주는 문종 36년에 도호부에서 목으로 전환되었다고 이해할 수 있다.

한편 명주방어사가 확인되는 용례로 가장 빠른 것은 의종 5년에 찬술된 「오효원묘지명」이다. 이때 그의 부임 시기를 고려하면 예종-인종

75 『高麗史』 권12, 肅宗 9년 3월 庚辰, "召全州牧使吳延寵 爲樞密院左承宣知御史臺事".

76 『高麗墓誌銘集成』 任懿墓誌銘, "壽昌二年 以攝司宰卿 出爲全州牧使".

77 필자는 앞서 문종 21년 남경 설치와 관련이 있을 것으로 보았으나(윤경진, 2003, 앞의 논문, 12쪽), 이후 연구에서 문종 21년의 남경 설치는 실재하지 않았으며, 공양왕 2년 한양천도를 합리화하기 위해 가공된 사적으로 파악하였다(윤경진, 2010, 앞의 논문). 이에 맞추어 이전의 견해를 수정한다.

연간이 된다.[78] 또한 기존의 8목에 전주가 추가되면 9목이 되어야 하는데, 9목의 용례는 없다. 따라서 명주의 개편은 전주가 목으로 바뀌는 것과 연동되었을 가능성이 높다.

이 경우 도호부였던 전주가 목으로 바뀌면서 명주가 방어사로 전환된 것으로 이해할 수도 있지만, 반대로 명주가 방어사로 전환되면서 전주를 목으로 개편했을 여지도 있다. 그리고 전주의 경우 남도에서 군사적 의미가 약화되는 결과라고 한다면, 반대로 명주는 방어 기능이 높아지면서 나타난 변화가 아닐까 한다.

---

78 『高麗墓誌銘集成』 吳孝元墓誌銘.

제5부

광역 운영단위의 편성 (2)

도와 경기

1

10도제의 시행과 운영체계

1. 10도제의 시행과 도별 구성

1) 10도제 시행 이전의 도

지방통치에서 도(道)는 통상 중앙에서 파견한 사신이 업무를 수행하는 관할 구역으로 설정되기 때문에 사신의 종류에 따라, 또는 수행하는 업무의 성격에 따라 다양하게 편성된다. 또한 특정한 일부 지역만을 대상으로 삼는 경우도 있고, 전국을 대상으로 하는 경우도 있다. 이러한 도는 사신의 업무가 끝나면 소멸하는 임시적 성격의 구획이며, 같은 사신을 보내더라도 상황에 따라 다르게 설정될 수 있다.

도는 본래 사신이 다니는 경로를 상정하는 것으로, 특정 지역을 중심으로 하여 경계를 설정한 고정된 영역인 '계(界)'와 차이가 있다. '도'가 가변적인 '선'의 개념이라면 '계'는 고정적인 '면'의 개념인 것이다. 그러나 감찰처럼 업무가 전국적이고 상시적일 경우, 그 대상인 도 역시 영역이 고정될 수 있다.[1] 이때 도는 해당 사신의 업무 대상이 되는 지역을 서로 구분하는 공간적 개념으로 기능하며, 그에 조응하여 도의 중심지가 설정될 수 있다. 반대로 '계'를 단위로 사신이 파견되면, 이 영역은 '도'로 개념화될 수 있다.

이러한 개념 관계에 대한 인식은 고려초기 지방제도에서 광역 단위의 운영체계를 이해하는 데 중요한 토대가 된다. 9주와 12목은 거점을 통해 형성되는 '계'의 성격을 띠고 있는 데 비해, 성종 14년의 10도는 바로 전국을 대상으로 한 일원적인 체계로서 '도'를 설정한 것이다. 광역 운영체계라는 점에서는 상통하지만, 그 설정 원리가 다른 만큼 양자가 반드시 대체 관계가 아닐 수 있다.

성종 14년의 10도는 고려에서 정제된 도제가 시행된 첫 사례이다. 하지만 그 이전에도 도에 준하는 광역 운영체계가 존재하였고, 이것이 이후 도제의 기반이 되었다. 이에 고려초기의 '도'와 '계'의 용례를 검토함으로써 그와 대비되는 10도의 역사성을 가늠해 보기로 한다.

고려는 국초부터 필요에 따라 도를 설정하여 운영하였다. 그러나 이 도는 상시적 운영체계로는 한계가 뚜렷한 것이었다. 고려에서 지방을 대상으로 도를 설정한 첫 사례는 태조 즉위 직후 김행도(金行濤)를 동남도 초토사(東南道招討使)로 임명하여 보낸 것이다.[2] 다만 이 '동남도'는 통일전쟁기 고려의 도읍을 중심으로 해당 방면을 막연히 표현한 것이다. 곧 '동남도' 외에 초토사를 보낸 또 다른 도가 있었던 것은 아니다. 이 경우 사신의 파견은 특정 지역에 대해 일회적으로 이루어지며, 도의 지속성 또한 미약하다.

이어 9월에는 구진(具鎭)을 나주도대행대시중(羅州道大行臺侍中)으로

---

1 按察使의 파견 구역이 5道로 정리되고 이것이 군현의 상급 단위로 정착되는 것은 그 예이다. 조선의 8도는 그 후신으로 행정적 의미가 확립되었다. 8도의 정비 과정에 대해서는 李樹健, 1984, 「朝鮮初期 郡縣制整備와 地方統治體制」, 『韓國中世社會史研究』, 一潮閣, 356-367쪽 참조.

2 『高麗史』 권1, 太祖 원년 8월 癸亥, "命前侍中金行濤 爲東南道招討使 知牙州諸軍事".

임명해 보냈다.[3] 이때의 나주도는 나주를 준거로 파악되는 일정 지역을 표현한다.[4] 당시 고려는 이 일대를 관할하기 위해 나주를 거점으로 삼았다. 이에 해당 지역은 "나주관내"[5]로 지칭되기도 하였다. 이것은 과거 9주의 하나인 무주를 대신하는 것으로서 고려초기 기록에 보이는 '광주계(光州界)'[6]에 대응하여 '나주계(羅州界)'로 범주화된다. 이 나주계가 상주 외관이 아닌 순행 사신의 파견에 결부되면서 '도'로 표현된 것이다. 이것은 나주 일대의 특수성에 기인한 것으로, 역시 다른 도의 설정이나 행대시중에 준하는 사신의 파견이 상정되지는 않는다.

한편『삼국유사』에 인용된 고려초기 문서를 보면, 계를 대상으로 한 사신 파견 내지 그에 준하는 관제 운용이 발견된다.

가) ① 삼가 청도군사(淸道郡司)의 장적에 실린, 천복 8년 계유(계묘) 〈태조 즉위 26년이다〉 정월 일의 청도군계이심사 순영과 대내말 수문 등의 주첩공문에 운문산선원 장생(長生)이 있다.[7]

② 개운 3년(946) 병오 10월 29일 강주계임도대감의 주첩에 이르기를, "백엄선사는 초팔현〈지금 초계이다〉에 자리하고 있다"라고 하였다.[8]

---

3 『高麗史』 권1, 太祖 원년 9월 癸巳, "以前侍中具鎭 爲羅州道大行臺侍中".

4 나주도대행대의 운영에 대해서는 朴漢卨, 1985, 「羅州道大行臺考」, 『江原史學』 1 참조.

5 『高麗史』 권1, 太祖 즉위전(開平 3년), "初 羅州管內諸郡 與我阻隔 賊兵遮絶 莫相應援 頗懷虞疑 至是 挫萱銳卒 衆心悉定".

6 『高麗史』 권1, 太祖 즉위전, "天復三年癸亥三月 率舟師 自西海 抵光州界 攻錦城郡拔之 擊取十餘郡縣 仍改錦城 爲羅州 分軍戍之而還".

7 『三國遺事』 권3, 寶壤梨木, "謹按淸道郡司籍載 天福八年癸酉〈太祖卽位第二十六年也〉 正月日 淸道郡界里審使順英 大乃末水文等 柱貼公文 雲門山禪院長生". 태조 26년은 癸卯年으로서 癸酉는 癸卯의 오독이다.

8 『三國遺事』 권4, 伯嚴寺石塔舍利, "開運三年丙午 十月二十九日 康州界任道大監柱貼云 伯嚴禪寺 坐草八縣〈今草溪〉".

위의 기록을 통해 태조-정종 연간에 청도군계이심사(淸道郡界里審使)와 강주계임도대감(康州界任道大監)의 직임이 운용되었음을 확인할 수 있다. 이들은 사신 또는 사신에 준하는 존재가 '계'를 대상으로 설정된 사례이다.

청도군계이심사는 통상 '사(使)'의 명칭이 3자로 구성된다는 점을 감안할 때 "청도군계를 대상으로 한 이심사"로 보는 것이 적절할 것이다. 이때 '청도군계'는 청도군을 중심으로 설정된 광역의 단위로 보기도 한다.[9] 그러나 계는 특정 행정단위에 국한해서 그 관할 지역을 나타내므로 이것이 반드시 '계수관'과 같은 형태의 범주를 설정한다는 의미는 아니다.[10] 위의 경우도 청도군에 국한된 개념으로 보는 것이 타당하다.

청도군은 고려초기에 몇 개의 군현을 통합하여 설치되었다. 『고려사』 지리지에 따르면 청도군은 대성군(大城郡)과 오악(烏岳)·형산(荊山)·소산(蘇山) 등 세 현을 통합하여 설치되었다. 신라의 왕경이 경주로 개편되면서 왕기 지역이 전면 통폐합되었는데, 청도군도 이 과정에서 설치된 것으로 보인다.[11] 곧 청도군계이심사는 청도군 설치 후 관할 지역의 확인·설정을 위해 파견되었으며, '청도군계'의 의미는 청도군에 통합된 지역들을 상정하는 것이라 해석된다. 따라서 이를 종래의 9주와 같은 광역 단위로 이해하기는 어렵다.

---

9 김아네스, 1997, 「高麗初期 地方統治體制 硏究」, 서강대학교 박사학위논문, 98-99쪽.

10 윤경진, 2003, 「고려전기 界首官의 설정원리와 구성 변화: 『고려사』 지리지 계수관 연혁의 補正을 겸하여」, 『震檀學報』 96, 4-8쪽.

11 청도군의 전신으로 나오는 대성군은 그 관내에 東畿停이 있어 청도군의 위치와 맞지 않는 등 연혁에 의문이 제기된다. 이에 대성군이 현 청도군 지역에 있지 않았다는 지적도 있다(金侖禹, 1987, 「新羅時代 大城郡에 관한 考察: 新羅王都 周圍의 所在郡縣에 대한 一考察」, 『新羅文化』 3·4합). 여기서는 청도군이 경주지역의 재편에 따라 설치되었다는 점과 군현수 변동에서 상호 대체적인 요소만 잠정적으로 채용하며, 실제 청도군의 설치 과정과 연혁에 대해서는 따로 논할 기회를 가지기로 한다.

한편 강주계임도대감의 경우 '임도'를 인명으로 볼 수도 있으나 문서를 작성한 관원에 대해 지명·인명·직명의 순서로 나열하는 것은 사례를 찾기 어렵다. 따라서 '임도대감'은 '강주계'를 대상으로 설정된 하나의 직명으로 보아야 할 것이다. 이 경우 '임도'는 "도(道)를 담당한" 정도로 해석되어 그 직능이 사신과 유사하다.[12] 다만 중앙에서 파견된 관원이 아니라 현지에서 임용된 인물일 가능성이 높다.[13]

여기서 강주는 개별 군현일 수도 있고 광역 단위로서 9주의 하나일 수도 있다. 그런데 강주계임도대감이 작성한 문서에는 초팔현(草八縣) 지역에 대한 내용이 들어 있다. 초팔현은 신라에서 강양군(江陽郡)의 영현이었으며, 고려에서도 합주(陜州: 강양군)의 속현으로 편성되었다. 고려초기에도 9주의 관념이 유지되고 있었음을 보면,[14] 이 직명의 '강주계'는 종래 9주와 같은 광역 단위를 반영한다고 볼 수 있다.

이 사례는 고려초기의 9주가 영역 관념으로서 뿐만 아니라 광역의 운영단위로 활용되는 측면도 있었음을 보여 준다. 그러나 그것이 신라 당시처럼 전국적이고 일원적인 체계로 유지된 것은 아니며, 사신 운용에서 지역적으로 과거의 9주를 활용하는 차원으로 이해해야 할 것이다.

한편 경종의 유조(遺詔)에는 임소를 떠나지 말도록 당부한 대상으로 제도(諸道)에서 진수(鎭守)의 임무를 띠거나 군려(軍旅)의 권한을 가진 존재를 제시하며, 구체적으로 서경과 안동, 안남, 등주 등을 열거하였다.[15]

---

12 직명 구성으로 보면 康州界任道大監은 전술한 羅州道大行臺侍中과 상통한다. '羅州道'와 '康州界'는 업무 대상 지역을, '行臺'와 '任道'는 직능을, '侍中'과 '大監'은 해당 인물의 직임을 나타낸다.

13 大監은 고려초기 在地官班에 보이는 직임으로 이해된다. 이는 전주 출신 柳邦憲의 부친 柳潤謙이 大監에 이르렀다는 것에서 유추할 수 있다(자료 더 참조).

14 본서 4부 1장 참조.

15 『高麗史』 권2, 景宗 6년 7월 甲辰.

여기서 '제도'는 안동 등 도호부를 거점으로 설정되어 군사권자가 관할하는 각 단위를 나타낸다. 각기 거점을 매개로 하고 있다는 점에서 '계'에 상응한다. '계'는 각 영역단위를 경계로 구분한다는 의미가 강하기 때문에 대개 특정 지역을 가리킬 때 사용하며, 통상 '제계(諸界)'라는 식의 표현은 보이지 않는다. 대신 해당 영역단위로 구현되는 관원의 업무와 조응하여 '제도(諸道)'로 통칭한 것이다.

'계'가 '도'로 통용되는 양상은 성종 2년에 설치된 12목의 운영에서 잘 나타난다. 성종 9년 김심언(金審言)은 자사육조(刺史六條)를 건의하면서 이를 '12도' 주현의 관청 벽에 게시하도록 청하였다. 12목은 거점 군현을 설정하고 이를 매개로 관할 구역 안의 장리에 대한 감찰과 천거의 업무를 수행하도록 한 것이다.[16]

12목을 중심으로 설정된 이 권역은 '계'에 해당하며, 12목의 관원은 상주 외관이므로 순행하는 사신과는 성격이 다르다. 그러나 이를 매개로 중앙에서 각 단위들을 포괄적으로 파악할 때 그 자체가 '도'로 인식될 수 있다. 이는 전술한 경종의 유조에서 서경과 안동·안남 등 도호부의 관할 구역을 '제도'로 범칭한 것과 상통한다.

그런데 성종 9년 9월 효자·열녀 등을 포상하는 글에는 이와 구분되는 '6도'가 보인다.

> 나) 근래 6도에 사신을 보내 교서의 조목을 반포하여 유리걸식하는 노약자를 돌보고, 궁핍한 환과고독을 진휼하며, 효자·순손·의부·절부를 찾아다니도록 하였다.[17]

---

16 12목의 운영체계에 대해서는 본서 4부 1장 참조.

17 『高麗史』 권3, 成宗 9년 9월 丙子, "頃者 遣使六道 頒示敎條 恤老弱之饑離 賑鰥孤於

위의 기사를 통해 성종 9년 이전에 '6도'가 설정된 적이 있음을 알 수 있다. 당시는 12목을 운영하던 시기이다. 이들에게 천거 기능이 부여되어 있었고, 그 관할 구역은 12도로도 지칭되었다. 그럼에도 12도가 아니라 6도를 설정하고 사신을 파견한 것은 12목보다 광역으로 설정되는 도가 있었음을 의미한다.

이 6도가 어떤 형식으로 설정되었는지는 알 수 없으나 다음은 6도와의 관련성이 유추된다.

다) 대학조교 송승연과 남해도 나주목경학박사 전보인은 사람을 가르치는 데 태만하지 않으니 포상과 발탁을 추가해야 할 것이다.[18]

위의 기사는 성종 8년의 것으로서 여기에 보이는 경학박사(經學博士)는 12목에 파견된 관직이다. 나주목은 12목의 하나였는데, 그의 직명을 보면 그 앞에 '남해도(南海道)'가 부가되어 있다.

남해도의 존재는 다른 자료에서도 확인된다.

라) 최지몽은 초명(初名)이 총진이며, 남해 영암군 사람이다.[19]

위에서 최지몽의 출신지를 "남해(南海) 영암군"이라 하였는데, 기재 형식상 남해는 영암군보다 상위의 영역 범주가 된다. 열전의 출신지는 몰년 당시의 행정체계를 반영하는 경우가 많은데, 최지몽은 성종 6년에

窘乏 求訪孝子順孫義夫節婦".

18 『高麗史』 권74, 選擧2 學校 成宗 8년 4월.

19 『高麗史』 권92, 列傳5 崔知夢, "崔知夢 初名聰進 南海靈巖郡人".

사망하였다. 이에 비추어 위의 남해는 앞서 설명한 남해도로 판단할 수 있다.

그런데 '계'로 설정된 지역을 '도'로 인식하거나 운영할 경우에는 해당 명칭을 그대로 사용하는 것이 보통이다. 전보인의 사례에서 12목을 그대로 편성한 도를 상정한다면 응당 나주를 도명으로 사용하여 '나주도(羅州道)'라고 했을 것이다. 이러한 원리는 앞서 살펴본 '나주도행대시중'의 사례에서 확인된다. 그럼에도 '남해도'라는 고유 명칭을 채용하면서 이를 나주목보다 앞에 넣은 것을 보면, 남해도는 나주목과 다른 층위에서 설정된 단위라는 것을 알 수 있다.

이러한 구도에서 보면 성종 8년의 남해도는 이듬해 사신을 파견하여 효자·열녀 등을 조사케 한 6도의 하나로 파악할 수 있다. 고유 명칭을 사용한다는 점에서 볼 때 다른 지역에도 그에 준하는 도가 있었을 것인데, 그중 하나로 추정할 수 있는 사례가 한남도(漢南道)이다.

마) 한남도 광주목 관내의 수주 사람이다.[20]

위의 기록은 문종 29년에 작성된 「최사위묘지명」에서 그의 출신지를 밝힌 부분이다. 여기에 보이는 '한남도'는 당시 행정체계에서는 확인되지 않는다. 한남(漢南)이 수주(水州)의 별호라는 점에서 그 권역을 나타내는 것일 수도 있겠으나 이를 계수관인 광주목(廣州牧)보다 앞에 적은 것으로 보아 불합리하다.

그렇다면 이 한남도는 이전에 사용되던 것을 영역 관념으로 활용한

20 『高麗墓誌銘集成』 崔士威墓誌銘, "漢南道 光州牧管內水州人也".

것일 가능성이 높다. 이때 "한남도 광주목"이라 한 것은 앞서 인용한 "남해도 나주목"과 동일한 기재 양식이다. 그렇다면 한남도가 성종초까지 사용되던 6도의 하나였을 가능성이 있다.

이 6도는 전국적 구획으로 일정한 의미와 운영체계를 가지고 있었을 것이다. 12목이 상주 외관을 통한 거점 지배 방식으로 광역 체계를 구성한 것이라면, 이와 구별되는 6도는 거점을 매개하지 않는 순행 구역으로서의 의미가 있었다고 여겨진다.

위에서 나주목의 경학박사에 대해 평가를 행한 주체는 12목의 관원으로 보기 어렵다. 12목이 군현 장리에 대한 감찰에 무게를 두고 있음에 비추어 12목을 대상으로 한 별도의 평가체계가 상정되기 때문이다. 전보인의 직명을 밝히면서 나주목 앞에 남해도를 명시한 것은 바로 그에 대한 평가의 주체가 남해도를 단위로 운영됨을 반영한다.

실제 성종 5년에는 12목과 제주진사(諸州鎭使)에 대해 권농에 힘쓸 것을 당부하면서 사신을 보내 살펴보고 전야의 개간 여부와 관리의 근무 상태를 살펴서 평가하겠다고 밝힌 바 있다.[21] 이 조치는 나주목 경학박사에 대한 평가와 맥이 닿는데, 이들이 파견된 대상이 바로 남해도와 한남도를 포함한 6도일 것이다.

성종 10년에는 제도안위사(諸道安慰使)를 파견하였다.[22] 안위사는 안무사(安撫使)처럼 자연재해나 소요 등으로 동요된 지방사회를 안정시키기 위해 파견되는 사신이다. 그 대상이 되는 '제도(諸道)'가 어떻게 구획되었는지는 알 수 없다. 그러나 이들의 파견이 결국 12목 중심의 운영이 가

21 『高麗史』 권79, 食貨2 農桑 成宗 5년 5월, "咨爾十二牧 諸州鎭使 自今至秋 並宜停罷雜務 專事勸農 予將遣使審檢 驗以田野之荒闢 牧守之勤怠 爲之褒貶焉".

22 『高麗史』 권3, 成宗 10년 2월 辛酉.

지는 한계를 보완하기 위한 것임을 고려하면, 이 또한 6도를 대상으로 파견되었다고 보는 데 무리는 없다.

성종 12년에는 거란의 공격에 대비하기 위해 '제도'에 병마제정사(兵馬齊正使)를 파견하였다.[23] 이 사신은 군사력 확보를 위해 지방에서 징발 업무를 담당한 것으로 보인다. 이때 병마제정사가 담당한 군사적 업무가 군현 및 중간 운영단위와의 연계성이 중요하다는 점을 감안하면, 6도보다는 12목을 매개로 파견되었을 가능성이 높다.

이처럼 성종 2년 12목의 체계가 수립되었으나 그와 별도로 사신 파견의 매개가 된 도가 편성되었다. 그중 12목 관원의 활동을 감찰하고 효자·열녀를 조사 보고하는 사신이 파견된 6도가 있었다. 6도의 구체적인 사례로 나주목을 포함하는 남해도의 존재가 확인되며, 광주목을 포함하는 한남도 역시 그중 하나로 파악된다.

결국 성종 2년 이후 광역 운영체계는 12목을 근간으로 6도가 함께 설정되어 있었다고 정리할 수 있다. 성종 14년의 개편은 이러한 전사(前史)를 토대로 이루어진 것으로, 12주절도사와 10도는 그 연장에서 기능적 재편을 가한 것으로 판단된다. 이에 대해서는 후술할 것이다.

2) 10도의 구성 양태: 신라 9주와의 비교

성종 14년에는 전국을 구획하는 새로운 광역 운영체계로서 10도가 도입되었다. 그동안 10도에 대해서는 고려초기 지방제도 정비를 개괄할 때 부분적으로 언급되는 것 이상으로 깊이 있게 다루지 못하였다. 성종 14년의 개편은 주로 당시에 시행된 외관제 또는 새로운 편성 방식으로서 주-

23 『高麗史』 권3, 成宗 12년 8월, "女眞復報 契丹兵至 始知事急 分遣諸道兵馬齊正使".

현체계의 시행에 초점을 두었다.[24] 이에 반해 10도는 당시에 함께 시행된 외관제를 보완하는 장치였다는 점과 행정기구로서 기능하지 못했다는 점 등 한계를 지적하는 선에 머물고 있다.

이것은 지방제도를 제도 정비, 혹은 중앙집권화라는 관점에서 봄으로써 성종 14년의 지방제도 개편을 '과도적' 성격으로 인식하는 경향에 따른 것이다. 이로 인해 도의 편성 원리나 그것이 지향한 운영체계 등 제도의 내용에 대한 분석으로 나아가지 못하였다. 그러나 단기간 시행된 제도라 하더라도 그것이 지향한 내용이 있을 것이며, 이를 통해 당시 사회상의 일면을 조망할 수 있는 만큼 그 실체를 파악하는 작업이 중요하다.

주지하듯이 성종 14년의 10도는 당의 제도를 모델로 한 것이나 실제 명칭은 차이가 있었다. 『고려사』 지리지의 5도 연혁에는 그 전신으로서 10도의 편성에 대해 설명한 부분이 있는데, 이를 통해 10도 편성의 양상을 어느 정도 가늠할 수 있다.

바) ① a. 양주·광주(廣州) 등 주현(州縣)을 관내도(關內道)에 소속시켰다.
b. 황주·해주 등 주현을 관내도에 소속시켰다.
② 충주·청주 등 주현을 충원도(忠原道)로 삼았다.
③ 공주·운주 등 주현을 하남도(河南道)로 삼았다.
④ 상주 소관을 영남도(嶺南道)로 삼았다.
⑤ 경주·금주 소관을 영동도(嶺東道)로 삼았다.
⑥ 진주 소관을 산남도(山南道)로 삼았다.
⑦ 전주·영주·순주·마주 등 주현을 강남도(江南道)로 삼았다.
⑧ 나주·광주(光州)·정주·승주·패주·담주·낭주 등 주현을 해양도

24 본서 2부 3장 참조.

(海陽道)로 삼았다.

⑨ a. 춘주 등 군현을 삭방도(朔方道)에 소속시켰다.

b. 화주·명주 등 군현을 삭방도로 삼았다.

⑩ 서경 소관을 패서도(浿西道)로 삼았다.

이에 따르면 신개척지인 패서도를 제외한 9도의 편성이 9주와 유사하다는 것을 알 수 있다. 우선 영남도, 영동도, 산남도 등 3도는 각각 상주 소관, 경주·금주 소관, 진주 소관으로 기록하고 있어 각각 신라의 상주, 양주, 강주에 조응한다. 물론 세부적인 편성에서는 차이가 있겠지만, 구획의 기본 틀에서 신라의 9주를 토대로 하고 있음은 분명하다.

또한 공주·운주 등으로 구성된 하남도는 웅주에, 전주·영주 등으로 구성된 강남도는 전주에, 나주·정주 등으로 구성된 해양도는 무주에 각각 대응한다. 관내도 또한 한주와 연결된다.

반면 중원도와 삭방도는 상당 부분 조정이 가해졌다. 중원도는 삭주를 준거로 볼 때 북부의 춘주 일원을 삭방도로 내어 주고 웅주 동부에 속하던 청주 일원과 한주 소속이던 충주 일원을 받고 있다.

그런데 한 가지 흥미로운 것은 삭주 남부 지역의 귀속이다. 다음은 『세종실록』 지리지의 충원도(忠原道: 中原道) 구성에 대한 설명이다.

사) 경내를 나누어 10도로 했는데, 충원도는 충주·청주·강주·환주 등 13주를 관할하였다.[25]

위에는 앞서 언급된 중원도 소속 충주·청주 외에 강주(剛州)와 환주(歡州: 慣州)가 언급되고 있다. 환주는 곧 천안부로서 청주와 함께 웅주에서 중원도로 조정된 것이다. 그런데 강주, 곧 순안현(順安縣: 榮州)은 소백산맥 남쪽에 자리하는데, 9주에서도 이 권역은 상주가 아닌 삭주 소속이었다. 이 지역을 그대로 중원도 관할로 한 것은 중원도가 삭주를 토대로 하였음을 단적으로 보여 준다. 자연 삭방도는 명주를 토대로 한다는 것도 유추할 수 있다. 10도 편성은 기본적으로 9주의 틀을 유지하는 바탕에서 조정이 가해진 것이다.

중원도의 조정은 개경을 중심으로 할 때 신라 때와 같은 종적인 배치를 유지하기 어려웠기 때문이다.[26] 특히 천안부가 중원도에 속한 것은 천안-청주와 충주-제주(提州: 제천)를 축으로 횡적인 연결을 강화하기 위한 것으로 보인다. 나아가 이미 교통로가 설정된 제주-강주의 소백산맥 종단로를 그대로 수용하고 있는데, 이는 22역도 중 평구도(平丘道)가 충주와 제주를 거쳐 강주 일대까지 포괄한 것과도 연결된다.[27]

이러한 내용을 보다 구체적으로 확인하기 위해 도별로 9주 및 10도의 군현 수치를 분석해 보기로 한다.[28] 『고려사절요』에는 성종 14년 개편에 따른 도별 편성 내역이 정리되어 있는데, 이를 정리하면 [표 5-1]과 같다. 아울러 비교를 위해 9주의 편성 내역도 함께 정리하였다.[29]

---

25 『世宗實錄』 地理志, 忠淸道, "分境內爲十道 忠原道 管忠州淸州剛州歡州等十三州".

26 이러한 조정은 12목 편성에서도 나타난다. 명주와 삭주는 경주에서 출발하는 남북 방향의 종적인 교통로와 연결되어 있으나 개성을 중심으로 볼 때 이 편성은 별 의미가 없었다. 이에 기존의 9주인 춘주(삭주)와 명주 대신에 소경이던 충주와 청주를 牧으로 설정하였다. 10도에서 9주의 편제를 반영하면서도 이 문제는 여전하므로 이에 맞추어 중원도를 편성한 것이다.

27 平丘道의 편성에 대해서는 정요근, 2001, 「高麗前期 驛制의 整備와 22驛道」, 『韓國史論(서울대 국사학과)』 45, 34-36쪽 참조.

28 이 내용은 필자가 前稿(윤경진, 2006, 「고려초기 10道制의 시행과 운영체계」, 『震檀學報』 101)에서 진행한 분석을 토대로 하고 있다. 결론적인 이해에서는 차이가 없지만, 일부 내용과 세부 수치 계산에 오류가 있어 여기서 수정한다.

29 『삼국사기』 지리지의 '未詳' 군현은 25개인데, 이 중 目牛縣과 善谷縣은 『고려사』 지리지에서 각각 高丘縣과 禮安縣으로 연결되고 있어 제외한다. 아울러 정천군의 영현들도 일차 분석 대상에 포함되지 않으므로 역시 제외한다.

[표 5-1] 성종 14년 10도와 신라 9주의 구성(『고려사절요』 및 『삼국사기』 지리지)

		江南	海陽	河南	山南	嶺東	嶺南	關內	中原	朔方	계1	開城府	계2	浿西
10도	州	9	14	11	10	9	12	29	13	7	114			14
	縣	43	62	34	37	35	48	82	42	62	445	13	458	4縣 7鎭
9주		全州	武州	熊州	康州	良州	尙州	漢州	朔州	溟洲	계			
	郡(州)	11	16	14	12	13	11	29	13	10	129			
	小京	1		1		1		1	1		5			
	縣	31	43	29	30	40	31	49	26	25	304			
	합계	43	59	44	42	54	42	79	40	35	438			

먼저 신라 군현과 현종 9년의 군현 구성을 대비하여 비교의 준거를 마련하기로 한다. 신라의 군현수는 438개이며, 이 중 등주 이북에 해당하는 정천군(井泉郡)과 3개 영현을 제외하면 434개이다. 그리고 해당 지역에서 고려의 군현과 이어지지 않는 사례를 보면, '미상(未詳)'이 20개, 다른 군현에 '합속(合屬)'된 것이 21개,[30] 부곡(部曲)으로 개편된 것이 4개로 모두 45개이다. 따라서 비교 수치는 434개에서 45개를 뺀 389개이다.

한편 현종 9년의 군현수는 북계와 등주 이북의 동계를 제외하면 437개이다. 여기에는 문종 16년 서경기에 편입되어 북계 소속으로 정리된 중화현·송현현과 주현-속현 편성에 들어가지 않은 백령진, 그리고 왕경으로 들어가 군현으로 제시되지 않은 송악군이 포함된다.[31]

당악현과 송현현은 신라 이래의 군현으로서 문종 16년 서경기 4도 편성 때 서경기에 편입되었다. 백령진은 고려초기에 설치되었는데, 관내도의 편성 내역에는 진(鎭)이 없다. 그런데 삭방도 북부의 주진(州鎭)도

30 '合屬'으로 기재된 것은 21개인데, 大城郡은 잠정적으로 淸道郡의 전신으로 보아 제외한다. 그리고 眞安縣과 眞寶縣은 모두 甫城府로 연결되므로 한쪽을 합속으로 상정한다.

31 본서 3부 2장 참조.

현으로 산정되고 있다는 점을 감안할 때, 관내도 현의 수에 백령진도 들어갈 것이다.

개경의 경우 처음 개주(開州)를 구성하던 송악군과 개성군은 개성부 설치와 함께 그 관할의 적현(赤縣)을 구성한 것으로 파악된다.[32] 따라서 송악도 성종 14년 군현수에 들어간다.

한편 당시 동경으로 편성된 경주가 문제로 남는다. 동경 관할에도 현이 편성되었을 것인데, 경주에 편입된 주변 지역이 당시 몇 개의 현으로 편제되었는지 알 수 없다. 이에 일단 1개 현으로 간주한다.

이렇게 하면 현종 9년의 군현으로 성종 14년과 비교하는 수는 437개로서 『고려사절요』에 성종 14년 군현수로 제시된 458개와 21개의 차이가 발생한다.

이 21개에 대해 먼저 등주 이북에 설치된 주진현(州鎭縣)을 감안할 수 있다. 일단 『고려사』 지리지 연혁상으로 성종 14년 당시에 설치되어 있던 등주 이북의 주진현은 8개 정도로 추정된다.[33] 그런데 이를 포함하더라도 여전히 13개의 차이가 난다.

여기서 개성부 관할 13개 현이 관내도에 중복 계산되었을 가능성이 제기된다. 이들은 대체로 현종 9년 개편에서 개성현령과 장단현령 관할로 편성되며 경기(京畿)의 범주를 유지하였다. 그런데 이들은 상서도성(尙書都省)에 바로 예속되었는데, 문서 전송(轉送) 등 일부 기능에서 당시 광

---

32 본서 5부 3장 참조.

33 『고려사』 지리지 연혁에 의거하면 성종 14년 당시 설치 사실을 추출할 수 있는 사례는 和州·高州·文州·湧州(宜州)·鎭溟縣·長平鎭·隘守鎭·龍津鎭 등 8개이다. 동계 주진의 연혁과 설치 과정에 대해서는 윤경진, 2011, 「고려전기 東界 북부 지역 州鎭의 설치 과정」, 『한국중세사연구』 31 참조.

역 체계였던 계수관과 분리되었다.[34] 이를 역으로 추정하면 이전 체계에서는 광역 단위로서 관내도에 포함되어 있었을 가능성이 있다. 『고려사절요』 기사는 경기의 특수성을 의식하여 이를 먼저 제시함으로써 그 수가 두 번 계산되는 결과를 낳은 것이다.

이제 이 수치를 바탕으로 9주와 대비되는 10도의 영역을 추론함으로써 10도의 공간 구성과 그 역사적 의미를 파악해 보기로 한다.[35]

우선 강남도와 전주는 군현수가 43개로 일치하고, 해양도는 62개로서 무주보다 3개가 늘어났다. 이 지역에서는 군현의 '신설'과 '폐지'[36]가 하나도 없는 데다가 해양도는 강과 바다를 접하고 있기 때문에 강주 방면에서 영역 출입이 발생했을 가능성은 별로 없다. 따라서 해양도의 3개 증가는 전주로부터 이속되었을 가능성이 높고, 강남도 역시 3개를 웅주로부터 이속받았을 것이다. 웅주에서 강남도로 이속되는 군현은 황산군(黃山郡: 連山郡) 지역 정도로 추정할 수 있고, 전주에서 해양도로 이관되는 군현은 종래 무주의 인접 지역인 부령현(扶寧縣)·보안현(保安縣)·상질현(尙質縣) 정도가 될 듯하다.[37]

하남도의 군현수는 34개로서 웅주의 44개보다 10개가 감소하였다. 관내에 '신설' 군현이 운주·흥양현(興陽縣)·정해현(貞海縣) 등 3개가 있으므로 실제로는 13개가 줄어든 것이다. 이 중 3개는 앞서 언급한 대로 강

---

34 본서 5부 3장 참조.

35 다만 州의 수는 과거 州·郡·小京의 수에 비해 줄어들었는데, 이는 州-縣體系의 개편에 따른 결과이다. 이는 영역 편성보다 운영체계의 문제이므로 뒤에서 따로 분석하기로 한다.

36 여기서 '신설'과 '폐지'는 지리지 연혁상 선후가 연결되지 않는 경우를 말한다. 실제로는 신라 군현이 고려 군현으로 이어졌으나 자료적 문제로 단절되어 신설과 폐지로 나타난 경우가 다수 있다.

37 이하 영역이 조정되는 구체적인 내역이나 道 사이의 이속 관계 등에 대한 추정은 도의 범위를 가늠해 보기 위한 방안이며, 실제와 다를 수 있음을 밝혀 둔다.

남도로 편입되었다고 보면 나머지 10개는 중원도로 편입된 것이다. 전술했듯이 웅주의 동북부인 청주와 천안 지역이 중원도로 들어갔으므로 주변 지역도 함께 이속되었을 것이다. 그 대상은 서원경(西原京: 청주) 외에 대록군(大麓郡: 木州, 영현 2), 연산군(燕山郡, 영현 2), 비풍군(比豊郡: 懷德縣, 영현 2) 정도이다.

산남도의 군현수는 37개로서 강주의 42개에서 5개가 줄었다. 이 중 신설 군현이 진해현(鎭海縣)·곤명현(昆明縣)·반성현(班城縣)·인동현(仁同縣) 등 4개가 있고, 같은 권역에서 미상이 6개, 부곡으로 된 것이 2개이므로 실제 감소한 수는 1개이다. 이 1개는 영남도로 이속되었을 것이다. 이는 산남도가 강주의 영역을 거의 그대로 계승했음을 의미한다. '신설' 군현도 실제로는 '미상' 군현으로 연결되는 것들이 있다.[38]

영동도의 군현수는 35개로서 과거 양주의 54개에 비해 19개가 줄어들었다. 이는 영역상 큰 변동이 있어서가 아니라 신라 왕경 주변이 경주 등으로 폐합되거나 신라말 부(府)의 설치와 함께 통합된 결과이다. 『삼국사기』 지리지에 따르면 양주에서 대성군-청도군을 논외로 하면 합속이 19개, 미상이 1개, 부곡이 2개로 모두 22개가 줄어들었다. 이에 대해 고려에 들어와 신설된 것은 경주 및 하양현(河陽縣)·풍각현(豊角縣)·계성현(桂城縣) 등 4개이다. 따라서 이를 계산하면 모두 18개의 감소가 확인된다. 나머지 1개는 다른 도로 이속된 것인데, 지역을 고려하여 양남도로 귀속되었을 것이다.[39] 사실상 영동도도 과거 양주의 영역을 거의 그대로 계승한 것이다.

---

38 미상 군현인 壽同縣은 신설 군현인 仁同縣으로 파악된다. 강주 영현인 屈村縣은 진주 속현인 班城縣에 연결할 수 있다.

39 혹 경주에 2개 현이 구성되었다고 보면 이 차이가 해소되는데, 이 경우 등주 이북 군현수에서 1개를 줄여 잡아야 한다.

영남도의 군현수는 48개로서 상주의 42개에 비해 6개가 늘었다. 상주 권역에서 미상이 4개, 합속이 1개이므로 실제로는 11개가 증가한 것이다. 그리고 '신설' 군현이 용궁군(龍宮郡)·해평군(海平郡)·공성현(功城縣)·부계현(缶溪縣)·감천현(甘泉縣)·송생현(松生縣) 등 6개이므로 5개 군현이 이속(移屬)에 의해 증가하였다. 죽령 남부의 삭주 소속 군현이 그대로 중원도로 들어갔으므로, 5개 군현 중 앞서 분석한 것처럼 1개는 산남도로부터, 1개는 영동도로부터 이속되었다고 보면, 나머지 3개는 명주에서 이속된 것이 된다. 대략 명주 남부의 야성군(野城郡: 盈德郡, 영현 2. 그중 하나는 甫城府 합속)과 유린군(有鄰郡: 禮州, 영현 1) 지역이 이속되었을 것이다.

관내도는 군현수가 82개로서 한주의 79개보다 3개가 늘었다. 이 중 황해도 지역에 13개, 경기도 지역에 6개 등 모두 19개 군현이 신설되었다. 따라서 한주 소속 군현수에서 16개가 줄어든 것이다. 다시 말해 한주 소속 군현 중 16개가 관내도가 아닌 다른 도로 이관된 것이다.

여기서 먼저 관내도 동북부의 삭방도 편입이 상정된다. 삭방도는 동계에 상응하는데, 이 중 서남부 일원이 나중에 교주도로 분리되었다. 교주도 권역에는 교주(交州)와 춘주(春州) 외에 동주(東州) 일대도 들어갔다. 이는 당초 삭방도 편성 당시에 동주 일대가 들어갔음을 짐작케 한다. 고려에서 동주는 8개 속현을 관할했는데, 대략 이들이 한주에서 삭방도로 귀속된 것으로 짐작된다. 당초 신라의 한주에 포함되지 않았던 황해도 서부 지역이 들어오면서 그에 연동하여 동부 지역의 9개 군현을 삭방도로 편입시킨 것으로 이해된다.

이에 상응하여 나머지 7개는 중원도로 귀속된 것으로 짐작된다. 하남도 방면에서 천안·청주 일원이 중원도로 들어가는 것을 고려할 때 그 주변의 흑양군(黑壤郡: 鎭州, 영현 2) 일대도 중원도로 들어갔을 것이다. 또한 충주가 중원도로 편입되는 것에 비추어 소천군(泝川郡: 川寧郡, 영현 2), 괴양군(槐壤郡: 槐州) 일대의 편입이 추정된다.

한편 관내도는 동도(東道)와 서도(西道)로 나뉘어 운영되었다.

아) ① 감찰어사 민창수를 관내동도무문사로 삼았다.[40]

② 중서성이 아뢰기를, "관내서도의 주현이 작년에 흉년이 들어 백성에게 주린 기색이 있습니다. 사창(司倉)과 공해(公廨)의 곡식을 풀어 경작을 돕고, 가난하여 살아갈 수 없는 자는 의창을 풀어 진휼할 것을 청합니다"라고 하니 따랐다.[41]

위의 두 기록을 통해 관내도가 동도와 서도로 나뉘어 운영되었음을 알 수 있다. 관내도의 편성에 대한 지리지의 서술이 "양주·광주 등의 주현"과 "황주·해주 등의 주현"으로 나뉜 것은 관내동도와 관내서도의 구분을 반영한 것이다. 서도는 신라 한주 영역 중 패강진(浿江鎭) 지역 및 태봉에서 분정한 패서(浿西) 13진을 바탕으로 구성되었으며, 고려전기 서해도에 상응한다. 이를 통해 관내도의 내부 편성 또한 한주에 바탕을 두되 서부지역의 편입에 따라 동부와 남부 지역이 조정되었다고 정리할 수 있다.

중원도는 군현수가 42개로서 여러 주에 걸쳐 있어 그 구성을 파악하기 쉽지 않다. 일단 삭주를 기준으로 볼 때 춘주 방면이 삭방도로 귀속되었으므로 대략 원주에서 소백산맥 남쪽까지 중원도에 남았을 것이다. 관내도에서 7개, 하남도에서 10개가 중원도로 편입되었고, 삭주 권역을 제

40 『高麗史』 권7, 文宗 10년 9월 甲申, "監察御史閔昌壽 爲關內東道撫問使".

41 『高麗史』 권80, 食貨3 賑恤 水旱疫癘賑貸之制 文宗 4년 4월, "中書省奏曰 關內西道州縣 前歲不登 民有飢色 請發司倉 公廨粟 以助耕耘 其貧不能自存者 發義倉以賑 從之".

외한 지역의 신설 군현이 천안부·평택현(平澤縣)·장연현(長延縣)·장풍현(長豊縣)·청당현(靑塘縣)·청천현(淸川縣) 등 6개이다. 나머지 19개가 기존 삭주 또는 명주에서 이속된 것이 된다.

삭주 소속으로 중원도에 남은 군현은 북원경(원주)과 내제군(柰堤郡: 堤州, 영현 2), 내령군(奈靈郡: 剛州, 영현 2), 급산군(岌山郡: 興州, 영현 1),[42] 가평군(嘉平郡, 영현 1), 삭주 영현인 홍천현(洪川縣)과 지평현(砥平縣) 등 최대 13개 정도이다. 나머지 6개는 명주에서 이속될 수밖에 없는데, 내생군(奈生郡: 寧越, 영현 3)과 임하군(臨河郡, 영현 1) 정도를 상정할 수 있다.

최종적으로 삭방도 62현을 구성하는 군현을 찾아보자. 명주 35개 군현 중 영남도 귀속 3개와 중원도 귀속 6개, 미상 군현 5개, 합속 1개 등 15개를 제외한 20개, 삭주에서 중원도로 귀속된 13개와 정천군 및 예하 영현 3개, 그리고 미상 군현 3개 등 총 20개를 제외한 나머지 20개, 그리고 관내도에서 이관된 9개를 합치면 49개가 된다. 그리고 이 권역의 신설 군현은 영향군(英陽郡)·평해군(平海郡)·기린현(麒麟縣)·위산현(衛山縣)·안창현(安昌縣) 등 5개이고, 여기에 등주 이북의 8개를 마저 합치면 62개가 된다.

이상에서 성종 14년 10도의 구성을 신라의 9주와 비교해 보았다. 그 결과 세부적인 수치 설정에서는 출입이 있지만 전체적으로 10도가 9주를 바탕으로 편성되었다는 사실을 확인할 수 있다. 신설 군현과 폐지 군현을 상계하고 보면 전주-강남도, 무주-해양도, 강주-산남도, 양주-영동도, 상주-영남도는 사실상 그 권역을 구성하는 군현수의 변동이 별로 없어 해당 영역을 거의 그대로 편성했다는 것을 알 수 있다.

이에 대해 북부 지역은 많은 변화를 보이는데, 그 핵심은 중원도의 설

---

42 미상 군현(鄰豐縣)과 신설 군현(基州縣)을 상쇄하고 계산한다.

정에 있었다. 중원도는 삭주를 축으로 하지만 웅주·한주·명주 지역에 모두 걸쳐 있다. 이는 전술한 것처럼 왕경이 경주에서 개경으로 바뀐 데 따라 중부 지역의 편성이 기존의 종적 형태에서 횡적 형태로 바뀐 결과이다.

관내도는 신라에서 개척되지 않았던 황해도 서부 지역이 편입되면서 동부 지역이 삭방도로 이관되었다. 삭방도는 북방 개척에 수반하여 기존 명주의 남부를 분리한 대신, 관내도 동부와 삭주 북부, 그리고 동북방 신 개척지를 합쳐 구성되었다.

2. 10도제하의 운영체계

1) 외관제의 편성 양태

성종 14년의 지방제도 개편은 주-현체계의 수립을 근간으로 하며, 이에 수반하여 10도를 편성하고 주 단위로 외관제를 시행한 것이었다. 주-현체계는 지방사회의 편성을 전면 개편함으로써 재지세력을 누르고 지방사회를 장악하기 위한 것이었다. 외관의 파견은 이를 실행하는 구체적인 장치이며, 10도는 그에 수반하여 광역의 운영체계로 도입된 것이었다.

성종 14년의 외관제는 유수(留守), 도호부사(都護府使), 절도사(節度使), 관찰사(觀察使), 도단련사(都團練使), 단련사(團練使), 방어사(防禦使), 자사(刺史) 등으로 구성되었다. 당시 외관제의 운영을 직접 전하는 자료가 없기 때문에 그 실체를 알기 어렵다. 일반적으로 이들이 당의 제도를 모델로 도입한 것이며 군사적 성격이 강하다는 점이 지적되고 있다. 그러나 이것만으로 당시 외관제의 내용을 이해하는 데 한계가 있다. 여기서는 도별 외관 내역을 파악하고 그 분포 양태를 제도적 기원과 연계하여 검토함으로써 당시 외관제의 운영체계 내지 지향을 찾아보기로 한다.

성종 14년의 외관 설치 내역은 『고려사』 지리지의 각 군현 연혁을 통해 파악할 수 있다. 이 부분은 기존 연구에서도 이미 정리된 바 있으나[43] 도별 내역에 대해서는 견해 차이가 있다. 앞서 분석했듯이 10도의 편성은 대체적으로 9주를 토대로 하여 부분적으로 조정한 것이었다. 이에 도별 외관의 구성을 정리하고, 조정 결과로 파악되는 사례 및 기존과 다르게 이해되는 부분에 대해 추가로 설명하기로 한다. 패서도는 신개척지로서 그 구성을 파악하기 어려운 점이 있어 논외로 한다. 설명의 편의상 도별로 나누어 외관 구성 내역을 정리한 [표 5-2]를 제시하고, 필요한 설명을 덧붙일 것이다.

개성부(開城府)의 장관인 윤(尹)은 왕경을 관할한다는 점에서 일반 외관과는 성격 차이가 있지만, 적현과 기현이 관내도 현 수에 포함되는 만큼 개성부윤도 관내도에 함께 정리하였다. 후술하듯이 개경·서경과 함께 3경을 구성하는 동경의 연혁에 "영동도에 속하였다[屬嶺東道]"라고 명시된 것에서 개성부의 관내도 소속을 유추할 수 있다.

관내도에는 모두 29개의 주가 편성되었는데, 이 중 개성부 포함 18개의 주에서 외관 설치가 확인된다.[44] 앞서 동주(東州)와 장주(獐州)는 관내도 소속으로 이해되었으나 전술했듯이 동주 일대가 삭방도로 편입된 것으로 파악되므로 이들 또한 삭방도로 분류하였다.

관내도는 규모가 컸기 때문에 동도와 서도로 나뉘어 운영되었다. 물론 그 준거가 되는 개성부 지역은 이들과 별도의 영역을 구성하였다. 양

43 金甲童, 1990, 『羅末麗初의 豪族과 社會變動研究』, 高麗大學校 民族文化研究所, 164-167쪽.

44 적현과 기현이 관내도에 포함되므로 그 상급 단위로서 개성부도 하나의 州로 간주되었을 것이며, 이는 관내도 주의 수에 포함되었을 것이다. 물론 개성부의 특수성을 감안할 때 따로 산정되었을 가능성도 배제할 수 없다.

[표 5-2] 성종 14년 도별 외관 설치 내역

<table>
<tr><td rowspan="6">關內道 18</td><td>尹</td><td>1</td><td>開城府</td></tr>
<tr><td>節度使</td><td>4</td><td>楊州 廣州 海州 黃州</td></tr>
<tr><td>都護府</td><td>1</td><td>豊州</td></tr>
<tr><td>都團練使</td><td>1</td><td>水州</td></tr>
<tr><td>團練使</td><td>4</td><td>抱州 樹州 衿州 竹州</td></tr>
<tr><td>防禦使</td><td>7</td><td>鹽州 安州 信州 鳳州 平州 洞州 谷州</td></tr>
<tr><td rowspan="3">中原道 6</td><td>節度使</td><td>2</td><td>忠州 淸州</td></tr>
<tr><td>都團練使</td><td>2</td><td>懷州(天安) 剛州</td></tr>
<tr><td>刺史</td><td>2</td><td>堤州 鎭州</td></tr>
<tr><td rowspan="3">河南道 4</td><td>節度使</td><td>1</td><td>公州</td></tr>
<tr><td>都團練使</td><td>1</td><td>運州</td></tr>
<tr><td>刺史</td><td>2</td><td>牙州 林州(嘉林)</td></tr>
<tr><td rowspan="3">江南道 2(4)</td><td>節度使</td><td>1</td><td>全州</td></tr>
<tr><td>觀察使</td><td>1</td><td>瀛州(古阜)</td></tr>
<tr><td>刺史</td><td>(2)</td><td>[淳州(淳昌) 馬州(金馬)]</td></tr>
<tr><td rowspan="4">海陽道 6(7)</td><td>節度使</td><td>2</td><td>羅州 昇州</td></tr>
<tr><td>都護府</td><td>1</td><td>安南(朗州:靈巖)</td></tr>
<tr><td>都團練使</td><td>1</td><td>潭州(潭陽)</td></tr>
<tr><td>刺史</td><td>2(3)</td><td>貝州(寶城) 光州(海陽) [靜州(靈光)]</td></tr>
<tr><td rowspan="2">嶺南道 5</td><td>節度使</td><td>1</td><td>尙州</td></tr>
<tr><td>刺史</td><td>4</td><td>龍州(龍宮) 稽州(永同) 善州(一善) 吉州(安東)</td></tr>
<tr><td rowspan="3">嶺東道 5</td><td>留守使</td><td>1</td><td>東京(慶州)</td></tr>
<tr><td>都護府</td><td>1</td><td>安東(金州)</td></tr>
<tr><td>刺史</td><td>3</td><td>河州(河陽) 永州 密州(密陽)</td></tr>
<tr><td rowspan="3">山南道 5</td><td>節度使</td><td>1</td><td>晉州</td></tr>
<tr><td>都團練使</td><td>2</td><td>許州(咸陽) 岱州(京山)</td></tr>
<tr><td>刺史</td><td>2</td><td>固州(固城) 咸州(咸安)</td></tr>
<tr><td rowspan="3">朔方道 11</td><td>都護府</td><td>1</td><td>安邊(和州)</td></tr>
<tr><td>團練使</td><td>7</td><td>東州 獐州 春州 交州 登州 溟州 陟州</td></tr>
<tr><td>防禦使</td><td>3</td><td>高州 湧州 文州</td></tr>
</table>

주(楊州)와 해주(海州)가 이보(二輔)가 된 것으로 보아 각각 동도와 서도의 중심이 되었을 것이다. 이 경우 서도는 해주·황주·풍주와 7개 방어사로 구성되며, 동도는 양주·광주와 5개 도단련사·단련사로 편성되었을 것이다. 곧 동도와 서도의 구분이 외관제에도 반영되어 단련사와 방어사로 나뉘는 것인데, 이에 대해서는 뒤에서 다시 언급할 것이다.

중원도에는 모두 13개의 주가 편성되었는데, 이 중 6개의 주에서 외관 설치가 확인된다. 종래 환주를 하남도 소속으로, 강주를 영남도 소속으로 보기도 했으나 앞서 인용한 『세종실록』 지리지의 내용에서 모두 중원도 소속으로 확인된다.

하남도에는 모두 11개의 주가 편성되었는데, 이 중 4개의 주에서 외관 설치가 확인된다. 종래 아주(牙州)는 중원도 소속으로 보기도 했으나 영역 조정 내용으로 볼 때 중원도 편입을 상정하기 어렵다. 이에 하남도 소속으로 파악한다.

강남도에는 모두 9개의 주가 편성되었는데, 이 중 4개의 주에서 외관 설치가 판단된다. 『고려사』 지리지 연혁에서 영주관찰사(瀛州觀察使)는 태조 19년에 설치된 것으로 나오지만, 백관지에는 관찰사가 단련사·자사 등과 함께 성종 때 시행된 제도로 나온다. 이로 보아 태조 19년은 성종 14년으로 조정해서 이해한다.[45]

그런데 강남도의 외관이 전주의 절도사와 영주의 관찰사뿐이라고 보면 다른 도에 비해 수가 너무 적다. 이 지역 군현 연혁이 특히 소략하다는 점에서 누락의 가능성을 생각해 보아야 한다. 이때 참고되는 것은 『고려사』 지리지에 정리된 10도 설치 기사이다. 이에 따르면 강남도는 전주·영

45 윤경진, 2003, 앞의 논문, 20쪽.

주·순주·마주 등의 주현으로 이루어졌다고 하였고, 해양도는 나주·광주·정주·승주·패주·담주·낭주 등의 주현으로 이루어졌다고 하였다.

순주(淳州)와 마주(馬州)는 군현 연혁에서는 나타나지 않는다. 따라서 이 기사는 연혁 자료와는 별도의 자료를 통해 정리된 것이다. 그런데 열거된 주 중에서 전주와 영주는 모두 성종 14년에 외관이 설치된 곳이며, 해양도 역시 정주(靜州: 靈光郡) 외에는 모두 외관이 설치되었다. 반대로 외관 설치가 확인되는데 열거되지 않은 곳은 없다. 굳이 4-7개나 되는 군현을 일일이 열거하여 도의 구성을 밝힌 것은 이들에게 어떤 공통성이 있기 때문일 것이다. 그 공통성은 바로 외관의 설치로 판단된다.[46]

이에 비추어 순주와 마주 역시 외관이 설치되었다고 볼 수 있다. 이들의 본래 읍호는 명칭의 상관성으로 볼 때 순창(淳昌)과 금마(金馬)로 추정된다. 한편 이들 지역에 설치된 외관은 자사로 판단된다. 도호부는 이미 5개가 모두 확인되고, 남도 지역에는 일부 도단련사 외에는 단련사나 방어사가 보이지 않기 때문이다.

해양도에는 모두 14개의 주가 편성되었는데, 이 중 7개의 주에서 외관 설치가 확인된다. 이때 지리지 연혁에서 확인되는 6개 외에 전술한 바와 같이 정주에도 자사가 설치된 것으로 판단된다.

영남도에는 모두 12개의 주가 편성되었는데, 이 중 5개의 주에서 외관 설치가 확인된다. 용주(龍州: 龍宮郡)는 그 위치가 상주 동쪽이라는 점에서 영남도 소속으로 파악한다.

영동도에는 모두 9개의 주가 편성되었는데, 이 중 5개의 주에서 외관 설치가 확인된다. 동경(경주)은 지리지 연혁에 유수사 설치와 영동도 소

46 이것은 한편으로 이들 외에 다른 외관 설치를 상정하기 어렵다는 의미이기도 하다. 이에 대해서는 후술할 것이다.

속이 명시되어 있다. 하주(河州: 河陽縣)는 그 위치가 영주(永州) 인근이라는 점에서 영동도 소속으로 파악한다.

산남도에는 모두 10개의 주가 편성되었는데, 이 중 5개의 주에서 외관 설치가 확인된다. 종래 함주(咸州: 咸安郡)와 대주(岱州: 京山府)는 각각 영동도와 영남도 소속으로 보기도 했다. 그러나 함안과 경산부는 모두 강주 소속이었고, 강주가 거의 그대로 산남도로 편성된다는 점에 근거하여 두 곳 모두 산남도 소속으로 파악한다.

삭방도에서 외관 설치가 확인되는 주는 11개이나 『고려사절요』에 언급된 삭방도의 주는 7개에 불과하다. 현의 수에 비해 주의 수가 너무 적다는 점과 함께 삭방도로 파악되는 지역의 외관 수가 7개보다 많다는 점에 근거하여 주의 수에 오류가 있음이 지적된다. 이때 주의 수는 글자의 누락을 감안해 보면 17개 정도로 조정할 수 있다. 곧 '칠(七)'의 앞에 '십(十)'이 누락되었다고 보는 것이다. 이러한 추정은 다음 사항에도 부합한다.

첫째, 도 단위의 주-현 비율이 1 : 3-4 정도이다. 삭방도의 주를 17개로 보면 이 비율에 해당된다. 둘째, 도별 전체 주와 외관 설치 주의 비율이 1 : 2 내외가 되고 있다. 현재 외관의 설치가 확인되는 주의 수가 11개이므로 17개의 주는 이에 근사하다. 다소 비율이 높은 것은 북방 지역의 특수성에 따른 것으로 이해할 수 있다.

이상의 내용을 종합하여 표로 정리하면 [표 5-3]과 같다. 여기에는 위에서 보정한 수치를 반영하였다. 이 표를 토대로 성종 14년 개편에 따른 외관제 운영의 내용을 몇 가지 주제로 나누어 살펴보기로 한다.

우선 기존 연구에서 논란이 된 것은 이들 외관이 당시에 설치된 외관 전부를 나타내는가, 아니면 실제로는 모든 주에 외관이 설치되었으나 기록의 누락으로 해당 사례만 나타난 것인가 하는 점이다. 앞서 살펴보았듯이 일부 누락이 있었던 것으로 보이나 실제 모든 주에 외관이 설치되었

[표 5-3] 성종 14년 외관 설치 내역

	關內	中原	河南	江南	海陽	嶺南	嶺東	山南	朔方	소계	浿西	계
尹 留守使	1						1			2	1	3
都護府	1				1		1		1	4	1	5
節度使	4	2	1	1	2	1		1		12		12
觀察使				1						1		1
都團練使	1	2	1		1			2		7		7
團練使	4								7	11		11
防禦使	7								3	10	13	23
刺史		2	2	2	3	4	3	2		18		18
계	18	6	4	4	7	5	5	5	11	65	15	80
州	29	13	11	9	14	12	9	10	17		14	

다고 보기는 어렵다.

그 이유로 우선 다른 연혁에 비해 성종 14년의 연혁 내용이 뚜렷하다는 점을 지적할 수 있다. 이는 그 내역에 대한 일괄 자료가 존재했음을 의미한다. 경주 연혁을 보면, 성종 6년에 동경유수로 개정한 내용과 성종 14년에 유수사를 칭하며 영동도에 속했다는 내용이 있다. 성종 6년과 14년의 연혁은 유수의 존재를 말하는 것으로 같은 내용이다.[47] 이들이 함께 기재된 것은 두 자료의 계통이 달랐기 때문이다.

또한 연혁의 누락과 혼동이 심한 나주 지역, 곧 구 해양도의 경우에도 성종 14년 연혁은 상대적으로 뚜렷하게 기재되어 있다. 이 역시 당시 외관 설치 기사가 일괄 자료에서 채용된 것임을 뒷받침한다. 이런 경우 많은 수의 누락이 있다고 보기 어렵다. 또한 일선현(一善縣: 善州)처럼 『세

47 윤경진, 2003, 앞의 논문, 17-18쪽.

종실록』 지리지에 없던 성종 14년 연혁이 『고려사』 지리지에 추가되는 것도 별도의 자료가 존재했음을 보여 준다.

그 밖에 도별로 주의 수와 외관의 수가 1 : 2 내외의 균일한 비율을 보인다는 점도 들 수 있다. 이는 당초 이 비율을 의식하고 외관을 설치했음을 의미한다. 그리고 강남도와 해양도 연혁에 열거된 주들이 공통적으로 외관이 설치된 곳이라는 점도 이를 뒷받침한다.

이상에서 볼 때 성종 14년의 외관은 모든 주에 설치되었다고 보기 어려우며, 지리지에서 파악되는 사례와 함께 순주·마주·정주 등 강남도와 해양도에서 누락된 일부 사례가 실제 당시에 설치된 외관의 전부였을 것이다. 전체적으로 외관 1명이 2개 내외의 주를 관할하도록 하는 운영체계를 구성한 것이다.

다음에는 당시 외관제의 구체적인 운영체계를 이해하는 토대로서 그 제도적 연원에 대해 살펴보자. 주지하듯이 절도사·단련사 등은 당의 제도를 모델로 한 것이다. 당의 절도사는 원래 변방의 군사적 임무를 맡고 있던 존재였으나 안사(安史)의 난을 겪은 후 2주에서 10여 주를 관할구역으로 하여 전국에 설치되었다. 단련사·방어사 등도 그와 유사하게 일정 범위의 군사 운영을 담당하였다. 이들의 서열은 『신당서』 백관지의 기재 순서나 휘하 속관(屬官)의 수, 지리지에 기록된 승강(陞降) 관계를 볼 때 절도사-관찰사-단련사-방어사의 순서로 파악된다.

이들은 모두 그 자신이 주차하는 주의 자사를 겸하였다.[48] 이러한 운영에서 절도사 등은 각 주의 행정을 담당하는 측면에서는 자사와 동일한 위치에 있지만, 동시에 개별 주 단위를 넘어서는 범위의 군사 운영체계를

48 『新唐書』 권49下, 百官4下, "大率節度觀察防禦團練使 皆兼所治州刺史".

담당하였다.

다음에는 이러한 제도적 연원을 참고하여 성종 14년 외관의 분포를 통해 그 운영체계를 추출해 보자. 당시 외관들의 지역적 분포는 일정한 규칙성을 띠고 있었다.

우선 절도사는 도별로 비교적 고른 분포를 보인다. 관내도는 절도사가 4개이나 동도와 서도로 분리 운영되고 있었고 이보(二輔)의 설정에서 드러나듯이 수도 방어가 중요하게 고려되었다. 영동도와 삭방도, 패서도에는 절도사가 없으나 공통적으로 도호부가 있다.

이것은 절도사와 도호부가 종래 12목처럼 지역 거점으로서 의미를 가지고 있음을 의미한다. 실제 12주절도사는 '12'라는 수적인 일치에서 드러나듯이 12목을 의식하고 있었다고 판단되며, 이 중 10개가 12목으로 연결되고 있다.[49] 종래 12목이었던 경주·금주 대신 양주·승주가 절도사로 추가되었는데, 경주는 유수관이, 금주는 도호부가 되었기 때문에 거점으로서 위상은 그대로 유지되었다.

그런데 『고려사』 백관지에서는 절도사를 다른 층위에서 인식하고 있다.

> 자) 안렴사는 방면을 전제(專制)하며 출척을 행하니 곧 국초의 절도사의 직임이다. 현종 3년에 절도사를 혁파하였고, 뒤에 안찰사를 두었다.[50]

곧 백관지에서는 절도사를 안찰사(按察使: 按廉使)의 전신으로 이해하

---

49 윤경진, 2005, 「고려 界首官의 제도적 연원과 성립과정: 9州·12牧과의 연결성을 중심으로」, 『韓國文化』 36, 70-76쪽.

50 『高麗史』 권77, 百官2 外職, "按廉使 專制方面 以行黜陟 卽國初節度使之任 顯宗三年 罷節度使 後置按察使".

고 있는 것이다. 그러나 절도사는 특정 군현에 주차하는 상주 외관이므로 도를 단위로 순행하는 안찰사와 직접 연결하기 어렵다. 후술하듯이 안찰사의 전신이 되는 방면지임(方面之任)은 전운사(轉運使)로 이해된다. 백관지 기록은 조선에서 안찰사의 후신인 관찰사가 절도사를 겸임한 데 따른 혼동으로 보인다.

도단련사는 개경에서 남부로 내려가는 교통로와 관계가 깊다. 도단련사 설치 지역은 수주(水州: 수원)·운주(運州: 홍성)·환주(歡州: 천안)·강주(剛州: 영주)·허주(許州: 함양)·대주(岱州: 성주)·담주(潭州: 담양) 등 7곳이다. 수주는 한강을 건너 남도로 내려가는 길목이며, 환주는 한반도의 중심에서 각 방면으로 교통로가 갈라지는 분기점이다. 그리고 여기서 넘어오는 교통로를 연결하는 위치에 역시 도단련사가 자리하고 있다.

곧 환주에서 충북 방면을 거쳐 죽령을 넘는 선은 강주로 연결되며, 충남 방면으로 내려가는 선은 운주로 이어진다. 그리고 추풍령을 넘어 경상도 방면으로 내려가는 선은 대주로, 육십령을 넘어 경남 서부 지역으로 내려가는 선은 허주로 각각 연결된다. 그리고 담주는 나주로 내려가는 길목이다. 이상의 내용을 통해 도단련사가 교통로의 설정과 직접 관련됨을 유추할 수 있다.

단련사는 중부권 이북에 집중적으로 분포하는 반면 자사는 남부권에만 보이는데, 그 기준점이 바로 환주이다. 환주에서 청주와 충주를 거쳐 강주로 넘어가는 선을 기준으로 그 북쪽에는 단련사가, 남쪽에는 자사가 분포하고 있다. 자사에 비해 단련사가, 그리고 단련사에 비해 방어사가 방어 기능이 강화되는 것으로 이해할 수 있으나 그에 수반된 기능의 차이가 무엇인지는 판단하기 어렵다.

끝으로 관찰사는 영주(瀛州: 고부) 한 곳뿐이어서 그 의미를 가늠하기 곤란하다. 다만 강남도와 해양도가 접경한 곳이며, 한편으로 옛 후백제 지역의 중심부라는 점을 지적할 수 있다. 기능적으로 도단련사와 유사해 보이는데, 관찰사가 좀 더 강화된 기능을 가지고 있지 않았을까 한다.

결국 성종 14년의 외관제는 구래의 주요 중심지에 절도사와 도호부를 두어 지배 거점으로 삼는 한편, 교통로를 매개로 주요 결절점에 도단련사와 관찰사를 설치하여 연결 기능을 장악하는 것을 근간으로 하였다고 해석할 수 있다. 이와 함께 방어 기능의 필요 정도에 따라 방어사·단련사·자사를 나누어 두었다. 이러한 구성의 기준은 환주-청주-충주-제주-강주로 이어지는 중부 횡단선이며, 이 선을 축으로 편성된 것이 바로 중원도이다. 한편 이들 외관은 대략 2개 주 정도를 관할 범위로 하였으며, 기존의 군-영현체계를 재편한 주-현체계의 운영을 담당하였다. 다만 운영 시기가 짧았고 그에 관한 자료가 별로 없어 운영의 구체적인 내용을 파악하기는 어렵다.

2) 전운사의 기능과 10도

성종 14년에 시행된 10도제는 광역의 공간 구분에 국한되는 것은 아니며, 일정한 운영체계와 그것을 수행하는 직임의 존재가 상정된다. 현종 6년 송에 사신으로 간 곽원(郭元)은 고려의 통치체제에 대해 다음과 같이 설명하였다.

> 차) 주군(州軍)이 백여 개이며 10로(路)를 두어 전운사가 통섭합니다. 주마다 5-6개의 현을 관할하며 작은 것도 또한 3-4개를 관할하는데, 현마다 호수가 3-4백입니다.[51]

---

51 『宋史』 권487, 列傳246 外國3 大中祥符 8년, "有州軍百餘 置十路 轉運司統之 每州管縣五六 小者亦三四 每縣戶三四百".

곧 고려는 10로, 즉 10도를 두었고 전운사(轉運司: 轉運使)가 이를 통섭하고 있었다는 것이다. 당시는 성종 14년에 개편된 지방제도가 유지되던 시점으로, 기존 연구에서는 위의 기록에 근거하여 전운사를 10도의 장관으로 보고 그 기능이 도내의 주현을 통섭하는 것이라고 이해하였다.[52] 여기서 전운사의 '통(統)'이 어떤 수준의 역할을 말하는지는 판단하기 어렵지만, 적어도 전운사가 도 단위 운영체계로서 기능하였음은 분명하다.[53]

고려의 전운사에 대한 기록이 극히 드물기 때문에 그 기능이 구체적으로 드러나지 않는다. 다만 이 제도가 송초 전운사의 제도를 도입한 것인 만큼, 그 제도적 연원을 통해 기능의 윤곽을 잡을 수 있다. 『송사』 직관지에서 전운사의 기능은 다음과 같이 규정되어 있다.

カ) 일로(一路)의 재부를 운용하는 일을 담당하며, 그 손실의 유무를 살펴 상공(上供)과 군현 비용을 충당한다. 해마다 관할 구역을 순행하

52 邊太燮, 1971, 『高麗政治制度史研究』, 一潮閣, 125-127쪽.
그밖에 河炫綱은 10도의 장관이 없다고 보았고(河炫綱, 1963, 「高麗地方制度의 一研究」, 『史學研究』 13; 1988, 『韓國中世史研究』, 一潮閣, 218-219쪽), 李基白은 觀察使를 도의 장관으로 추정하였다(李基白, 1965, 「高麗 地方制度의 整備와 州縣軍의 成立」, 『趙明基華甲紀念論叢』, 간행위원회; 1968, 『高麗兵制史研究』, 一潮閣, 191쪽).

53 10도가 영역적으로 다수의 州를 포함하고 있기는 하지만, 道와 州 사이에 행정적 상하관계는 상정되지 않는다. 전운사의 '統'은 各路에 포괄적으로 설정되는 것일 뿐이다. 여기서 주목하는 것은 10도에 수반된 운영체계의 모습으로, 이는 道와 州 사이의 행정체계와는 별개의 문제이다. 이 운영체계는 반드시 도와 맞물려 설치, 또는 소멸되지 않을 수 있다. 전운사가 현종 20년에 폐지되었으므로 이후까지 존속한 10도의 장관이 될 수 없다는 지적이 있으나(崔貞煥, 1998, 「高麗時代 5道 兩界의 成立」, 『慶北史學』 金燁停年紀念特輯號; 2002, 『高麗 政治制度와 祿俸制 研究』, 신서원, 88쪽), 전운사는 10도를 단위로 적용된 운영체계일 뿐, 그 자체가 10도를 규정하는 것은 아니다. 따라서 10도 성립 이전에 전운사가 운영될 수 있고, 전운사 폐지 후에도 10도가 운영될 수 있다. 이는 목종 8년 외관 도태 후에도 州가 존속한 것과 같은 원리이다.

며 비축한 것을 검찰하고 장적을 검토한다. 무릇 관리의 부패와 백성의 고충을 모두 열거하여 보고하며 아울러 관리를 평가하는 일을 전담한다.[54]

곧 전운사는 한 '로(路)'의 재정과 세금을 관장하면서 아울러 관리 감찰까지 수행하였던 것이다. 출발은 재부(財賦)의 운영 감독이었으나 그 과정에서 수취 대상인 백성의 상황과 수취 담당자인 외관들에 대한 감찰 업무가 수반되었다.

이러한 기제는 전운사가 도 단위 운영체계로 확립되기 전인 당의 제도에서 이미 나타나고 있었다.

타) 듣건대 제주(諸州)가 본도(本道) 절도사와 관찰사의 첩을 받들어 백성을 사역하여 호구가 조폐하는 데 이르렀다고 한다. 이후로는 전운사에게 맡겨 찰방하여 보고하도록 하라.[55]

위의 기사는 당 대종(代宗)이 내린 칙서의 일부이다. 여기서 절도사·관찰사와 관할 주 사이에 이루어지는 역 부과에 대해 전운사로 하여금 찰방(察訪)하도록 조치하고 있다. 전운사가 재부 운송에 앞서 역의 부과 내용까지 직접 살필 수 있었기 때문에 찰방 업무를 부여한 것이다.

그리고 이것은 송초에도 그대로 이어졌다.

---

54 『宋史』 권167, 志120 職官7 都轉運使, "掌經度一路財賦 而察其登耗有無 以足上供及郡縣之費 歲行所部 檢察儲積 稽考帳籍 凡吏蠹民瘼 悉條以上達 及專擧刺官吏之事".

55 『舊唐書』 권11, 代宗 永泰 원년 11월 己酉, "如聞諸州承本道節度·觀察使牒 科役百姓 致戶口凋弊 此後委轉運使察訪以聞".

파) 조서를 내려 제도(諸道)의 전운사는 주현 관리의 능력을 살펴 3등으로 나누어 연말에 보고하도록 하였다.[56]

위의 기사는 태평흥국 원년(976)의 것으로, 전운사에게 외관의 포폄 기능을 부여하고 있다.

전운사는 외관 감찰과 함께 소송 처리와 같은 기능도 담당하였다.

하) ① 회남에 가뭄이 드니 전운사에게 조서를 내려 죄수를 살피도록 하였다.[57]

② 재이로 인해 자책하면서 전운사에 조서를 내려 옥송과 역 부과를 살피고 이익과 병폐가 큰 것은 보고하도록 하였다.[58]

①에서는 전운사가 죄수를 심리하여 풀어 주는 기능을 수행함을 볼 수 있고, ②에서는 옥송과 역 부과를 살피는 기능을 확인할 수 있다. 결국 송의 전운사는 처음에 지방 재부에 대한 감독을 주 기능으로 하다가 감찰과 형송(刑訟)까지 담당하면서 일로(一路)의 운영 책임자로 수립되었던 것이다.

고려에서 전운사가 도입된 시기는 분명치 않다. 『고려사』 백관지에서 "국초에 제도전운사(諸道轉運使)가 있었다"라고만 되어 있으나 형법지의 성종 7년 기록에 전운사의 용례가 보인다.

---

56 『宋史』 권4, 太宗 太平興國 원년 11월 庚午, "諸道轉運使察州縣官吏能否 第爲三等 歲終以聞".

57 『宋史』 권7, 眞宗 景德 2년 9월 庚戌, "淮南旱 詔轉運使 疏理繫囚".

58 『宋史』 권13, 英宗 治平 3년 3월 癸酉, "以災異責躬 詔轉運使 察獄訟調役 利病大者以聞".

거) 제도의 전운사 및 외관이 무릇 백성의 고소를 들어주려고 하지 않고 모두 경관에 나아가도록 한다. 지금부터 월고인(越告人)과 주현 장리로서 처결하지 않은 자는 처벌한다.[59]

위의 기사는 월고(越告)를 금지한 판(判)으로, 여기서 외관은 양계 및 12목의 관원을 가리킨다. 당시 전운사는 이들과 마찬가지로 사법 업무를 맡고 있었다. 이를 통해 전운사가 10도의 성립 전에 이미 파견되었으며,[60] 송의 전운사와 마찬가지로 사법 기능을 수행하고 있었음을 알 수 있다.[61]

전운사가 비교적 주기적이고 지속적인 기능을 가지고 있음을 감안하면, 그의 기능을 뒷받침하는 영역단위가 존재했을 것이다. 12목은 장리에 대한 감찰을 중심으로 하였고, 전운사의 감찰 대상에는 12목 관원이 포함되었을 것이다. 따라서 전운사가 12목을 단위로 파견되었다고 보기는 어렵다. 그보다는 앞서 살펴본 6도가 전운사의 파견 지역이었을 것으로 짐작된다. 효자·열녀 등에 대한 조사 또한 전운사의 업무로 상정할 수 있기 때문이다.

한편 전운사의 설치와 관련하여 다음 기록이 참고된다.

너) 비로소 12목을 두고 금유·조장을 혁파하였다. 금유·조장은 모두 외

59 『高麗史』 권84, 刑法1 職制 成宗 7년, “判 諸道轉運使及外官 凡百姓告訴 不肯聽理 皆令就於京官 自今 越告人及州縣長吏 不處決者 科罪”.

60 이에 대해 변태섭은 10도의 설치가 국초부터 전운사가 파견된 임시적인 諸道를 고정적인 구획으로 만든 것으로 이해하였다(변태섭, 1971, 앞의 책, 125-127쪽).

61 고려는 광종 14년 송의 연호를 도입한 이래 송과 적극 통교하고 있었다. 이때 지방통치를 위한 장치로서 전운사를 접하고, 이를 제도적으로 수립한 것으로 이해된다. 따라서 도입 초기 전운사는 財賦 운송뿐만 아니라 외관 감찰의 장치로서도 인식되었을 것이다.

읍사자의 칭호이다.[62]

위의 기사를 통해 성종 2년 이전에 외읍사자(外邑使者)인 금유(今有)와 조장(租藏)이 있었고[63] 성종 2년에 폐지되었다는 것을 알 수 있다. 문맥으로 보면 12목이 설치되면서 금유·조장이 폐지되었고, 따라서 12목과 대체 관계에 있었다고 판단할 수도 있다. 그러나 연혁 기사는 동일 시점으로 인식되거나 혼동되는 사실을 연속적으로 기재하는 경우가 많다. 이로 인해 서로 다른 시점의 사실, 혹은 직접 선후관계나 인과관계를 가지지 않는 별개의 사실이 하나의 맥락처럼 보이기도 한다. 이러한 양상은 지리지 연혁에서 두드러지게 나타나거니와 백관지의 관직 연혁 기사 또한 동일한 기제를 가지고 있다.

특히 금유·조장은 '외읍사자'라고 했으나 상주 외관인 12목은 '사자'의 범주로 이해할 수 없다. 성종 2년 이후 제도적으로 갖추어진 사자를 찾을 수 없다면 그 기능이 12목으로 흡수되었다고 볼 수 있다. 그러나 그러한 사자가 보인다면 금유·조장은 12목과는 다른 차원에서 해당 사자로 대체되었다고 볼 수 있는데, 이것이 바로 전운사이다.

전운사는 기능적 측면에서도 금유·조장과 대체 관계에 있었다. 금유·조장에 대해서는 다음 기록이 참고된다.

더) 아버지 이름은 윤겸이고 자(字)는 수익으로 사람됨이 아량 있고 곧으며 문장에 종사하였다. 벼슬하여 검무조장이 되었고 대감에 이르렀

62 『高麗史節要』 권2, 成宗 2년 2월, "始置十二牧 罷今有租藏 今有租藏者 並外邑使者之號".

63 금유·조장이 설치되는 시기에 대해 하현강은 광종초(1988, 『韓國中世史硏究』, 一潮閣), 김갑동은 태조대(1990, 앞의 책, 139쪽)로 보고 있다.

다〈모두 옛 관직 이름이다〉.[64]

위의 기록은 고려초기 인물인 유방헌(柳邦憲)의 묘지명의 일부로서 그의 부친인 유윤겸(柳潤謙)이 검무조장(檢務租藏)이었음을 밝히고 있다. 조장은 그 명칭으로 미루어 조세의 수취·보관과 관련되었을 것으로 추정된다. 그리고 윤겸의 직위가 대감(大監)에 이르렀다는 것을 보면 그는 재지세력으로서 조장의 업무를 맡은 것으로 생각된다.[65] 고려초기 지방의 재부 운영을 재지세력이 담당하고 있었음은 지방의 향호(鄕豪)나 호우(豪右)들이 공역(公役)을 담당하며 백성을 사역하고 있다는 최승로의 지적을 통해서도 유추할 수 있다.

성종 2년의 금유·조장 폐지는 중앙이 지방사회 운영을 직접 장악해 나가는 과정의 일환으로 평가된다. 당시 재지세력이 담당하던 지방사회 운영의 주요 기능은 12목을 통해 흡수하거나 제어하는 방향으로 나아갔다. 하지만 12목은 상주 외관으로서 교화와 천거 등 이념적 성격이 강한 기능을 위주로 운영되었다. 따라서 현지 사정에 대한 확인이 필요한 조세 보관 및 운송과 같은 수취 관련 업무까지 담당하기는 어려웠다. 12목에게 부역의 균평이라는 의무를 부여하고는 있으나 이 또한 이념적 성격이 강하다.

이에 대해 실질적인 수취 관련 업무를 담당한 것이 바로 전운사였다. 전운사의 설치는 종래 현지 세력인 금유·조장이 수행하던 재부 업무를 중앙에서 파견하여 순행하는 사신이 담당케 한 것이다. 따라서 금유·조장과 대체 관계에 있는 것은 12목이 아니라 전운사로 보아야 할 것이

64 『高麗墓誌銘集成』 柳邦憲墓誌銘, “父諱潤謙 字受益 爲人亮直 牋毫爲事 仕爲檢務租藏 至大監〈竝古官號〉”.

65 고려초기 高鬱府將軍 能文의 휘하에 大監이 발견되고(『高麗史』 권1, 太祖 8년 10월 己巳), 『삼국유사』에서 康州界任道大監의 사례가 보인다.

다. 다만 이 조치는 12목이라는 상주 외관을 통한 지배를 구현하는 데 수반하여 이루어졌기 때문에 백관지 기사에 12목 설치와 함께 금유·조장이 폐지된 맥락으로 정리된 것이다.[66]

이상에서 전운사는 성종 2년 12목과 함께 설치되었으며, 당초 6도를 매개로 운영되다가 성종 14년에 광역 운영체계가 10도로 전환되면서 10도의 운영체계로 채용되었다고 정리할 수 있다. 특히 주부(州府) 외관의 증치와 함께 전운사의 감찰 기능도 강화되었다.

그렇다면 광역 운영체계로서 12목과 도의 관계는 어떻게 이해할 수 있을까. 종래 12목은 군-영현 단위의 운영을 관리 감독하는 광역 운영체계의 속성을 지니고 있었다. 그러나 상주 외관으로 설치되었기 때문에 광역 단위의 기능은 이념적인 성격이 강하였고, 실질적인 감찰은 6도의 운영을 통해 보완되었다. 곧 12목의 기능은 행정체계상의 관리 감독이라는 측면에서 구현되었고, 순찰을 통한 감찰은 6도에 파견된 사신을 매개로 이루어진 것이다.

예를 들어 전술한 성종 7년 기사(자료 거)에 나타난 사법 운영을 보자. 군현의 사법 문제는 장리들이 일차적으로 처리하였고, 12목은 그에 대한 상급심으로 기능하였다. 그런데 12목의 관원만으로 관할 구역의 사법 문제를 모두 처리할 수 없었기 때문에 관내를 순행하는 전운사 또한 사법

66 종래에는 12목의 성립 이전에 금유·조장과 전운사가 병존하고 있었다고 보는 것이 일반적이었다. 이때 금유·조장이 수집한 조세를 전운사가 운송하는 형태로 보기도 하였다(변태섭, 1971, 앞의 책, 119-120쪽). 하지만 금유·조장이 고유 제도의 성격을 띤 반면, 전운사는 중국의 제도를 도입한 것이다. 이로 보아 두 제도가 병존하여 상관적으로 운영되었다고 보기는 어렵다. 그보다는 제도의 정비 과정에서 대체되는 것으로 이해하는 것이 적절할 것이다. 설사 전운사가 이전에 설치되어 금유 등과 함께 운영되었다 하더라도 성종 2년의 조치로 금유 등의 기능이 전운사로 흡수되었을 것이므로 제도적 맥락은 다르지 않다.

기능을 겸하였다. 곧 광역의 운영체계가 12목과 6도(전운사)로 이원화되어 있었던 것이다.

이러한 이원화된 기능은 10도제가 시행되고 그 운영의 담당자로서 전운사가 확립되면서 10도로 흡수되었다. 10도는 6도의 감찰이나 재부 운송과 같은 기능 외에 12목이 담당하던 기능까지 맡게 되었는데, 다음은 그러한 연계성을 반영하고 있다.

러) ① 전년에 귀환을 허락한 학생들을 가르칠 스승이 없으니 경전에 통달한 사람을 선발하여 경학 및 의학박사로 삼아 12목에 각 1명씩 파견하여 교육을 돈독히 실행하도록 하였다. 그 여러 주군현의 장리백성으로 가르칠 만한 아이가 있으면 아울러 훈계토록 하고, 만약 명경(明經)에 굳은 의지가 있거나 효제로 소문이 있는 자, 의술을 쓸 만한 자는 목재와 지주현관으로 하여금 한나라의 고사에 의거해 갖추어 기록하여 서울에 천거해 보내도록 하는 것을 항식으로 삼았다.[67]

② 3경 10도의 박사 사장으로서 생도들을 격려하고 성과가 있는 자는 이름을 적어 보고하고 관내에 재주와 학식이 있는 자는 해마다 천거하여 항규를 훼손하지 않도록 하라.[68]

67 『高麗史』 권74, 選擧2 學校 成宗 6년 8월, "以前年許還學生 無師敎授 敎 選通經閱籍者 爲經學 醫學博士 於十二牧 各遣一人 敦行敎諭 其諸州郡縣長吏百姓 有兒可敎學者 幷令訓戒 若有勵志明經 孝弟有聞 醫方足用者 令牧宰 知州縣官 依漢家故事 具錄薦貢京師 以爲恒式".

68 『高麗史』 권74, 選擧2 學校 穆宗 6년 정월, "敎 令三京十道博士師長 奬勸生徒 有勤効者 錄名申聞 管內有才學者 逐年薦擧 勿墜恒規".

①은 성종 6년 12목에 경학박사 및 의학박사를 두고 교육과 천거를 행하도록 한 것이다. ②는 목종 6년 지방 교육을 권장한 기사인데, 박사를 설치하고 교육과 천거를 담당하도록 한 대상이 3경과 10도로 바뀌어 있다. ②에서 '항규(恒規)'라 한 것은 바로 ①에서 '항식(恒式)'으로 삼도록 한 것으로서 박사의 교육과 천거에 대한 규정을 가리킨다. 따라서 매개가 되는 구역이 12목에서 10도로 바뀌었을 뿐 운영 내용은 그대로 유지된 것이다. 이 점에서 10도는 기능적인 면에서 12목을 계승하는 것으로 이해할 수 있다.[69]

이에 대해 지역 거점으로서 12목의 기능은 절도사와 도호부 등으로 계승되었다. 이들 지역은 주로 군사적 운영에 초점을 둔 것으로 보이는데, 다음 사례를 통해 그 일면을 엿볼 수 있다.

머) 조용겸이 왕을 머물게 하여 옆에 끼고 호령하기를 꾀하여 전운사 이재, 순검사 최즙, 전중소감 유승건과 함께 흰 깃을 관에 꽂고 북을 치고 소리를 지르며 나아갔다.[70]

위의 기사는 현종 원년 거란의 침입 때 전주절도사 조용겸(趙容謙)이 발호한 일을 전하고 있다. 절도사가 주도하여 피난 중인 왕을 군사적으로

69 당초 兩京(개경·서경)은 12목과 구분되어 있었다. 이는 성종 9년에 김심언이 六正六邪文과 刺史六條를 二京六官諸署局 및 十二道州縣官廳堂壁에 걸도록 한 것이나(『高麗史』 권93, 列傳6 金審言), 성종 12년에 양경 12목에 常平倉을 두도록 한 것에서 알 수 있다(『高麗史』 권80, 食貨 常平義倉 成宗 12년 2월). 동경의 설치와 함께 양경은 3경으로 바뀌었는데, 이들은 공간 편성에서는 道의 범주에 들어 있었다. 다만 京으로서 부여된 특수성에 따라 일부 기능에서 10도와 구분되었던 것이다.

70 『高麗史』 권94, 列傳7 智蔡文, "容謙謀欲止王 挾以號令 與轉運使李載 巡檢使崔檝 殿中少監柳僧虔 以白幟揷冠 鼓噪而進".

위협한 것인데, 이는 절도사가 군사권을 가지고 있었음을 반영한다.[71]

결국 12목을 중심으로 6도가 보완적으로 운영되던 성종 2년 이래의 광역 운영체계는 성종 14년 개편으로 10도 중심으로 일원화되었다. 다만 12목의 거점 기능은 절도사와 도호부 등으로 계승되어 주로 군사적 운영에 구현되었는데, 이는 뒤에 계수관이 광역의 군사 운영을 담당하게 되는 출발점이 되었다.[72]

---

71 節度使가 주도한 일에 轉運使가 참여한 것을 보면, 현실적인 지위에서 절도사가 순찰관인 전운사보다 상위였음을 짐작할 수 있다. 이는 후대의 안찰사와 같은 양상으로, 안찰사의 연원을 전운사로 연결할 수 있는 단서가 된다. 다만 이것이 전운사와 안찰사가 선후 관계로 직접 연결된다는 의미가 아니라 제도적 원리에서 양자가 상통하는 직제로 이해할 수 있다는 의미이다. 안찰사는 서해도 지역부터 시작해서 확대되는 추이를 보이기 때문이다. 한편 변태섭은 안찰사가 현종 20년에 혁파된 10도 전운사의 뒤를 이어 정종 때부터 나타나기 시작한다고 지적했으나 구체적인 논증을 하지는 않았다(邊太燮, 1968,「高麗按察使考」,『歷史學報』40; 1971, 앞의 책, 193쪽). 한편 전운사의 폐지 시기는 현종 20년이 아니라 현종 9년으로 조정할 여지도 있다. 안찰사의 연원에 대해서는 윤경진, 2013,「고려 按察使의 연원과 '五道按察使'의 성립」,『韓國文化』61 참조.

72 윤경진, 2004,「고려전기 界首官의 운영체계와 기능」,『東方學志』126.

2

도의 다원적 편성과 5도의 성립

1. '주도'의 설정과 도의 다원적 편성

1) 10도의 소멸과 '주도'의 설정

12목을 대신하여 수립된 10도는 광역의 운영단위로 기능했으며, 전운사가 그에 조응하는 운영체계로 활용되었다. 그 아래에는 주 단위로 외관을 설치하였고, 외관은 대략 2개 주 정도를 관할 구역으로 삼고 있었다. 그러나 이 지방제도는 목종 8년에 다수의 외관이 도태된 데 이어 현종 3년 절도사마저 폐지되면서 운영에 한계를 가지게 되었다. 다만 광역 단위로서 10도는 이후에도 상당 기간 유지되었다.

현종대 이후 10도의 주요 용례를 찾아 정리하면 다음과 같다.

가) ① (현종 16년) 영남도(嶺南道)의 광평과 하빈 등 10현에 지진이 있었다.[1]

1 『高麗史』 권55, 志9 五行3 土 顯宗 16년 4월 辛未, "嶺南道廣平 河濱等十縣 地震".

② (현종 20년) 삭방도(朔方道)의 등주와 명주 관내인 삼척·(중략)·우계 등 19현은 모두 오랑캐의 침입을 받았으니 특별히 세금을 감면하라.[2]

③ (문종 원년) 상서이부에서 아뢰기를, "엎드려 선지에 따라 무릇 내외의 대소 아문의 관원들을 모두 한 사람씩 줄이고 변경을 순찰하는 관사만 그대로 두었습니다. 지금 패서(浿西)·산남도(山南道)의 주목을 살펴보니 업무가 많고 관원은 적어 일이 지체되는 경우가 많아 매우 불편합니다. 바라건대 악목주부의 관원 수를 모두 예전대로 하여 영구히 정제(定制)로 삼으십시오"라고 하니 따랐다.[3]

④ (문종 4년) 중서성이 아뢰기를, "관내서도(關內西道)의 주현이 작년에 흉년이 들어 백성에게 주린 기색이 있습니다. 사창과 공해의 곡식을 풀어 경작을 돕고 가난하여 살아갈 수 없는 자는 의창을 풀어 진휼할 것을 청합니다"라고 하니 따랐다.[4]

⑤ (문종 21년) 관내도와 패서도는 지난해에 흉년이 들어 사람들이 배고프니 안란창을 열어 진휼하라.[5]

---

2 『高麗史』 권80, 食貨3 賑恤 災免之制 顯宗 20년 7월, "以朔方道 登溟州管內三陟 (중략)羽溪等十九縣 並被蕃賊侵擾 特蠲租賦".
열전에도 같은 내용이 보인다(『高麗史』 권94, 列傳7 李周佐).

3 『高麗史』 권7, 文宗 원년 11월 丙申, "尙書吏部奏 伏准宣旨 凡內外大小衙門官員 皆減一人 惟巡邊官司 仍舊 今伏審浿西山南道州牧 務劇員少 事多壅滯 甚爲不便 請岳牧州府員數 並令仍舊 永爲定制 從之".

4 『高麗史』 권80, 食貨3 賑恤 水旱疫癘賑貸之制 文宗 4년 4월, "中書省奏曰 關內西道州縣 前歲不登 民有飢色 請發司倉 公廨粟 以助耕耘 其貧不能自存者 發義倉以賑 從之".

5 『高麗史』 권80, 食貨3 賑恤 水旱疫癘賑貸之制 文宗 21년 4월, "關內浿西道 往歲禾稼不登 人民飢乏 發安瀾倉 賑之".

위의 사례들을 통해 문종대까지 영남도·삭방도·패서도·산남도·관내도 등 10도의 명칭이 유지되고 있었음을 알 수 있다. 다만 10도가 모두 존속된 것은 아니며, 후술하듯이 남부 지역이 먼저 소멸하고 관내도와 패서도 등이 문종대 후반까지 잔존하는 것으로 판단된다.

10도의 소멸은 새로운 광역 운영체계로서 계수관이 수립되고 이를 바탕으로 한 새로운 형식의 도가 설정되는 데 따른 것이다. 현종 9년 주현-속현체계가 전면 실행되면서 그 상급 체계로서 함께 수립된 계수관제는 경·목·도호를 거점으로 다수의 주현-속현체계를 포괄하는 권역을 설정하는 것이었다. 경·목·도호는 해당 계(界)의 중심이라는 의미에서 '계수관'이라 칭한 것인데, 이 계수관은 특정 군현을 가리키는 한편, 그 군현을 중심으로 형성되는 광역의 운영체계를 상정하고 있다.

이러한 계수관의 원리는 12목과 상통하는 것으로, 거점이 없이 순찰구역으로 설정되는 도와 공존할 수 있었다.[6] 이와 관련하여 위의 사례 중 ③의 내용이 주목된다. 이 기사는 앞서 관원 축소로 인해 주목(州牧), 곧 계수관의 업무에 차질이 생겼으므로 이를 복구하도록 한 조치를 담고 있다. 이 당시까지 10도의 하나였던 패서도와 산남도가 계수관이 속한 영역으로 언급되고 있다. 이때의 주목은 광역 운영체계가 아니라 그 거점으로서 업무가 많은 군현을 가리키는 것으로, 함께 언급된 악목주부(岳牧州府)와 같은 내용이다. 곧 계수관이 속한 광역권을 설정할 때 10도를 채용한 것이다.

이러한 구도가 형성되는 것은 계수관의 이중적 성격 때문이다. 계수관은 개별 군현인 동시에 그를 거점으로 광역의 운영체계를 형성하고 있

6 12목은 전운사의 운영단위로 기능하던 6도와 공존하고 있었다(본서 5부 1장 참조).

다. 따라서 관할 군현들을 대상으로 할 때에는 '계'가 광역 단위로 제시되지만, 계수관 자체를 하나의 개별 군현으로 인식하는 경우에는 그를 포함하는 다른 층위의 관념이 요구되었다. 10도가 바로 이 기능을 담당한 것이다.

이처럼 10도가 영역 관념으로 유지되는 한편에서 사신 파견을 위한 권역으로서 새로운 형식의 도가 출현하였다. 이 도는 주로 계수관을 매개로 설정되었는데, 그 첫 사례는 문종 10년 기사에 보인다. 당시 문종은 여러 주목과 자사, 통판(通判), 현령·위 및 장리의 근무 성적과 태도를 살피기 위해 사신의 파견을 천명한 뒤, 사신으로 파견할 사람과 대상 지역을 구체적으로 열거하였다.[7] 그 내용을 정리하면 다음과 같다.

나) ① 겸시어사 형부원외랑 이유적: 산동남충경상주삼도무문사
② 겸어사잡단 병부낭중 김약진, 예부낭중 최상: 산남진나전청광공홍주칠도무문사
③ 겸감찰어사 시전중내급사 안민보: 관서북관내삼도무문사
④ 감찰어사 민창수: 관내동도무문사

이 당시 파견된 사신의 직함은 무문사(撫問使)로, 이들이 겸직한 시어사(侍御史)·어사잡단(御史雜端)·감찰어사(監察御史)는 모두 어사대(御史臺) 소속 관직이다. 곧 당시 무문사 파견은 어사대의 분견(分遣)이라는 의미를 띠고 있었던 것이다. 여기에 열거된 도는 모두 14개이다.

우선 ①의 '산동남충경상주삼도(山東南忠慶尙州三道)'는 '산동남'의 충

7 『高麗史』 권7, 文宗 10년 9월 甲申.

주도·경주도·상주도의 3개 도를 말하는 것으로 해석된다. 이를 산동도와 산남도, 충경상주 등 셋으로 구분할 수도 있으나 산동도라는 지명이 사용된 사례가 없고, ②에 '산남'이 다시 언급되고 있다. 따라서 '산동남'은 도명으로서 산동과 산남을 연칭한 것이 아니라 중앙에서 방면을 파악하는 관념으로 보아야 한다.[8]

②의 '산남진라전청광공홍주칠도(山南晉羅全淸廣公洪州七道)' 역시 '산남' 방면의 7도를 나타낸다. 이 7도는 진주도·나주도·전주도·청주도·광주도·공주도·홍주도 등이다. 이들은 계수관, 또는 그에 준하는 중심지를 통해 그 관할 범위를 도로 편성한 것이다.[9] 이때 계수관들이 대부분 주호를 띠고 있으므로 계수관을 매개로 설정되는 새로운 형식의 도를 '주도(州道)'로 지칭하기로 한다.

그런데 ③의 관서북관내삼도(關西北關內三道)와 ④의 관내동도(關內東道)는 이와 다른 형식을 띠고 있다. '관서북관내삼도'는 명칭상 관서와 관북, 관내의 3도로 구분된다. 이때 관내도는 ④에 관내동도가 있으므로 관내서도로 판단할 수 있다. 그리고 관서는 패서도(浿西道: 北界),[10] 관북은

---

8 崔貞煥, 1998, 「高麗時代 5道 兩界의 成立」, 『慶北史學』 金燁停年紀念特輯號; 2002, 『高麗 政治制度와 祿俸制 硏究』, 신서원, 92-93쪽.

9 公州와 洪州는 계수관이 아니지만, 계수관 淸州의 관할 범위가 東西로 넓게 설정되어 있고 청주는 동쪽에 치우쳐 있으므로 사신의 활동을 위해 계수관에 준하여 구역을 나눈 것이다. 공주는 9주의 하나였고, 운주는 통일전쟁기에 지역 중심지로 기능하던 곳이다. 뒤에는 陜州가 이와 유사하게 활용되었다. 이러한 사례들은 계수관 중심의 도 설정을 원칙으로 하면서 필요에 따라 변용한 결과로 이해할 수 있다.

10 문종 6년 기록을 보면 '關西安北兩道'라는 표현이 보인다(『高麗史』 권80, 食貨3 賑恤 水旱疫癘賑貸之制 文宗 6년 2월 "以關西安北兩道饑 遣御史中丞金化崇 發倉賑之"). 곧 관서는 좁은 의미로는 서경 인근 지역을 가리키기도 한 것이다. 다만 撫問使가 파견된 關西는 따로 安北이 언급되지 않은 것으로 보아 안북대도호부 지역까지 포함하는 것으로 짐작된다. 물론 파견 대상에서 안북 지역이 제외되었을 가능성도 배제할 수는 없다.

삭방도(朔方道: 東界)에 각각 상응한다.[11] 이들의 명칭은 관내도를 기준으로 하여 양계 지역을 개념화한 것이다.

주목되는 것은 10도로 볼 때 관내도에 속하는 광주가 ②에서 따로 언급되고 있다는 점이다. 곧 종래의 관내도 중에서 대략 한강 이남 지역은 계수관 단위의 운영체계로 분리된 것이다. 이에 비추어 ④의 관내동도는 경기 지역과 양주 관할 정도로 축소되었을 것이다.

결국 무문사 파견을 위한 도의 편정에서 남부 지역과 개경 인근 및 이북 지역에 다른 방식이 적용된 것이다. 관내도와 삭방도는 10도의 명칭을 그대로 유지한 반면, 남부 지역은 10도 대신 새롭게 계수관을 매개로 도를 설정하였다.[12] 이 과정에서 관내동도의 남부 지역, 곧 광주의 관할 지역은 주도의 설정 대상으로 바뀌었다.

문종 19년에는 춘추외산제고사(春秋外山祭告使)를 10여 도에 파견하였다.[13] 이 기사에서는 도의 내역을 밝히지 않았으나 문종 31년 기록에 나주도제고사(羅州道祭告使)가 보여[14] 제고사의 파견 역시 각 계수관을 단위로 설정된 주도를 대상으로 하였음을 알 수 있다.

이처럼 늦어도 문종 10년경부터 남도 지역은 10도 대신에 주도를 설

11 최정환은 關內를 양주, 關西를 해주, 關北을 황주, 關內東道를 광주로 보았으나(최정환, 2002, 앞의 책, 91-92쪽), 關西北이 관내와 대칭적으로 표현되고 있으므로 관내도 외의 지역으로 구분되어야 하며, 광주는 같은 기사 안에서 山南에 포함되어 있으므로 다시 관내동도로 비정할 수 없다.

12 현종 11년 기사에 安西道가 보이는데, 이는 安西大都護府 관할을 가리키는 것으로 생각된다(『高麗史』 권4, 顯宗 11년 8월 丙戌, "王以安西道屯田一千二百四十結 施納于玄化寺 兩省再三論駁 不納"). 이 경우 계수관에 의한 道 설정으로 볼 수도 있다. 하지만 屯田 施納과 관련하여 언급된 데서 드러나듯이 사신 파견을 위한 道가 아니라 軍事道의 성격이 강해 보인다. 『고려사』 兵志에 安西大都護府道가 있는데, 안서도는 이를 가리키는 것이 아닐까 한다.

13 『高麗史』 권8, 文宗 18년 3월 癸酉.

14 『高麗史』 권9, 文宗 31년 8월.

정하여 무문사·제고사 등을 파견하였다. 다만 이 당시까지 주도의 설정은 하나의 계수관을 도로 활용한 것으로 연칭 형태의 주도로 나아가지는 않은 상태였다.

이에 대해 선종대에 들어서면 관내도마저 소멸하고 도명에서 계수관을 연칭하는 주도가 출현하게 된다. 선종 4년 출추사(出推使)를 파견하면서 전진나주도(全晉羅州道)·경상주도(慶尙州道)·광충청주도(廣忠淸州道)의 세 도가 그 대상으로 설정되었다.[15] 무문사 파견과 대비해 볼 때 먼저 2-3개의 계수관을 연칭하여 권역을 표시했다는 점이 눈에 띈다. 아울러 충주가 경주·상주와 분리되어 광주·청주와 함께 하나의 권역으로 묶인 점도 주목된다. 이에 대해 진주는 전주·나주와 한 도를 구성하고 있다.

이어 예종 2년 백성의 어려움을 알아보고 수령의 업무를 평가하여 보고하는 임무를 띠고 제도(諸道)에 안무사(安撫使)가 파견되었다. 파견 대상 지역은 양광충청주도(楊廣忠淸州道)·전라주도(全羅州道)·경상진주도(慶尙晉州道)의 세 도로 편성되었다.[16] 이 3도는 뒤에 형성되는 5도 중에서 남부 3도의 원형이 되었다.

안무사 파견 내역을 출추사와 대비해 보면, 우선 양주(남경)가 권역 설정에 포함되고 있다. 문종대까지 유지되던 관내동도마저 계수관 단위의 편성으로 전환된 것이다. 또한 앞서 전주·나주와 권역을 구성하던 진주가 경주·상주와 한 권역을 이루는 변화도 보인다.

예종 4년에는 근신(近臣)을 보내 제도의 기민(飢民)을 구제했는데, 이

15 『高麗史』 권10, 宣宗 4년 12월 己卯.
당시 出推使 파견은 수령의 적합성 문제로 인한 것으로 백성의 疾苦를 살피는 활동을 하였다(『高麗史』 권98, 列傳11 李璹 附 李瑋, "宣宗聞郡縣守多非其人 選瑋及尹瓘崔思悅等 分遣諸道 撫民疾苦").

16 『高麗史』 권12, 睿宗 2년 2월 丙戌.

때 "흥화운중서해남경광주충청주(興化雲中西海南京廣州忠淸州)" 등으로 지역이 열거되었다.[17] 여기서 계수관을 매개로 규정되는 남부의 도는 남경광주와 충청주로 나뉜다. 예종 2년에 안무사를 파견했던 양광충청주도를 2개 도로 나눈 것이다.[18]

이처럼 문종 연간에는 관내도 이외의 남부 지역은 계수관을 매개로 주도를 설정하여 사신을 파견하였다. 그리고 선종대에 이르면 관내동도 지역이 주도 편성에 포함되었다. 그리고 남부의 주도 편성은 2개 권역에서 3개 권역으로 분화하고, 전주·나주와 묶였던 진주가 경주·상주와 묶이는 변화가 나타났다. 이 과정에서 사신 파견을 위한 주도의 편성이 일반화되었고, 필요에 따라 도의 수를 다양한 형태로 설정하면서 여러 형식의 도가 편성 운영되었는데, 아래에서는 이에 대해 구체적으로 살펴보기로 한다.

2) 도의 다원적 편성

문종대부터 출현한 주도는 선종-예종대를 거치면서 사신 파견을 위한 도 편성의 일반적인 방식으로 자리를 잡았다. 그러나 시기에 따라, 혹은 파견되는 사신의 종류에 따라 도는 5도에서 10도에 이르기까지 다양한 형식으로 편성되었다. 아래에서는 각 유형별로 편성의 원리와 내역을 살펴보기로 한다.

(1) 5도와 7도

5도와 7도는 주로 안찰사의 파견과 연계하여 나타나는데, 가장 이른 사

17 『高麗史』 권80, 食貨3 賑恤 水旱疫癘賑貸之制 睿宗 4년 12월.
18 興化道와 雲中道는 북계에 설정된 監倉使道이다.

례는 의종 때의 5도이다.

다) 무릇 양계병마와 5도안찰이 폐사(陛辭)하는 날에 반드시 양궁(兩宮)에 술자리를 베풀고 위로하여 전별하는데, 각기 방물을 바치게 하고 그가 바치는 다소에 따라 고과를 행하였습니다.[19]

위의 기사는 의종 때 언관으로 있던 문극겸(文克謙)이 의종의 총애를 받던 환관 백선연(白善淵)을 비판한 것으로, 내용 중에 '5도안찰'이 언급되고 있다. 이 5도는 후술할 7도안찰사의 파견 지역을 감안할 때, 예종 2년 안무사 파견 대상이었던 양광충청주도와 전라주도, 경상진주도에 이미 안찰사가 운용되고 있던 서해도, 그리고 새롭게 춘주도(교주도) 지역을 통칭한 것으로 판단된다.

이어 명종 때에는 7도가 나오고 있다.

라) 7도안찰사와 5도감창사는 모두 권농사를 겸하게 하였다.[20]

위의 기사는 명종 3년의 것으로 『고려사』 식화지에 수록되어 있다. 그런데 동일한 사실에 대해 백관지에서는 안찰사가 파견된 7도를 경상주도·진합주도·전라주도·충청주도·양광주도·서해도·춘주도로, 감창사가 파견된 5도를 북계의 운중도(雲中道)·흥화도(興化道), 동계의 명주도(溟州道)·삭방도(朔方道)·연해도(沿海道)로 각각 제시하였다. 이러한 7도의 편

19 『高麗史』 권99, 列傳12 文克謙, "凡兩界兵馬 五道按察 陛辭之日 必於兩宮 置酒慰餞 令各獻方物 隨其貢奉多少 以爲殿最".

20 『高麗史』 권79, 食貨2 農桑 明宗 3년 정월, "以七道按察使 五道監倉使 皆兼勸農使".

성은 예종 4년 제도에 근신을 파견했을 때 그 대상 지역 중 남경광주와 충청주가 나뉘어 있었던 데서 그 원형을 찾을 수 있다.

한편 명종 8년 찰방사(察訪使) 파견에서도 7도의 구성을 추출할 수 있다. 당시 찰방사는 백성의 어려움을 알아보고 관리를 평가하기 위해 파견되었는데, 이러한 기능은 안찰사와 다르지 않으므로 운영 원리 또한 상통할 것이다. 당시 파견 대상 지역은 홍화도·운중도·삭방도·연해명주도·서해도·양충주도·진합주도·경상주도·전라주도·광청주도·춘주도 등 11개였다.[21]

이 중 북계에 해당하는 홍화도와 운중도, 동계에 해당하는 삭방도와 연해명주도를 제외하면, 나머지 7개가 남도 지역에 해당한다. 이 구성을 명종 3년 기사와 대비해 보면, 양계의 경우 연해도와 명주도가 합하여 1도로 된 차이가 보이고, 남도의 경우에는 종래 충청주도와 양광주도로 편성되었던 지역이 양충주도와 광청주도로 바뀌어 있다. 이를 통해 지방 감찰을 위한 안찰사·찰방사 등 사신의 파견에서 7도가 운영되고 있었다는 것과 함께 그 편성이 가변적이었음을 알 수 있다.

그런데 얼마 후 안찰사의 파견 대상은 다시 5도로 나오고 있다.

마) ① 양계병마사와 5도안찰사로 하여금 관원의 통치를 순찰하여 조사할 수 있도록 하라.[22]

② 너희 양계병마사와 5도안찰사는 마음과 힘을 다하여 선(善)을 보

21 『高麗史』 권19, 明宗 8년 정월 丁巳.
이들에 대해 이듬해 기록에서는 十道察訪使로 통칭하고 있다(『高麗史』 권20, 明宗 11년 9월 丙子).

22 『高麗史』 권75, 選擧3 選用監司 明宗 18년 3월, "其令兩界兵馬使 五道按察使 巡察吏理 期於覈實".

기를 놀란 것 같이 하고 악(惡)을 미워하기를 원수같이 하라.[23]

위의 기사는 각각 명종 18년과 20년의 것으로, 양계병마사와 함께 5도안찰사가 언급되고 있다. 기록상 명종 8년에서 18년 사이에 7도가 5도로 전환되었음을 짐작할 수 있다.

이 변화와 관련하여 다음 기록이 주목된다.

바) 명종 원년에 첨사부주부로 소환되었으며, 감찰어사로 옮겼다가 좌정언 지제고에 임명되었다. 나가서 양광·충청 2도의 안찰사가 되니 이르는 곳마다 성과가 있었다.[24]

위의 기사는 『고려사』 열전에 수록된 최척경(崔陟卿)의 관력 중 일부이다. 그가 안찰사로 보임되는 시기는 분명치 않지만, 명종 원년 이후 역임한 관직으로 보아 대략 명종 5년 전후로 잡아볼 수 있다. 여기서 그가 양광·충청 2도의 안찰사로 보임된 사실은 당시 도제 및 안찰사 운영과 관련하여 주목을 요한다.

우선 양광도와 충청도를 별개의 도로 인식하고 있었음이 확인된다. 이것은 명종 3년의 기록에 보이는 구성과 일치한다. 그런데 안찰사는 '2도'를 아우르고 있어 두 도가 하나의 단위로 운용되는 모습도 나타난다. 곧 공간적으로는 두 개의 도였으나 운영에서는 1명의 안찰사가 담당하는 권역으로 묶인 것이다. 이것은 안찰사 제도의 정착과 함께 궁극적으로 하

23 『高麗史』 권20, 明宗 20년 9월 丙辰, "咨爾兩界兵馬使 五道按察使 尙一乃心力 見善若驚 疾惡若讎".

24 『高麗史』 권99, 列傳12 崔陟卿, "明宗元年 以詹事府注簿 召還 轉監察御史 拜左正言 知制誥 出爲楊廣忠淸二道按察使 所至 皆有聲績 遷兵部員外郞".

나의 도로 귀착할 수 있는 조건을 시사한다. 명종 8년 찰방사에서 도 편성의 변용이 보이기는 하지만, 이로부터 도의 통합을 통해 7도가 5도로 전환되는 단서를 확인할 수 있다.[25]

한편 안찰사가 파견된 5도의 명칭이 구체적으로 언급된 것은 고종 12년의 기록에서 처음 보인다.

사) 판사재사 이윤함을 서북면병마사로 삼고, 대호군 금휘를 동북면병마사로 삼고, 낭장 최종조를 경상도안찰부사로 삼고, 시랑 김득순을 양광도안찰사로 삼고, 낭장 황수를 전라도안찰부사로 삼고, 시어사 유유를 서해도안찰부사로 삼고, 기거사인 백돈분을 교주도안찰부사로 삼았다.[26]

위의 기사에는 경상도·양광도·전라도·서해도·교주도의 5도가 나타나고 있다. 경상주도와 진합주도가 경상도로 합쳐지고, 양광주도와 충청주도(혹은 양충주도와 광청주도)가 양광도로 합쳐진 것이다. 이후 안찰사의 파견 대상은 사실상 5도로 확립되는데, 이와 함께 그 대상 지역인 5도 역시 공간적으로 고정되었다.[27] 다만 명칭 설정의 준거인 계수관의 변동에

25 이 내용은 최척경이 양광도와 충청도에 연이어 안찰사로 재임한 것을 나타낼 수도 있다. 그런데 그는 左正言에 임명되고 그에 연동하여 외직으로 나간 형태이고, 고종 때 충청도와 전라도의 안찰사를 지낸 庾碩에 대해 '歷'이라 하여 두 곳의 역임을 명시한 것(『高麗史』 권121, 列傳34 良吏 庾碩, "歷忠淸·全羅二道按察")과 기재 방식에 차이가 있다. 또한 원종 때 張鎰과 金祇錫이 함께 全羅·忠淸·慶尙 세 도의 按察使로 활동한 사례가 보이고(『高麗史』 권106, 列傳19 張鎰), 양광도와 충청도가 당초 한 도를 구성한 것 등에 비추어 최척경이 두 도의 안찰사를 겸직한 것으로 보는 것이 적절할 듯하다.

26 『高麗史』 권22, 高宗 12년 7월 戊辰.

27 5道按察使의 성립 과정에 대해서는 윤경진, 2013, 「고려 按察使의 연원과 '五道按察

따라 도명도 잦은 변화를 보이게 되는데, 이는 뒤에서 구체적으로 검토할 것이다.

한편 5도는 안찰사의 파견을 토대로 형성된 것이지만, 그 권역이 고정되면서 다른 형태의 사신 파견이나 운영에도 활용되었다.

> 아) 양계와 5도에서 진병법석을 위해 들어가는 비용이 모두 백성에게서 나오는데, 이는 부처와 하늘을 속이는 것이니 무슨 복이 있겠는가. 이에 중사를 보내 내고의 은병 300구를 제도(諸道)에 나누어 주어라. 경상도는 200구, 전라도는 60구, 충청도는 40구로 하라.[28]

위의 기사는 고종 10년의 것으로서 진병법석(鎭兵法席)을 위해 은병을 제도에 내려 준 조치를 담고 있다. 그 대상이 서두에는 '양계'와 '5도'로 되어 있고, 뒤에 구체적으로 도별 내역을 열거한 부분에서는 경상도·전라도·충청도가 언급되어 있다. 이것은 5도가 안찰사의 순찰 외에 지방사회를 구분 운영하는 영역단위로 활용되는 것을 보여 준다.

(2) 6도

명종 때 7도안찰사가 5도안찰사로 전환되면서 5도는 지방사회를 구획하는 광역 단위로서 주류적인 위치를 점하게 되지만, 그 이면에서는 여전히 다양한 형식의 도가 운영되었다. 그 예로 6도, 8도, 9도, 10도 등을 찾아볼 수 있는데, 아래에서는 각각의 사례와 그 내용을 차례로 분석해 보기로

使'의 성립」, 『韓國文化』 61 참조.

28 『高麗史』 권22, 高宗 10년 9월 戊申, "兩界五道 鎭兵法席 供費 皆出於民 是欺佛欺天 何福之有 爰遣中使 出內庫銀瓶三百口 分付諸道 慶尙道二百口 全羅道六十口 忠淸道 四十口".

한다.

6도는 성종 연간에 이미 설정된 바 있으나 현종 9년 이후의 사례로는 문종 18년에 태복시(太僕寺)의 요청으로 구례(舊例)에 따라 6도에 선마사(選馬使)를 보낸 것을 찾을 수 있다.[29] 그 뒤 6도는 고종 43년 선지사용별감(宣旨使用別監)의 파견에서 다시 보인다.

> 자) 몽골군 때문에 6도선지사용별감의 파견을 정지하였다. 당시 사명을 받은 자가 백성을 수탈하고 함부로 거두어 은총을 굳히니 백성이 괴로워하다 몽골군이 오는 것을 도리어 반겼다.[30]

선지사용별감은 공식 절차를 밟은 사신과 달리 왕명을 직접 받아 들고 이를 근거로 활동하면서 주로 물품의 조달을 담당하는 사신을 가리킨다. 이들이 파견된 6도의 내역은 알 수 없으나 충렬왕 13년에 전라도왕지별감이 활동한 사례로 볼 때,[31] 5도를 토대로 변용한 것으로 짐작된다.[32] 문종 때 선마사의 역할 또한 선지사용별감과 통하는 면이 있다는 점에서 그가 파견된 6도 역시 유사했을 것으로 생각된다.

(3) 8도

8도는 인종 20년 관리 찰방(察訪)을 위해 설정된 사례가 발견된다.

---

29 『高麗史』 권8, 文宗 18년 7월 庚寅, "太僕寺奏請 依舊例 遣六道選馬使 從之".

30 『高麗史』 권24, 高宗 43년 2월, "以蒙兵 停發六道宣旨使用別監 時 奉使者 剝民橫斂 以固恩寵 民甚苦之 反喜蒙兵之至".

31 『高麗史』 권123, 列傳36 嬖幸1 權宜, "十三年 爲全羅道王旨別監 以能辦供進".

32 5도 중 양광도나 경상도를 2개의 도로 분리 운영하거나 5도에 東界의 沿海溟州道를 포함한 경우 등을 상정할 수 있다.

차) 8도에 사신을 보내 주현 관리의 능력을 찰방하였다.[33]

위에서 사신의 종류는 언급되지 않았으나 찰방을 목적으로 했으므로 찰방사(察訪使)로 보아도 무리는 없다. 8도의 내역은 알 수 없으나 전술한 명종 8년 11도에 대한 찰방사 파견 사례가 참고된다. 두 시기의 파견 지역 설정이 크게 다르지 않았으리라는 점과 찰방 대상이 주현 관리로 제시된 점을 볼 때, 11도 중 흥화도, 운중도, 삭방도를 제외한 나머지 8개 도를 상정할 수 있다. 곧 남도의 7도에 동계의 연해명주도를 추가한 것인데, 이는 주현-속현체계가 적용되는 지역과 일치한다.

(4) 9도

9도는 군사 운영과 관련하여 그 사례가 보인다.

카) ① 9도에 사신을 보내 군사를 선발하였다.[34]
② 9도에 점군사를 나누어 보내 장사를 뽑았다.[35]

위의 기사는 각각 덕종 원년과 예종 3년의 것이다. 여기서 9도의 정확한 내역은 알 수 없지만, 인종대 이후 확인되는 점군사(點軍使) 내지 선군사(選軍使)의 사례를 통해 접근해 볼 수 있다. 묘지명 자료에 보이는 관련 사례를 제시하면 다음과 같다.

---

33 『高麗史』 권17, 仁宗 20년 11월 癸巳, "遣使八道 察訪州縣官吏能否".

34 『高麗史』 권81, 兵1 五軍 德宗 원년 11월, "遣使九道 選軍士".

35 『高麗史』 권12, 睿宗 3년 8월 庚寅, "分遣九道點軍使 以選壯士".
兵志에는 예종 원년 8월 기사 뒤에 삽입되어 있다.

타) ① 전라로안찰사겸점군사(全羅路按擦使兼點軍使)[36]

② 충청주도선군사(忠淸州道選軍使)[37]

위의 두 사례는 각각 인종 8년과 의종 8년 이전의 것이다. 여기서 점군사(선군사)의 파견 지역으로 전라주도와 충청주도가 보인다. 이는 안찰사의 활동 영역과 일치한다. 예종 3년의 9도도 이와 유사하게 편성되었다고 보면, 7도와 양계를 합쳐 9도를 설정했다고 추정할 수도 있다. 그러나 군사 선발이라는 활동 내용을 감안할 때 양계가 포함되었을지 의문이 든다. 특히 전술한 주도 편성의 추이를 고려할 때 덕종-예종대에 7도를 설정하기 어렵다.

이에 비추어 점군사가 파견된 9도는 남부 지역의 계수관을 단위로 설정되었을 가능성이 높다. 후술하듯이 지방 군사를 동원하여 전함을 축조하는 업무를 수행한 지휘사(指揮使)는 전주도·나주도 등 계수관 단위로 활동 지역을 설정하였다. 점군사의 활동이 군사 동원이라는 점에서 지휘사의 업무와 상통한다고 보면, 점군사가 파견된 9도 역시 각 계수관을 단위로 설정된 것으로 볼 수 있다.

실제 명종대 이후에도 안찰사도보다 좁은 범위에서 점군사가 활동한 사례가 보인다.

파) 경상주도안찰사겸울금양주점군사(慶尙州道按察使兼蔚金梁州點軍使)[38]

36 『高麗墓誌銘集成』 崔諴墓誌銘.

37 『高麗墓誌銘集成』 林景軾墓誌銘.

38 『高麗墓誌銘集成』 崔孝思墓誌銘.

위의 사례는 명종 후반에서 신종대 사이의 것인데, 점군사의 활동 대상인 울주·금주·양주는 경상주도의 일부이다.[39] 안찰사가 그 업무를 겸하기는 하지만, 점군의 활동이 규정되는 지역은 안찰사도보다 좁은 범위가 되는 것이다.

이에 비추어 덕종-예종대 점군사는 계수관 단위로 파견되었다고 판단된다. 이때 남부 3도 지역의 계수관이 남경·광주·충주·청주·전주·나주·경주·상주·진주 등 9개라는 점에서 볼 때, 점군사가 파견된 9도는 바로 이들 9개 계수관을 단위로 설정되었다고 이해할 수 있다.[40] 그런데 예종대 이후 안찰사의 파견이 보편화되면서 안찰사가 점군사의 역할을 겸하는 경우가 많아졌고, 점군사의 활동 대상도 대체로 안찰사도와 일치하게 된 것이다.

(5) 10도

10도는 찰방사 파견을 위해 설정된 적이 있는데, 전술했듯이 이는 정확히는 11도이다.[41] 한편 수취와 관련하여 남도에 10도를 설정한 사례도 보인다.

> 하) 안동, 경주, 진합주(晉陜州), 상주, 영암, 나주, 전주, 양광주, 청주, 충주 등 10도에 사신을 보내 제주(諸州)의 공물을 독촉하였다.[42]

---

39 蔚州·金州·梁州는 禮州와 함께 동남 해안의 防禦使 설치 지역이라는 공통성을 가진다.

40 덕종대는 南京이 계수관으로 설정되기 전이지만, 關內東道의 편성을 감안할 때 楊州가 廣州와 분리된 하나의 도를 형성했을 가능성은 충분하다. 실상 두 곳은 한강을 경계로 지역이 구분된다.

41 주 21 참조.

42 『高麗史』 권22, 高宗 4년 10월, "遣使於安東慶州晉陜州尙州靈岩羅州全州楊廣州清州

위의 기사는 고종 4년의 것이다. 여기서 10도는 계수관을 토대로 도를 설정하면서 한편으로 지역 여건에 따라 분할하거나 통합하여 설정하는 변용을 보이고 있다. 열거된 군현 중 안동과 합주, 영암은 당시 계수관이 아니었으나 그에 버금가는 중심지로 인식되었다. 합주의 경우, 명종 8년의 찰방사 파견에서 진주와 함께 진합주도를 구성하며 경상주도와 구분된 바 있어 여기서도 굳이 언급한 것으로 보인다. 이에 대해 안동과 영암은 각각 상주와 나주의 관할 범위를 나누는 의미가 있다. 반면 양주와 광주는 하나의 도로 통합 편성되었는데, 이는 지역이 가까웠기 때문으로 이해된다.[43]

이상에서 보았듯이 성종 14년에 마련된 10도가 문종대 이후 소멸하면서 계수관을 토대로 도가 설정되었다. 때로는 하나의 계수관을 그대로 도 단위로 삼거나 때로는 2개 이상의 계수관을 연칭하여 보다 넓은 범위를 설정하였다. 또한 계수관 단위를 분할해서 도를 편성하기도 하였다. 이처럼 고려전기의 도제는 시기와 사신 종류 및 기능에 따라 다양한 원리로 편성·운영되고 있었다.

그러나 사신 중에서 전국적이고 정례적인 성격을 가진 안찰사의 파견에 따라 도는 점차 고정되었는데, 명종대 5도안찰사의 파견이 정착되면서 5도는 양계와 함께 광역의 운영체계로서 그 형식을 갖추게 되었다. 다음에는 5도를 구성하는 각 도가 어떤 과정을 거쳐 수립되는지 구체적

忠州等十道 督諸州土貢".

43 위에서 언급한 점군사의 활동에서는 남경 설치 이전의 양주가 광주와 구분되었다. 이는 업무 차이와 관련된다. 곧 군사 징발은 호구에 관련되므로 공간적 범위가 기준이 된다. 반면 찰방사는 관원들이 주 대상인데, 광주 관내에는 별도의 主縣이 없으므로 양주(남경)와 통합 운영된 것이다.

으로 살펴보기로 한다.

2. 5도의 도별 성립 과정

1) 서해도와 교주도의 성립

앞에서는 10도가 소멸하고 계수관을 매개로 주도(州道)가 편성되는 추이와 이로부터 7도와 5도를 비롯해 다양한 범주로 도가 설정되는 양상을 살펴보았다. 여기서는 그로부터 주류적인 도제로 자리를 잡는 5도에 대해 도별로 그 성립 과정을 살펴보기로 한다.

5도의 성립은 10도처럼 일괄적으로 시행된 것이 아니라 주도의 운영 과정에서 정착한 것이며, 따라서 도별로 성립 시기와 형태에 차이가 있었다. 특히 북부의 서해도·교주도와 남부의 3개 도는 성립 과정이나 운영방식에 많은 차이가 있었다. 먼저 서해도와 교주도의 성립부터 살펴보자.

(1) 서해도(西海道)

『고려사』 지리지 서해도 연혁 중 성립 과정에 해당하는 부분을 추출하면 다음과 같다.

> 거) ① 成宗十四年 分境內 爲十道 以黃州海州等州縣 屬關內道 ② 後改爲西海道

위의 연혁은 서해도가 성종 14년에 관내도로 편성되었던 지역이며, 그 뒤 어느 시점에 서해도로 되었음을 밝히고 있다. 이 지역은 양주·광주 등의 주현으로 구성된 동도(東道)와 함께 관내도를 구성하던 서도(西道)

에 해당한다.

다음 두 자료를 대비해 보면 관내서도와 서해도의 연결성을 쉽게 파악할 수 있다.

너) ① 외옥수에 대해 서경은 분대가, 동서주진은 각계의 병마사가, 관내서도는 안찰사가, 동남해는 도부서가, 그 나머지는 각 계수관의 판관 이상이 무시로 감항하여 추검한다.[44]

② 서해도안찰사가 아뢰기를, "안서도호부의 관할에 있는 연평도의 순검군이 해선 1척을 잡았다고 합니다(후략)"라고 하였다.[45]

①은 『고려사』 형법지의 무편년 기사로 수록된 판이다. 그 시점을 정확히 알 수는 없으나 계수관이 등장하고 있어 현종 9년 이후임은 분명하다. 이 조치는 지역에 따라 외옥수 추검을 담당할 관원을 지정한 것인데, 그중 관내서도의 안찰사가 언급되고 있다. 이에 대해 선종 10년 기사인 ②에서는 서해도에 안찰사가 파견되고 있다. 다른 지역에서는 안찰사의 용례가 나타나기 전임을 감안하면, 서해도가 종래의 관내서도임을 알 수 있다.[46]

관내서도의 용례는 문종 5년에 서경관내서도선무사(西京關內西道宣撫使)를 파견한 것이 마지막이다.[47] 하지만 관내동도가 서도보다 먼저 소멸

44 『高麗史』 권84, 刑法1 職制, "外獄囚 西京則分臺 東西州鎭則各界兵馬使 關內西道則按察使 東南海則都部署 其餘各界首官判官以上 無時監行推檢".

45 『高麗史』 권10, 宣宗 10년 7월 癸未, "西海道按察使奏 安西都護府轄下延平島巡檢軍捕海船一艘".

46 변태섭은 안찰사가 파견된 관내서도가 서해도임을 논하고 외옥수 추검 기사는 문종대 후반의 것으로 파악하였다(변태섭, 1971, 앞의 책, 151-156쪽).

47 『高麗史』 권80, 食貨3 賑恤 水旱疫癘賑貸之制 文宗 5년 2월.

했다는 점에서 볼 때, 전술한 문종 21년 기록(자료 가-⑤)에서 패서도와 병칭된 관내도는 관내서도의 존재를 뒷받침하므로 이때까지는 존속한 것으로 보아야 한다. 따라서 '서해도'라는 명칭은 문종 21년에서 선종 10년 사이에 채용되는 것으로 볼 수 있다.

결국 관내도는 동도가 먼저 계수관체계로 전환되면서 관내서도만 남아 운영되다가 서해도로 명칭이 바뀐 것이다. 동도가 폐지된 상황에서 관내도나 관내서도라는 명칭으로 유지할 이유가 없어졌기 때문에 개명된 것으로 보인다.[48] 그런데 이 지역에는 안서대도호부와 황주목 두 계수관이 있었음에도 남도 지역과 같은 주도를 설정하지 않은 점은 예외적이다.

이것은 이 지역이 주도 설정 이전에 이미 뚜렷한 단위성을 가지고 있었기 때문으로 보인다. 관내서도는 동서주진(東西州鎭)이나 동남해(東南海)와 함께 열거된 것에서 방어 기능이 중시되었음을 유추할 수 있는데, 이는 수도 개경의 방비와 관련된다.[49] 이러한 속성으로 인해 관내서도는 관내동도가 계수관체계로 전환된 뒤에도 도 단위의 운영체계를 지속하였다. 다만 동도가 소멸한 상황에서 서도라는 명칭은 무의미하므로 서해도

48 필자는 선행 논고에서 西海道의 출현 배경으로 문종 16년의 경기 개편과 문종 21년의 南京 설치를 지목하였다(윤경진, 2006, 「고려전기 道의 다원적 편성과 5道의 성립」, 『東方學志』 135, 24-25쪽). 그러나 이후 연구를 통해 문종 16년 경기 개편은 기존 開城縣이 知開城府事로 승격한 것일 뿐, 지리지 연혁처럼 長湍縣과 그 관할 속현이 개성부로 來屬한 것이 아님이 확인되었다(윤경진, 2009, 「고려전기 京畿의 편성과 운영」, 『역사문화연구』 33). 또한 문종 21년의 南京 설치는 고려말 한양천도의 합리화를 위해 생성된 사적으로서 그 사실성을 인정할 수 없다(윤경진, 2010, 「고려 문종 21년 南京 설치에 대한 재검토: 공양왕 2년 한양 천도의 합리화」, 『韓國文化』 49). 이에 해당 논지를 수정한다.

49 서해도 지역은 성종 14년 개편에서 다수의 防禦使가 설치된 바 있다. 이들은 현종 3년에 폐지되고 현종 9년 개편에서 남부 지역과 같은 체계로 전환되었지만, 수도 방어와 관련된 지역적 중요성은 지속되고 있었다. 일찍부터 안찰사가 출현하는 것이나 예종대 監務가 집중적으로 파견되는 것은 지역적 중요성 및 그에 수반되는 지역민의 부담을 반영한다.

라는 도명을 채용하였다. 이처럼 서해도가 그 단위성을 강하게 유지하면서 성립한 것은 광역 운영단위로서 5도가 형성되는 출발점으로 평가된다.

(2) 교주도(交州道)

『고려사』 지리지에서 교주도의 연혁은 다음과 같이 정리되어 있다.

> 더) ① 成宗十四年 分境內 爲十道 以春州等郡縣 屬朔方道 ② 明宗八年 始稱春州道 ③ 後稱東州道 ④ 元宗四年 稱交州道

위의 연혁에 따르면 교주도는 원래 삭방도의 일부였으며, 춘주도(春州道)·동주도(東州道)를 거쳐 원종 4년에 비로소 교주도라 칭한 것이 된다. 이를 연대기 및 금석문 등의 용례와 대비하여 변화의 시점을 파악해 보기로 하자.

춘주도의 가장 빠른 사례는 김부철(金富轍)이 지은 「청평산문수원기(淸平山文殊院記)」에 보이는 춘주도감창사(春州道監倉使)로서 문종 23년에 파견되었다.[50] 감창사가 파견된 것은 이 지역이 동계 권역에 속해 있었기 때문이다.

동계 지역은 감창사 파견에서 삭방도·연해도·명주도 등 3도로 분할 운영되었다. 연해도는 등주, 명주도는 명주 중심으로 설정된 권역이며,[51] 삭방도는 등주 이북의 신개척지를 나타내는 것으로 축소되었다. 그런데 이 구성은 명종 3년의 것으로서 당시 춘주도가 안찰사도로 분리되어 있

50 『東文選』 권64, 淸平山文殊院記.

51 양자의 구분은 전술한 현종 20년의 朔方道에 대한 진휼 기사(자료 가-②)에서 대상으로 열거된 19현을 '登溟州管內'로 표현한 데서도 유추된다.

었다. 그렇다면 이 권역이 동계에 속해 있을 때 어느 도에 속했는지가 문제가 되는데, 위 사례를 통해 별도의 감창사도를 구성했음을 판단할 수 있다.[52] 이것은 동계 내부의 편성에 해당하므로 5도의 하나로 성립하는 춘주도와는 차이가 있다. 다만 춘주는 물론 동주도 성종 14년 삭방도에 속해 있었음을 감안할 때, 양자는 공간적으로 일치했을 것이다.

춘주도 지역이 당초 동계 관할이었음은 다음 사례에서도 확인된다.

러) 동북로감창사가 아뢰기를, "교주방어판관 이유백은 성지를 수리하고 기계를 갖춘 것이 제군(諸郡)에서 제일입니다. 또한 그가 관할하는 연성과 장양의 이민들이 말하기를, '유백이 부임한 이래 농업을 권장하고 백성을 보살폈으니 비록 임기가 차서 교체해야 되지만, 더 있도록 해 주시기를 원합니다'라고 하였습니다"라고 하니 왕이 가상히 여겨 상서이부로 보냈다.[53]

위의 기사는 문종 3년의 것으로, 동북로감창사(東北路監倉使)가 교주방어판관(交州防禦判官)에 대해 고과를 행하는 것을 보여 준다. 동북로는 곧 동계를 말하는데, 이 경우 감창사가 동계 전반을 관할한 것인지 아니면 그 일부를 담당한 것인지 분명치 않다. 감창사도가 몇 개로 나뉘어 운영되었음을 보면 후자의 가능성이 높다. 이 경우 동북로감창사는 앞의 춘

52 필자는 선행 논문에서 춘주도가 삭방도의 대체 표현이라고 이해했으나(윤경진, 2006, 앞의 논문, 26쪽) 그보다는 감창사도에서 안찰사도로 전환되는 것으로 보는 것이 타당할 것으로 보여 논지를 수정한다. 곧 당초 동계 지역에는 4개의 감창사도가 있었던 것이다.

53 『高麗史』 권7, 文宗 3년 3월 癸巳, "東北路監倉使奏 交州防禦判官李惟伯 繕理城池 修備器械 爲諸郡第一 且其所部連城 長楊吏民等言 惟伯上任以來 勸農恤民 雖秩滿當代 願得見借 王嘉之 付尙書吏部".

주도감창사와 같은 직임이 될 것이다.[54]

한편 안찰사의 파견과 연계된 춘주도의 성립은 곧 이 권역이 도제 운영에서 동계와 분리되는 것을 의미한다. 이렇게 동계와 분리된 춘주도의 용례로 가장 빠른 것은 『고려사』 노영순(盧永淳) 열전의 것으로, 의종대에 안찰사 파견이 확인된다.[55]

이에 비추어 늦어도 의종 때에는 춘주도가 동계에서 분리되어 남도와 같이 안찰사가 파견되는 것으로 이해할 수 있다. 따라서 지리지 연혁대로 명종 8년에 춘주도를 "처음 칭했다[始稱]"고 보기는 어렵다. 이 기사는 명종 8년의 찰방사 파견 기사에 춘주도가 등장하는 것을 준거로 정리한 것으로 짐작된다.

이후 춘주도의 가장 늦은 용례는 고종 3년에 파견된 동계겸춘주도방호사(東界兼春州道防護使)이다.[56] 그리고 교주도는 고종 12년의 안찰사 파견 기록에서 처음 보인다.[57] 그런데 이보다 늦은 시기에 동주도의 용례를 찾을 수 있다.

머) 사신을 충청·경상·전라 3도와 동주·서해도에 나누어 보내 산성과 해도의 피난처를 둘러보고 토지를 헤아려 주었다.[58]

---

54 다만 문종 3년 당시에 그와 같이 운영된 것인지 단정하기 어렵다. 감창사가 동계 전반을 관할하다가 구획을 나눈 것일 수도 있기 때문이다. 이 문제는 차후 해명할 과제로 남겨 둔다.

55 『高麗史』 권100, 列傳13 盧永淳, "毅宗朝 入內侍 爲閤門祗侯 東北面兵馬使及春州道按察使奏(후략)".
역시 의종대 기사인 자료 다)에도 '五道按察'의 용례가 보여 이러한 이해를 뒷받침한다.

56 『高麗史』 권22, 高宗 3년 9월 壬午.

57 『高麗史』 권22, 高宗 12년 7월 戊辰.

58 『高麗史』 권78, 食貨1 經理 高宗 41년 2월, "分遣使于忠慶全三道及東州西海道 巡審

위의 기사는 몽골과 전쟁을 벌이던 고종 41년의 것으로, 산성과 해도를 둘러보기 위해 사신을 파견한 지역이 충청도·경상도·전라도·동주도·서해도로 열거되어 있다. 동주도는 춘주도 내지 교주도에 해당하는 권역이다.

그런데 이 시점은 교주도의 첫 용례가 보이는 고종 12년보다 뒤이다. 그리고 이후 동주도의 용례는 찾을 수 없고, 원종 12년에 다시 교주도안찰사가 보인다.[59] 따라서 용례만으로 보면 춘주도에서 교주도로 되었다가 일시 동주도로 되었고, 다시 교주도로 환원된 것이 된다. 하지만 이 지역에서 이렇게 잦은 명칭 변화를 일으키는 배경을 찾기 어렵다.

본래 교주도 지역에는 계수관이 없었다. 춘주와 동주는 지주사, 교주는 방어사로서 계수관이 아니었다. 처음에 춘주도라 칭해진 것은 이들 중에서 춘주가 과거 9주의 하나인 삭주(朔州)로서 중심지의 속성을 가지고 있었기 때문으로 짐작된다. 춘주가 도명에서 탈락하는 것은 신종 8년 최충헌에게 청탁하여 도호부로 승격했다가 다시 지주사로 강등된 여파로 보인다.[60] 지리지의 교주도 연혁대로라면 이에 연동하여 동주도가 수립되어야 하는데, 실제 용례는 교주도가 먼저 나오는 것이다.

기록에 보이는 용례대로 고종 12년 이전에 먼저 교주도가 수립되었다고 할 때, 이것이 고종 41년 이전에 다시 동주도로 바뀌는 것이 된다. 교주도처럼 하나의 주로 도명을 표현하는 상황에서 도명의 교체는 해당

山城海島避難之處 量給土田".

59 『高麗史』 권27, 元宗 12년 2월 丁未.

60 『고려사』 지리지에는 신종 8년 승격 후 "後降知春州事"라고만 되어 있으나 交州道按察使의 출현으로 미루어 최충헌 사후 崔怡에 의해 知州事로 환원된 것으로 짐작된다. 최이는 집권 후 아버지가 자행한 비리를 바로잡는 태도를 취했는데, 춘주의 지주사 환원도 그 일환으로 짐작된다.

주의 위상 변화를 상정할 수밖에 없다. 그러나 이 시기에 도명의 변화를 유추할 수 있는 교주의 강등이나 동주의 승격은 보이지 않는다.

반대로 이 시기에 동주의 강등이 확인된다. 지주사였던 동주는 고종 41년에 현령관으로 강등되었다가 뒤에 목관으로 승격하고, 충선왕 2년에 다시 철원부(鐵原府)로 개편되었다. 고종 41년의 강등은 전년에 몽골군에 성이 함락된 데 대한 징계의 의미로 보인다.[61] 이어 목관으로의 승격은 충선왕 2년에 부(府)로 강등되는 여타 사례로 볼 때 충렬왕 34년에 이루어진 조치로 해석된다.

이에 비추어 도명이 교주도로 되었다가 동주도로 되었다는 설명보다는 지리지 연혁대로 동주도로 개편되었다가 동주의 현령관 강등에 따라 교주도로 되었다고 보는 것이 합리적이다. 따라서 고종 12년 기사에 보이는 교주도는 동주도로 수정해서 이해해야 할 것이다. 결국 5도의 하나로서 교주도는 춘주도에서 출발하여 고종초 동주도로 되었다가 고종 41년 경에 교주도로 바뀌는 것으로 정리할 수 있다.

그렇다면 이들 지역은 계수관 운영체계에서는 어디에 속해 있었을까. 당초 동계 소속이었던 이 지역을 관할하는 계수관은 안변도호부(安邊都護府)였다.

버) 춘주는 예전에 안변에 속해 있었는데, 주의 사람들이 도로가 멀고 험하므로 최충헌에게 많은 뇌물을 주니 이에 춘주를 승격시켜 안양도호부로 하였다.[62]

---

61 『高麗史』 권24, 高宗 40년 8월 癸酉, "蒙兵 陷東州山城".
징계를 위한 강등이므로 얼마 후 복구되었을 것이다.

62 『高麗史』 권129, 列傳42 叛逆3 崔忠獻, "春州 舊隷安邊 州人 以道途艱險 厚賂忠獻 乃陞春州 爲安陽都護府".

위의 기록은 신종 8년[63]의 것으로서 춘주가 이전까지 안변도호부 관할이었음을 보여 준다. 교주와 동주도 같은 관할이었을 것으로 짐작된다.[64]

이상에서 볼 때 교주도는 성립 과정이나 운영에서 남부 지역과 차이가 있었다. 10도의 소멸과 함께 삭방도는 동계로 전환되었으나 그 내부에서 감창사의 관할 구역으로 몇 개의 도가 설정되었다. 이 중 하나의 도를 구성하던 교주·춘주·동주 지역은 동계에서 분리되어 안찰사가 파견됨으로써 남도와 같은 운영체계를 갖추게 되었다. 이 권역에는 계수관이 없고 지주사 및 방어사만 세 곳이 있었기 때문에 이를 도명으로 활용하였다. 이 도명은 해당 주의 위상 변화에 따라 명칭이 춘주도에서 동주도를 거쳐 교주도로 바뀌어 나갔다.

이 지역이 동계로부터 분리되는 시기는 대략 의종대로 추정되지만, 분리 이후에도 계수관의 운영체계에서는 동계의 안변도호부 관할로 남아 있었다. 이 점에서 교주도는 2-3개의 계수관을 묶은 남도의 안찰사도와 차이가 있었던 것이다.

2) 전라도·경상도·양광도의 성립

서해도와 교주도가 계수관을 매개로 한 주도 설정을 거치지 않고 바로 도의 형태를 갖추는 것과 달리 남부 지역은 다양한 형식의 주도가 설정

---

63 『고려사』 열전에는 신종 6년 기사에 포함되어 있으나 지리지 연혁에는 신종 8년으로 되어 있다.

64 東州는 그 소속을 판단하기 어렵지만, 성종 14년 10도 편성에서 삭방도에 편성된 것으로 파악된다는 점에서(본서 5부 1장 참조) 그대로 동계 관할이 되었을 것으로 보인다. 계수관에서도 지리적 위치로 볼 때 해주나 광주보다는 안변의 관할을 받았을 가능성이 높다. 이것이 교주·춘주와 함께 하나의 도를 구성하는 바탕이 되었다고 이해된다.

되었다. 이로부터 전라도, 경상도, 양광도(충청도)가 수립되며, 명칭도 '주'가 탈락하고 고정되는 추세를 보인다. 다만 주도와 도는 고종-충렬왕대에 걸쳐 혼용되는 양상을 보여 그 변화를 일률적으로 규정하기 어렵다. 따라서 아래에서는 영역 변동 및 도 분할의 문제와 도명에 포함되는 계수관 구성의 문제를 중심으로 그 연혁 추이를 살펴보기로 한다.

(1) 전라도

『고려사』 지리지에 정리된 전라도의 연혁은 성종 14년 10도에 이어 현종 9년에 전라도를 편성한 것으로 되어 있다. 그리고 현종 9년 이후에는 변동이 없어 이때 전라도가 수립된 것으로 이해하기도 한다.[65]

그러나 도의 설정이 사신 파견과 연동되어 있다는 점에서 현종 9년에 전라도만 성립했다고 볼 수는 없다. 특히 선종 4년 출추사 파견 당시 전진나주도(全晉羅州道)라 하여 진주가 함께 묶여 운영되었으므로 진주 권역을 제외한 전라도의 확립은 이보다 후대의 일이 될 수밖에 없다.

다만 최종적으로 전라도 지역은 영역적으로 10도 중 강남도·해양도와 거의 일치한다. 또한 진주가 경주·상주와 묶이면서 이후 전주와 나주 두 계수관이 지속적으로 도 영역을 구성하였다. 이 때문에 다른 지역에 비해 도명과 영역이 일찍 고정되었다. 지리지의 연혁은 이러한 지속성으로 인해 그 연원을 현종 9년까지 소급하여 10도와 직접 선후 관계로 연결한 것이다.

전라도 지역은 필요에 따라 계수관 단위로 도를 분할하여 운영하기도 했는데, 군사 운영에서 그 사례를 찾아볼 수 있다. 고려에서는 계수관

65 하태규, 2016, 「고려시대 全羅道의 운영구조와 성격」, 『歷史學硏究』 63.

을 단위로 계군(界軍)이 운영되고 있었으며, 이를 토대로 군사도(軍事道)보다 넓은 범위의 군사 운영을 위한 계수관도를 편성하였다.[66] 전라도 지역의 경우 전주도와 나주도가 보인다.

서) ① 왕이 추밀원부사 허공을 전주도도지휘사로 삼고, 우복야 홍록주를 나주도지휘사로 삼았다.[67]

② 추밀원부사 허공을 전주도 변산에, 좌복야 홍록주를 나주도 천관산에 보내 재목을 준비케 하였다.[68]

위의 두 기사는 모두 원종 15년의 것으로, 몽골의 요구로 전함을 건조하는 작업에 대해 전하고 있다.

지휘사(指揮使)의 기능은 명확히 드러나지 않으나 주로 전함의 건조와 군량의 수송과 관련된 활동이 보이고 있다. 명칭으로 미루어 관내에서 군사를 차출하여 사역하는 데 초점이 있었던 것으로 보인다. 실제 허공(許珙)과 홍록주(洪祿遒)는 지휘사로 임명되어 각각 변산과 천관산에서 재목을 조달했는데, 이를 위해 관할 구역에서 군사를 차출하였을 것이다.

이 구역이 각각 계수관 전주와 나주를 토대로 설정되고 있는데, 이는 계수관 단위로 편성된 계군의 운영과 관련된다.[69] 특히 두 도는 각기 변

66 윤경진, 2004, 「고려전기 界首官의 운영체계와 기능」, 『東方學志』 126, 36-41쪽.

67 『高麗史』 권27, 元宗 15년 정월, "以樞密院副使許珙 爲全州道都指揮使 右僕射洪祿遒爲羅州道指揮使".

68 『高麗史』 권27, 元宗 15년 6월 辛酉, "遣樞密院副使許珙於全州道邊山 左僕射洪祿遒於羅州道天冠山 備材".

69 이러한 원리는 앞서 李奎報가 변산에서 재목 벌채를 위해 전주 관내 46개 고을의 군사를 인솔하고 갔던 것에서 확인된다(金晧東, 1987, 「高麗 武臣政權時代 地方統治의 一斷面: 李奎報의 全州牧 '司錄兼掌書記'의 活動을 중심으로」, 『嶠南史學』 3, 94-96쪽). 전주도는 바로 벌목할 군사를 차출하는 단위로 설정된 것이다. 마찬가지로 나

산과 천관산의 소재지를 나타내는 영역 범주로도 사용되고 있어 당시 도 편성의 다원성을 보여 준다.

(2) 경상도

경상도 지역의 계수관은 경주(동경)와 상주, 진주가 있었으며, 고려후기에는 안동이 추가되었다. 그리고 합주는 계수관은 아니나 그에 준하는 중심지로 도 편성에 활용되었다. 전술했듯이 경상도 지역은 사신에 따라 도를 분할하기도 했기 때문에 도명과 그것이 가리키는 권역에 대한 명확한 검토가 필요하다.

먼저 『고려사』 지리지에 정리된 경상도의 주요 연혁은 다음과 같다.

어) ① 睿宗元年 稱慶尙晉州道 ② 明宗元年 分爲慶尙晉陜州兩道 ③ 十六年 爲慶尙州道 ④ 神宗七年 爲尙晉安東道 ⑤ 其後 又改爲慶尙晉安道 ⑥ 忠肅王元年 定爲慶尙道

위의 연혁에서 ①은 계수관인 경주·상주·진주를 연칭하는 주도(州道) 형태로 편성된 것을 나타낸다. ②는 이 지역이 경상주도와 진합주도로 나뉘어 운영된 것을, ③은 경상주도로 단일화된 것을 각각 나타낸다. ④와 ⑤는 이 지역 명칭이 상진안동도(尙晉安東道)와 경상진안도(慶尙晉安道)로 변화되는 것을, ⑥은 비로소 경상도라는 명칭으로 고정된 것을 각각 나타낸다.

다음에는 이 연혁을 염두에 두고 연대기와 금석문 등에 보이는 도의

주도 역시 동일한 성격의 단위로 볼 수 있다.

용례를 통해 편성과 명칭의 추이를 살펴보기로 한다. 지리지에서 경상도 연혁의 출발은 예종 원년으로 적고 있지만, 선종 4년 출추사의 파견에서 이미 경상주도의 용례가 보인다.[70] 다만 당시에는 진주가 전주·나주와 함께 다른 도를 구성하고 있었으므로 5도의 하나로 설정한 경상도와 영역이 일치하지 않는다.

예종 2년의 안무사 파견에서 경상진주도가 보이는데,[71] 이때 비로소 경상도 권역이 하나의 도로 설정되었다. 1년의 시차가 있으나 지리지의 연혁 ①은 이를 가리키는 것으로 이해된다.

명종 8년의 찰방사 파견에서는 경상주도와 진합주도로 나뉘어 운영되었다.[72] 지리지의 기사 ②는 명종 원년으로 시차가 있으나 경상도 지역이 두 도로 분리되는 내용에서는 동일한 사실을 반영하고 있다.

③은 둘로 나뉘었던 도를 하나로 편성했다는 내용이다. 명종 20년에 '5도안찰'의 기록이 있어 이 즈음에 도의 영역이 다시 하나로 합쳐졌음을 판단할 수 있다. 이와 관련하여 다음 기록이 주목된다.

> 저) 중서성에서 경상주도안찰사 최엄위가 가혹하게 감찰하고 이민을 침탈하며 한도 없이 뇌물을 받는다고 탄핵하여 아뢰니 낭장 박충으로 대신하게 하였다.[73]

---

70 『高麗史』 권10, 宣宗 4년 12월 己卯, "遣出推使侍御史崔思說于全晉羅州道 尙書兵部員外郞李瑋于慶尙州道 閤門祗候尹瓘于廣忠淸州道".

71 『高麗史』 권12, 睿宗 2년 2월 丙戌, "分遣諸道安撫使 起居郞李汝霖于楊廣忠淸州道 大府少卿崔湑于全羅州道 侍御史智祿延于慶尙晉州道 問民疾苦 察守令殿最 以聞".

72 『高麗史』 권19, 明宗 8년 정월 丁巳, "分遣察訪使 工部郞中崔詵于興化道 刑部員外郞崔孝著雲中道 閤門祗候林惟謙朔方道 監察御史崔敦禮沿海溟州道 秘書丞尹宗諹西海道 千牛衛將軍吳光陟楊忠州道 郞將李文中晉陜州道 侍御史宋端慶尙州道 將軍宋君秀全羅州道 刑部侍郞李文中廣淸州道 起居注皇甫倬春州道 問民疾苦 黜陟官吏".

73 『高麗史』 권20, 明宗 17년 6월 丙申, "中書省 劾奏慶尙州道按察使崔嚴威 苛察 侵漁

위의 기사는 명종 17년 경상주도안찰사의 교체에 대한 것이다. 이 사실은 『경상도영주제명기(慶尙道營主題名記)』에도 나오는데, 최엄위(崔嚴威)는 최충헌(崔忠獻)으로, 박충(朴冲)은 박중(朴仲)으로 되어 있다. 그런데 「최충헌묘지명」에는 정미년(명종 17) 봄에 경상진주도에 출안(出按)했다가 권신의 뜻에 거슬려 탄핵을 받아 해임되었다는 내용이 보여[74] 위 기사의 최엄위가 바로 최충헌이라는 것을 알 수 있다. 이를 대비해 보면, 당시 경상주도의 실제 명칭은 경상진주도이며, 기존의 2도가 하나로 통합 운영되었음을 확인할 수 있다. 지리지 연혁은 이 기사와 1년의 시차가 있으나, 칭원법 조정에 따른 오차를 감안하면 이 기사에 근거하여 정리한 것으로 판단할 수 있다.

이후 경상도 지역은 내부적으로 몇 차례 계수관의 변동으로 인한 명칭 변화가 있었다. 우선 박인석(朴仁碩)의 묘지명에, 신종 말엽에 상진주도안찰부사를 역임한 사실이 보인다. 이에 앞서 박인석은 신종 5년 동도(東都: 東京)에서 발생한 반란을 토벌하기 위해 장군 김척후(金陟候)의 휘하에서 초토판관(招討判官)으로 활동한 바 있다. 이 반란은 곧 패좌(孛佐)의 난을 말한다.[75]

이 사건으로 경주는 지주사로 강등되었고, 관내의 주부군현과 향·부곡은 안동과 상주에 분속되었다. 곧 경주는 계수관에서 탈락한 것으로, 이 때문에 경상주도라는 명칭 대신에 상진안동도로 칭해지게 되었다. 따

吏民 受賂無厭 命以郞將朴冲 代之”.

74 『高麗墓誌銘集成』 崔忠獻墓誌銘, “丁未春 出按慶尙晉州道 登車攬轡 風稜震肅 得古使臣之體 忤權臣意 舞文擧劾 使未竟 尋以私騎還 然有識者 不以公爲非”.

75 『高麗史』 권21, 神宗 5년 12월 丙子, “慶州賊孛佐等起 遣金陟侯 崔匡義 康純義等 分道討之”.

라서 이 권역은 기존의 경상주도와 다르지 않다.[76]

한편 김중구(金仲龜)의 묘지명에, 희종 연간에 경상진안동도안찰부사를 역임한 사실이 보인다.[77] 안동은 본래 지부사였으나 명종 27년 김삼(金三: 金沙彌)·효심(孝心)의 난을 진압하는 데 공을 세워 도호부로 승격하였고, 이어 신종 7년에는 동경별초(東京別抄) 패좌의 난을 막아 낸 공으로 대도호부로 승격하였다.[78] 그 결과 안동은 경상도 지역의 또 하나의 계수관으로 수립되었다. 상진안동도라는 도명의 설정은 경주의 탈락과 안동의 합류라는 변화를 반영한 것이다. 그리고 뒤이은 경상진안도라는 명칭은 경주의 복구로 관내 계수관이 4개로 늘어난 데 따른 것이다.[79]

이처럼 무신집권기에 경주의 강등, 안동의 승격 등으로 도명에 변화가 생기기는 했으나 영역적으로 경상도는 하나의 도로서 유지되었다. 물론 이후에도 도의 속성상 사신의 종류에 따라, 또는 목적에 따라 여전히 분할 운영될 수 있었다. 다음 사례는 그러한 운영의 일단을 보여 준다.

처) 이때 전라주도에서 배를 만드는 역도 35,000명과 홍다구가 인솔하는 감조군(監造軍)의 공급이 부족하자 동경진주도 내의 계유년 녹전을 주었다.[80]

위의 기사는 원종 15년 일본원정 준비와 관련된 것으로서 동경진주

---

76 경주의 강등에 대한 지리지 기사를 보면, “以東京人造新羅復盛之言 傳檄尙淸忠原州道 謀亂”이라는 구절이 보인다. 여기서 尙淸忠原州道는 계수관, 또는 그에 준하는 중심지(원주)를 토대로 다수의 州道를 편성한 것으로 이해된다.

77 『高麗墓誌銘集成』 金仲龜墓誌銘.

78 『高麗史』 권57, 地理2 慶尙道 安東府.

79 『고려사』 지리지에서는 고종 6년에 다시 留守官이 된 것으로 나오지만, 「金仲龜墓誌銘」 기록으로 보아 희종 연간에 계수관으로 복구된 것으로 보인다.

도라는 도명이 보인다. 이는 경상도 전체를 말하는 것이 아니라 동경과 진주 관할만을 나누어 설정한 것으로 이해된다. 위 기사는 전라도 쪽으로 물자를 조달하기 위한 논의여서 상주와 안동 관할까지 포함할 가능성이 적다. 그리고 통상 경상주도라는 명칭이 사용되던 상황에서 전 지역을 굳이 동경진주도로 지칭할 이유도 없다. 다만 이것은 군량 공급을 위한 것이므로 안찰사 운영과 관련된 경상도의 범주와는 다른 차원에서 설정되는 것이다.

이처럼 경상도는 명종 때까지 경상주도와 진합주도의 형태로 분할되어 운영되었으나 신종-희종 연간에는 하나의 도로 통합된 것으로 정리할 수 있다. 그 사이 경주의 강등과 복구, 안동의 계수관 승격 등으로 인해 명칭에도 변화가 있었으나 고종대에 이르면 하나의 도로 고정되었다. 이와 함께 경상도 역시 필요에 따라 도를 분할 운영하는 사례를 찾아볼 수 있다.

(3) 양광도(충청도)

『고려사』 지리지에 정리된 양광도의 연혁은 다음과 같다.

> 카) ① 睿宗元年 合爲楊廣忠淸州道 ② 明宗元年 分爲二道 ③ 忠肅王元年 定爲楊廣道 ④ 恭愍王五年 爲忠淸道

①은 앞서 성종 14년에 관내도, 충원도(중원도), 하남도 등으로 나뉘어 있던 지역을 예종 원년에 합하여 양광충청주도로 만들었다는 내용이고,

---

80 『高麗史』 권27, 元宗 15년 3월 丙戌, "時 全羅州道 造船役徒三萬五百餘名 洪茶丘所領監造軍 供給不足 輸東京晉州道內癸酉年祿轉 與之".

②는 이것이 2도로 나뉘어 운영된 사정을 담은 것이다. ③과 ④는 명칭이 양광도와 충청도로 바뀌어 나간 것을 나타내는데, 이는 앞서 나뉜 2도가 다시 1도로 합쳐진 상황에서 이루어진 것이다.

다음에는 연대기와 금석문 등을 통해 해당 용례들의 추이를 살펴보자. 전술했듯이 문종 10년 무문사 파견에서 이 지역은 충경상주(忠慶尙州), 진라전청광공홍주(晋羅全淸廣公洪州)의 두 권역에 나뉘어 속해 있었고, 선종 4년의 출추사 파견에서는 광충청주도(廣忠淸州道)로 편성된 바 있다.

예종 2년 안무사 파견에서는 양광충청주도라 하여 양주(남경)를 넣어 도명을 구성하였다. 경상도의 경우와 마찬가지로 지리지의 ①은 당시 편성을 반영한 것이다. 그리고 명종 8년의 찰방사 파견에서는 양충주도와 광청주도로 나뉘었는데, ②는 이를 반영한다.

그러나 양광도 지역이 2도로 운영되는 상황에서도 도의 편성 형태는 시기에 따라 차이가 있었다. 예종 4년의 근신 파견에서는 남경광주와 충청주의 두 권역을 편성하였다. 그리고 최함(崔諴)의 묘지명에 따르면 그는 인종 15년에 양광충청로안찰사로 나갔다.[81]

또한 이응장(李應章)의 묘지명에 따르면 그는 명종 2년 봄에 양광충청주로에 출안(出按)했다.[82] 그런데 전술했듯이 명종 3년의 권농사 겸임 기록에는 7도안찰사 중에 충청주도와 양광주도가 따로 편성되어 있었다.

이러한 운영 양태와 관련하여 전술한 최척경의 사례가 주목된다(자료 바). 그는 명종초에 '양광충청이도안찰사(楊廣忠淸二道按察使)'가 되었다. 1인의 안찰사가 관할하기는 하지만, 영역적으로는 2개의 도로 인식되고

81 『高麗墓誌銘集成』 崔諴墓誌銘.

82 『高麗墓誌銘集成』 李應章墓誌銘.

있었던 것이다. 이에 비추어 위의 '양광충청주로'는 내용적으로 2도의 편성일 가능성이 높다.

이러한 양상은 충렬왕초까지도 유지되고 있었다. 『고려사』 열전에서 이승휴(李承休)가 여러 번의 관직 이동을 거쳐 '양광충청이도(楊廣忠淸二道)'에 출안하여 장리(贓吏) 7인을 탄핵하고 그 가산을 적몰한 사실이 보인다.[83] 그 시점은 분명치 않으나 그가 원종 때 등제한 점을 감안하면 대략 충렬왕초가 될 것이다. 이 또한 영역적으로 2도이면서 안찰사는 1인이 파견되는 양상으로, 최척경의 사례와 상통한다.

결국 명종대 후반부터 5도가 정착하고 있었음에도 충렬왕초까지도 2개 도로 나누어 인식하는 흐름 역시 남아 있었던 것이다. 따라서 이 시기의 양광도와 충청도는 분할된 영역을 가리킬 수도 있고, 양자를 통합한 영역을 축약하여 표현한 것일 수도 있다.

박경식(林景軾)의 묘지명에 따르면 그는 의종 8년 이전에 충청주도선군사가 되었다.[84] 또한 장윤문(張允文)의 묘지명에 따르면 그는 의종-명종 연간에 충청도점군사가 되었다.[85] 전술한 예종 때의 9도점군사(자료 카-②)가 계수관 단위로 설정되었다고 본다면, 이 충청도는 양광도와 별개의 도일 가능성이 높다.

그러나 이 시기 양광도나 충청도가 2도를 합한 영역을 나타내는 사례도 보인다. 명종 23년에는 진휼을 위해 경상·전라·양광도에 사신을 파견한 일이 있었다.[86] 여기서 충청도만 빠졌다고 볼 수 없으므로 양광도가 충청도 영역까지 포함하는 것으로 보아야 한다.

---

83 『高麗史』 권106, 列傳19 李承休.

84 『高麗墓誌銘集成』 林景軾墓誌銘.

85 『高麗墓誌銘集成』 張允文墓誌銘.

86 『高麗史』 권80, 食貨3 賑恤 水旱疫癘賑貸之制 明宗 23년 3월.

또한 전술했듯이 고종 10년에 양계와 5도의 진병법석을 위해 내고의 은병을 제도에 내려 줄 때(자료 아), 경상도·전라도와 함께 충청도가 언급되고 있다. 이에 대해 양광도는 보이지 않아 충청도가 종래 양광주도까지 포함하는 것임을 알 수 있다.

그리고 고종 12년의 안찰사 파견에서는 양광도로 나오지만,[87] 고종 22년의 안찰사 파견에서는 다시 충청주도로 나오며,[88] 이후 충청도가 지속적으로 사용되는 것으로 보아 주류적인 도명은 충청도였음을 알 수 있다. 이후 원 간섭기를 거치면서 도명은 양광도로 바뀌게 되는데, 이러한 추이는 지리지의 것과 차이가 있다.

이상에서 보았듯이 양광도 지역은 예종대 이후 2개 도로 인식되었고, 그 편성도 양충주도·광청주도와 충청주도·양광주도의 두 형태가 있었다. 다만 실제 운영에서는 2도를 묶어 1명의 안찰사를 파견하는 경우도 있어 궁극적으로 양자가 통합되는 추이를 읽을 수 있다. 충렬왕초까지도 2개 도로 인식하는 사례가 나타나지만, 명종대 후반부터는 이 권역을 사실상 1개 도로 운용하는 것이 주류였고, 그 명칭은 양광도 또는 충청도로 혼용되었다.

이상에서 남부 3도의 성립 과정을 지리지와 연대기·금석문의 용례를 대비하여 살펴보았다. 도별로 각기 편성 추이가 다르고 경상도와 양광도는 때때로 2개 도로 분할 운영되기도 하였다. 따라서 일률적으로 5도의 성립을 논하기는 어렵다. 다만 고종 연간에 이르면 경상도나 양광도(충청도)가 모두 하나의 도로 굳어지면서 5도가 제도적으로 자리를 잡게 되었다.

87 『高麗史』 권22, 高宗 12년 7월 戊辰.

88 『高麗史』 권23, 高宗 22년 9월 辛未.

3

경기의 성립

1. 성종-현종대 경기의 편성

1) 성종 14년 적현·기현의 편성

경기(京畿)는 통상 왕경의 외곽에 설정된 권역으로서 생산 기반이 없는 왕경의 운영을 뒷받침하는 역할을 하였다. 고려에서는 개경 주변에 경기가 설치되었고, 또 하나의 도읍으로 기능한 서경에도 서경기(西京畿)가 있었다. 이 밖에 남경기(南京畿)의 용례도 보이지만 자세한 내역은 알 수 없다. 여기서는 개경의 경기를 위주로 그 성립 과정을 살펴보기로 한다.

고려에서 경기가 제도적으로 모습을 보이는 것은 성종 14년의 개편에서이다.

> 가) 新羅 改松嶽郡 太祖二年 定都于松嶽之陽 爲開州 (중략) (成宗)十四年 爲開城府 管赤縣六 畿縣七

위의 연혁에 따르면, 고려는 태조 2년에 송악군(松嶽郡)에 도읍을 정하면서 이를 개주(開州)라 하였고, 성종 14년에 이를 개성부(開城府)로 개

편하고 적현(赤縣) 6개와 기현(畿縣) 7개를 관할하도록 하였다.[1]

당시 적현과 기현은 당의 제도를 도입한 것이었는데, 『고려사』 지리지에 이들의 구체적인 내역은 밝혀져 있지 않다.[2] 다만 현종 9년에 경기로 편성되는 12개 군현과 일치하는 것으로 보는 것이 일반적이다.[3]

그러나 성종 14년의 적현·기현은 13개이므로 현종 9년 12현과 수적으로 차이가 난다. 또한 행정단위로서 개성부의 성격과 개성현과의 연혁관계가 혼선의 소지가 있어 이에 대한 세밀한 확인이 요구된다. 여기서 일단 유의할 점은 성종 14년의 지방제도는 주(州)가 여러 개의 현(縣)으로 구성된 상위 영역으로 편성되었다는 사실이다.[4]

이때 개성부는 주에 상응하는 단위로서 별도의 공간을 가진 것이 아니라 적현과 기현을 총괄하는 상위 행정단위로서 존재했으며, 이와 별도로 도성 지역도 현으로 편성되었던 것으로 보인다. 당의 경우 경조부(京兆府)는 본래 옹주(雍州)로서 개원 원년에 부(府)가 되었다. 그 관할에는 20개의 영현(領縣)이 있었으며, 도성 지역도 현으로 편성되어 있었다. 성종 14년의 개성부도 그러한 편성 원리를 가지고 있었다고 보면, 도성을 구

---

1 정학수는 당시 개성부가 적현과 기현을 포괄하는 영역이라는 점에서 이를 '大王京制'로 규정하였다(정학수, 2007, 「高麗前期 京畿制 硏究」 건국대학교 박사학위논문, 120-139쪽). 이는 『고려사』 지리지에 표제로 제시된 '王京開城府'로부터 왕경과 개성부가 같은 범주라고 보는 데 근거하고 있다. 그러나 '王京開城府'는 성종 14년의 편성에 근거한 것이 아니라 충렬왕 34년의 편성을 근거로 한 것이며, 당시 개성부는 도성 지역만을 관할하는 것이었다. 또한 宗廟가 성밖에 있었다는 것을 중요한 근거로 삼고 있으나 종묘가 성밖에 있었다고 해서 적현과 기현까지 '왕경'의 범주로 처리할 수 없다.

2 『세종실록』 지리지의 京畿 연혁에서는 이 문제에 대해 "古史 但錄縣數 不列縣名 其詳不可得考"라고 주기하였다.

3 尹武炳, 1956, 「所謂 '赤縣'에 대하여」, 『李丙燾華甲紀念論叢』, 一潮閣.
邊太燮, 1971, 「高麗時代 京畿의 統治制」, 『高麗政治制度史硏究』, 一潮閣.

4 본서 2부 3장 참조.

성하는 종래 송악군도 하나의 현으로 되었을 것이다.[5]

이러한 원리는 개성군(開城郡)도 다르지 않다. 곧 개성현은 현종 9년 현령 설치와 함께 처음 설치되는 것이 아니라 성종 14년 개편에서 이미 개성부 관할 현으로 되었으며, 현종 9년에 여기에 현령을 설치한 것으로 파악되는 것이다.

이러한 양상과 관련하여 『신증동국여지승람』의 다음 기록이 참고된다.

> 나) 태조 2년에 철원으로부터 도읍을 송악 남쪽으로 옮겼다. 두 군의 땅에 걸쳐 개주(開州)로 삼았다.[6]

『고려사』 지리지에서는 송악군을 개주로 개편한 것으로 되어 있는데 비해, 위의 기사는 2군, 곧 송악군과 개성군을 포괄하여 설치한 것으로 되어 있다. 개주라는 명칭이 송악보다는 개성군에서 비롯된 것임을 감안하면, 『신증동국여지승람』의 기록이 보다 정확한 것으로 볼 수 있다.[7]

『고려사』 지리지의 기록은 실상 개성군의 후신으로서 개성현을 따로 설정한 데 따른 결과로 생각된다. 곧 개성부와 별도로 정리된 개성현의 연혁이 개성군으로 연결되어 있고, 경기의 군현 배치에서 기준이 된 문종 16년의 편제에서[8] 개성현은 개성부로 개편된 상태였다. 곧 이 시점에서 개성현을 따로 설정할 수 없는 것인데, 도중에 개성부와 개성현이 분리된

---

5 변태섭도 같은 원리에서 나머지 1개 현이 松嶽郡이었을 것으로 추론하였다(변태섭, 1971, 앞의 책, 242쪽).

6 『新增東國輿地勝覽』 권4, 開城府 上, "太祖二年 自鐵原 徙都松岳之陽 跨二郡之地 爲開州".

7 변태섭, 1971, 앞의 책, 240쪽.

8 尹京鎭, 2000①, 「『高麗史』 地理志 정리의 기준시점」, 『韓國史研究』 110; 2012, 『高麗史 地理志의 分析과 補正』, 여유당, 66쪽.

시기가 있었기 때문에 양자가 병립된 충렬왕 34년을 기준으로 삼아 개성현 항목을 따로 둔 것이다.[9] 그 영향으로 개주를 송악군과 연결하여 개성부 연혁에 정리하고, 개성현 연혁은 그 연원으로서 개성군과 개성현의 수립에 한하여 정리한 것이다.

따라서 이것이 성종 14년 개성부와 적현·기현의 체계로 편성될 때 송악군과 개성군 지역은 각각 현으로 분리 설정되었다고 이해할 수 있다. 자연 성종 14년 경기의 현 수는 현종 9년 경기의 군현수보다 1개가 많게 된다. 결국 적현·기현 13개는 사실상 왕경 지역을 제외하고 보면 현종 9년의 경기 12현과 일치하는 것이다.

다음 문제는 6개 적현과 7개 기현이 각각 어디인가 하는 점이다. 이에 대해 기존 연구에서는 왕릉의 소재지를 근거로 송악·개성·정주(貞州)·덕수(德水)·송림(松林)·임진(臨津)을 적현으로 보았다.[10] 그런데 당초 개주가 송악군과 개성군을 합쳐 성립했다고 할 때, 그 영현의 향방이 주목된다. 두 군과 가장 인접한 것이 이들 영현이므로 왕도를 둘러싼 적현으로 편성된 것도 바로 이들이었을 것이다. 이 경우 6개 적현은 송악과 그 영현이었던 송림·강음, 개성과 그 영현이었던 덕수·임진으로 비정할 수 있다. 물론 이 영속관계를 분할했을 가능성도 있으므로 단정하기는 어렵다.[11]

한편 기존 연구에서 주목하지 않은 부분이 성종 14년 개편에서 현종 9년 개편 사이에 이 지역에서 나타난 변화이다. 장단현 연혁에는 목종 4

---

9 문종 16년의 편성에 대해서는 뒤에서 자세히 다룰 것이다.

10 윤무병, 1956, 앞의 논문.

11 박종진은 이 중 개경이 된 송악군을 빼고 정주를 넣었다(박종진, 2012, 「고려전기 開城府의 변천과 지리적 범위」, 『東方學志』 157; 2017, 『고려시기 지방제도 연구』, 서울대학교출판문화원, 220-224쪽).

년 한언공(韓彦恭)의 내향(內鄕)이라는 이유로 단주(湍州)로 승격한 기사가 있다. 그리고 열전에 해당 사적이 실려 있다.

다) 왕이 주군을 둘러보다가 장단현에 이르러 한언공에게 말하기를, "이 곳은 경의 본관이니 경의 공로를 생각하여 단주로 올려야겠다"라고 하였다.[12]

위에서도 현이 주로 '승격'하는 형태를 말하고 있다. 그런데 당시 지방제도는 성종 14년 이래 주-현체계가 유지되고 있었다. 따라서 장단현이 주가 되는 것은 단순히 해당 지역의 격이 올라가는 것이 아니라 주를 매개로 편성되는 중간 운영단위가 새로 수립되는 의미로 보아야 한다. 다시 말해 장단현은 종래 개성부 관할이었으나 단주가 설정됨으로써 단주 소속으로 바뀌게 되는 것이다. 물론 이 경우 장단이 그 주치현이 될 것이다.

이는 기존의 경기 편성에 변화가 나타나는 것을 의미한다. 당시 단주의 분리와 더불어 어떤 현이 그 관할로 편성되었는지는 알 수 없다. 물론 장단현만 분리되는 것도 가능한 일이지만, 장단현보다 남부에 있던 여러 현들이 개성부 관할로 존속되었다고 보기 어렵다. 현종 9년에 장단현령이 설치되면서 7개 현을 관할하게 되는데, 개성현과 장단현이 현령 설치 지역으로 선정된 것은 앞서 장단현을 중심으로 단주가 설정된 것과 연결된다. 이에 비추어 장단현령 관할 군현들이 당초 단주 관할로 있었다고 볼 수 있다. 다만 일반적인 주-현 단위의 규모를 생각할 때 장단현과 7개

---

12 『高麗史』 권93, 列傳6 韓彦恭, "王巡省州郡 至長湍縣 謂彦恭曰 此卿本貫也 念卿功勞 可陞爲湍州".

현이 1주를 구성했다고 보기 어려운 면도 있어 단정은 어렵다.

결국 성종 14년의 경기는 당초 개성부 관할로 편성되었다가 목종대 단주 승격으로 개성부와 단주의 이원적 체계로 재편되었다고 할 수 있다. 다만 경기로서 두 지역이 가지는 의미는 그대로 유지되었다. 현종 9년 경기가 개성현령과 장단현령의 이원적 체계로 편성된 것도 이러한 체계를 토대로 한 것이다.

2) 현종 9년의 현령 설치

성종 14년 개성부 관할의 적현·기현으로 편성되었던 경기 지역은 현종 9년에 다시 개편되었다. 이 조치에 대해 『고려사』 지리지에는 다음과 같이 정리되어 있다.

> 라) 顯宗九年 罷府置縣令 管貞州德水江陰三縣 又長湍縣令 管松林臨津兎山臨江積城坡平麻田七縣 俱直隸尙書都省 謂之京畿

위의 조치는 종래 적현과 기현을 관장하던 개성부를 폐지하고 대신 개성현령과 장단현령을 두어 각각 3개 현과 7개 현을 관할하도록 한 내용을 보여 준다. 당시 개편의 핵심이었던 주현-속현체계에 따라 경기를 편성한 것으로, 전술했듯이 개성부와 단주의 이원적 체계를 계승하였다.

이 편성에서 "상서도성에 바로 예속하였다[直隸尙書都省]"라고 한 부분이 주목된다.[13] 경기의 운영체계가 이 부분에서 당시 다른 지역과 차별적이

13 『고려사』 지리지에서 각 군현의 연혁에는 주현-속현 편성에 대한 서술만 있고 尙書都省과 관계된 언급은 없다. 반면 『세종실록』 지리지에는 이에 대한 언급이 있는데, 대개 "爲尙書都省所掌"이라 적은 반면, 江陰縣과 兎山縣은 "直隸尙書都省"이라 하여 차이를 보인다. 두 군현은 문종 16년 연혁에서도 다른 군현이 모두 "直隸開城府"라

었음을 의미하기 때문이다. 여기서 '직예(直隸)'는 원래 다른 것을 거치는 것이 원칙인데 이를 거치지 않고 상서도성과 직접 연결되었다는 의미이다. 경기 지역에도 주현-속현체계를 동일하게 적용했으므로 '직예'와 대비되는 체계는 그보다 상위가 될 것이다. 이 당시에는 도제(道制)가 수립되지 않았으므로 이것은 계수관(界首官)을 염두에 둔 것으로 판단된다.

결국 다른 지역의 주현-속현 단위는 상서도성과 연결될 때 계수관을 매개로 한 반면, 경기의 경우에는 이 과정을 건너뛴 것이다. 계수관은 광역 단위의 군사 운영이나 사법, 수취 감독과 도량형 관리 등에서 외관의 상급체계로서 기능하는 한편, '계'로 설정된 영역의 대표로서 상표진하(上表進賀)와 향공선상(鄕貢選上), 사신 접대와 같은 의례적 기능을 수행하였다.[14]

상서도성에 '직예'된 경기는 계수관 운영체계에서 분리되어 따로 운영되었을 것이지만, 현실적으로 상서도성이 위에 열거된 부문에서 계수관의 기능을 대신할 수는 없다. 따라서 '직예'의 의미는 그와 다른 층위에서 이해해야 한다. 다음은 이러한 이해를 뒷받침한다.

> 마) 경기의 주현은 상공(常貢) 외에 요역이 번잡하고 무거워 백성이 괴로워하며 날로 유망이 늘어난다. 주관하는 관청에서 계수관에 그 역의 다소를 하문하여 적절히 정해서 시행하라.[15]

위의 기사는 예종 3년의 판으로서 경기 주현의 상공(常貢)과 요역 문

한 반면 "後(又)移隸開城府"라 하여 연기도 불확실하게 적고 있다.

14 윤경진, 2004, 「고려전기 界首官의 운영체계와 기능」, 『東方學志』 126.

15 『高麗史』 권78, 食貨1 貢賦 睿宗 3년 2월, "京畿州縣 常貢外 徭役煩重 百姓苦之 日漸逃流 主管所司 下問界首官 其貢役多少 酌定施行".

제를 다루고 있는데, 그 다소에 대한 정보를 계수관에게 하문하고 있다. 이것은 계수관이 수취와 관련된 정보를 관리하고 있었음을 짐작케 하는데, 경기 주현 또한 상서도성이 아니라 계수관을 통해 관리되었다. 실상 '하문'하는 것을 보면 상서도성, 혹은 중앙 관청이 이러한 정보까지 총괄하고 있었던 것은 아니며, 이는 경기 주현도 다르지 않았다는 것을 알 수 있다.[16]

이처럼 경기 주현 역시 수취와 관련된 부문에서 계수관의 관할에 속해 있었다. 따라서 경기의 두 현령관은 다른 부문에서도 대체로 계수관의 관할에 속해 있었을 것이다.[17] 그렇다면 "직예상서도성"의 의미는 어디서 찾을 수 있을까.

이와 관련하여 다음 자료가 참고된다.

바) 또한 중외의 승도가 다투어 영조를 행하면서 널리 주군에게 권하니 장리가 백성을 징발하여 사역하는 것이 공역보다 급하여 백성이 매우 고초로 여깁니다. 원컨대 엄히 금단을 가하고 먼 곳은 안남과 안동으로, 가까운 곳은 어사도성으로 하여금 검핵케 하고 그 장리를 처

16 변태섭은 "직예상서도성"의 의미를 公牒 行移에서 일반 주현과 동일하게 상서도성에 속한 것을 나타낸 것으로 이해하였다(邊太燮, 1970, 「高麗時代 中央政治機構의 行政體系: 尙書省 機構를 중심으로」, 『歷史學報』 47; 1971, 앞의 책, 34쪽). 반면 상서도성이 경기의 행정전반에 관여하였을 것으로 보는 견해도 있으나(朴龍雲, 2000, 「高麗時代의 尙書都省의 대한 檢討」, 『高麗時代 尙書省 硏究』, 景仁文化社, 46-47쪽), 공역 부분에서 계수관 운영체계에 속해 있음이 확인되므로 동의하기 어렵다. 성종 14년 지방제도 편성 기사에서 개성부 관할 13현은 10도와 따로 정리되었지만, 실제 군현수를 보면 관내도에 포함되었다(본서 5부 1장 참조). 현종 9년 개편에서도 이러한 원리가 유지된 것이다.

17 예종대 상황임을 고려할 때 경기 군현은 계수관 운영에서는 南京에 속해 있었을 것이다. 다만 정주 등 개성현 소속 3현은 그 위치로 볼 때 해주 관할로 나뉘어 편제되었을 가능성도 있다.

벌하여 백성의 노역을 없애십시오.[18]

위의 기사는 성종 원년 최승로 상서의 한 조항으로서 아직 고려의 외관제가 정비되기 전의 상황을 반영하고 있다. 여기서 어사도성(御事都省)이 관할하는 "가까운 곳"은 뒤에 경기로 편성되는 지역을 우선적으로 상정할 수 있다. 이에 대응하여 먼 곳을 관할하는 안동(安東)과 안남(安南)은 도호부로서 뒤에 계수관의 한 연원이 된다.

장리 검핵에서 개경 인근 지역의 장리를 어사도성에서 직접 관할하도록 한 것은 물리적 거리를 감안한 것이다. 검핵 결과는 어차피 중앙정부에 보고되어야 하는 사안이므로 멀리 떨어진 도호부가 검핵하고 이를 다시 정부에 보고하는 것보다는 아예 어사도성에서 관원을 보내 검핵하는 것이 효율적이다. 물론 외관제 편성이 현격히 다르므로 이러한 상황은 계수관 정비 후에는 극히 제한적이었을 것이지만, 사안에 따라 원용될 수 있는 운영체계임에는 틀림이 없다.[19]

이때 경기의 관할 주체가 상서도성이라는 것을 감안할 때, 이 운영체계가 발현될 수 있는 대표적인 사안은 바로 문서행정이다. 고려의 외관은 문서행정에서 중앙 관청과 직첩(直牒) 관계에 있었다.[20] 곧 외관이 발송한 문서의 수취자는 중앙 관청이었던 것이다. 이것은 신종 원년 작성된 「장성감무관첩(長城監務官貼)」에서 문서가 승록사(僧錄司)-장성감무관(長城監

18 『高麗史』 권85, 刑法2 禁令 成宗 원년 6월, "又有中外僧徒 競行營造 普勸州郡 長吏徵民役使 急於公役 民甚苦之 願嚴加禁斷 令遠而安南安東 近而御事都省 檢劾 罪其長吏 以除百姓勞役".

19 개성부가 계수관의 기능을 '대행'한 것으로 보는 견해도 있지만(변태섭, 1971, 앞의 책, 259쪽), 실제 사례는 찾기 어렵다. 그보다는 다른 계수관 단위에 속한 상태에서 제한적으로 분리된 기능을 수행했다고 보는 것이 적절할 것이다.

20 邊太燮, 1968, 「高麗前期의 外官制」, 『韓國史硏究』 2; 위의 책.

務官)-장성군사호장(長城郡司戶長)의 경로로 수발되고 있었던 것에서 확인할 수 있다.[21]

그러나 이러한 내용적인 수발 관계와는 별도로 검열을 위한 경유체계나 물리적 전달을 위한 전송(轉送) 체계가 공존하고 있었다. 이것은 문서 내용에는 나타나지 않는 것으로서 문서행정의 안정적 효율적 운용을 위한 장치였다. 중앙 관청의 경우 이러한 역할을 담당한 것이 바로 상서성이었다.

> 사) 중앙 관청에서 외방의 주부(州府)에 공첩을 보낼 때 모름지기 상서성에 보고하여 가부를 헤아려 정한 후 청교역관에 부쳐 전송하도록 하라. 만약 여러 관청과 궁(宮)의 아전으로 준행하지 않는 자는 관역사가 문서와 사유를 가지고 신성(申省)하여 곧바로 처벌하라.[22]

위의 기사는 현종 23년의 판으로서 중앙 관청이 외방으로 공문서를 보낼 때 상서성에 보고하여 가부를 검토·확정한 후에 전송하도록 하고 있다. 여기서 외방으로 나가는 중앙 관청의 문서들이 상서성을 경유했음을 알 수 있다.

이 '경유'는 검열을 위한 것으로서 물리적인 전달 과정을 상정하는 것이다. 상서성은 그 가부를 판단할 뿐, 이 문서가 당초 상서성을 수취인으로 작성된 것은 아니다. 상서성은 임의적인 문서 발송을 막기 위해 적합성을 검토하였고, 이를 통과한 경우에는 청교역(青郊驛)으로 보내 해당 지

21 尹京鎭, 2000②, 「古文書 자료를 통해 본 高麗의 地方行政體系」, 『韓國文化』 25.

22 『高麗史』 권82, 兵2 站驛 顯宗 23년, "京所司 於外方州府 公貼行移時 須報尙書省 商確可否而後 付靑郊驛館 使轉送 若諸所司 及宮衙典有不遵行者 館驛使將文貼及事由申省 隨卽科罪".

역으로 보내도록 하였다. '전송(轉送)'이란 문서의 물리적 전달을 나타낸 것이다.

이러한 체계는 각급 외관에 대해서도 동일하게 상정된다. 곧 외방 관청이 자의적으로 문서를 발송하는 것에 대해 검열하는 체계가 필요하고, 한편으로 각지에서 발송된 문서들을 중앙에 효과적으로 전송하는 장치도 필요하였다. 이를 담당한 것이 바로 계수관이었다. 계수관은 계내(界內)의 외관이 중앙으로 보내는 문서에 대해 검토하고, 이를 중앙으로 전송하는 일을 담당하였던 것으로 판단된다.[23] 이 문서는 일단 상서성으로 간 뒤 각 관부로 전송되었는데, 이 과정은 위 기사에 제시된 것의 역방향이 된다.

결국 중앙과 외방의 문서 전송체계는 각각에 상서성과 계수관이 개재하여 연결하는 역할을 담당했다고 정리할 수 있다. 그런데 이러한 체계는 개경에 인접한 경기 군현들에게는 원격한 계수관으로 우회하는 결과를 낳아 오히려 번거로울 수 있었다. 성종 원년에 근방의 장리에 대한 검핵을 어사도성으로 하여금 직접 담당하도록 한 것도 이러한 문제를 감안한 것이다.

마찬가지로 문서행정에서도 경기 주현은 계수관을 거치지 않고 상서성에 직접 전송하도록 하였을 것이다. 이러한 전송체계가 계수관을 매개하지 않는 "직예상서도성"의 실질적인 내용이었다고 생각된다.[24]

---

23 조선초기의 경우 수령이 중앙으로 보내는 문서는 觀察使에게 送付되며, 이를 검토한 관찰사의 문서가 첨부되어 해당 관청으로 올라갔다(尹京鎭, 2006, 「14-15세기 고문서 자료에 나타난 지방행정체계: '陳省'의 발급과 송부체계를 중심으로」, 『古文書研究』 29). 이것은 수령이 보낸 문서의 내용 자체가 관찰사에게 송부되는 양식이라는 점에서 前代와 차이가 있지만, 적어도 외관의 문서가 중앙으로 송부되기 위해서는 상서성처럼 중간에 그 적합성을 검토하고 轉送하는 관청이 개재됨을 보여 준다. 고려에서 이를 담당한 것이 바로 계수관이었던 것이다.

2. 문종 16년 경기 개편의 실제

1) 지개성부사와 장단현령

현종 9년 개편에서 경기는 개성현령과 장단현령을 매개로 주현-속현체계로 편성되어 상서도성에 직예되는 운영체계가 작용되었다. 이어 문종 16년에 다시 개편을 겪게 되는데, 『고려사』 지리지에 제시된 개편 내용은 다음과 같다.

> 아) 文宗十六年 復知開城府事 都省所掌十一縣 皆屬焉 又割西海道平州任內牛峯郡 以隷之

현종 9년의 편성에 대응하는 문종 16년[25]의 개편은 지개성부사를 두고 11개 현을 관할하도록 하며, 우봉군(牛峯郡)을 추가로 예속시킨 것이다. 이 연혁대로라면 문종 16년의 개편에서 지개성부사 예하에 12개 속현이 편성된 것이 된다. 『고려사』 지리지에는 이들 군현이 속현 자리에 배치되어 있고, 각각의 연혁에도 공통적으로 문종 16년에 '내속(來屬)'했다는 내용이 있다.[26] 이 때문에 기존의 경기 연구에서는 문종 16년의 개편이 개성부를 중심으로 새로운 주현-속현체계를 편성한 것이라고 이해

---

24 중앙과 지방 사이의 문서 轉送體系에 대해서는 '공문서전달체계'라는 범주 속에 부분적으로 다루어진 바 있다(강은경, 2003, 「고려시대 공문서의 전달체계와 지방행정 운영」, 『韓國史研究』 122). 그러나 여기서는 내용상의 송부체계와 물리적인 전송체계가 명확히 구분되지 않았다.

25 『세종실록』 지리지에는 문종 17년으로 되어 있다. 이것은 卽位年稱元을 踰年稱元으로 조정하는 과정에서 발생한 오차이다.

26 개성현은 개성부의 속현처럼 정리되어 있으나 '來屬' 기사는 없다. 실상 개성현은 지개성부사 예하 12개 군현에 들어가지 않는다. 이에 대해서는 후술할 것이다.

하였다.

그러나 『고려사』 지리지에 나타난 문종 16년의 경기 개편은 내용적으로 상당한 의문점이 있어 이에 대한 전면적인 재고가 요구된다. 여기서는 당시 개편의 핵심 요소인 지개성부사의 성격과 장단현령의 향방에 대해 먼저 살펴보고, 『고려사』 지리지 연혁 자체에 대한 검토와 당시 개편의 실제적인 내용은 따로 살펴보기로 한다.

문종 16년 개편에서 먼저 문제 되는 것은 당초 상서도성이 관할했던 군현수가 11현으로 되어 있다는 점이다. 종래 개성현령이 3개 현, 장단현령이 7개 현을 관할하였기 때문에 총 군현수는 12개가 맞다. 그럼에도 11개라 한 것은 개성현을 계산하지 않았기 때문이다.

이것은 곧 지개성부사 복구의 실질적인 내용이 기존의 개성현령과 연결된다는 것을 의미한다. 다시 말해 개성현령이 지개성부사로 이어지기 때문에 관할 군현수는 12개가 아니라 11개가 되는 것이다. 『고려사』 지리지에는 개성부 다음에 개성현이 따로 정리되어 있지만, 그 내용은 현종 9년 연혁에 이어 충렬왕 34년 연혁으로 넘어간다. 문종 16년 연혁이 빠진 것이다.

실상 왕경 개성부 연혁에 들어 있는 문종 16년 기사는 개성현 연혁으로 들어가야 한다. 이 당시 설치된 지개성부사는 외관직이었다. 이는 정문(鄭文)이 헌종 즉위 후 전중내급사(殿中內給事)로 제수되어 지개성부사(知開城府事)로 나갔다는 기록에서 분명히 확인된다.[27] 전중내급사는 종6품직이며, 지주군사의 경우 사(使)가 5품 이상, 부사(副使)가 6품 이상이 임용되었다. 곧 지개성부사는 통상적인 지주군사와 같은 직급에 속하는

27 『高麗史』 권95, 列傳8 鄭文, "乃改授殿中內給事知制誥 出知開城府事".

것이다.

그리고 지개성부사는 '출(出)'하는 외직(外職)이므로 '왕경'의 개념과 맞지 않으며, 따라서 왕경 개성부의 연혁에 들어갈 성격이 아니다. 실제 왕경 지역은 오부(五部)로 편성되어 있으며,[28] 운영체계에서 지개성부사와 오부는 분리되어 있었다.

다음은 그러한 양상을 반영하고 있다.

자) 내외의 강도와 절도는 (중략) 감검(監檢)하지 않은 자는 왕경[內]의 경우에는 오부의 담당자와 별감·이정을, 외방[外]의 경우에는 색원과 장리·장교·아전을 징계하고 허접인(許接人)은 구금하고 처벌한다.[29]

위의 기사는 숙종 7년의 것으로서 도적을 감검하지 않는 책임자에 대한 처벌을 내·외로 나누어 규정하고 있다. 통상 행정조치 등에서 내·외를 병칭할 때 '내'는 왕경 내지 도성 지역을 말하고 '외'는 외방 군현을 말한다. 이것은 위의 경우도 마찬가지이다.

그런데 왕경의 경우 오부의 담당자와 별감(別監)·이정(里正)을 언급한 반면, 외방 군현은 색원(色員)과 장리(長吏)·장교(將校)·아전(衙前)을 열거하고 있다. 여기서 장리는 읍사의 향리를 말하고 아전은 외관청의 이속을 말한다. 이들은 모두 외방 군현의 실무진이다.[30] '외관'이 설치된 '군현'인 개성부는 그에 조응하여 외관청과 읍사가 존재할 것이고, 따라서 '내'

---

28 태조 2년 송악에 도읍을 정한 후 이곳을 開州라 하고 五部를 설치하였다. 곧 오부는 왕경 지역을 편성한 개주의 하위 편성 단위로 출발한 것이다. 이후 성종 6년에는 五部坊里를 更定하였고, 현종 15년에 다시 경성의 오부방리를 정하였다.

29 『高麗史』 권85, 刑法2 盜賊 肅宗 7년, "內外强竊盜 (중략) 不監檢者 內則五部員吏別監里正 外則色員長吏將校衙前 決罪 許接人 囚禁罪之".

가 아니라 '외'에 해당한다. 이들이 오부의 운영과 중첩될 수 없으며, 따라서 문종 16년의 개성부는 왕경과 동일한 범주가 되지 않는다.

한편 당시 개성부가 도성 지역의 업무에도 관여했다는 의견이 있다.[31] 이것은 『고려도경(高麗圖經)』의 다음 기록에 근거한 것이다.

> 차) 또 개성부가 성에서 40리 떨어져 있는데, 무릇 백성의 혼인과 토지, 소송의 일을 모두 총괄한다.[32]

위의 기록은 대성(臺省) 항목에 들어 있는데, 개성부가 언급된 것을 두고 도성의 운영과 관련되어 있었기 때문이라고 본 것이다.

그러나 이것은 관청 명칭으로 인해 서긍(徐兢)이 개성부를 도성의 관부라고 해석한 결과로 판단된다. 『고려도경』에서 서긍은 도읍에 대해 말하면서 전에 개주였고 지금은 개성부가 되었다고 하였다.[33] 전술했듯이 개주는 송악군과 개성군을 합쳐 설치되었다. 그러나 이후 송악군 지역은 왕경이 되었고, 개성군 지역은 개성현으로 분리되었다가 개성부로 승격하였다. 이때 개주는 군현명으로 사용되었기 때문에 왕경보다 개성부로 그 연혁이 연결되었다.

개주와 개성부의 관계에 대해서는 다음 자료가 주목된다.

---

30 외관이 집무하는 관청은 향리의 기구인 읍사와 구분되어 있었으며, 外官廳 또는 公衙라고 하였다. 여기에는 記官을 비롯한 衙前이 배속되어 실무를 담당하였다. 외관청과 아전에 대해서는 윤경진, 2000②, 앞의 논문, 119-121쪽 참조.

31 정학수, 2007, 앞의 논문, 154쪽.

32 『高麗圖經』 권16, 官府 臺省, "又有開城府 拒城四十里 凡民庶婚田鬪訟之事 悉蒽之".

33 『高麗圖經』 권3, 城邑 形勢, "唐末復國 當是今所都地 蓋嘗爲開州 今尙置開城府".

카) ① 개주 사람이다. 7세조 만세 영해공은 우리 태조의 당제(堂弟)이다. (중략) ② 외왕부 김준양은 개주의 병정이다. (중략) ③ 처음에 시중 김공이 개주를 출수할 때 공이 하는 일이 비상함을 보고 학문에 나아가도록 권하였다.[34]

위의 기록은 의종 13년에 작성된 왕충(王冲) 묘지명의 초반 내용이다. 왕충의 선조는 태조의 친척이었으며, 그는 본관을 '개주'로 밝히고 있다.

그런데 그의 외조부 김준양(金俊陽)이 개주의 병정(兵正)으로 되어 있다. 병정은 군현 향리직의 하나로서 당시 개주가 외방 군현임을 보여 준다. 이는 김공(金公)이 개주를 "출수(出守)"하던 중에 그의 남다른 면모를 보고 학문을 권유한 것에서도 거듭 확인된다. 이를 통해 위의 개주는 곧 개성부의 별칭이며, 개성부는 읍사가 설치되고 외관이 파견되는 외방 군현임을 알 수 있다. 『고려사』 식화지 외관록(外官祿)조에 개성부사(開城府使)가 들어 있는 것은 가장 단적인 근거가 될 것이다.

개주가 개성부의 별칭으로 사용된 것에 대해 개성현이 개경과 하나의 행정구역처럼 인식될 정도로 밀접한 관련이 있음을 보여 준다고 이해하기도 한다.[35] 그러나 이것은 왕경과 개성부가 분리된 후 종래의 개주가 지방 군현명으로 간주되어 그에 상응하는 개성부의 명칭으로 귀속된 결과로 보아야 한다. 서긍은 바로 이러한 당시 인식에 따라 도읍 연혁을 개주에서 개성부로 연결하여 서술하였다. 이때 도성이 개주였다는 이해가 있으므로 당시 도성 밖에 있던 개성부에 대해서도 외방 군현이 아니라

34 『高麗墓誌銘集成』 王冲墓誌銘, "開州人 七世祖萬歲 寧海公 我太祖堂弟也 (중략) 外王父金俊陽 開州兵正 (중략) 初 侍中金公 出守開州時 見公所爲異常 勸令就學".

35 정학수, 2007, 앞의 논문, 166쪽.

도성과 관련된 관부로 정리하게 된 것이다.

서긍이 언급한 개성부의 기능 또한 일반 외관에 해당한다. 개성부가 도성의 업무에 관여했다면 당초 이를 성밖 40리에 둘 이유가 없다. 도성 주민이 왕래해야 하므로 당연히 도성 안에 두었을 것이다. 또한 혼인과 관련된 업무는 바로 호적과 연관되는데, 고려시대 도성 주민의 호적을 관할하는 주체는 오부였다. 당시 개성부는 오부의 상급 기구가 아니었고, 개성부가 도성의 호적 업무에 관여한 흔적도 찾을 수 없다. 따라서 개성부의 제도적 기능을 도성과 관련짓기는 어렵다.

'왕경 개성부'는 충렬왕대 이후에 비로소 적용할 수 있다. 『고려사』 백관지에 따르면, 충렬왕 34년에 급전도감(給田都監)과 오부를 개성부에 병합하고 도성 안을 관장하도록 하고, 도성 밖에는 개성현령을 두도록 하였다. 여기서 개성부는 종래 오부가 관장하던 왕경 지역을 총괄하게 되므로 '왕경=개성부'라는 등식이 성립할 수 있다. 충숙왕 12년에 개성부의 오부 및 외방의 주현으로 하여금 백성을 양반으로, 천인을 양인으로 호구를 위조하는 자를 엄단하도록 조치한 것에서 오부의 상급 기구로서 개성부를 확인할 수 있다.[36]

그런데 이 당시 개편은 정확히 말하자면 기존의 개성부와 오부를 통합한 것이 아니다. 양자가 통합되었다면 그 관할 구역이 종래의 개성부 지역과 왕경 지역을 포괄해야 하지만, 도성 밖을 관할하는 개성현이 따로 설치되었기 때문이다. 충렬왕 34년에 개편된 개성부의 장관은 종2품의 윤(尹)으로서 이전의 지부사와 구분되며, 오히려 성종 14년의 개성부의 직제와 상통한다.

---

36 『高麗史』 권79, 食貨2 戶口 忠肅王 12년 10월, "開城府五部及外方州縣 以百姓爲兩班 以賤人爲良人 僞造戶口者 據法斷罪".

결국 충렬왕 34년의 개편은 기존의 개성부(지부사)가 다시 개성현(현령관)이 되고, 이와 별도로 오부의 상급 기구로서 개성부를 두는 것으로 해석해야 한다. 이를 역으로 이해하면 문종 16년의 개성부는 도성 안을 관할하던 오부와 분리되어 있었으며, 따라서 기존의 개성현령에서 승격한 것이라는 결론을 얻을 수 있다. 그리고 이것은 『세종실록』 지리지 연혁을 통해 확인된다.

『세종실록』 지리지에는 문종 16년 개편과 관련된 연혁이 개성유후사(開城留後司)와 경기(京畿) 두 곳에 보인다.

타) ① 舊都 開城留後司: 文宗十六年壬寅 復陞爲知開城府事

② 京畿: 文宗十六年壬寅 復陞開城縣爲府

위의 두 연혁은 같은 사실을 나타내는데, 『고려사』 지리지가 '다시[復]'만 표시한 것과 달리 모두 '승격[陞]'을 적시하고 있다. 특히 ①에서는 단지 지개성부사로 승격한 것만 말했으나 ②에서는 개성현을 부로 승격시켰다고 표현하였다. 이들 연혁은 문종 16년의 지개성부사가 개성현령에서 승격한 것임을 분명히 보여 준다.

한편 『세종실록』 지리지의 경기 연혁에는 문종 16년 연혁에 이어 "그 뒤에 다시 개성현령을 두고 개성부에 속하게 하였다[其後 復置開城縣令 屬開城府]"라고 하면서 "연대미상(年代未詳)"으로 주기하였다. 이 내용은 개성부에서 다시 개성현이 되는 사정을 반영하는데, 개성부와 개성현의 병존을 말하고 있다는 점에서 충렬왕 34년의 개편을 나타낸 것임을 알 수 있다.

이처럼 『고려사』 지리지에서 개성현 연혁에 들어가야 할 지개성부사 설치 기사가 왕경 연혁에 들어간 것은 앞서 성종 14년의 개성부 설치와

같은 성격으로 이해한 결과이다. 관련 연혁이 공통적으로 '다시[復]'로 표현된 것은 그 반영이다.[37]

그러나 명칭이 같다고는 하지만 성종 14년의 개성부와 문종 16년의 개성부는 성격이 전혀 다르다. 성종 14년의 개성부는 적현과 기현을 총괄하는 상급 영역단위였고, 적현 중에는 도성이 자리한 송악현도 있었다. 그리고 당시 개성부의 장관은 윤(尹)이었다.

반면 문종 16년의 개성부는 도성과 구분된 외방 군현이었고 장관은 지부사(知府事)였다.[38] 성종 14년의 개성부와 내용적으로 연결되는 것은 충렬왕 34년에 재편된 개성부이다. 다만 관할 범위를 볼 때 성종 14년의 것은 적현과 기현을 모두 관할한 반면, 충렬왕 34년 개편 후에는 도성 지역만을 관할하였다는 차이가 있다.

결국 문종 16년을 준거로 볼 때 개성부와 개성현은 공존하지 않았다. 지개성부사는 기존의 개성현령이 승격한 것으로서 당시의 개성부는 이전의 개성부와 이질적인 것이었다. 따라서 이를 '복구'로 규정할 수 없다.

다음에 문제 되는 것은 장단현령의 향방이다. 장단현 연혁을 보면 다른 군현과 마찬가지로 문종 16년 개성부에 내속한 것으로 되어 있다. 『고려사』 지리지에서 '내속'은 통상 외관이 없어 타 군현의 속현으로 편성되는 것을 나타낸다. 장단현의 경우 개성부 관할로 정리되어 있으므로 다른 경기 군현과 함께 개성부의 속현으로 편성되었다는 이해가 가능하다. 지리지의 정리 방식에 비추어 보아도 그런 결론이 나올 수 있다.

그런데 이후 연대기 기록을 보면 장단현령의 존재를 반영하는 기사

37 百官志에도 같은 맥락으로 정리되어 있다(『高麗史』 권76, 志30 百官1 開城府, "成宗始置尹 顯宗罷府置縣令 文宗復稱開城府 置知府事").

38 변태섭도 두 시기 開城府의 차이에 대해 지적한 바 있다(변태섭, 1971, 앞의 책, 250-251쪽).

가 여럿 발견된다. 우선 그 시점에 논란이 있으나 『고려사』 식화지 외관록조의 인종조(仁宗朝) 규정에 장단현령이 포함되어 있다.[39] 또한 『고려사』 병지 주현군조에 정리된 군사도(軍事道)는 대개 주현-속현 단위로 설정되어 있는데, 여기에 장단도가 들어 있다. 고려후기의 것이지만 권단(權坦)이 장단현위에 부임한 사실이 확인된다.[40]

문종 16년에 장단현령이 폐지되었다고 본다면, 이들 기록에 의거하여 적어도 어느 시점부터는 장단현령이 존재했다고 보아야 한다. 그런데 연혁상으로 장단현령의 복구는 나타나지 않는다. 그렇다면 역으로 당초에 장단현령이 폐지되지 않았을 가능성이 제기된다.

다음 기록은 장단현령이 폐지되지 않았다는 이해를 뒷받침한다.

> 파) 특별히 연등대회를 흥왕사에 5일 밤낮으로 배설하였다. 칙서를 내려 백사(百司)와 안서도호, 개성부, 광주·수주(水州)·양주·동주·수주(樹州)의 5주와 강화·장단 두 현으로 하여금 궐정에서 절의 문까지 채붕을 설치하여 즐비하게 나란히 이어지도록 하였다.[41]

위의 기사는 문종 21년 연등대회(燃燈大會) 개최에 관한 것이다. 당시 문종은 중앙 관청과 안서도호(安西都護) 등으로 하여금 채붕(彩棚)을 설치

---

39 食貨志 外官祿조의 전거 자료는 명종초에 작성된 것으로 신종대까지 追記가 이루어졌으며, 文宗朝 규정과 仁宗朝 규정은 이를 토대로 구성한 것이다. 이에 대한 자세한 검토는 윤경진, 2010, 「『고려사』 식화지(食貨志) 외관록(外官祿) 규정의 기준 시점과 성립 배경」, 『역사와현실』 78 참조.

40 『高麗墓誌銘集成』 權呾墓誌銘, "公始自長湍縣尉 移爲仁州判官".

41 『高麗史』 권8, 文宗 21년 정월 戊辰, "特設燃燈大會於興王寺 五晝夜 勅令百司 及安西都護 開城府 廣水楊東樹五州 江華長湍二縣 自闕庭至寺門 結綵棚 櫛比鱗次 連亘相屬".

하도록 하였다. 이때 열거된 지역은 모두 개경 주변의 외관이 설치된 군현들이다. 이것은 작업의 성격상 외관의 지휘가 있었던 데 따른 것이다. 그런데 이 중에 개성부와 장단현이 함께 들어 있다. 만약 장단현이 속현이었다면 개성부가 있는 상황에서 함께 언급될 수 없다. 이것은 장단이 강화와 같은 현령관이었음을 입증한다.

이해는 경기가 재편된 뒤 불과 5년 뒤이다. 이로 미루어 장단현령은 당초 폐지되지 않은 상태라고 보는 것이 합리적이다. 설사 문종 16년에 현령이 폐지되었더라도 곧바로 복구된 것이므로 경기의 주현-속현 편성도 현종 9년 이래의 상태로 보아야 한다.

그렇다면 문종 16년 개편은 개성현령이 지개성부사로 승격하고 우봉군이 추가로 이속된 것일 뿐, 운영체계에는 근본적으로 변화가 없었다는 결론이 나온다. 이 경우 개성부 예하에 장단현을 포함한 군현들을 배치하고, 연혁에서도 문종 16년에 내속했다고 정리한 『고려사』 지리지의 내용은 문제가 있다. 문종 16년 경기 개편의 의미도 다른 각도에서 이해해야 할 것이다. 다음에는 이 문제를 구체적으로 짚어 보기로 한다.

2) 문종 16년 경기 개편의 의미

앞서 문종 16년의 경기 개편이 실제로는 개성현령의 지개성부사 승격과 우봉군의 이속에 불과하며 운영체계는 그대로 지속되었음을 확인하였다. 그렇다면 『고려사』 지리지에 수록된 경기 편성이나 연혁 기사는 어떻게 해석해야 할까. 또한 문종 16년 개편의 의미는 어디서 찾아야 할까.

『고려사』 지리지의 경기 편성과 연혁 기사는 다소 혼란스럽다. 우선 『고려사』 지리지는 대체로 명종초를 기준으로 표제읍호나 영속관계를 정리한 데 반해, 경기 지역은 문종 16년을 기준으로 하고 있다. 계수관 상주목 관할의 경우 명종초 영속관계의 내역을 파악하지 못하고 이를 현종 9

년 기준으로 정리했지만, 표제읍호는 명확히 명종초를 기준으로 하고 있다.[42] 따라서 경기의 경우도 이러한 기준에 맞추어 편성되어야 하지만 여기서 벗어난 것이다.

일례로 예종 3년 정주(貞州)는 지부사로 승격하여 승천부(昇天府)가 되었지만,[43] 표제읍호나 영속관계에서 모두 해당 시점의 상황이 반영되어 있지 않다. 영속관계는 그대로 두더라도 표제읍호는 연혁에서 바로 파악되어 바꿀 수 있었음에도 바꾸지 않은 것이다. 이것은 경기의 편성에 타 지역과 다른 기준이 적용되었음을 의미한다.

이런 문제는 다른 곳에서도 나타난다. 우선 '왕경 개성부'라는 개념을 적용하고 있다는 점이 지적된다. 전술했듯이 문종 16년 당시에는 '왕경 개성부'라는 범주가 성립하지 않으며 개성현도 존재하지 않았다. 이것이 수립되려면 충렬왕 34년 이후가 되어야 한다. 따라서 왕경 개성부를 표제로 하고 개성현을 별도로 둔 것은 읍호와 주현-속현 편성을 문종 16년 기준으로 정리한 것과 서로 모순이 된다.

또한 『고려사』 지리지에서 영속관계는 문종 16년을 기준으로 하면서도 개성부 관할 속현수에서는 속군(屬郡)이 1개, 속현(屬縣)이 12개라고 밝히고 있는데, 이것은 연혁 중에 상서도성 관할의 11개 군현과 우봉군을 이속시켜 관할하였다는 것과 수적으로 어긋난다. 이 차이는 문종 16년 당시 개성부와 공존하지 않던 개성현을 함께 정리한 데 따른 결과이다.

결국 『고려사』 지리지의 경기 편성은 개성부와 개성현에 대해서는 충렬왕 34년 이후를 적용하고 나머지 군현의 편성에 대해서는 문종 16년

42 윤경진, 2000①, 앞의 논문.

43 예종 3년의 승격은 연혁에는 드러나지 않지만 예종의 母后인 明懿太后의 尊崇과 함께 貫鄕을 높여 주는 조치로 파악된다(윤경진, 2008, 「고려 숙종-의종대 太后 貫鄕 승격의 의미: 『고려사』 지리지 연혁의 補正을 겸하여」, 『국학연구』 13, 173-176쪽).

을 적용하는 이중적 양상을 띠고 있는 것이다. 이 중 문종 16년의 개편에 대한 인식과 관련하여 다음 자료가 주목된다.

하) 金祉所撰周官六翼云 壬寅三月 改號 所管牛峯郡 德水 江陰縣 貞州 長湍 臨江 兔山 臨津 松林 麻田 積城 坡平縣

위의 기사는 『세종실록』 지리지의 구도(舊都) 개성유후사 (開城留後司) 연혁 중 문종 16년 기사에 대한 주기 내용이다. 『주관육익』에는 임인년, 곧 문종 16년 개편에서 개성부가 우봉군 등 12개 군현을 관할하였다는 내용이 실려 있었다.

바로 이 기록이 개성부가 직접 12개 현을 관할했다는 기사의 근거가 된 것으로 보인다. 이 구성은 우봉군을 제외하면 현종 9년의 "직예상서도성"에 해당하는 군현 구성과 동일하므로 문종 16년의 개성부 관할체계는 기존의 "직예상서도성"을 대체한 것으로 인식될 수 있다.

그리고 이것은 각 군현의 연혁에도 반영되었다. 『세종실록』 지리지에서 위에 열거된 군현들의 연혁을 보면 문종 16년(혹은 17년)에 "직예개성부"라는 표현이 공통적으로 들어가 있다. 이것은 앞서 "직예상서도성"에서 상서도성을 개성부로 바꾸어 놓은 것이다. 실제 『주관육익』의 설명은 동일한 내용을 담은 경기 연혁 부분에 "도성(都省)이 관할하던 11현이 모두 속하였고, 서해도 평주 임내인 우봉군을 이속시켰다"고 정리되어 있다. 이는 『고려사』 지리지도 동일하다. 결국 이 구문은 현종 9년 개편과 『주관육익』의 내용을 대비하여 정리한 결과인 것이다.

그런데 표현만으로 본다면 "직례개성부"는 중간에 있던 다른 단계를 거치지 않는다는 의미로 해석된다. 전술한 바와 같이 현종 9년의 "직예상서도성"은 계수관을 매개로 한 문서 전송체계를 거치지 않는다는 의미로 파악되지만, "직예개성부"라고 할 때에는 의미가 달라진다. 개성부는 등급상 일반 외관에 해당하기 때문이다. 이에 준하면 '직예'는 기존의 영속관계에서 벗어나 직접 개성부 관할로 편성된다는 의미로 해석될 수 있다.

이것은 선행한 개성현령과 장단현령의 관할체계와 대비된다. 결과적으로 종래 두 현령관 예하의 주현-속현체계를 해소하고 이들을 모두 개성부가 직접 관할하는 체계로 만든 것으로 간주된다. 『고려사』 지리지에서 경기 군현들에 대해 모두 문종 16년 기준으로 개성부 관할로 정리한 것이나 각 군현 연혁에 문종 16년에 내속했다는 기사를 넣은 것은 이러한 인식의 결과이다. 이로 인해 장단현은 현령이 존재하고 있음에도 연혁상 개성부의 속현이 된 것처럼 나타나게 된 것이다.

이처럼 『고려사』 지리지의 문종 16년 경기 개편 연혁 및 그에 근거한 경기 지역 영속관계의 편성은 『주관육익』에 수록된 임인년 기사를 수용하면서 발생한 오류로 파악된다. 실제는 지개성부사와 장단현령이 관할하는 체계로서 현종 9년 이래의 운영체계와 특별한 차이가 없었다.

그렇다면 문종 16년 개편의 주된 의미는 어디서 찾아야 할까. 운영체계에서 근본적인 변화가 없었던 만큼, 당시 개편의 의미는 지개성부사 승격과 우봉군 이속에서 찾아야 할 것이다. 관련 자료가 없어 자세한 파악은 어렵지만, 일단 외관 승격에 따른 관원의 증가를 지적할 수 있다. 현령관의 경우 소속 관원이 현령과 현위 2명에 불과하지만, 지부사는 규정상 사와 부사, 판관(判官), 법조(法曹) 등 4명이 배치되며, 문학(文學)과 의학(醫學)이 추가로 설치될 수 있었다.

당초 장단현령이 7개 현을 관할한 것과 달리 개성현령은 3개 현만을 관할했는데, 이는 개성현 지역이 도성에 인접하여 그만큼 업무 부담이 많았기 때문으로 보인다. 같은 맥락에서 문종 16년 지부사 승격은 외관의 업무가 더욱 커진 것에 대응하는 조치였다고 이해할 수 있다.

실제 문종대 이 지역과 관련된 중요한 조치가 보인다. 곧 문종 10년 덕수현에 흥왕사(興王寺)를 창건한 것이다.[44] 흥왕사는 12년의 공역 끝에 문종 21년 2,800간의 규모로 완공된 거대한 사찰이었다.[45] 문종은 재위 16년 흥왕사에 행차하여 사면령을 반포하고 공역을 감독하는 관리들에게 상을 내렸다.[46] 같은 해 서강(西江) 병악(甁岳)의 남쪽에 장원정(長源亭)을 창건했는데,[47] 이곳은 행정구역으로는 정주에 있었다. 흥왕사와 장원정은 이후 국왕이 자주 행차하는 대표적인 장소였다. 따라서 국왕의 행차에 수반된 업무가 많아질 수밖에 없었다.

이러한 사정에 비추어 문종 16년의 개성부 승격은 관할 지역에 진행되는 흥왕사 공역의 부담을 계기로 관원을 확충한 것이다. 곧 기존의 현령과 현위로는 개성현 관할 지역의 업무를 감당할 수 없으므로 관호를 높이고 관원을 늘려 이를 소화한 것이다.

한편 우봉군 이속과 관련하여 문종 12년에 있었던 경창원(景昌院)[48] 전시(田柴)의 흥왕사 이속을 둘러싼 논란이 주목된다. 당시 문종은 경창원 소속 전시를 흥왕사에 이속시키고 어양(魚梁)과 선박, 노비 등은 모두 관청에 환속하도록 하였다. 이에 대해 중서문하성에서는 종실에 대한 우대 조치에 어긋난다며 도로 경창원에 내려 줄 것을 청하였다. 이에 문종은 이미 흥왕사에 바친 전시를 다시 환수하기 어렵다며 대신 원래 수대

44 『高麗史』 권7, 文宗 10년 2월 癸卯, "始創興王寺于德水縣".

45 『高麗史』 권8, 文宗 21년 정월 庚申, "興王寺成".

46 『高麗史』 권8, 文宗 16년 8월 乙酉, "幸興王寺 制曰 是寺鳩孱已久 巨構將成 今親觀厥功 特申異數 應內外重刑 並降從流配 公徒私杖以下 咸赦除之 董役官吏 並加爵賞".

47 『高麗史』 권7, 文宗 10년, "是歲 作長源亭於西江餅嶽之南".

48 景昌院은 『고려사』 식화지 祿俸조의 權務官祿 규정에서 延祐·安昌宅과 福昌·景昌院의 典에 대한 항목에만 보인다. 그런데 이자겸의 딸로서 廢黜된 인종의 비가 福昌院主로 나오는 것을 보면(『高麗史』 권20, 明宗 25년 11월, "仁宗出妃福昌院主李氏卒"), 두 院은 后妃 출신이 거주하던 곳이자 그 후손의 기반이 된 곳으로 짐작된다.

로 공전(公田)을 주도록 하였다.[49]

경창원의 전시가 본래 어디에 있었는지는 알 수 없으나 궁원 소속의 토지로서 도성 주변에 있었을 가능성이 높다. 특히 이것을 회수하여 흥왕사에 주도록 한 것을 보면, 흥왕사가 소재한 덕수현 지역에 있었던 것이 아닐까 한다.[50] 문종이 이것을 그대로 흥왕사 소속으로 두는 대신 경창원에 대해서는 공전으로 채워 주도록 했으므로 이 토지가 새로 확보되어야 했다.

이 공전 또한 전에 보유하던 전시와 마찬가지로 도성 인근 지역에서 공급되었을 것이다. 이것은 왕가도(王可道)의 사례를 통해 뒷받침된다. 현종 때 왕가도는 개경의 나성을 축조한 공으로 개성현개국백(開城縣開國伯)으로 봉작되고 공신 칭호와 왕씨 성을 받음과 함께 개성현의 장전(莊田)을 지급받았다.[51] 그에게 개성현의 장전을 지급한 것에서 개성현 지역에 왕실 용도로 활용되는 토지가 다수 있었음을 알 수 있다. 경창원의 전시나 이를 대신하여 지급토록 한 공전도 이와 같은 유형에 속하는 토지였을 것이다.

---

49 『高麗史』 권8, 文宗 12년 7월 己卯, "中書門下省奏 伏准制旨 以景昌院所屬田柴 移屬興王寺 其魚梁舟楫奴婢 悉令還官 夫宮院 先王所以優賜田民 貽厥子孫 傳於萬世 無有匱乏者也 今宗枝彌繁 若欲各賜宮院 猶恐不足 況收一宮田柴 屬于佛寺 歸重三寶雖云美矣 有國有家之本 不可忘也 請田民魚梁舟楫 仍舊還賜 制曰 田柴已納三寶 難可追還 宜以公田 依元數給之 餘從所奏".

50 중서문하성이 환급을 요청한 것을 볼 때 경창원 전시의 흥왕사 이속이 경창원의 문제점으로 인한 것은 아니었음을 알 수 있다. 그렇다면 경창원이 선택된 것은 이곳의 田柴가 흥왕사와 인접하여 가장 효과적으로 운영할 수 있었기 때문이 아닐까 한다. 문종이 田柴에 대해서만 환급을 허락하지 않고 공전으로 채워 주도록 한 것에서도 그러한 의도를 읽을 수 있다.

51 『高麗史』 권94, 列傳7 王可道, "進檢校太尉行吏部尙書兼太子少師叅知政事上柱國開城縣開國伯 食邑七千戶 加輸忠創闕功臣號 賜姓王 給開城縣莊田 封其妻金氏開城郡夫人".

흥왕사의 창건으로 인해 단기적으로 경기 토지의 추가적인 확보가 요구되었고, 이에 우봉군을 경기로 이속시킨 것으로 해석된다. 다시 말해 우봉군 이속은 덕수현의 흥왕사 창건에 연동하여 이루어진 경기의 확대 조치였던 것이다.[52]

물론 추론에 의지할 수밖에 없고, 경창원 전시 지급이 우봉군의 경기 이속에 직접적인 원인이 되었다고 단정할 수는 없다. 그러나 당시 흥왕사 창건 등으로 개성현 관할 지역의 부담이 가중되고 있었고, 이것을 행정적, 영역적으로 보완할 필요성이 제기되었음은 분명하다. 지개성부사 승격과 우봉군 이속은 이러한 필요에 따른 조치로서 그 의미를 규정할 수 있다.[53]

이상에서 문종 16년의 개편은 『고려사』 지리지에 보이는 것처럼 기존의 개성현령과 장단현령 관할의 군현 일체를 개성부에 내속시키는 것이 아니었음을 알 수 있다. 기본적으로 현종 9년 이래의 운영체계를 유지하면서 개성현을 지개성부사로 승격시키고 우봉군을 새로 경기로 편입시키는 것이었다. 이것은 문종대 흥왕사와 장원정의 창건 등으로 인해 이 지역의 부담이 가중되고 전시의 추가 확보가 요구되는 데 따라 취해진 조치로 이해된다.

---

52 정학수는 우봉군의 이속이 이곳에 왕실의 기반지였던 우봉산(성거산)이 있었고, 도성 공간 분리로 인해 赤畿 13현에서 하나가 비게 된 것을 고려한 조치라고 하였다(정학수, 2007, 앞의 논문, 154쪽). 그러나 이러한 조건은 현종 9년 개편 때 이미 존재하고 있었으므로 문종 16년에 와서 비로소 이속된 이유를 설명하기 어렵다. 다만 전자의 경우 다른 곳이 아닌 우봉군을 선택한 이유에 대한 하나의 설명이 될 수는 있다.

53 문종 16년에는 西京畿를 4道로 편성하는 조치가 있었는데, 이 또한 서경을 뒷받침하기 위한 운영체계의 강화라는 측면에서 이해할 수 있다. 이때 대동강 이남의 中和縣과 松峴縣이 서경기로 편입된 것으로 판단된다. 서경기 4도의 편성에 대해서는 윤경진, 2009, 「고려시대 西京畿의 형성과 재편: 『고려사』 지리지 연혁의 補正을 중심으로」, 『東方學志』 148 참조.

나오며

본서는 고려 지방제도의 성립 과정을 그 구조에 맞추어 기초 운영단위인 군현의 획정, 중간 운영단위인 주현-속현체계의 편성, 광역 운영단위인 계수관과 도, 그리고 경기의 성립으로 나누어 살펴본 것이다.

먼저 1부에서는 지방제도의 기초 운영단위로서 군현의 획정 과정을 통일전쟁기의 지방 편재와 태조 23년 읍호개정을 중심으로 살펴보았다.

신라의 국가체제가 해체되면서 지방사회의 운영단위였던 군현은 다수의 성읍으로 분립하였다. 이 성읍들은 그 연원이 신라 중고기로 올라가는 것도 있으며, 각 성읍에는 독자 세력으로서 성주가 자리하였다. 궁예와 견훤 등은 이들을 복속시키거나 협력하면서 세력을 넓혔다.

성주들은 성읍을 단위로 개별적·분산적으로 존재했지만, 종래의 군현을 단위로 복수의 성주가 등장하는 경우도 있었다. 이들은 동일인, 대체 관계, 연합 관계 등으로 분류된다. 그런데 기존에 대체 관계로 이해하던 명주의 왕순식과 왕예는 부자 관계이며, 동일인으로 이해하였던 경산부의 양문과 이총언은 지역 기반이 다른 별개의 인물로 파악된다.

고려는 성주의 귀순을 유도하면서 이들에게 관위를 수여하였다. 이는 지배층에 편입시키는 조치로서 상경·내조를 조건으로 하였기 때문에 질자로 파견된 인물이 받는 경우가 많았다. 성주는 자신이 직접 내조하거나 현지에서 태조를 만났을 때 비로소 관위를 받았다. 관위 보유자는 왕경에 거주하는 것이 원칙이었다.

고려는 성주의 군사력을 통일전쟁에 이용하고 관리하기 위해 장군이나 지주제군사의 직제를 활용하였다. 장군은 성주가 자칭하는 경우가 많았지만, 고려에서 장군직을 공인하여 지방지배를 담당하게 하는 경우도 있었다. 때로는 성주가 귀순한 지역에 정부에서 장군을 파견하기도 하였다. 지주제군사는 전선 지역에 고위 관리를 파견하여 해당 지역의 성주들을 관리하도록 한 것이었는데, 여건에 따라 현지 성주를 임용하는 경우도 있었다.

통일전쟁기에 나타난 지방제도상의 중요한 특징 하나는 다수의 주(州)와 부(府)가 설치된 것이다. 나말려초의 주는 신라 이래의 9주를 제외하면 대부분 고려에서 설치한 것이며, 그 의미는 정치적·군사적 측면에서 지역 중심지를 설정하는 데 있었다. 이 중 운주나 나주처럼 후백제와 접경하는 지역은 고려가 직접 중심지를 확보하여 주변 지역을 편제하는 형태를 취하였다. 반면 성주들의 귀부와 협조를 통해 확보된 지역에는 주를 밀집 설치하여 통합과 견제의 효과를 도모하였다. 강역의 확대와 함께 앞서 설치된 주는 후방으로 편입되고 다시 전방에 주가 새로 설치됨으로써 그 수가 늘어나게 되었다.

부는 신라말에 새롭게 등장하였다. 본래 부는 주 중에서 중심이 되는 곳에 설치되었는데, 대도회지에 설치되는 유수부와 주로 변경에 설치되는 도독부·도호부가 있었다. 신라는 흥덕왕대 전후에 기존의 5경을 유수부 성격의 부로 개정하였다. 신라말에 5경 지역을 상실한 뒤에는 다시 경주 인근에 고울부·흥례부·보성부·의성부·경산부 등 새로운 5부를 설치하였다. 반면 도호부의 성격을 띤 안동부·안북부·천안부는 고려가 통일전쟁기 후반에 설치한 것으로서 군사적 중심지로 기능하면서 경략을 뒷받침하였다.

고려는 통일과 함께 본격적으로 정제된 지방제도의 수립을 모색하였다. 그 첫 산물이 태조 23년의 읍호개정이다. 이것은 명칭 개정과 더불어 신라말에 성읍으로 분립하였던 지방사회를 다시 군현으로 획정하는 의미가 있었다. 다만 이 작업은 제도적인 구획에 머문 것으로서 형식적 측면의 획정이라 할 수 있다. 뒤이어 광종대에는 양전 등 읍세 조사에 기반하여 '치읍(置邑)'이 이루어졌다. 이것은 내용적 측면의 획정에 해당하는데, 이 과정에서 일부 향(鄕) 등이 군현으로 편제되었다.

고려초기의 군현 획정은 지방사회에 대해 전면적인 재편을 가하지 않고 개별 군현의 불균등한 상태를 그대로 흡수하는 방식으로 진행되었다. 신라 군현의 90% 가까이가 군현으로 유지되었고, 신설 군현의 수도 많지 않았다. 고려에서 출현한 군현 중에는 신라 이래의 군현이었으나 자료상 연혁이 단절된 경우도 여럿 있었다. 고려는 각 군현이 신라 이래 하나의 영역으로 유지되었던 단위성을 해체하지 않고 그대로 이용하였다. 이 때문에 군현 규모의 편차가 컸는데, 성종 2년의 공해전 분급 규정에서 1,000정 이상의 큰 군현이 있는가 하면 100정 이하의 영세 군현에서 등급이 세분된 것은 그 산물이다.

2부에서는 현종 9년 지방제도 개편 이전에 중간 운영단위로 운용된 군-영현체계와 주-현체계에 대해 살펴보았다.

태조대의 군현 획정은 대부분 신라의 것을 토대로 이루어졌다. 그리고 중간 운영단위의 편성에서도 신라 이래의 군-영현체계를 채용하였다. 일반적으로 군현제에서 군사나 역역 동원은 여러 개의 기초 단위[縣]를 묶어 편성된 중간 단위[郡]를 통해 이루어졌는데, 그 원리는 고려초기에도 다르지 않았다.

이러한 운영체계는 「경청선원자적선사비」의 보주관반과 현관반의 관계에서 잘 드러난다. 보주는 신라의 예천군이고 현은 그 영현이었던 적아현을 가리킨다. 적아현의 역역 사업에 보주의 관반이 관리자로 참여한 것은 군-영현체계의 운영을 반영한다. 「갈양사혜거국사비」에서 국사의 출신을 "천녕군 황려현인"이라고 한 것도 고려초기의 군-영현체계를 보여 주는 예이다.

태조 23년의 읍호개정에서는 부분적으로 군·현 읍격의 개편도 있었다. 『삼국사기』 지리지 '금(今)' 읍호에는 고유명이 바뀌면서 읍격이 달라진 경우가 있는데, 일부 예외는 있지만 대개는 태조대 개편에 따른 것이다. 당초 영현이 없던 소경을 군으로 전환하고 주변의 군현들을 그 관할로 편성한 것과 성산군(가리현)·현웅현(남평군)처럼 통일전쟁기 지역 사회의 변화를 반영한 것이 대표적인 경우이다. 다만 전체적으로 개편의 폭은 크지 않았다.

고려초기 군-영현체계의 존재는 성종 11년 읍호개정을 통해 분명히 드러난다. 고려에서 각급 군현은 공식 읍호 외에 다양한 형태의 별호를 가지고 있었다. 이 별호 중에는 '성묘소정' 내지 '순화소정'이라고 주기된 것들이 있다. 이들은 성종 10년에 제정된 것으로 나오는데 대부분 양자가 일치한다. 일부 차이가 보이는 것은 근거 자료 및 편찬자의 판단으로 인한 것이다.

'성묘소정' 별호는 주에 대해 설정된 것으로서 일부 누락된 사례가 있으나 봉작명 등을 통해 유추가 가능하다. 이 중 일부는 후대에 정식 읍호로 사용됨으로써 별호에서 제외된 경우도 있다. 양계의 주 역시 '성묘소정' 별호가 제정되었다.

성종 11년에 제정된 조선수경가 기사에는 각 포구의 소재지가 함께 기재되어 있다. 이 중에는 본래 읍호가 주임에도 군이나 현으로 나오는 경우가 있는데, 대개 '성묘소정' 별호를 읍호로 사용하였다. 이를 통해 '성묘소정' 별호가 본래 성종 11년 읍호개정의 결과물임을 알 수 있다. 당시 개정에는 부도 포함되었다. 직접적인 사례는 없지만 연혁과 봉작명 등을 통해 추정할 수 있다.

신라말 지방제도 개편과 통일전쟁 과정에서 거점 지역에 많은 주와 부가 설치되었다. 하지만 운영체계는 신라 이래의 군-영현체계를 채용함으로써 읍격과 운영체계가 불일치하게 되었다. 성종 11년 읍호개정은 각급 군현의 읍격을 군과 현으로 정리하여 이 문제를 해소하려는 것이었다. 이와 함께 군-현 영속관계에 대한 부분적인 개편도 수반되었다. 그러나 이후 지방제도 개편에 따라 이전 읍호가 복구되면서 성종 11년에 제정된 명칭은 별호로 정착하였다.

성종 14년에는 당의 제도를 모델로 한 전면적인 지방제도 개편이 있었는데, 이는 당시 진행된 정치제도 전반의 개편에 수반된 것이었다. 이를 통해 기초 운영단위를 현으로 일원화하고 몇 개의 현으로 구성된 상급 단위로서 주를 두었다. 이처럼 주가 현의 상위 영역으로 구성되는 운영체계를 '주-현체계'로 부를 수 있다. 『고려사』 지리지에서 주의 외관 설치가 개별 군현의 연혁으로 정리된 것은 이 구조를 인식하지 못한 결과이다. 패서도는 고려초기부터 설치된 외관을 그대로 유지했기 때문에 주-현체계가 적용되지 않았다.

성종 14년 개편의 핵심은 중간 운영단위를 구성하는 영속관계를 전면 재편하는 데 있었다. 주-현체계가 적용된 몇몇 사례를 보면, 중간 단위를 구성하는 군현의 내역이 신라 이래의 군-영현체계와 크게 달라진 것을 확인할 수 있다. 이렇게 재편된 중간 단위에 외관을 파견하여 통제하는 것이 당시 개편의 기본 방향이었다.

그러나 이 개편은 지방사회에 대한 통제력을 충분히 확보하지 못한 상태에서 급격하게 진행되어 실패로 끝났다. 주-현의 편성은 그 형태를 유지했으나 주 단위의 외관이 폐지되어 감으로써 운영체계가 제대로 작동할 수 없었다. 이에 현종 9년에는 새로운 형태의 개편을 도모하게 되었다.

3부에서는 현종 9년 개편으로 성립한 주현-속현체계의 편성 원리와 구체적인 편성 내용을 파악하였다.

고려 지방제도의 근간인 주현-속현체계는 그 개념으로 인해 혼선과 오해가 있었다. 일반적으로 '속현'은 '외관이 없는 군현'과 '다른 군현에 예속된 군현'의 두 가지로 이해되었다. 그러나 '속현'은 본래 '상급 단위의 관할을 받는 군현'을 나타내며, '영현'과 같은 의미이다. 고려에서도 외관이 설치된 함종현이 서경의 속현으로 지칭된 사례가 보인다.

'주현(主縣)'은 고려시기에 사용된 예가 없다. 조선초기에 '주읍(主邑)'이라는 용례가 보이지만, 이는 속현이 군현으로서의 의미를 상실한 뒤의 사정을 반영한다. 고려에서 속현의 상대 개념으로 실제 사용된 것은 '주(州)'였지만, 당시 읍격과 행정체계가 일치하지 않기 때문에 일반화하기 어렵다. 연구사적 관행에 따라 외관이 설치된 군현을 '주현'이라고 부르되 어디까지나 상급 단위의 치소가 있는 군현, 곧 '소치현(所治縣)'의 의미로 규정해야 한다.

한편 주현-속현 관계에 영역 간의 지배-예속관계를 적용한 것은 고려 지방제도의 근간을 나말려초에 형성된 영역 간 질서에서 찾는 데서 출발한다. 그러나 이는 외관 부재를 통해 역으로 추정한 것일 뿐, 실증적 근거를 가지지 못하였다. 특히 현종 9년 이전에 새로운 운영체계의 적용과 영속관계 개편 시도가 있었으므로 주현-속현체계의 기원 내지 출발을 나말려초로 소급할 수 없다.

또한 속현의 예속성을 설명하는 자료는 모두 여말선초의 것이다. 이 시기에 속현은 외관 증치와 이속을 통해 군현으로서 독자성을 잃고 군현의 하부 영역으로 굳어졌다. 반면 고려에서는 수취액의 설정, 양안과 호적의 작성·보관 및 운용, 그리고 진휼의 시행 등에서 주현과 속현이 각기 동일한 단위로 기능하였다. 속현의 세금 액수를 채우기 위해 설치된 기금인 제용재는 수취 단위로서 속현의 성격을 잘 보여 준다.

현재 주현-속현체계의 성립에 대해 다수의 연구자가 태조대부터 부분적으로 수립되어 갔다고 보고 있다. 이는 『고려사』 지리지의 '내속(來屬)' 연혁에 대한 이해를 기반으로 한다. 내속은 지리지에 정리된 형태로 영속관계가 수립되는 연혁을 나타낸다. 그 시점은 대개 현종 9년으로 되어 있지만, '고려초(고려·지고려)'로 처리된 경우도 많다. 기존 연구에서는 다른 자료를 통해 '고려초'의 연기를 개별적으로 추출함으로써 영속관계의 성립 시점을 찾았다.

『고려사』 지리지는 신라 경덕왕대 지방제도를 반영한 『삼국사기』 지리지와 태조 23년 개정 내용을 담은 연기미상의 읍호 자료, 현종 9년 영속관계 자료, 그리고 명종초의 기준 자료를 기반으로 읍호와 영속관계의 변화를 정리하였다. 현종 9년 자료에서 누락된 경우에는 기준 자료와의 대비를 통해 변화를 판단했는데, 이 경우 내속 시점이 '고려초'로 처리되었다. 이것이 역시 '고려초'로 처리되는 개호 기사와 묶여 "고려초 경금명 내속(高麗初 更今名 來屬)"의 형태로 정리되었다. 이는 형식상 한 기사처럼 되어 있지만, 실제로는 두 연혁이 묶인 것으로서 각 연혁의 시점은 서로 다를 수 있다. 이러한 성격을 고려하지 않고 자료에서 추출되는 읍호 사례를 그대로 내속에 적용하면 오류가 발생한다. 주현-속현 영속관계는 이전의 주-현체계를 개편하면서 현종 9년에 일괄 성립한 것이다.

4부에서는 광역 운영단위의 기축이었던 계수관의 운영 원리와 성립 과정을 살펴보았다.

고려의 계수관은 기능이나 제도적 원리에서 신라의 9주를 그 연원으로 한다. 신라의 9주는 중국 고대의 천하관을 차용한 것으로서 군-영현체계에 대한 상급 체계와 광역권의 대표라는 두 측면에서 그 기능이 규정된다. 전자는 군사 운영에서, 후자는 상서물 진상에서 표현되었다. 고려의 계수관 또한 광역의 군사 및 사법 운영을 담당하는 한편, 상표진하와 방물진상 등을 수행하였다. 이를 통해 고려의 계수관이 신라의 9주를 계승했음을 알 수 있다.

고려에 들어와 9주는 행정 기능을 상실했지만, 일정 기간 영역 관념으로서 의미를 유지하였다. 고려초기에 작성된 금석문에는 그 소재지를 9주를 통해 표현한 사례가 여럿 확인된다. 이는 통일 후 고려가 신라의 군-영현체계를 토대로 지방사회를 운영한 것과 상응한다.

성종 2년에 설치된 12목 또한 중국 고대의 천하관에서 가져온 것으로서 천하의 확대를 표상한다. 이와 함께 왕명을 받아 천하를 다스리는 운영체계의 수립이라는 의미도 가지고 있다. 12목으로 설정된 곳은 대부분 신라의 9주였으며, 왕경의 변화 및 영토 확장에 따라 일부가 조정되었다. 기존에는 12목 설치 지역을 성종 14년의 12주절도사와 동일시했으나, 실제로는 양주와 승주를 제외하고 대신 경주와 금주를 넣어야 한다.

하지만 지방사회를 적극적으로 재편하지 못한 상황에서 12목의 기능은 감찰과 천거를 위주로 구현되었다. 이는 12목의 규범으로 도입된 자사육조에도 반영되었다. 자사육조는 뒤에 봉행육조로 계승되었는데, 이는 계수관의 기능에 초점을 둔 것이었다.

'계수관'은 개념적으로 '계(界)의 범위에서 우두머리가 되는 관(官)'이라는 의미이다. '계' 안에는 원칙적으로 복수의 관이 존재한다. 이 관은 외관을 가리키므로 계수관은 일반 외관의 관할 범위보다 상위의 영역단위를 형성한다. 반면 '계관'은 사안에 따라 특정 지역을 관할하는 관을 뜻하는 것으로서 계수관과 층위가 다르다.

계수관은 경·목·도호에 설정되었다. 적어도 지방제도에 변화가 나타나기 전의 체제에서 양자는 서로 일치하였다. 양자의 불일치를 주장하는 견해는 근거 자료인 『고려사』 지리지를 이해하는 데 방법론적인 문제를 안고 있다.

경은 양경, 또는 3경으로 나온다. 양경은 대개 도읍으로서 개경과 서경을 병칭했는데, 국왕이 서경에 가서 정사를 볼 때에는 개경이 동경으로 지칭되었다. 경주에 동경이 설치된 뒤에는 지방 행정단위로서 서경과 동경을 묶어 양경으로 칭하기도 하였다. 3경은 처음에 개경·서경·동경을 칭하다가 남경 설치 후에는 개경을 제외하고 서경·동경·남경을 나타냈다. 다만 개경까지 포함한 '4경'의 범주는 확인되지 않는다.

도호는 시기에 따라 5·4·3 등 그 수에 차이가 있었고, 설치 지역 역시 자주 바뀌었다. 또한 통칭되는 용례의 수와 지리지의 연혁에서 추출되는 수가 서로 어긋나기도 한다. 이것은 지리지 연혁에 오류가 있기 때문이다. 성종 14년에는 5도호가 있었으나 현종 9년에 안동이 폐지되고 안북(영주)·안남(전주)·안변(등주)·안서(해주) 등 4도호를 두었다. 그 뒤 안남마저 폐지되면서 3도호가 되었다. 의종 때 수주에 안남이 설치되었으나 계수관으로서 위상은 확보하지 못하였다.

도호의 구성과 연동하여 8목도 달리 이해해야 한다. 지리지 표제상으로 8목은 광주·충주·청주·진주·상주·전주·나주·황주로 파악되지만, 현종 9년 당시 전주는 도호부였다. 나머지 하나는 명주로 추정된다. 문종대 후반 도호부였던 전주가 목관으로 바뀌면서 명주도 방어사로 전환되었다.

5부에서는 감찰체계를 매개로 수립되는 도(道)와 왕경의 운영을 위해 따로 편성된 경기의 성립 과정을 살펴보았다.

고려는 국초부터 필요에 따라 도를 설정 운영하였다. 성종 2년 12목을 12도로 운용하기도 했지만, 전국적으로 편성된 순찰 구역으로서 처음

체계적인 형태로 나타난 것은 6도였다. 6도는 성종 9년 효자·열녀 등을 조사하기 위해 사신을 파견한 데서 확인되며, 구체적으로 나주목 권역의 남해도와 광주목 권역의 한남도 등을 찾을 수 있다.

이어 성종 14년 개편으로 10도가 수립되었다. 이는 당의 제도를 차용한 것이지만, 그 권역은 9주를 토대로 편성되었다. 남부 지역은 9주와 10도 사이에 출입이 많지 않으나 왕경 변화에 따라 중부 지역은 기존의 종적인 편성에서 횡적인 형태로 조정되었다.

10도의 운영체계는 주-현 단위로 설정된 외관제와 도 단위로 설정된 전운사로 나뉜다. 외관은 절도사·도단련사·단련사·관찰사·방어사·자사 등으로 다변화되었다. 공통적으로 각 지역의 주요 중심 군현과 교통로의 교차점을 직접 장악하는 데 주안점을 두었으며, 군사적 성격이 강했다. 대체로 한 외관이 2개 내외의 주를 함께 관할하였다.

도 단위의 운영을 담당한 전운사는 본래 조세 운반을 위한 직임이었으나 민생 시찰과 외관 감찰의 기능도 함께 수행하였다. 종래 12목의 기능은 주로 행정상의 관리 감독에서 구현되었고, 감찰은 6도에 파견된 전운사가 담당하였다. 10도제 시행과 함께 이 기능들은 대부분 전운사로 흡수되었다. 대신 지역 거점으로서 12목은 절도사와 도호부 등으로 계승되었다. 결국 성종 14년 지방제도의 역사성은 거점 지배를 통한 군사 운영과 광역 단위 감찰 체계의 결합으로 제시할 수 있다.

10도는 현종 9년 이후에도 영역 관념으로서 일정 기간 존속했지만, 점차 계수관체계로 대체되었다. 이에 수반하여 계수관을 매개로 '주도(州道)'가 설정되기 시작하였다. 이것은 문종 10년의 무문사 파견에서 처음 단서가 보이며, 선종 4년 출추사 파견에서 전면화되었다. 예종 2년의 안무사 파견은 5도의 원형을 보여 준다.

도명과 함께 도의 수를 밝혀 그 범주를 정형화한 첫 사례는 명종 3년

안찰사를 파견한 경상주도·진합주도·전라주도·충청주도·양광주도·서해도·춘주도 등 7도였다. 이것은 다시 경상도·전라도·양광도·서해도·교주도 등 5도로 정리되었다. 다만 사신의 기능과 시기에 따라 6도와 8도, 9도, 10도 등의 사례도 확인된다. 9도나 10도는 대체로 계수관을 도 단위로 변용한 것이다.

안찰사 파견을 매개로 한 5도의 형성은 지역에 따라 그 시기와 형식에 차이가 있었다. 서해도는 10도 중 관내서도에서 연원했으며, 문종대 후반에 서해도로 바뀌었다. 하나의 도로서 단위성을 강하게 유지했기 때문에 주도의 형식을 거치지 않았으며, 이후 5도 형성의 출발이 되었다. 교주도는 원래 10도 중 삭방도의 일부로서 인종대 후반에서 의종대 중반 사이에 분리되었다. 명칭은 처음 춘주도에서 동주도를 거쳐 교주도로 바뀌었다. 이 지역은 계수관이 없었기 때문에 이 부문에서는 안변도호부의 관할을 받았다.

남부 지역은 다양한 형식의 주도가 설정되면서 전라도·경상도·양광도(충청도)가 수립되었다. 전라도는 처음에 진주 권역까지 포함했으나 이후 전주와 나주 권역으로 고정되었다. 경상도는 경주와 상주 권역에 진주 권역까지 포괄하게 되었고, 시기에 따라 경상주도와 진합주도로 분할되기도 하였다. 이후 계수관의 변동으로 도명에 변화가 여러 번 있었으나 영역은 고정되었다. 양광도(충청도) 또한 양충주도·광청주도, 혹은 충청주도·양광주도의 2개 도로 분할되어 운영되기도 하였다.

이처럼 고려의 도제는 다원적으로 편성 운영되었고, 5도의 성립 또한 도마다 추이가 달랐다. 따라서 5도의 성립을 일률적으로 말하기는 어렵다. 다만 고종 연간에 이르면 5도가 제도적으로 확립되는 것으로 판단된다.

고려의 경기는 성종 14년 개편을 통해 제도적인 모습을 갖추었다. 당시 개성부는 다수의 현으로 구성된 상위 영역이었다. 현종 9년에는 개성부를 대신하여 개성현령과 장단현령을 두고 각각 3개 현과 7개 현을 관할하도록 하였다. 이것은 당시 주현-속현체계에 준하여 경기를 편성한 것이다. 이와 더불어 "직예상서도성(直隸尙書都省)"의 운영체계를 적용했는데, 이는 문서 전송(轉送)에서 계수관을 거치지 않고 상서도성에 직접 연결된다는 의미였다.

문종 16년에는 지개성부사를 설치하고 우봉군을 이속시키는 개편이 있었다. 『고려사』 지리지에 나타난 경기의 편성은 대략 이때의 개편을 기준으로 하고 있다. 그러나 지개성부사는 개성현령에서 승격한 것이기 때문에 개성부와 구별되는 개성현은 존재하지 않았다. 장단현은 지리지에 개성부 속현으로 정리되어 있지만 실제로는 현령관으로 존속하였다.

『세종실록』 지리지는 『주관육익』에 개성부 소관으로 12개 군현이 정리된 것에 근거하여 문종 16년 개편 내용을 "직예개성부"로 표현하였고, 『고려사』 지리지는 이를 '내속'으로 이해하고 이에 따라 영속관계를 정리하였다. 당시 개편의 실질적인 의미는 문종 때 정주의 장원정 창건과 덕수현의 흥왕사 창건 등으로 개성현 관할 지역의 공역 부담이 커지자 지부사 승격을 통해 외관 원료를 늘리는 한편, 우봉군을 이속시켜 경기의 영역을 보충하는 데 있었다.

이상의 내용에 따라 고려 지방제도의 성립사를 총괄하면 다음과 같다.

태조 23년 읍호개정을 필두로 광종대 치읍을 거치면서 기초 단위로서 군현이 확정되었고, 이는 고려후기에 일부 향·부곡 등이 군현으로 승격하기 전까지 거의 그대로 유지되었다(양계 제외).

중간 단위는 신라 이래의 군-영현체계를 차용하다가 성종 14년 당제를 모델로 한 주-현체계가 시행되었고, 현종 9년 주현-속현체계가 전면 시행되었다. 이러한 개편 과정은 통일전쟁기 이래 형성된 지방사회의 지배 질서를 국가 주도로 재편하고 지배력을 강화하는 데 본령이 있었다.

광역 단위의 근간인 계수관은 신라의 9주를 연원으로 하며, 성종 2년 12목을 거쳐 현종 9년 개편에서 완성되었다. 감찰 구역으로서 도는 다원적 형태로 운영되었으며, 안찰사를 매개로 성립한 5도는 고종 연간에 이르러 형태가 고정되었다. 경기는 현종 9년 개성현령과 장단현령의 관할 구역을 상서도성이 직접 관할하는 체계로 수립되었고, 문종 16년에는 개성현의 지부사 승격과 영역 조정이 있었다.

본서는 주현-속현체계가 적용된 남도 지역을 대상으로 형태적 측면에서 성립 과정을 탐구한 것이다. 따라서 그에 상응하는 운영체계의 측면과 고려중기 이후의 변화 양상, 그리고 여기서 다루지 않은 북계 및 동계 지역의 편성에 대해 추가적인 연구가 요구된다. 이에 대해서는 앞으로 하나하나 정리해 나갈 것이다.

참고문헌

1. 자료

1) 연대기

『三國史記』『三國遺事』『高麗史』『高麗史節要』『朝鮮王朝實錄』

역사연구실, 1996, 『譯註 『高麗史』 食貨志』, 韓國精神文化研究院

朴龍雲, 2009, 『『高麗史』 百官志 譯註』, 신서원

朴龍雲, 2012, 『『高麗史』 選擧志 譯註』, 景仁文化社

박종기, 2016, 『고려사 지리지 역주』, 한국학중앙연구원출판부

2) 중국 자료

『尙書』『史記』『漢書』『後漢書』『宋書』『隋書』『舊唐書』『新唐書』『宋史』

『宣和奉使高麗圖經』

3) 문집

『孤雲集』『東國李相國集』『牧隱集』『東文選』

4) 지리지

『慶尙道地理志』『新增東國輿地勝覽』『大東地志』『元和郡縣圖志』

5) 금석문과 고문서

朝鮮總督府 編, 1919, 『朝鮮金石總覽』(1976, 亞細亞文化社 영인)

李蘭暎 編, 1968, 『韓國金石文追補』, 亞細亞文化社

黃壽永 編, 1976, 『韓國金石遺文』, 一志社(1999, 『金石遺文(黃壽永全集 4)』, 혜안)

許興植 編, 1984, 『韓國金石全文』, 亞細亞文化社

韓國古代社會研究所 編, 1992, 『譯註韓國古代金石文』, 駕洛國史蹟開發研究院

金龍善 編, 1993, 『高麗墓誌銘集成』, 翰林大 아시아文化研究所

한국역사연구회 편, 1996, 『譯註羅末麗初金石文』, 혜안

노명호 외, 2000, 『韓國古代中世古文書研究』, 서울大學校出版部

2. 저서

1) 단행본

강은경, 2007, 『고려시대 기록과 국가운영』, 혜안
강종훈, 2012, 『삼국사기사료비판론』, 여유당
구산우, 2003, 『高麗前期 鄕村支 配體制 硏究』, 혜안
金甲童, 1990, 『羅末麗初의 豪族과 社會變動硏究』, 高麗大學校 民族文化硏究所
金基德, 1998, 『高麗時代의 封爵制 硏究』, 청년사
金日宇, 1998, 『고려초기 국가의 地方支配體系 연구』, 一志社
김창현, 2002, 『고려 개경의 구조와 그 이념』, 신서원
김창현, 2006, 『고려의 남경, 한양』, 신서원
金哲俊, 1975, 『韓國古代社會硏究』, 知識産業社(1990, 서울大學校出版部)
金漢奎, 1982, 『古代中國的世界秩序硏究』, 一潮閣
림건상, 1963, 『조선의 부곡제에 관한 연구』, 과학원출판사
朴龍雲, 1996, 『고려시대 開京 연구』, 일지사
朴龍雲, 1997, 『高麗時代 官階·官職 硏究』, 高麗大學校出版部
朴龍雲, 2000, 『高麗時代 尙書省 硏究』, 景仁文化社
朴恩卿, 1996, 『高麗時代鄕村社會硏究』, 一潮閣
朴宗基, 1990, 『高麗時代 部曲制硏究』, 서울大學校出版部
朴宗基, 2002, 『지배와 자율의 공간, 고려의 지방사회』, 푸른역사
박종진, 2017, 『고려시기 지방제도 연구』, 서울대학교출판문화원
邊太燮, 1971, 『高麗政治制度史硏究』, 一潮閣
徐仁源, 2002, 『朝鮮初期 地理誌 硏究: 『東國輿地勝覽』을 중심으로』, 혜안
신호철, 2003, 『後三國時代 豪族硏究』, 충북대학교출판부
安秉佑, 2002, 『高麗前期의 財政構造』, 서울大學校出版部
윤경진, 2012, 『高麗史 地理志의 分析과 補正』, 여유당
李基白, 1968, 『高麗兵制史硏究』, 一潮閣
李基白·李基東, 1982, 『韓國史講座(古代篇)』, 一潮閣
李樹健, 1984, 『韓國中世社會史硏究』, 一潮閣
정은정, 2018, 『고려 開京·京畿 연구』, 혜안
蔡雄錫, 2000, 『高麗時代의 國家와 地方社會』, 서울大學校出版部
崔貞煥, 2002, 『高麗 政治制度와 祿俸制 硏究』, 신서원

최종석, 2014, 『한국 중세의 읍치와 성』, 신구문화사
崔惠淑, 2004, 『高麗時代 南京 研究』, 景仁文化社
河炫綱, 1977, 『高麗地方制度의 研究』, 韓國研究院
河炫綱, 1988, 『韓國中世史研究』, 一潮閣
한국역사연구회, 2002, 『고려의 황도 개경』, 창작과비평사
한국역사연구회, 2006, 『개경의 생활사』, 휴머니스트
黃善榮, 1993, 『高麗初期王權研究』, 東亞大學校出版局

旗田巍, 1972, 『朝鮮中世社会史の研究』, 法政大学出版局
濱中昇, 1986, 『朝鮮古代の経済と社会』, 法政大学出版局
周藤吉之, 1980, 『高麗朝官僚制の研究』, 法政大学出版局

嚴耕望, 1963-1974, 『中國地方行政制度史』, 臺灣商務印書局

2) 박사학위논문

姜鳳龍, 1994, 「新羅 地方統治體制 研究」, 서울대학교
김아네스, 1997, 「高麗初期 地方支配體制 研究」, 서강대학교
金潤坤, 1983, 「高麗郡縣制度의 研究」, 경북대학교
金載名, 1994, 「高麗 稅役制度史 研究」, 한국정신문화연구원
尹京鎭, 2000, 「高麗 郡縣制의 構造와 運營」, 서울대학교
정학수, 2007, 「高麗前期 京畿制 研究」, 건국대학교
최연식, 1998, 「均如 華嚴思想 研究」, 서울대학교

3. 논문

강문석, 2016, 「나말려초 재지성주의 장군칭호의 의미」, 『新羅史學報』 37
姜鳳龍, 1999, 「統一新羅 州郡縣制의 構造」, 『白山學報』 52
姜玉葉, 2000, 「高麗時代의 西京制度」, 『國史館論叢』 92
강은경, 2003, 「고려시대 공문서의 전달체계와 지방행정운영」, 『韓國史研究』 122
具山祐, 1988, 「高麗前期 鄕村支配體制의 成立」, 『韓國史論(서울대 국사학과)』 20
具山祐, 1992, 「羅末麗初의 蔚山地域과 朴允雄」, 『韓國文化研究(부산대)』 5

具山祐, 1993, 「高麗 成宗代의 鄕村支配體制 강화와 그 정치·사회적 갈등」, 『韓國文化研究』 6
具山祐, 1994, 「高麗 顯宗代 鄕村支配體制 개편의 배경과 성격」, 『한국중세사연구』 1
具山祐, 1998, 「高麗 太祖代의 地方制度 개편 양상」, 『釜大史學』 22
具山祐, 1999, 「高麗前期 鄕村支配體制 연구의 현황과 방향」, 『釜大史學』 23
구산우, 2002, 「고려시기 계수관(界首官)의 지방행정 기능과 위상」, 『역사와현실』 43
구산우, 2018, 「고려시기 김해의 지방행정구조」, 『한국중세사연구』 54
權眞澈, 2000, 「高麗 太祖代의 州와 來屬制에 관한 再考」, 『江原史學』 15·16합
金甲童, 1985, 「高麗建國期의 清州勢力과 王建」, 『韓國史研究』 48
金甲童, 1986, 「'高麗初'의 州에 대한 고찰」, 『高麗史의 諸問題』, 三英社
金甲童, 1986, 「新羅 郡縣制의 研究動向 및 그 課題」, 『湖西史學』 14
金甲童, 1988, 「高麗初期 官階의 成立과 그 意義」, 『歷史學報』 117
金甲童, 1988, 「高麗 太祖代 郡·縣의 來屬關係 形成」, 『國學報報』 52
金甲童, 1994, 「新羅·高麗의 王朝交替와 郡縣制의 變化」, 『韓國古代史研究』 7
金甲童, 1995, 「高麗 顯宗代의 地方制度 改革」, 『韓國學報』 80
金甲童, 2001, 「高麗時代 羅州의 地方勢力과 그 動向」, 『한국중세사연구』 11
金甲童, 2001, 「羅末麗初의 沔州와 卜智謙」, 『韓國中世社會의 諸問題(金潤坤停年紀念論叢)』 韓國中世史學會
김갑동, 2003, 「羅末麗初 충남 지역의 군현제 변화 양상」, 『人文科學論文集(대전대)』 35
김갑동, 2003, 「통일신라에서 고려로의 군현제 변화와 그 요인: 충남지역을 중심으로」, 『韓國古代史研究』 30
김갑동, 2011, 「천안도독부의 성립과 군현제 변화」, 『충청학과 충청문화』 12
金光洙, 1973, 「高麗太祖의 三韓功臣」, 『史學志』 7
金光洙, 1977, 「高麗建國期의 浿西豪族과 對女眞關係」, 『史叢』 21·22합
金光洙, 1979, 「羅末麗初의 豪族과 官班」, 『韓國史研究』 23
金琪燮, 1995, 「高麗의 田丁制에 관한 연구사 검토」, 『한국중세사연구』 2
김기섭, 2006, 「高麗 太祖代 군현 개편의 과정과 그 의미」, 『한국중세사연구』 21
金東洙, 1994, 「고려시대의 界首官 小論: 계수관의 범위문제 검토」, 『李基白古稀紀念論叢』, 간행위원회
김동수, 2002, 「고려시대 界首官의 범위에 대한 재론」, 『全南史學』 19
김봉두, 1997, 「고려 성종대 政治支配勢力의 지방통치에 대한 認識과 地方統制策」, 『傳統文化研究(조선대)』 5

金壽泰, 1988,「高麗初 忠州地方의 豪族」,『忠清文化研究』1
김아네스, 1996,「高麗 太祖代의 地方支配體制」,『高麗太祖의 國家經營』, 신서원
김아네스, 1999,「高麗初期 地方支配와 使」,『國史館論叢』87
김아네스, 2002,「고려초기의 都護府와 都督府」,『歷史學報』173
김아네스, 2002,「고려 성종대 유교 정치사상의 채택과 12州牧」,『震檀學報』93
김아네스, 2008,「신라의 州와 고려 초 界首邑」,『新羅史學報』12
김아네스, 2008,「고려 태조대 지방의 主·屬邑 형성론에 관한 검토」,『동북아문화연구』14
김아네스, 2017,「고려시대 지방제의 운영과 천안부」,『한국중세사연구』48
金潤坤, 1988,「羅·麗 郡縣民 收取體系와 結負制度」,『民族文化論叢』8
金侖禹, 1987,「新羅時代 大城郡에 관한 考察: 新羅王都 周圍의 所在郡縣에 대한 一考察」,『新羅文化』3·4합
김인호, 2001,「金祉의『周官六翼』편찬과 그 성격」,『역사와현실』40
金日宇, 1989,「高麗初期 郡縣의 主屬關係 形成과 地方統治」,『民族文化』12
金日宇, 1996,「高麗 太祖代 地方支配秩序의 形成과 國家支配」,『史學研究』52
김일우, 2006,「고려의 지방제도 정비와 楊洲」,『鄉土서울』68
金周成, 1988,「高麗初 清州地方의 豪族」,『韓國史研究』61·62합
김창현, 2001,「고려 서경의 성곽과 궁궐」,『역사와현실』41
김창현, 2006,「고려 서경의 사원과 불교신앙」,『韓國史學報』20
김창현, 2007,「고려 서경의 행정체계와 도시구조」,『韓國史研究』137
金泰植, 1995,「『三國史記』地理志 新羅條의 史料的 檢討」,『三國史記의 原典 檢討』, 韓國精神文化研究院
金翰奎, 1985,「南北朝時代의 中國的 世界秩序와 古代韓國의 幕府制」,『韓國의 古代의 國家와 社會』, 一潮閣
金晧東, 1987,「高麗 武臣政權時代 地方統治의 一斷面: 李奎報의 全州牧 '司錄兼掌書記'의 活動을 중심으로」,『嶠南史學』3
盧明鎬, 1986,「高麗初期 王室出身의 '鄉里'勢力」,『高麗史의 諸問題』, 三英社
盧明鎬, 1988,「高麗時代 鄉村社會의 親族關係網과 家族」,『韓國史論(서울대 국사학과)』19
盧明鎬, 1988,「羅末麗初 親族組織의 變動」,『金龍德停年紀念論叢』, 知識産業社
盧明鎬, 1992,「羅末麗初 豪族勢力의 經濟的 基盤과 田柴科體制의 成立」,『震檀學報』74
盧明鎬, 1995,「羅末麗初의 사회변동과 古代·中世의 전환」,『韓國史의 時代區分에 관한

研究』, 韓國精神文化研究院
류영철, 2001, 「後三國 鼎立期 高麗의 지방경영과 府의 성립」, 『韓國中世社會의 諸問題(金潤坤停年紀念論叢)』, 韓國中世史學會
文秀鎭, 1987, 「高麗建國期의 羅州勢力」, 『成大史林』 4
閔丙河, 1963, 「高麗時代의 地方制度와 土豪勢力」, 『成均館大論文集』 8
朴恩卿, 1993, 「高麗時代의 郡縣制와 鄕村支配單位」, 『仁荷史學』 1
朴恩卿, 2005, 「高麗의 郡縣制와 郡縣數」, 『白山學報』 73
朴宗基, 1986, 「高麗의 郡縣體系와 界首官制」, 『韓國學論叢(국민대)』 8
朴宗基, 1987, 「『高麗史』 地理志의 「高麗初」 年紀實證」, 『李丙燾九旬紀念論叢』, 간행위원회
朴宗基, 1988, 「고려 태조 23년의 郡縣改編에 관한 연구」, 『韓國史論(서울대 국사학과)』 19
朴宗基, 1988, 「高麗時期 郡縣制 硏究成果와 「국사」敎科書의 敍述」, 『歷史敎育』 44
朴宗基, 1989, 「高麗時代 郡縣支配體制와 構造」, 『國史館論叢』 4
朴宗基, 1999, 「高麗時代 界首官의 범위와 성격」, 『韓國學論叢(국민대)』 21
박종기, 1999, 「고려시대 부세수취와 속현」, 『역사와현실』 31
박종기, 2003, 「고려시대 남경지역의 개발과 京畿制」, 『서울역사박물관연구논문집』 1
박종기, 2006, 「고려중기 남경 건설의 배경과 경영」, 『鄕土서울』 68
朴鍾進, 1987, 「高麗前期 賦稅의 收取構造」, 『蔚山史學』 1
朴鍾進, 1988, 「高麗末의 濟用財와 그 性格」, 『蔚山史學』 2
朴鍾進, 1997, 「고려시기 경제운영의 단위와 지방제도」, 『韓國學硏究(숙명여대)』 7
박종진, 1999, 「고려시기 '수취단위'의 의미와 속현의 지위」, 『역사와현실』 32
박종진, 2005, 「고려시기 계수관의 기능과 위상」, 『역사와현실』 56
박종진, 2008, 「고려시기 '주현 속현 단위'설정 배경에 대한 시론: '청주목지역'의 지리적 특징의 분석」, 『한국중세사연구』 25
박종진, 2010, 「고려시기 '상주목 지역'의 구조와 지리적 특징」, 『한국중세사연구』 29
박종진, 2011, 「고려시기 진도현의 위상과 변화」, 『島嶼文化』 38
박종진, 2012, 「고려전기 開城府의 변천과 지리적 범위」, 『東方學志』 157
박종진, 2014, 「고려시기 '밀성군지역'의 성립과 지리적 범위」, 『한국중세사연구』 38
박종진, 2015, 「고려 초 지방제도 개편과 '主縣屬縣制度'의 성립」, 『韓國文化』 72
朴漢卨, 1985, 「羅州道大行臺考」, 『江原史學』 1
方東仁, 1973, 「『三國史記』 地理志의 郡縣 考察: 九州所管郡縣의 漏記를 中心으로」, 『史

學研究』 23
배종도, 1989, 「新羅下代의 地方制度 개편에 대한 고찰」, 『學林』 11
배종도, 1991, 「『고려사』 지리지의 일고찰」, 『역사와현실』 6
배종도, 2000, 「不遷之主惠宗考: 그에 대한 평가 변화를 중심으로」, 『韓國史의構造와 展開(河炫綱停年紀念論叢)』, 혜안
변동명, 2016, 「新羅末·高麗初의 順天 豪族 朴英規」, 『歷史學研究』 62
邊太燮, 1968, 「高麗按察使考」, 『歷史學報』 40
邊太燮, 1968, 「高麗前期의 外官制」, 『韓國史研究』 2
邊太燮, 1970, 「高麗時代 中央政治機構의 行政體系: 尙書省 機構를 중심으로」, 『歷史學報』 47
邊太燮, 1987, 「高麗初期의 地方制度」, 『韓國史研究』 57
邊太燮, 1989, 「高麗時代 地方制度의 構造」, 『國史館論叢』 1
서금석, 2018, 「고려 초 '光州'지명의 출현 시기와 정치적 배경」, 『歷史學研究』 69
서인원, 1999·2000, 「世宗實錄地理志 編纂의 再檢討(1·2)」, 『東國歷史教育』 7·8합 및 9
신안식, 2003, 「고려시대 '京畿'의 위상과 역할」, 『人文科學研究論叢(명지대)』 25
신은제, 2018, 「고려전기 경기의 설치와 그 의미」, 『한국중세고고학』 4
申虎澈, 1995, 「新羅말 高麗初 歸附豪族의 政治的 性格」, 『忠北史學』 8
申虎澈, 2010, 「신라말 고려초의 江陵豪族 王順式」, 『忠北史學』 25
安秉佑, 1990, 「高麗前期 地方官衙 公廨田의 설치와 운영」, 『李載龒還曆紀念論叢』, 간행위원회
安永根, 1992, 「羅末麗初 清州勢力의 動向」, 『朴永錫華甲紀念論叢』, 간행위원회
禹太連, 1987·1988·1989, 「高麗初 地名別號의 制定과 그 運用(上·中·下)」, 『慶北史學』 10·11·12
柳元迪, 1986, 「唐前半期 都督府·州의 總數와 그 關係」, 『邊太燮華甲記念論叢』, 三英社
柳元迪, 1986, 「唐前半期 都督府와 州의 統屬關係」, 『東洋史學研究』 22
尹京鎭, 1991, 「朝鮮初期 郡縣體制의 개편과 運營體系의 변화」, 『韓國史論(서울대 국사학과)』 25
윤경진, 1996, 「고려 태조대 군현제 개편의 성격: 신라 군현제와의 상관성을 중심으로」, 『역사와현실』 22
尹京鎭, 1997, 「高麗前期 鄉吏制의 구조와 戶長의 직제」, 『韓國文化』 20
尹京鎭, 1999, 「『高麗史』 地理志의 연혁정리 방식에 대한 비판적 검토: '高麗初'의 연기

비정과 관련하여」, 『奎章閣』 22
尹京鎭, 1999, 「고려전기 戶長의 기능과 外官의 성격: 지방행정체계상의 상관성을 중심으로」, 『國史館論叢』 89
尹京鎭, 2000, 「古文書 자료를 통해 본 高麗의 地方行政體系」, 『韓國文化』 25
尹京鎭, 2000, 「『高麗史』 地理志 정리의 기준시점」, 『韓國史研究』 110
尹京鎭, 2001, 「高麗 郡縣制의 운영원리와 主縣-屬縣 領屬關係의 성격」, 『한국중세사연구』 10
尹京鎭, 2001, 「高麗 성종 14년의 郡縣制 改編에 대한 연구」, 『韓國文化』 27
尹京鎭, 2001, 「나말려초 성주의 존재양태와 고려의 대성주정책」, 『역사와현실』 40
尹京鎭, 2002, 「고려초기 재지관반의 정치적 위상과 지방사회 운영」, 『韓國史研究』 116
尹京鎭, 2002, 「고려 성종 11년의 읍호개정에 대한 연구: 고려초기 군현제의 구성과 관련하여」, 『역사와현실』 45
尹京鎭, 2002, 「고려시기 所의 존재양태에 대한 試論: 군현제와 생산방식의 측면을 중심으로」, 『한국중세사연구』 13
윤경진, 2003, 「고려전기 界首官의 설정원리와 구성 변화: 『고려사』 지리지 계수관 연혁의 補正을 겸하여」, 『震檀學報』 96
윤경진, 2004, 「고려전기 界首官의 운영체계와 기능」, 『東方學志』 126
윤경진, 2005, 「고려 界首官의 제도적 연원과 성립과정: 9州·12牧과의 연결성을 중심으로」, 『韓國文化』 36
윤경진, 2006, 「고려초기 10道制의 시행과 운영체계」, 『震檀學報』 101
尹京鎭, 2006, 「14-15세기 고문서 자료에 나타난 지방행정체계: '陳省'의 발급과 송부체계를 중심으로」, 『古文書研究』 29
윤경진, 2006, 「고려전기 道의 다원적 편성과 5道의 성립」, 『東方學志』 135
윤경진, 2007, 「고려 태조대 都護府 설치의 추이와 운영」, 『軍史』 64
윤경진, 2008, 「고려말 조선초 서해·남해안 僑郡 사례의 분석: 전라도·충청도·서해도 지역의 사례」, 『韓國史學報』 31
윤경진, 2008, 「『고려사』 지리지 '대경기' 기사의 비판적 검토: 공민왕 18년 경기 탁전(度田)으로의 재해석」, 『역사와현실』 69
윤경진, 2008, 「고려 숙종-의종대 太后 貫鄕 승격의 의미: 『고려사』 지리지 연혁의 補正을 겸하여」, 『국학연구』 13
윤경진, 2009, 「고려시대 西京畿의 형성과 재편: 『고려사』 지리지 연혁의 補正을 중심으로」, 『東方學志』 148

윤경진, 2009, 「고려전기 京畿의 편성과 운영」, 『역사문화연구』 33
윤경진, 2009, 「고려초기 지방제도 개편과 都護府: 安東·安南의 置廢와 移動」, 『한국중세사연구』 27
윤경진, 2010, 「고려 문종 21년 南京 설치에 대한 재검토: 공양왕 2년 한양 천도의 합리화」, 『韓國文化』 49
윤경진, 2010, 「고려 태조대 鎭 설치에 대한 재검토: 禮山鎭·神光鎭을 중심으로」, 『韓國史學報』 40
윤경진, 2010, 「『고려사』 식화지(食貨志) 외관록(外官祿) 규정의 기준 시점과 성립 배경」, 『역사와현실』 78
윤경진, 2011, 「고려 성종-현종초 북방 개척과 州鎭 설치」, 『역사문화연구』 38
윤경진, 2011, 「고려 현종말-문종초 北界 州鎭 설치와 長城 축조」, 『軍史』 79
윤경진, 2011, 「고려전기 東界 북부 지역 州鎭의 설치 과정」, 『한국중세사연구』 31
윤경진, 2011, 「『고려사』 지리지의 구성 양태와 분류체계」, 『慶尙史學』 27
윤경진, 2012, 「『三國史記』 地理志의 기준 시점과 연혁 오류」, 『韓國史硏究』 156
윤경진, 2012, 「泰封의 지방제도 개편: 군현 신설과 읍호개정」, 『東方學志』 158
윤경진, 2012, 「『高麗史』 地理志 고려초기 改號 기사의 자료적 기반과 정리 방식」, 『震檀學報』 115
윤경진, 2012, 「『高麗史』 地理志 '신설' 군현의 연원: 『三國史記』 地理志와의 비교를 중심으로」, 『新羅文化』 40
윤경진, 2012, 「『高麗史』 地理志 고려초기 외관 설치 및 영속관계 편성 기사의 분석」, 『한국문화』 59
윤경진, 2012, 「고려 인종 21년 縣令 增置와 영속관계 개편」, 『史林』 43
윤경진, 2013, 「고려 按察使의 연원과 '五道按察使'의 성립」, 『韓國文化』 61
윤경진, 2016, 「671년 「答薛仁貴書」의 '平壤已南 百濟土地'에 대한 재해석: 백제의 영토의식과 浿河의 새로운 이해」, 『역사문화연구』 60
윤경진, 2017, 「고구려 '南平壤'의 실체와 출현 배경」, 『서울과역사』 95
윤경진, 2017, 「고려초기 三韓一統意識과 '高麗三京': 東京 연혁의 역사적 함의」, 『한국중세사연구』 51
윤경진, 2018, 「신라말 고려초 義城府·甫城府 연혁에 대한 재검토」, 『新羅文化』 53
윤경진, 2018, 「신라말 고려초 京山府 연혁과 碧珍郡」, 『역사문화연구』 66
윤경진, 2018, 「知康州事 王逢規와 高麗 太祖 王建」, 『歷史와實學』 65
윤경진, 2019, 「신라의 영토의식과 삼한일통의식」, 『역사비평』 126

윤경진, 2020, 「신라말 고려초 高鬱府·興禮府의 운영과 州 개편」, 『역사문화연구』 74
尹武炳, 1952·1953, 「高麗北界地理考(上·下)」, 『歷史學報』 4·5
尹武炳, 1956, 「所謂 '赤縣'에 대하여」, 『李丙燾華甲紀念論叢』, 一潮閣
尹武炳, 1962, 「高麗時代 州府郡縣의 領屬關係와 界首官」, 『歷史學報』 17·18합
윤용혁, 2007, 「나말여초 洪州의 등장과 運州城主 兢俊」, 『한국중세사연구』 22
尹熙勉, 1982, 「新羅下代의 城主·將軍」, 『韓國史研究』 39
李根花, 1987, 「高麗 成宗代의 西京經營과 統治組織」, 『韓國史研究』 58
李基白, 1965, 「高麗 地方制度의 整備와 州縣軍의 成立」, 『趙明基華甲記念論叢』, 간행위원회
李成珪, 1989, 「秦의 地方行政組織과 그 性格」, 『東洋史學研究』 31
李成珪, 1996, 「中國의 分列體制模式과 東아시아 諸國」, 『韓國古代史論叢』 8
李樹健, 1984, 「朝鮮初期 郡縣制整備와 地方統治體制」, 『韓國中世社會史研究』, 一潮閣
李純根, 1987, 「羅末麗初 '豪族' 용어에 대한 연구사적 검토」, 『聖心女大論文集』 19
李純根, 1989, 「羅末麗初 地方勢力의 構成形態에 관한 一研究」, 『韓國史研究』 67
이정신, 2011, 「고려성립기 공주 지방세력의 동향」, 『한국중세사연구』 30
이종봉, 2003, 「羅末麗初 梁州의 動向과 金忍訓」, 『지역과역사』 13
李鍾書, 1997, 「羅末麗初 姓氏사용의 擴大와 그 背景」, 『韓國史論(서울대 국사학과)』 37
이종서, 2018, 「고려시대 성씨 확산의 동인과 성씨의 기능」, 『역사와현실』 108
李泰鎭, 1995, 「社會史的으로 본 韓國中世의 시작」, 『고대와 중세 韓國史의 時代區分』, 신서원
李羲權, 1986, 「高麗의 郡縣制度와 地方統治政策」, 『高麗史의 諸問題』, 三英社
全基雄, 1987, 「羅末麗初의 地方社會와 知州諸軍事」, 『慶南史學』 4
전덕재, 2006, 「泰封의 地方制度에 대한 考察」, 『新羅文化』 27
전덕재, 2014, 「통일신라의 향(鄕)에 대한 고찰」, 『역사와현실』 94
鄭杜熙, 1976, 「朝鮮初期 地理志의 編纂(1·2)」, 『歷史學報』 69·70
정요근, 2001, 「高麗前期 驛制의 整備와 22驛道」, 『韓國史論(서울대 국사학과)』 45
정요근, 2008, 「後三國時期 高麗의 남방진출로 분석」, 『한국문화』 44
정요근, 2009, 「후삼국시기 고려의 '주(州)'·'부(府)' 분포와 그 설치 의미」, 『역사와현실』 73
정요근, 2012, 「고려~조선전기 전라도 서남해상 島嶼지역의 郡縣 편제와 그 변화」, 『도서문화』 39

정은정, 2004, 「고려전기 경기의 형성과 대경기제」, 『한국중세사연구』 17
정은정, 2005, 「고려중기 경기지역의 공한지 개발」, 『지역과역사』 16
鄭淸柱, 1988, 「新羅末·高麗初 豪族의 形成과 變化에 대한 一考察」, 『歷史學報』 118
鄭淸柱, 1991, 「新羅末·高麗初의 羅州豪族」, 『全南史學』 14
崔圭成, 1997, 「高麗初期 郡縣制 改編」, 『祥明史學』 5
崔柄憲, 1978, 「新羅末 金海地方의 豪族勢力과 禪宗」, 『韓國史論(서울대 국사학과)』 4
최은규, 2017, 「고려 문종 16년 京畿 개편의 성격과 開城府의 위상」, 『한국중세사연구』 51
崔貞煥, 1996, 「高麗 地方制度의 整備와 道制」, 『慶北史學』 19
崔貞煥, 1998, 「高麗時代 5道 兩界의 成立」, 『慶北史學』 金燁停年紀念特輯號
崔鍾奭, 2004, 「羅末麗初 城主·將軍의 정치적 위상과 城」, 『韓國史論(서울대 국사학과)』 50
河日植, 1997, 「新·統一期의 王室直轄地와 郡縣制」, 『東方學志』 97
하태규, 2016, 「고려시대 全羅道의 운영구조와 성격」, 『歷史學硏究』 63
河炫綱, 1962, 「高麗 地方制度의 一硏究(上·下): 道制를 中心으로」, 『史學硏究』 13·14
河炫綱, 1970, 「高麗 西京의 行政構造」, 『韓國史硏究』 5
許興植, 1981, 「金祉의 選粹集·周官六翼과 그 價値」, 『奎章閣』 4
洪淵津, 1993, 「高麗前期 道制의 成立과 그 性格」, 『釜大史學』 17
黃善榮, 1994, 「新羅下代의 府」, 『한국중세사연구』 1
黃善榮, 1999, 「高麗初期 地方統治의 再檢討」, 『한국중세사연구』 7
황인규, 1991, 「『高麗史』 地理志 '高麗初' '高麗'의 時期 比定試考」, 『東國歷史敎育』 3

旗田巍, 1960, 「高麗王朝成立期の'府'と豪族」, 『法制史硏究』 10
末松保和, 1938, 「高麗開城府考」, 『稻葉博士還曆記念滿鮮史論叢』, 稻葉博士還曆記念會
武田幸男, 1962, 「淨兜寺五層石塔造成形止記の硏究(1): 高麗顯宗朝における若木郡の構造」, 『朝鮮學報』 25
武田幸男, 1964, 「高麗時代の鄕職」, 『東洋學報』 47-2
武田幸男, 1966, 「高麗初期の官階」, 『朝鮮學報』 41
北村秀人, 1978, 「高麗初期の漕運についての一考察」, 『古代東アジア史論集(上)』, 吉川弘文館
北村秀人, 1984, 「高麗初期の在地支配機構管見」, 『人文硏究』 36-9
北村秀人, 1988, 「『新撰八道地理志』雜考」, 『朝鮮學報』 129

濱中昇, 1977,「十世紀末における高麗州縣制の施行」,『朝鮮學報』144

濱中昇, 1983,「高麗時期の量田制について」,『朝鮮學報』109

濱中昇, 1984,「高麗朝の歷史的位置について」,『朝鮮史研究會論文集』21

濱中昇, 1990,「신라말기·고려초기의 城主·將軍에 대하여」,『李佑成停年紀念論叢』, 간행위원회

濱中昇, 1992,「高麗初期村落の性格おめぐって」,『朝鮮學報』141

周藤吉之, 1974,「高麗初期の地方制度: 特に宋の地方制度との關連において」,『東洋大學大學院紀要』12

찾아보기

ㅇ

ㅊ

윤경진

경상국립대학교 사학과 교수. 서울대학교 국사학과를 졸업했고, 고려시대사를 주로 연구하고 있다. 주요 저술로 『高麗史 地理志의 分析과 補正』(2012), 『고려 역사상의 탐색』(공저, 2017), 『고려시대사 1』(공저, 2017) 등이 있다.